Roma Ligocka
mit Iris von Finckenstein

Das Mädchen im roten Mantel

Weltbild

Besuchen Sie uns im Internet:
www.weltbild.de

Genehmigte Lizenzausgabe
für Verlagsgruppe Weltbild GmbH,
Steinerne Furt, 86167 Augsburg

Umschlagkonzept: Patricia Büdinger, Augsburg
Umschlaggestaltung: Michael Keller, München.
Umschlagfoto: Unter Verwendung eines Bildes aus dem Buch
Les enfants du XXe siecle,
© Flammarion, Paris
Autorenfoto: Christine Strub
Fotos im Farbteil:
Abbildungen 1, 2, 4, 5 und 6:
Foto © Christine Strub
Abbildungen 3, 7 und 8: Foto © privat
Abbildungen im Text:
alle Fotos © privat,
außer Seite 189, Foto © Ryszard Horowitz, Seite 408,
Foto © Anna Bogusz
Gesamtherstellung: GGP Media GmbH,
Karl-Marx-Straße 24, 07381 Pößneck

Gedruckt auf chlor- und säurefreiem Papier

Printed in Germany

ISBN 3-8289-0626-5

2004 2003
Die letzte Jahreszahl gibt die aktuelle Lizenzausgabe an.

Für meinen Sohn Jakob

du bist davongekommen nicht um zu leben
du hast nur wenig zeit um zeugnis zu geben

Zbigniew Herbert: »Herrn Cogitos Vermächtnis«

1

WIE EIN RIESIGES, WEISSES SCHIFF thront das Hotel Negresco über der Promenade des Anglais an der Côte d'Azur in Nizza.

Bunt gekleidete Pagen, mit Federn auf den Hüten, laufen über rote Teppiche. Weiße Markisen flattern leicht im Morgenwind. Das Meer leuchtet in einem fast übernatürlichen Blau.

Ich gehe durch die riesige Empfangshalle mit dem glänzenden Marmorfußboden, vorbei an großen Blumenvasen, aus denen rote Rosen quellen, in den Frühstücksraum.

Er ist rund, ganz in Rosa- und Brauntönen gehalten, und wirkt wie ein altes Biedermeierkarussell. Weiße Pferde drehen sich zu leiser Drehorgelmusik, die sanfte Walzer spielt. Unzählige kleine Glühbirnen beleuchten die Szenerie. Die Gemälde an den Wänden zeigen liebliche Landschaften in warmen Pastelltönen. In der Mitte des Raumes steht eine lebensgroße Puppe im Biedermeierkostüm, sie hat lange, lockige Haare, ihr Mund bewegt sich. Sie lächelt, immer wieder.

Die Fenster sind mit schweren, roten Samtvorhängen umrahmt, die Jalousien halb heruntergelassen. Sonnenstrahlen malen goldene Streifen auf den Fußboden,

auf die rosa Tische. Die Kellnerinnen sehen alle aus wie die große Puppe, sie tragen die gleichen rosa Biedermeierröcke mit darunter hervorschauender Spitzenhose, nur ihr Lächeln ist echt und ein wenig müde. Sie laufen eifrig hin und her.
Es duftet nach Schokolade und Himbeeren, nach Kaffee und Parfüm.
Ich setze mich an einen der gedeckten Tische.

Das runde Frühstücksbuffet in der Mitte sieht aus wie ein Kunstwerk und versetzt mich sofort in euphorisch gute Laune.
Früchte in allen Farben, Ananas, Himbeeren, Erdbeeren. Melonenscheiben in Rot, Gelb und Grün. Zartrosa schimmernder Schinken, kunstfertig zu Rosetten geformt. Hauchdünner Lachs, zu Sternen gefaltet. Winzige Wachteleierhälften mit Kaviarklecksen darauf. Petits Fours wie Schmuckstücke, die man sich am liebsten um den Hals legen würde. Kleine, glänzende Rosinenbrötchen. Frischer Orangensaft, der wie ein Wasserfall über Eiswürfelfelsen fließt. Konfitüren in allen Farben, flüssiger Honig, goldgelbe Butterkugeln ...
Und dieser Duft von Himbeeren und Schokolade!
Ich schließe die Augen und lasse die Sonnenstrahlen auf meinen Wimpern spielen, zu goldenem Staub zerfallen. Seltsam fremd und unbeschwert glücklich fühle ich mich an diesem Ort. Aber dass ich glücklich bin, gestehe ich mir nicht laut ein, denn ich bin eine abergläubische, alte Jüdin. Ich denke an den Strand, an die große, grüne Liege, die dort auf mich wartet, an die Cocktails, die der Kellner mir servieren wird, während

die Sonne meine Haut wärmt und ich das Blau des Himmels und den Salzgeruch des Meeres in mich aufsauge, mich darin auflöse. Mittags esse ich einen Salade Niçoise zu einem Glas Prosecco. Und dann war da noch bei *Sonia Rykiel* diese wunderschöne Handtasche ...
An den Tisch gegenüber setzt sich ein elegantes Ehepaar, ein kleines Mädchen im Schlepptau. Es bleibt stehen und betrachtet lange die Puppe, bevor es sich zu den Eltern setzt. Die Mutter hat ihm einen riesigen Becher mit Erdbeeren hingestellt. Aber das kleine Mädchen isst nichts, es steckt nur den Löffel ins Glas, rührt gedankenverloren darin herum und schaut die ganze Zeit der Puppe zu, die ihm mit ihren hölzernen Lippen immer wieder ihr hölzernes Lächeln schenkt.
Das kleine Mädchen hat dunkles, lockiges Haar und große, schwarze Augen, die von dunklen Schatten umrandet sind. Es ist vielleicht fünf Jahre alt und wirkt sehr zerbrechlich. Es achtet nicht auf mich.
Mir wird übel. Ich habe das Gefühl, dass ich mir selbst gegenübersitze, in einem anderen Leben, in einer anderen Zeit. Ich schaue das kleine Mädchen an, das ich einmal war, das ich hätte sein können, und ich weiß, dass es alles hat, was ich nie hatte, aber hätte haben sollen. Eine glückliche, geborgene Kindheit, ein schönes Zuhause mit Garten, irgendwo, Erdbeeren, Schokolade und Spielzeug, Eltern, die es lieben und genügend Geld haben, um ihrer kleinen Tochter Reisen, Klavierstunden und Geburtstagspartys zu finanzieren ...
Wie ein bunter Film zieht das Leben des kleinen Mädchens an mir vorbei, mein Leben, um das mich das Schicksal betrogen hat. Ich verspüre keinen Neid, nur

diesen stechenden Schmerz, die alte, offene Wunde. Das kleine Mädchen hat das Recht, hier zu sein, in dieser heilen, prachtvollen Welt, und ich bin nur ein Gast auf der Durchreise. Ich habe Angst. Sieht denn keiner, dass ich armselig bin und mich nur verkleidet habe, dass ich nicht hierher gehöre? Gleich werden sie mich entdecken, mir die Kleider vom Leib reißen, mich hinausjagen in den Schnee. Ich zittere, so kalt ist mir plötzlich, klammere mich unauffällig an die weichen Polster meines Stuhls. Mir wird schwindelig, die kleinen Glühbirnen beginnen zu flackern, die Drehorgelmusik wird lauter, schneller und schneller, sie dreht sich mit mir, reißt mich in einen Strudel, in den Abgrund, in die Erinnerung, in das schwarze, dumpfe Loch. Zurück ins Ghetto.

* * *

IM GHETTO IST ES IMMER KALT, eiskalt, drinnen wie draußen. Drinnen gibt es nur den Küchenherd für alle und fast keine Kohle. Draußen liegt Schnee. Es gibt keinen Sommer im Ghetto, es gibt überhaupt keine Jahreszeiten und kein Sonnenlicht. Alles ist immer dunkel und grau. Das Ghetto hat vier große Tore. Durch diese Tore dürfen wir nicht gehen. Das ist streng verboten. Auf der Hauptstraße fährt eine Straßenbahn, die Nummer 3. In die Straßenbahn dürfen wir nicht steigen. Das ist auch streng verboten. Deswegen hält sie nicht bei uns im Ghetto. Sie fährt einfach durch. Die Leute, die darin sitzen, schauen stumm durch die von der Kälte beschlagenen Fenster und starren uns an. Einmal wirft ein Junge ein paar Brote aus dem Fenster, uns vor die Füße.

Wir stehen auf der Straße und frieren. Viele, viele Menschen. Überall sind viele Menschen. Die einen haben große Hunde, tragen Gewehre und passen auf. Sie schießen, auf wen sie wollen, vielleicht auch auf mich. Die anderen, das sind wir. Die Juden. Wir müssen warten, immer warten.
Die mit den Gewehren haben goldene Knöpfe und schwarze, glänzende Stiefel, die im Schnee knirschen, wenn sie marschieren. Aber das hört man meistens nicht, weil sie so brüllen. Sie brüllen, wir gehorchen. Wer nicht gehorcht, wird getötet. Das weiß ich genau, obwohl ich noch sehr klein bin. So klein, dass ich den Männern mit den glänzenden Stiefeln ungefähr bis ans Knie gehe. Wenn einer von ihnen neben mir steht und ich die schwarzen Stiefel an meiner Seite knirschen höre, die Hundeschnauze mit den scharfen Zähnen direkt neben meinem Kopf hechelt, fühle ich mich sogar noch kleiner als sonst. Ich versuche dann, mich unsichtbar zu machen. Manchmal gelingt es mir wirklich, dann löse ich mich auf und verschmelze mit dem eisigen Wind und dem Gebrüll und der kalten, dünnen Hand meiner Großmutter. Sie hält mich fest, aber ich bin gar nicht mehr da. Ich habe meinen Körper längst verlassen.
Großmutter ist immer da. Wenn das Warten vorbei ist, bringt sie mich zurück in die Küche, zieht mir meinen roten Mantel aus. Es ist ein wunderschöner Mantel aus rotem, weichem Wollstoff, mit Kapuze. Sie hat ihn mir selbst genäht. Großmutter wärmt mit ihren dünnen, kalten Händen meine Füße, die ich schon längst nicht mehr fühle. Sie setzt mich auf den Tisch und rührt in

einem Topf auf dem Herd. Dann kommt sie mit einer Schale wieder, in der ein dampfender Brei mit kleinen Klumpen schwimmt. Sie will mich füttern. Ich wende den Kopf ab, der Brei ist widerlich, die Klumpen sind ekelhaft, ich will sie nicht essen, mir ist übel. Die anderen Leute schimpfen. Die dampfende Küche ist voller fremder, lauter Menschen, schwitzender, stinkender Leiber. Einer der Männer reißt der Großmutter die Schüssel aus der Hand, kippt die Suppe in einem Zug herunter. Meine Großmutter sagt nichts. Sie setzt sich wieder an die Nähmaschine und fängt an zu rattern. Ich bin froh, dass der Mann das eklige Zeug gegessen hat. Jetzt ist zum Glück nichts mehr übrig.
Irgendwann kommt meine Mutter nach Hause, es ist schon dunkel draußen, ich liege in meinem kleinen Gitterbett, kann nicht schlafen, denn die fremden Menschen sind überall. Sie schnupfen, stöhnen, schimpfen, fluchen, schlürfen, schmatzen und weinen. Meine Mutter umarmt mich müde, ihre weichen braunen Haare duften nicht mehr nach Blumen wie sonst, sie riechen komisch und scharf. »Du riechst komisch«, sage ich. Meine Mutter lächelt, ich weiß, dass sie traurig ist. Sie ist immer traurig. »Das ist nur das Desinfektionsmittel«, sagt sie. »Was ist das?«, frage ich. Sie antwortet nicht. Stattdessen holt sie ihren Koffer unter dem Bett hervor, nimmt eine kleine Flasche heraus und öffnet sie vorsichtig. Sie lässt einen Tropfen daraus auf ihr Handgelenk fallen und verreibt ihn andächtig. Dann schließt sie die Flasche, versteckt sie wieder im Koffer und nimmt mich aus dem Bett. »Besser?«, fragt sie. Jetzt duftet sie wieder nach Blumen.

»Tosia«, sagt eine dunkle Stimme. »Ich bin wieder da.« Es ist mein Vater. Er kommt ins Zimmer, hebt mich hoch, gibt mir einen Kuss. Mein Vater hat schwarze Augen, wie ich. Er umarmt meine Mutter. »Du riechst gut«, sagt er. »Ich habe Kartoffeln mitgebracht.«
Sie gehen in die Küche, zu den anderen Menschen. Ich höre ihre Stimmen, doch ich kann nur Wortfetzen verstehen, weil es immer so laut ist. Aber ich fühle, dass sie von mir sprechen. »Diese Augen!«, sagt meine Mutter. »Wenn sie nur blaue Augen hätte, so wie Irene!« »Und so dunkle Haare hat sie«, sagt eine fremde Frauenstimme. »Das taugt nicht zum Überleben. Aber da kann man vielleicht was machen.« – »Gift?«, fragt meine Mutter, Entsetzen in der Stimme. »Kommt nicht in Frage!«, ruft mein Vater laut. Ein dumpfer Schlag lässt mich zusammenzucken, er hat wohl mit der Faust auf den Tisch geschlagen, das tut er manchmal, wenn er sehr wütend ist. Sicher ist er wütend auf mich, weil ich nicht so bin, wie ich sein sollte. Ich bin falsch.
Draußen auf der Straße fallen Schüsse, ein Schrei gellt durch die Nacht. Das Gespräch in der Küche ist verstummt. Nach und nach beginnen sie wieder zu reden, und ich schlafe endlich ein.

Auf der Straße liegen Koffer, Taschen, Bündel, ein umgekippter Kinderwagen. Warum hebt sie niemand auf? Großmutter zerrt mich weiter. Es schneit immer noch. Wir stehen wieder auf der Straße und warten. Jeden Tag stehen wir hier, jeder Tag ist gleich. Jede Nacht ist gleich. Schlaf gibt es nicht im Ghetto. Es gibt keine Abenddämmerung und kein Morgengrauen, nur die Stiefel, die die Treppe hochkommen, Hunde, die bellen, Männer, die brüllen. Türen, die aufgerissen werden, Menschen, die schreien, flehen, bitten, schimpfen, fluchen. Nie geht das Licht richtig aus, nie ist es still.

Und jeden Tag, jede Nacht kommen fremde Menschen dazu, immer neue, immer noch mehr. Alle reden und drängeln und schubsen und fassen mich an. Immer sind viele Menschen um mich. Draußen, auf den engen Gassen. Drinnen, in der schmutzigen kleinen Küche, wo die Frauen kochen und um den Platz am Herd streiten. Und in dem großen, dunklen Zimmer, wo Großmutter seelenruhig an ihrer Nähmaschine sitzt und näht, in dem auch mein Bettchen steht und das wir mit den Fremden teilen. In jeder Ecke des Raums wohnt eine Familie. Es gibt kein Bad, die Toilette im Treppenhaus wird von allen benützt, sie ist ständig verstopft. Es stinkt bestialisch, überall. Mir wird jedes Mal schlecht von dem Gestank. Trotzdem lasse ich die Großmutter nie allein dorthin gehen. Vielleicht kommt sie sonst nie wieder.

Ich friere immer. Ständig bin ich krank, habe Fieber, muss trotzdem mit den anderen in der Kälte warten. Sie wickeln mir ein Tuch um den Hals, das mit einer stinkenden Flüssigkeit getränkt ist, die man Brennspiritus nennt. Sie legen mich auf das Bett, ziehen mich aus, halten kleine, runde Gläser über eine Kerze, bis sie heiß sind, und kleben sie auf meinem nackten Rücken fest. Großmutter versucht mich zu beruhigen. »Das nennt man Schröpfen«, flüstert sie mir ins Ohr, »es macht dich wieder gesund.« Aber ich glaube das nicht.

Ich bekomme jedes Mal Panik, wehre mich, wimmere. Die Gläser machen ein ekelhaftes, schmatzendes Geräusch, wenn sie endlich heruntergenommen werden. Ich habe Angst vor ihnen und noch mehr vor den fremden Leuten, die meinen Körper überall anfassen mit ihren feuchten, kalten Händen. Mein Husten wird von den Gläsern auch nicht besser.

»Sie ist so schwach«, sagt meine Mutter traurig.

Mein Vater kommt ganz stolz nach Hause. Er holt eine kleine Flasche unter seinem Mantel hervor und drückt sie meiner Mutter in die Hand. »Lebertran«, sagt er zufrieden, »damit mein kleines Mädchen wieder gesund wird.« Meine Mutter fällt ihm um den Hals, die fremden Menschen nicken beifällig. Ich sehe meiner Mutter misstrauisch zu, als sie den Korken aus der Flasche zieht, einen Löffel holt und gelben, fetten Schleim aus der Flasche auf den Löffel gießt. Sie will mir den Löffel in den Mund stecken, aber ich bin schneller. Ich entwische ihr und verstecke mich schnell hinter meiner Großmutter.

»Roma«, sagt meine Mutter streng. So streng klingt ihre Stimme selten. Auch die anderen Menschen spüren das. Sie reden auf mich ein. »Du musst es schlucken!«, sagen sie. »Du musst deiner Mutter gehorchen!«

Ich stecke den Kopf in die Röcke meiner Großmutter. Hier kann sie mich nicht finden und zwingen, den gelben Schleim zu essen.

»Komm her, Roma«, lockt meine Mutter. »Komm, Kind, ich bitte dich ...« Ich höre trotz ihrer sanften Stimme den Ärger darin. Es ist besser, ich bleibe, wo ich bin.

»Komm sofort her!«, schreit meine Mutter. »Und schluck das runter! Es ist flüssiges Gold!«

Sie versucht mich zu packen. Zum ersten Mal in meinem Leben habe ich Angst vor ihr. Meine Großmutter nicht. Sie rührt sich nicht von der Stelle. Ihr Rücken ist ein schwarzer, sicherer Berg. Sie sagt kein Wort.
Meine Mutter erwischt meine Hand, will mich hinter der Großmutter hervorzerren. Ich wehre mich mit allen Kräften, wimmere, kämpfe.
»Ich schlucke das Gold nicht runter! Nein, ich will nicht!«, jammere ich. Aber die Hand meiner Mutter ist aus Eisen. Sie umklammert meine Hand ganz hart. Und auf einmal höre ich ein komisches Knacken und spüre so etwas wie einen Stromschlag in meinem Handgelenk. Ich fange an zu weinen.
Meine Mutter packt mich, sie zerrt mich hervor, ich wehre mich nicht mehr, meine Hand tut so weh. Sie hängt ganz verbogen da. Meine Mutter lässt den Löffel fallen, das Gold spritzt auf den Boden, es riecht nach Fisch.
Meine Mutter schlägt die Hände vors Gesicht. »Was ist mit deiner Hand?«, stammelt sie entsetzt. »Mein Kind! Roma, es tut mir so leid ...«
Sie versucht meine Hand hoch zu halten, doch sie klappt wieder herunter. Es tut weh. Die Menschen im Raum reden laut durcheinander. Sie umringen mich. Jeder will meine Hand sehen, nimmt meinen Arm, begrapscht und betatscht mich.
Da kommt mein Vater und rettet mich. Er hebt mich wortlos hoch und trägt mich durch das dunkle, stinkende Treppenhaus hinaus auf die Straße. Ich lehne den Kopf an seine Schulter. Ich bin erschöpft, und es tut so weh.

Der alte Doktor macht mir einen weißen, harten Verband um die gebrochene Hand. Jetzt sind die Schmerzen besser. Ich bin stolz auf meinen Verband.
Auf dem Rückweg sehe ich, wie die Männer mit den schwarzen Stiefeln einem alten Mann den Bart abschneiden. Sie brüllen und lärmen und lachen dabei. »Schau nicht hin«, flüstert mein Vater, hält mich fest und geht ein bisschen schneller. Aber ich muss mich einfach umschauen. Der alte Mann kriecht auf dem Boden, und sie treten ihn mit ihren schwarzen Stiefeln tot.

Großmutter hat mir erklärt, dass die Eltern einen goldenen Ring verkauft haben, um den Lebertran für mich zu bekommen, und dass sie es nur gut mit mir meinen. Ich kann das nicht verstehen. Aber ich bin nicht mehr böse auf meine Mutter. Ich erzähle allen Leuten voller Stolz, dass sie mir die Hand gebrochen hat, und zeige ihnen den Verband.
Das mag meine Mutter nicht. Ist sie noch böse mit mir? Sie zwingt mich nicht mehr, den gelben Schleim zu schlucken. Aber sie zwingt mich, andere Sachen zu essen. Sie sagt: »Man muss essen, um zu leben!« und versteht nicht, dass ich es nicht kann. Ständig versucht sie mich zu füttern. Dauernd stopft sie mir irgendwas in den Mund, und ich spucke es regelmäßig wieder aus. Mein Würgen und meine Übelkeit treiben sie zur Verzweiflung. Wenn ich friere – und ich friere immer –, will sie, dass ich esse. Es ist ein ständiger Kampf. »Siehst du, du frierst, weil du so dünn bist und nichts isst. Iss endlich etwas, dann wird dir warm.« Das ist aber nicht wahr. Ich friere mit oder ohne Essen.

Meine Mutter muss aus dem Haus gehen, wenn es noch dunkel ist, und wenn sie spät abends nach Hause kommt, ist sie sehr müde und ganz weiß im Gesicht. Einmal habe ich die Großmutter gefragt, was sie den ganzen Tag macht. »Straßen kehren und Toiletten putzen«, hat diese knapp gesagt. Oft ist meine Mutter so erschöpft, dass sie am Morgen kaum noch aufstehen kann. Und sie friert, wie ich. Obwohl sie isst.
Auch mein Vater ist nie da. Er arbeitet bei einem Bautrupp, sagt meine Großmutter. Dann schweigt sie und antwortet nicht mehr auf meine Fragen. Sie näht einfach weiter. Das Rattern der Nähmaschine beruhigt mich immer.
Eines Tages bringt ein Mann meine Mutter schon am Mittag nach Hause. Sie ist bei der Arbeit zusammengebrochen und hat hohes Fieber, sagt der Arzt. Ich zeige ihm, wie gut meine Hand verheilt ist, aber er hat es eilig. »Haben Sie denn keine Medizin für sie?«, ruft meine Großmutter ihm hinterher. »Ich habe nichts mehr«, meint er bitter. »Halten Sie sie warm, und geben Sie ihr viel zu trinken.«
Ich freue mich, dass meine Mutter Fieber hat und warm gehalten werden muss, denn ich darf mich zu ihr ins Bett legen und an ihrem heißen Körper wärmen. Ich genieße die Glut des Fiebers, es ist so heiß wie das Feuer im Herd, und ich habe es ganz für mich allein.

Ein Tag ist anders als die anderen, ein besonderer Tag. Ich habe Geburtstag. Jetzt bin ich drei Jahre alt, und ich bekomme Besuch von den Großeltern und Irene. Ich kenne die Großeltern nicht. Nur einmal habe ich den

Im Ghetto: Großmutter Anna (li.), Onkel Szymon mit seiner Frau (3./4. v. li.), Mutter Teofila (5. v. li.) – Romas Familie verbirgt die Armbinden mit dem Judenstern für diese Aufnahme (um 1941).

Großvater gesehen, von dem meine Mutter mir manchmal erzählt, ihren eigenen Vater. Da war ich noch ganz klein. Es war in seiner Bäckerei, man legte mich in einen Brotkorb, und über mir sah ich sein großes, rotes Gesicht mit dem weißen, gezwirbelten Schnurrbart. Er lachte und duftete nach frischem Brot. In der Hand hielt er eine goldene Kette mit einer glänzenden, runden, tickenden Uhr, die ließ er vor meiner Nase baumeln, und ich folgte ihr mit den Augen. Das ist meine früheste Erinnerung.

Jetzt sehe ich ihn wieder, hier im Ghetto. Er ist anders als die anderen, ein feiner Mann, das merke ich sofort, denn er lässt sich von all den Menschen um uns herum nicht stören. Sie sind wie Luft für ihn. Er trägt einen dunklen Mantel mit Pelzkragen, einen steifen Hut und in der Westentasche seine goldene Uhr. Er setzt sich

in unserer Ecke auf das Bett meiner Eltern und schaut mich lange an. Dann seufzt er.
Sicher hat er gesehen, dass ich dunkle Augen habe wie mein Vater. Und nicht wie Irene, die nun ins Zimmer kommt. Wie schön sie ist! Ihre blauen Augen strahlen hell, und ihre blonden Haare sind wie Sonnenstrahlen. Darüber trägt sie eine blaue Mütze.
Die Großmutter Anna sieht streng und ernst aus. Sie hat ein hochgeschlossenes Kleid und eine weiße Bluse an, unter dem Kinn trägt sie eine goldene Brosche mit einem Gesicht darauf. An ihren Ohren baumeln glänzende kleine Kugeln. Ihre grauen Haare hat sie in einem Knoten hoch gesteckt, die Hände sind gefaltet. Sie lächelt mich an, aber ich weiche ein Stückchen zurück. Ich will zu meiner richtigen Großmutter.
Erleichtert sehe ich, dass sie nun auch ins Zimmer kommt, begleitet von meinen Eltern. Alle sind da. Sie heben mich hoch und zeigen mich herum. Der Großvater duftet immer noch nach Brot und nach Tabak. Irene nimmt mich auf den Arm, und ich berühre ihre goldenen Haare. Großmutter Anna zieht ein Paket aus der Tasche. Ich darf es selber auswickeln. Ein wunderschönes, weiches Strickkleid ist darin. Es ist weiß und hat einen runden Kragen, der mit kleinen blauen Blumen bestickt ist. Meine Mutter zieht es mir an. Ich bin sehr stolz und sehr schön in meinem neuen Kleid.
Sie haben mich alle so lieb, denke ich. Oder doch nicht? Sie schauen mich alle so traurig an. Sie runzeln die Stirn und tuscheln leise miteinander. So leise. Ich verstehe nur Wortfetzen.
»Wir müssen ... morgen früh um sechs ...«

»Aussiedlung ...«
»... nur zwei Koffer ... Aussiedlung ... warme Kleidung ...«
»Zieht euch warm an!«, sagt meine Mutter. Sie umarmt Irene. »Geh nicht«, bettelt sie, »du darfst nicht gehen, Irene! Du siehst doch so gut aus, so arisch!«
»Nein«, sagt Irene. Ihr Gesicht ist aus Stein. »Ich muss mit Mama und Papa gehen.«
»Lasst sie hier! Sie ist erst sechzehn Jahre alt! Sie ist blond! Sie muss hier bleiben!«, fleht meine Mutter die Großmutter Anna an. Sie hat auf einmal Tränen in den Augen, packt Irene am Ärmel. Wird sie ihr die Hand brechen?
Die Großmutter wendet sich ab und steht auf.
»Wir müssen gehen«, sagt sie steif. »Wir schicken euch Nachricht, sobald wir angekommen sind. Auf dem Lande.«
Großvater setzt seinen steifen Hut auf. Er hustet. Seine Augen glitzern. Er zwinkert mir zu.
Die Großeltern und Irene bleiben nur noch kurz. Nicht lange genug, um sich kennen zu lernen. Schon stehen sie in der Tür. Ich sehe noch Großmutter Annas Ohrringe blitzen, Irenes blaue Mütze.
»Sie ist doch erst sechzehn!«, ruft meine Mutter ihnen hinterher.
Dann treten sie hinaus, in die Dunkelheit. Hinaus aus meinem Leben.
Ich sehe sie nie wieder.

»Ich will auch blond sein, wie Irene«, sage ich zu meiner Mutter. Sie nickt. Schon wieder hat sie Tränen in den Augen. Ich sage lieber nichts mehr. Es ist Abend, und in der Küche stehen sie um den Tisch und singen. »Kaddisch« nennt man das, es ist ein Gebet für die Toten. Ich verstehe die Worte nicht, es ist eine fremde Sprache, die sie alle sprechen, aber ich fühle die unendliche Trauer, sehe die glasigen, unbeweglichen Augen der Menschen. Die Trauer und der Schmerz in dem Gesang erdrücken mich fast.

Irgendwann bin ich müde und nicke ein.

Auf einmal werde ich geweckt. Man hebt mich hoch, trägt mich in die Küche. Ich spüre, sie haben etwas mit mir vor, suche mit den Augen meine Großmutter. Aber sie ist nicht da.

Auf dem Tisch steht eine Schüssel. Sie gießen eine übel riechende Flüssigkeit aus einer grünen Flasche hinein. Und schon werde ich gepackt. Ich soll meinen Kopf in die Schüssel tauchen. Ich wehre mich, jammere und strample. Aber Widerstand ist zwecklos. Es sind so viele fremde Hände um mich, Hände, die mich zwingen, Dinge zu tun, die ich nicht tun will. Ich muss die Augen fest zupressen, ein Handtuch davor halten und den Kopf in die widerliche Flüssigkeit tauchen. Es brennt in den Augen. Dann gießen sie warmes Wasser über meine Haare, trocknen sie ab. Es brennt immer noch, in den Augen, auf der Haut.

Ich überlege, ob ich weinen soll, aber es ist wohl zu spät. Und weinen darf ich sowieso nicht, es ist immer zu laut hier in der überfüllten Wohnung.

Später drückt mir meine Mutter einen Spiegel in die Hand: »Schau, wie schön du bist«, sagt sie. »Jetzt siehst du aus wie Irene.« Und dann weint sie wieder.

Ich schaue in den Spiegel. Ich bin blond.
Aber meine Augen sind noch immer nicht blau.

Die Juden müssen ihre Pelzmäntel abgeben, dröhnt es aus dem Lautsprecher. Großmutter hält mich an der Hand. Wir stehen in einer langen Menschenschlange auf der Straße und warten. Die Stiefelmänner halten Wache.
Den Pelzmantel meiner Mutter, den dicken, braunen, weichen, der so warm und kuschelig ist, hat meine Großmutter unter dem Arm. Ich hoffe, dass ich meinen schönen, roten Mantel behalten darf. Auch wenn er nicht so warm ist wie Mamas Pelzmantel.
Es ist eisig draußen, und es schneit ununterbrochen. Ich friere. Auf der Straße liegt ein Berg von Pelzmänteln, die Schneeflocken fallen darauf. Sie tanzen in der Luft und bedecken die Mäntel mit einer dünnen, weißen Schicht.
Ich darf meinen Mantel behalten.
Es ist fast dunkel, als wir nach Hause kommen, und ich zittere vor Kälte.
»Sie hat wieder Fieber«, murmelt meine Großmutter.
Meine Mutter nimmt mich auf den Arm. Sie hat ganz rote Augen.

Wir brauchen neue Kennkarten, unsere sind nicht mehr gut.
»Es ist zwecklos«, flüstert mein Vater. »Eine arische Kennkarte ist teurer als Gold.«
Immer dieselben Worte: KENNKARTE. ARISCH. Das ist Deutsch, hat meine Mutter mir erklärt. Die Bedeutung

der Worte hat sie mir nicht erklärt, aber ich weiß, dass man diese beiden Dinge braucht, um zu überleben. Und dass wir sie nicht haben. Meine Mutter kann Deutsch verstehen. Ich hasse Deutsch. Man muss es brüllen, und es gibt nur ganz wenige Worte:

HALT!

LOS!

SCHNELL!

VORWÄRTS!

KOMMALHER!

AUFSTEHN!

AUFMACHEEEN!

Sie heißen alle das Gleiche: Angst.

Ich schaue aus dem Fenster. Auf der Straße stehen Möbel. Sie glänzen vor Nässe. Es regnet seit Tagen. Großmutter sagt, es ist Frühling.

In unserem Haus wohnen jetzt noch mehr Leute. Vier statt drei Personen pro Fenster, hat mein Vater zu meiner Mutter gesagt. Warum? Es schaut doch sowieso niemand aus dem Fenster. Auch ich selbst nicht mehr. Das ist nämlich jetzt verboten, bei Todesstrafe. Weil wir an den arischen Wohnbezirk angrenzen, hat meine Mutter mir eingeschärft: Wer ein Fenster öffnet oder hinausschaut, wird von den Deutschen erschossen.

Wir haben zwei Fenster in dem dunklen Zimmer, in dem wir schlafen. Mein Gitterbett ist verschwunden, ich teile jetzt ein Bett mit meinen Eltern. Das ist auch wärmer, obwohl ich in letzter Zeit immer öfter das Gefühl habe, keine Luft mehr zu bekommen, zu ersticken. Es riecht süßlich. Die Luft ist abgestanden und schwer.

Auch die Nähmaschine ist nicht mehr da. An der Stelle unter dem Fenster, wo sie stand, wohnen die neuen Leute, sie schlafen auf dem Boden. Ich vermisse das beruhigende Rattern der Nähmaschine. Großmutter näht jetzt mit der Hand. Ihre knochigen Finger sind schnell und geschickt. Sie näht den Leuten Kleider und stopft ihre Sachen. Dafür bekommen wir ein bisschen Brot oder Tee oder eine Hand voll Mehl.
Wir sitzen in der dunklen Küche und warten. Wie Kaninchen in einer Höhle. Meine Großmutter hat mir einmal von Kaninchen erzählt. Es sind kleine, weiche Tiere mit langen Ohren, die sehr schnell laufen können, wenn sie gejagt werden. Sie werden meistens gejagt. Dann rennen sie schnell in ihre Höhlen unter der Erde und sind in Sicherheit.
Ich würde gerne einmal ein Kaninchen sehen.

Immer wieder höre ich jetzt das neue, deutsche Wort »AUSSIEDLUNG«. Ich weiß nicht, was es bedeutet, und Großmutter will es mir nicht erklären. Alle reden ununterbrochen davon. Ich spüre die Angst der Leute, wenn sie darüber sprechen, es muss etwas Schreckliches sein, dieses Wort.
Meinen Vater sehe ich nur noch selten, und meine Mutter ist grau im Gesicht geworden. Wenn sie da ist, stopft sie mir etwas in den Mund. Für etwas anderes ist keine Zeit. Zum Glück habe ich meine Großmutter.

Nachts kommen sie und holen uns.
Jedes Mal, wenn ich die Stiefel auf der Treppe höre, das raue Hundegebell, die brüllenden Männer, denke ich

das. Dann mache ich mich ganz schnell unsichtbar. Werden sie mich finden? Mein Herz klopft in der Dunkelheit. Es ist viel zu laut. Sie werden es hören.
Aber sie finden mich nicht. Diesmal nicht. Sie hämmern an die Tür. »KENNKARTEN!«, schreien sie. Die Hunde hecheln laut. Den dicken Mann mit dem Bart, der nachts immer so schnarcht, nehmen sie mit und auch die Frau, die mir den Kopf in die Schüssel getunkt hat. Und die Zwillinge aus dem obersten Stock, die ich manchmal im Treppenhaus gesehen habe. Obwohl ich mich wie ein Kaninchen unter der Decke verkrochen habe und den Atem anhalte, höre ich alles ganz genau. Das Schluchzen und Flehen der Frau. Und den jammernden Protest des dicken Mannes, das schnelle Schlurfen seiner Füße, während er hastig seinen Koffer packt. Die Zwillinge weinen leise.
Dann sind sie weg. Es ist vorbei, denke ich erleichtert, sie haben mich nicht gefunden. Ich will mich an meine Mutter kuscheln, aber sie ist hart und steif vor Angst. Ist sie tot? Ich zupfe an ihrem Ärmel. »Schlaf jetzt, Roma«, flüstert sie. Es ist so ein hohles Flüstern, wie aus einem Tunnel oder einem tiefen Brunnen. Ich wage nicht, etwas zu sagen, mich zu regen, zu atmen. Ich muss schlafen, denke ich. Aber dann höre ich sie wieder. Es ist nicht vorbei. Im nächsten Haus suchen sie weiter, und im übernächsten, und im überübernächsten. Menschen schreien, Hunde bellen, Männer brüllen. So geht es die ganze Nacht.
Im Morgengrauen vernehme ich dann im Halbschlaf das Getrappel der Füße draußen auf der Straße, es mischt sich mit dem Gebrüll der Deutschen.

Los, Los! Raus, Raus! Weiter! Schnell, Schnell!
Wohin gehen sie alle? Es sind so viele Füße, große und kleine.
Langsam entfernt sich das Fußgetrappel, das Hundegebell und das Gebrüll werden leiser, sind jetzt weit weg. Vielleicht kommen sie wieder und holen mich. Es ist nicht vorbei.
Es ist erst der Anfang.

Ich stehe mit den anderen auf dem großen Platz und warte.
Ich weiß nicht, ob es heiß ist oder kalt. Es gibt keinen Unterschied mehr. Ich habe meinen roten Mantel an und meinen kleinen Koffer dabei. In dem Koffer ist das schöne Strickkleid, das ich zum Geburtstag bekommen habe. Es ist mir schon viel zu klein. Dann sind noch zwei Paar Strümpfe in dem Koffer. Den Rest habe ich vergessen. Wir hatten keine Zeit zum Packen.
Alle tragen schwere Koffer und Bündel, und alle haben Mäntel an und Mützen und Hüte auf dem Kopf. Es sieht so aus, als ob wir alle eine Reise machen. Aber wohin werden wir fahren?
Niemand wagt es, die Männer mit den Stiefeln zu fragen. Sie kontrollieren die Papiere, sortieren die Menschen aus. Keiner von uns weiß, worauf wir warten und was mit uns geschehen wird. Es kann eine Sekunde dauern oder Stunden. Eine Ewigkeit.
Manchmal versucht einer wegzulaufen. Wer weglaufen will, ist gleich darauf tot. Sie holen Gruppen von Frauen und Kindern aus der Menge. Meine Tante Dziunia ist auch dabei. Plötzlich läuft sie quer über den Platz, will

fliehen. Schüsse peitschen durch die Luft, sie fällt um. Direkt neben mir. Sie hat einen Schuh verloren. Ein paar Leute schleppen sie weg, legen sie an den Straßenrand zu den anderen Toten.
Ich halte die Hand meiner Großmutter umklammert und sie die meine. Das ist das Einzige, was ich noch fühlen kann. Wir sind ganz still und rühren uns nicht. Wenn einer schreit, weint oder irgendein Geräusch macht, wird er auch erschossen.
Ich will nicht erschossen werden.
Lastwagen fahren jetzt auf den Platz. Aufregung ergreift uns alle, wie ein plötzlicher Windstoß. Viele Menschen reißen sich los, rennen zu den Lastwagen, andere werden mit Stöcken dorthin getrieben.
Meine Großmutter hält mich ganz fest.
Die Menschen werden auf große Lastwagen geladen. Die Männer mit den Stiefeln treiben sie mit Stöcken und Schlägen an, die Hunde schnappen nach ihren Fersen. Einige, die schon oben sind, verteidigen ihren Platz mit Ellbogen und Fäusten. Sie treten nach denen, die noch hinaufklettern wollen. Manche schaffen es nicht und fallen hin, viele lassen einfach alles fallen, andere werden von ihrem schweren Gepäck begraben. Sie werden sofort erschossen. Die Toten liegen neben mir auf dem Boden, und ich sehe, wie rotes Blut aus ihrem Körper rinnt und den weißen Schnee verfärbt. Oder ist es gar kein Schnee, nur Staub?
Es gibt keinen Unterschied mehr. Das Blut rinnt in Strömen über die Pflastersteine. Überall liegt verstreutes Gepäck, Koffer, Taschen, in Samt gebundene Bücher. Die Schreie und das Gebrüll mischen sich zu einem ein-

zigen, langen Schrei, einem einzigen Brüllen. Ich sehe in die toten Augen der Menschen, die neben mir liegen. Sie sind wie aus Glas, weit aufgerissen, erloschen. Und doch sehen sie mich so flehend an.
Ich mache die Augen zu, damit ich die Augen der Toten nicht sehen muss. Ich versuche wieder, mich unsichtbar zu machen, und es gelingt.
Jetzt bin ich ganz weit weg, und nichts kann mich mehr berühren.

»Alle müssen auf die Straße!«, schreien die Leute. Sie greifen sich irgendetwas, laufen die Treppe hinunter. Ich will hinterherlaufen, doch Großmutter bleibt, wo sie ist. Sie sitzt ganz still auf ihrem Stuhl und näht. Ich höre die Stiefel im Flur, das Hundegebell, sie kommen hoch in die Wohnung. Ich erstarre vor Angst. Meine Großmutter steht auf, packt mich und schiebt mich unter den Tisch. Dann stellt sie sich schützend davor.
Alles geht ganz schnell. Die Tür wird aufgerissen. Ich sehe die schwarzen, glänzenden Stiefel, die kleinen Füße meiner Großmutter in den grauen Pantoffeln, die sich mit aller Kraft in den Boden stemmen und fortgerissen werden, als wären sie zwei dürre, kleine Äste im Sturm. Ich höre, wie Großmutter sich wehrt und verzweifelt um Hilfe schreit. Noch nie habe ich sie schreien hören. Ihre Schreie sind das Schlimmste, was ich je gehört habe und je wieder hören werde. Sie lassen mein Herz in Stücke springen.
Ich will unter dem Tisch hervorkommen und sie festhalten – doch da ist diese schwarze, offene Hundeschnauze mit den spitzen Zähnen, direkt vor mir, die

mir den Weg zu meiner Großmutter versperrt. Speichelfäden tropfen aus dem Maul des Hundes auf den schmutzigen Boden. Und so bleibe ich unter dem Tisch sitzen wie ein Kaninchen und halte mir die Ohren zu, damit ich ihre Schreie nicht hören muss, als die Männer sie forttragen und die Treppe hinunterstoßen.

Da sitze ich auch noch, als, Stunden später, mein Vater nach Hause kommt. Neben mir steht der leere Stuhl mit dem bunten Kissen, auf dem die Großmutter immer saß. Mein Vater sucht mich mit den Augen, sieht mich unter dem Tisch, sieht den leeren Stuhl. Ich weiß, dass er alles weiß. Er setzt sich neben mir auf den Boden, hält sich den Kopf mit beiden Händen, wiegt sich stumm hin und her.

Ich will ihm alles erzählen, aber ich kann nicht sprechen. Ich habe keine Stimme mehr. Ich will mein Versteck unter dem Tisch nie wieder verlassen. Ich werde für immer dort bleiben.

Später sitzt mein Vater auf der Bettkante, wiegt sich immer noch stumm hin und her. Er sieht aus wie die Kinder, die ich am Straßenrand gesehen habe und die sich auch so wiegen. Meine Mutter kommt nach Hause, lässt bei seinem Anblick die Tasche fallen, setzt sich zu ihm. Sie umarmen sich wortlos.

Ich möchte mich auch dazusetzen, umarmt werden, aber ich kann nicht aus meinem Versteck.

Hinter meinem Rücken, dort, wo die Nähmaschine stand, schluchzt jemand.

Die ganze Nacht verbringe ich unter dem Tisch. Ich schließe die Augen, aber meine Ohren hören alles.

Die Männer mit den schwarzen Stiefeln sind unterwegs und holen sich noch mehr Menschen.
In der Morgendämmerung fahren schwere Autos durch die Straßen.

Sabine, die jüngere Schwester meiner Mutter, schaut kurz bei uns herein. »Rominka!«, sagt sie zu mir, »Rominka! Du bist ein hübsches Mädchen geworden!« Ich finde, Sabine ist ein hübsches Mädchen. Sie lacht so nett, und sie schaut lustig aus, nicht so traurig wie meine Mutter. Um ihre dunklen Haare hat sie ein buntes Tuch geschlungen.
»Dass du es immer schaffst, so gut auszuschauen!«, sagt meine Mutter bewundernd.
Sabine verdient Geld. Sie handelt mit irgendetwas.
»Hast du einen richtigen Laden?«, piepse ich neugierig. Sie lacht und klopft auf den kleinen, karierten Koffer, den sie bei sich trägt. »Das ist mein Laden!«
Ich würde nur zu gerne wissen, was in dem Koffer drin ist, aber sie macht ihn nicht auf.
»Sei bloß vorsichtig!«, warnt meine Mutter sie besorgt. Aber Sabine macht sich keine Sorgen um sich. Sie macht sich Sorgen um ihren Mann, den Ingenieur Krautwirth, der als einer der ersten schon vor Monaten ins Lager gehen musste.
»Was ist mit Krautwirth? Was wird mit Krautwirth?« Sie nennt ihn nur mit diesem Namen.
»Ich kann ohne Krautwirth nicht leben«, flüstert sie und lehnt den Kopf an Mamas Schultern.
Aber dann lächelt sie schon wieder, umarmt, drückt, küsst mich, wirbelt mich durch die Luft.

Teofila (li.) und ihre Schwester Sabine (um 1933).

»Rominka!«, ruft sie, »meine kleine, süße Rominka! Warte nur, wenn du so weitermachst, werden die Männer dir zu Füßen liegen!«
Während ich überlege, was Sabine damit meint und ob sie wohl von den Toten spricht, die im Schnee vor meinen Füßen gelegen haben, sagt meine Mutter leise und traurig: »Sie ist dir wie aus dem Gesicht geschnitten.«
Dann bringt sie Sabine zur Tür.
»Pass auf!«, sagt meine Mutter und küsst Sabine zum Abschied.

Die Angst wird jeden Tag schlimmer. Und das Geschrei. Kein Mensch redet mehr normal. Entweder sie schreien, oder sie weinen, oder sie flüstern. Wenn wir auf die Straße müssen, huschen wir nur. Wie graue, dünne Tiere. Wir sitzen in unserem Versteck und sehen zu, was sie mit den anderen Tieren machen. Dauernd wird jemand geholt und umgebracht. Alle sprechen darüber: Wer geht als Nächster? Jeder von uns kann der Nächste sein.
Alle huschen und tuscheln. Es gibt nur kurze Nachrichten, Gerüchte, Gegenstände, Zettel, die einem in die Hand gedrückt werden. Meine Mutter geht nicht mehr zur Arbeit, sie versteckt sich zu Hause und passt auf mich auf.
Eines Tages liegt der karierte Koffer von Sabine auf der Straße, leer. Und einmal kommt jemand und gibt meinem Vater einen goldenen Ring. Oft kommt jemand in die Küche und bringt einen Sack Kartoffeln oder ein, zwei Köpfe Kohl, und mein Vater gibt ihm einen Ring dafür. Aber diesmal ist es mein Vater, der den Ring bekommt, und er gibt dem Mann nichts dafür. Er umarmt den Mann, und sie setzen sich aufs Bett. Ich komme unter dem Tisch hervor. Mein Vater ist kalkweiß im Gesicht und sieht aus wie ein alter Mann. Der Ring liegt auf dem Tisch. Er hat einen roten Stein, in den zwei ineinander verschlungene Zeichen geritzt sind. Ich will ihn meinem Vater an die Hand stecken. Er lässt es müde zu, betrachtet seine Hand mit dem Ring. »Er ist schön«, sage ich. »Es ist Bernhards Ring«, sagt mein Vater. Seine Stimme klingt, als wäre sie weit, weit weg. »Es ist der Siegelring meines Bruders.«

»Die Kinder werden abgeholt ... man darf sie nicht mitnehmen«, flüstert mein Vater. »Wir müssen Roma irgendwie rausbringen. Schnell, bevor es zu spät ist.«
Ich sitze unter dem Tisch, wie immer, und wünsche mir wieder einmal, ich hätte keine Ohren. Egal was ich höre, es macht mir Angst. So muss es den Kaninchen gehen mit ihren langen Ohren, denke ich. Sie hören alles.
Die Erwachsenen reden immer. Ihre Gespräche drehen sich um Papiere, Ausweise, Kennkarte, Aussiedeln, Abtransportieren, Verstecken. Wer geht, du zuerst, ich zuerst. Oder wollen wir zusammen sterben.
Ich wiederhole leise den Satz, wieder und wieder. Wir wollen zusammen sterben. Sterben, sterben, sterben ...
Sie überlegen, was sie mit den Kindern machen sollen. Kann man sie überhaupt behalten?
»Ganze Familien bringen sich um, sie wollen zusammen sterben«, sagt meine Mutter heiser. »Das Gift ist so gut wie aus, Zyankali ist kaum noch zu bekommen.«
Zyankali, sage ich leise zu mir selbst, das ist ein schönes Wort.
»Roman ist schon draußen«, sagt mein Vater leise, aber bestimmt. »Da ist doch das Loch in der Mauer. Und sie ist ja jetzt blond. Mit einem Schlafmittel müsste es gehen.«
Lauf weg! ruft meine innere Stimme. Sie haben wieder etwas mit dir vor! Rette dich! Versteck dich! Schnell!
Aber wohin soll ich denn laufen? Ich sitze ja schon im Versteck. Dem einzigen, das ich kenne. Ich weiß, dass ich hier nicht sicher bin. Doch ich habe keine Wahl. Sicherheit gibt es nicht.

Sie erklären mir alles. »Jemand wird dich mit hinausnehmen aus dem Ghetto«, sagen sie. »Du wirst bei guten Menschen sein und überleben.« Sie geben mir etwas zu trinken und packen mich in einen Koffer. Ich werde von Panik erfasst. Ich kämpfe um mein Leben, ich kratze, trete, schlage, beiße. Nur schreien kann ich nicht. Mein Mund ist trocken, wie zugeklebt, und meine Augenlider sind schwer wie Blei. Ich weiß, dass ich in dem Koffer ersticken werde, ich bekomme doch ohnehin schon längst keine Luft mehr, die Angst erstickt mich ...

»Sie wird ersticken!«, ruft meine Mutter verzweifelt. Ich höre ihre Stimme ganz dumpf durch den schweren Kofferdeckel. Um mich herum ist es stockdunkel, schwarz, eng. Ich kann mich nicht bewegen. Ich kann nicht atmen. Ich sitze in der Falle, und ich werde ersticken.

Die Zeit bleibt stehen. Mein Herz bleibt stehen. Eine Ewigkeit lang.

Dann wird der Kofferdeckel aufgerissen. Licht überflutet mich, ich muss blinzeln, hole tief Atem. Wo bin ich? Bin ich schon tot?

Meine Mutter reißt mich an sich, drückt mich, bedeckt mein Gesicht mit Küssen. Sie ist ganz nass vor Tränen. »Ich kann das nicht!«, ruft sie ein über das andere Mal, »David, ich kann das einfach nicht!«

Mein Vater seufzt, tief und schwer. Er stützt den Kopf in die Hände und sagt nichts. Er denkt nach.

Wir stehen in der Menschenschlange und warten, meine Mutter und ich. Es ist sehr, sehr heiß, die Sonne brennt auf den roten Mantel. Meine Beine sind so müde, dass ich mich kaum aufrecht halten kann. Und ich habe schrecklichen Durst, meine Kehle ist ausgedörrt. Aber ich weiß, dass ich stehen bleiben muss. Die Männer mit den Stiefeln haben ihre Gewehre auf uns gerichtet und beobachten uns. Einer von ihnen raucht eine Zigarette. Er ist so hoch wie ein Baum, und unter seiner Mütze sieht man seinen Haaransatz. Seine Haare sind strahlend blond, seine Augen himmelblau. Er lächelt nicht. Warum sollte er auch? Weil ein hässliches, kleines Mädchen mit schwarzen Augen vor ihm steht? Ein Judenkind? Ich würde ihn gerne weiter anschauen, aber ich habe Angst, ihm ins Gesicht zu sehen. Es ist verboten.

»WEITER! Los!« Ich werde von der Menge nach vorne geschoben, sehe den Mann mit den Stiefeln nicht mehr.

»KENNKARTE!« Sie kontrollieren die Papiere. Direkt vor uns wird eine junge Frau mit einem Säugling auf dem Arm von zwei Stiefelmännern aus der Reihe gezerrt. Sie heult und schreit, aber das macht es nur noch schlimmer. Der blonde Mann entreißt ihr das Kind und wirft es auf den Boden. Sein Kopf prallt mit einem dumpfen Knall auf die harten Pflastersteine.

Meine Mutter hält meine Hand noch ein bisschen fester. »Schau nicht hin!«, flüstert sie, »hab keine Angst ...« Das sagt sie immer, wenn sie Angst hat.

Wir haben ein blaues Stück Papier bekommen, und meine Mutter ist für einen Augenblick richtig glücklich. Sie zeigt es abends meinem Vater. »Wir haben einen Blauschein, wir sind arbeitsfähig!«, sagt sie immer wieder, »vielleicht wird doch noch alles gut!«

Dann stopft sie mir wieder etwas in den Mund.
Mein Vater schweigt. Er überlegt.

Auf dem großen Platz stehen und sitzen wieder viele, viele Menschen mit ihrem Gepäck. Die Lastwagen sind auch wieder da. Und die Stiefelmänner mit ihren großen Autos. Sie brüllen ihre Befehle. Sie treiben alte und kranke Menschen zusammen. Viele von ihnen können nicht richtig laufen. Ich sehe, wie ein alter Mann mit Krücken in dem Gedränge zu Boden fällt. Sie schlagen ihm mit dem Gewehr auf den Kopf und werfen ihn zur Seite wie einen Sack Müll.
Es ist immer noch unerträglich heiß. Meine Kehle brennt wie Feuer. Meine Mutter hat das blaue Stück Papier in der Tasche. Sie zittert.
Wir setzen uns auf unsere Koffer. Wir warten.
Schreie, Schüsse, Schläge. Gebrüll. Ich möchte mir die Ohren zuhalten, aber das ist verboten.
Wir warten. Die Stunden vergehen.
Auf einmal steht neben mir ein Junge. So groß wie ich, vielleicht ein bisschen größer. Er hat einen viel zu weiten Mantel an und eine Mütze, die ihm über die Augen rutscht.
Er lächelt mich an.
Ich halte den Atem an vor Schreck. Lächeln ist verboten!
Ich lächele kurz zurück.
Habe ich den Jungen nicht schon einmal gesehen? Er kommt mir so bekannt vor.
Ja, ich kenne ihn schon ganz lange. Mein ganzes Leben lang. Er ist mein Freund. Ich glaube, er heißt Stefuś.

Wir müssen ganz still sein. Sonst ...
Er hat einen kleinen Stein in der Hand. Wir dürfen uns nicht bewegen. Aber wir spielen, eine Art Ballspiel. Er schiebt den Stein in meine Hand, ich ihn zurück in seine. Hin und her. Her und hin. Und wieder und wieder. Der Stein wird feucht und warm. Er ist schön, glatt, er gehört uns.
Ich habe einen Freund.
Plötzlich ist Stefuś weg. Sieht seine Mutter, die von einem Mann in Uniform auf den Lastwagen getrieben wird. Er rennt nach vorne, auf sie zu. Etwas prasselt zu unseren Füßen. Stefuś fällt zu Boden.
Ist er gestolpert?
Warum steht er nicht auf?
Ich sehe seine Füße, seine viel zu großen Schuhe. Die Schnürsenkel sind offen. Sicher ist er deswegen gestolpert.
Aus seiner geöffneten Hand rutscht der Stein, rollt über das Pflaster, bleibt ganz still liegen.
So still wie Stefuś. Warum steht er nicht auf?
Ich lese die Antwort in dem kleinen, roten Rinnsal, das unter seinem Mantel hervorquillt.
Sie schleppen ihn weg.
»Mama ...«
»Schau nicht hin, Kind«, flüstert sie, »schau nicht hin.«

»Ich habe die Kennkarten«, flüstert mein Vater stolz, »sie sind echt, gestohlen. Arische Kennkarten. Du heißt jetzt Ligocka, mein Schatz. Und ich habe auch das Versteck. Es ist ein gutes Versteck.«

Sie sitzen wieder am Tisch und reden. Ganz leise und heimlich. Die anderen sollen es nicht hören. Und ich sitze in meinem Versteck unter dem Tisch und höre zu.
»Ligocka ...«, murmelt meine Mutter. »Ob das Kind sich das merken kann? L-I-G-O-C-K-A ... Wir werden das mit ihr üben müssen ... davon kann unser Leben abhängen ...«
Ich heiße doch Liebling, denke ich, ich will so nicht heißen, ich heiße doch Liebling ...
»Ligocka ...«, murmelt meine Mutter wieder. Sie seufzt und putzt sich die Nase.
»Was hast du dafür bezahlt?«, flüstert sie dann. Ich linse verstohlen unter dem Tisch hervor. Meine Mutter schaut sich misstrauisch um. Doch die anderen Leute kümmern sich nicht um sie. Sie haben mit sich selbst genug zu tun. Eine Frau wäscht sich in der Ecke die Haare. Zwei andere streiten sich um etwas. Ein dünner, bärtiger Mann sitzt auf einem Stuhl und starrt vor sich hin.
Mein Vater zuckt die Schultern. »Fast alles, was wir hatten«, sagt er bitter. Er streicht meiner Mutter über das Haar. Sie lehnt sich an seine Schulter und schließt die Augen.
»Ich will nicht Ligocka heißen!«, sage ich laut. »Ich heiße doch Liebling, wie ihr!«
Sie holen mich aus meinem Versteck heraus und reden auf mich ein. Sie üben mit mir den neuen Namen, bis ich müde bin. Ich krieche wieder unter den Tisch.
Sie reden noch lange, aber ich höre sie nicht mehr.
Ich sitze unter dem Tisch und denke an Stefuś.

Wir warten immer, auf nichts. Wir warten Tag und Nacht. Keiner weiß, was morgen sein wird. Wir werden aussortiert, wie eine Ware werden wir dauernd aussortiert. Straße für Straße, Haus für Haus werden wir eingekreist. Auch alte Menschen färben sich jetzt die Haare. Um jünger auszusehen und nicht abtransportiert zu werden. Um noch gebraucht zu werden. Aber auch Jugend ist keine Garantie. Es gibt keine Garantie für irgendetwas. Kein Recht auf irgendetwas. Die Papiere werden überprüft, die Wahl wird getroffen. Wahllos, nach nur ihnen bekannten Mustern. Mal sind die Frauen dran, mal die Männer, mal die Jüngeren, mal die Älteren. Die Angst lähmt uns, denn jede Bewegung, jedes Wort kann falsch sein. Alles ist verboten, und doch wissen wir nie genau, ob wir nicht etwas noch Verboteneres tun. Aus welcher Richtung die Kugel kommt. Wir versuchen, dem Stein gleich zu sein, den Mauern gleich zu sein, nicht vorhanden zu sein. Und nie die Hand loszulassen, die wir umklammern. Wenn man sie loslässt, ist sie im nächsten Augenblick vielleicht verschwunden. Menschen gehen und kommen einfach nicht wieder. Kaum hat man sich an ein Gesicht gewöhnt, ist es schon weg.

Mein Vater ist nicht mehr da. Wo ist er? »Płaszów«, sagt meine Mutter trocken. Sie steht am Herd und sucht die Zwiebel, die sie in der Schürzentasche hatte. Ich habe gesehen, wie die dünne Frau sie herausgenommen hat, aber ich sage nichts. Ich bin froh, wenn ich nichts essen muss, weil sie die Zwiebel nicht hat. Płaszów ... den Namen kenne ich. Ich weiß, dass das Lager so heißt. Sie

verfrachten die Menschen auf Lastwagen und fahren sie ins Lager. Das erzählen die Leute. Ich habe es selbst gehört.
Meine Mutter schimpft vor sich hin. »Diese Banditen!«, murmelt sie, »klauen mir das bisschen Essen! Stehlen mir die Kleider vom Leib!«
Seit Großmutter weg ist und nicht mehr näht, haben wir kaum noch etwas zum Anziehen. Meine Sachen sind kaputt und zu klein. Die schönen Kleider meiner Mutter fast alle gestohlen.
»Kommt Papa wieder?« Ich weiß, dass ich nicht fragen soll, aber ich muss es wissen.
Meine Mutter antwortet nicht.

Sie zieht mir den roten Mantel an, hockt sich vor mich hin und knöpft ihn sorgfältig zu. Ihre Hände zittern. »Komm«, sagt sie, »nimm deinen Koffer. Wir gehen.«
Meine innere Stimme warnt mich, aber ich wage nicht zu fragen, was meine Mutter vorhat. Sie trägt auch einen Koffer und ein großes Bündel unter dem Arm.
»Schnell«, sagt sie, als wir die dunkle Stiege heruntergehen, vorbei an der stinkenden Toilette. Ich halte mir die Nase zu, beeile mich, stolpere. Meine Mutter umklammert mein Handgelenk, zieht mich weiter.
Auf der Straße gehen die Stiefelmänner auf und ab. Sie unterhalten sich, lachen. Ich bleibe stehen.
»Schnell!«
Vorbei an den Stiefelmännern. Sie sind in ihre Unterhaltung vertieft, beachten uns nicht. Ich fühle, wie sich der eiserne Griff um mein Handgelenk ein wenig lockert.

Wir biegen in eine kleine Gasse ein, in einen Hinterhof. Wäsche flattert auf den Leinen der Balkons. Auf dem nassen Pflaster sitzen gurrende Tauben.
»Wir sind da.«
Sie zieht mich in eine Tür.

Wir stehen in einem kleinen Laden. Es sind noch andere Leute da. Sie haben Koffer und Taschen dabei. Wie immer. Das ist nichts Neues.
Aber der Laden ist neu. So einen Laden habe ich noch nie gesehen. Ich schaue nach oben. In den Regalen, auf dem Ladentisch stehen Pinsel, Bürsten, Flaschen, Eimer. Und Farben, überall Farben! Alles ist bunt! Große Kisten stehen herum mit farbigem Pulver, buntem Schnee. Dunkelrot, Goldgrün, Himmelblau ...
Ich tauche meinen Finger in ein leuchtend gelbes Pulver, verschmiere mir das Gesicht. Meine Mutter zieht meine Hand weg.
Ich piepse: »Nein!«
Meine Mutter zieht mich ganz eng an sich, hält mich fest. Ich spüre, dass sie am ganzen Körper zittert.
Hinter der Theke steht ein kleiner, dicker Mann. Der Mann zieht eine Schublade aus der Wand. Ich sehe, dass die Wände des Ladens aus vielen kleinen und großen Schubladen bestehen. Er zieht die große, untere Schublade heraus, beugt sich so komisch unter ihrem Gewicht. Da, wo die Schublade war, ist jetzt ein schwarzes Loch.
»Los, runter!«, sagt der Mann. Es ist ein Schreien und Flüstern zugleich.
Die Leute springen hinunter, mit ihren Taschen und Koffern, in das schwarze Loch.

Jetzt soll ich springen. Ich will nicht! Entsetzt weiche ich zurück. Umklammere meine Mutter, halte sie fest. Ich will nicht!
»Du zuerst!«, bellt der Mann meine Mutter an. »Schnell, schnell!«
Ich will sie nicht loslassen, aber schon packt mich eine Hand, eine andere verdeckt mir den Mund.
Meine Mutter verschwindet in dem schwarzen Loch. Ich wehre mich mit aller Kraft, strample, kämpfe, rudere verzweifelt mit den Armen. Ich bekomme keine Luft mehr. Die Tauben gurren so laut ...
Sie lassen mich los, man gibt mir einen heftigen Stoß. Ich falle.
Ich falle in das schwarze Loch.

Es ist stockdunkel um mich. Schwarze Nacht. Ich liege auf feuchtem, fauligem Stroh. Es klebt an meinen Händen, in meinem Gesicht. Es stinkt. Auch die anderen Leute sind da, die aus dem Laden. Fremde, die ich nicht kenne.
Meine Mutter ist da, nimmt mich in die Arme. Sie stopft mir ein Stück Zwieback in den Mund. Er ist feucht und klebrig. Ich spucke ihn aus, fange an zu jammern.
»Sei still!«, zischt jemand wütend. Meine Mutter hält mir schnell den Mund zu.

Langsam gewöhnen sich meine Augen an die Dunkelheit, und ich kann schattenhaft die Umrisse der Menschenleiber erkennen, die sich hier verkrochen haben. Sie tuscheln und seufzen und stöhnen.

Ganz oben in der Wand gibt es ein winziges, vergittertes Fensterchen mit schmutziger Scheibe, durch das man ab und zu die Umrisse laufender Füße sieht. Ich höre das Getrappel und das Gurren der Tauben. Gurren, Gurren, Gurren ...

Es ist kalt. Ich friere. Ich wünsche mich zurück unter den Küchentisch. Nach einer Weile will ich mich umschauen, sehen, wo wir sind, krabbele vom Schoß meiner Mutter herunter, krieche auf dem feuchten Boden herum.

In einer Ecke entdecke ich etwas. Es ist kalt und steif. Ich taste an dem Ding herum. Es hat einen Bauch, einen Hals ... es fühlt sich an, wie ... wie ein starrer menschlicher Körper, wie eine Leiche! Und aus dem Bauch kriechen Würmer! Entsetzen ergreift mich, nackte Panik, ich schreie.

Zum ersten Mal in meinem Leben schreie ich, gellend und so laut ich kann. Es ist auch der letzte Schrei in meinem Leben. Wie eine Krake mit tausend Armen fallen sie über mich her, weil ich geschrien habe. Sie packen meine Arme und Beine. Sie halten mich fest. Sie pressen mir die Hände auf den Mund. Sie wollen mich ersticken! Ich bekomme keine Luft mehr, beginne das Bewusstsein zu verlieren und kann mich gegen die Hände nicht mehr wehren. Immer schwächer werde ich.

Wie aus dem Nebel höre ich die flehende Stimme meiner Mutter, in diesem schreienden Flüsterton: »Lasst sie, bitte lasst sie! Sie wird nie wieder schreien, ich schwöre, sie wird nie wieder schreien. Nie wieder! Bitte, lasst sie!«

Meine Mutter reißt an den Händen, die mir den Mund zuhalten. Die Hände lockern sich, lassen schließlich los. Ich ringe nach Luft, keuche, spucke, atme. Ich lebe.
Draußen ist Totenstille. Nur die Tauben gurren.
Später zeigt mir meine Mutter die Leiche. »Es ist nur eine alte Schneiderpuppe«, flüstert sie heiser. »Siehst du? Eine kaputte alte Schneiderpuppe. Hab keine Angst.«
Immer, wenn sie Angst hat, sagt sie das.

Stunden vergehen, Tage, Wochen. Vielleicht Monate. Die Zeit steht still, wenn man in der Finsternis lebt. Ich weiß nicht, wie lange wir dort in dem schwarzen Loch kauern, und werde es nie erfahren. Meine Mutter will mir süßen, milchigen Tee einflößen, Bawarka heißt er. Ich spucke ihn aus. Er schmeckt widerlich.
Ein Mann reicht meiner Mutter eine Flasche herüber. Bevor ich mich wehren kann, haben sie mir die Flüssigkeit in den Mund geschüttet. Sie ist warm und brennt auf der Zunge. »Da ist Wodka drin, im Tee«, flüstert der Mann. Der Wodka ist scheußlich, aber er tut gut. Wärme breitet sich in mir aus. Alles wird so dämmerig, auch meine Angst. Mein Körper entspannt sich für einige Zeit.

Immer wieder hört man von oben die Schreie, die Schüsse, das Hundegebell, die Razzien. Menschen trommeln an die Bodenluke. Es sind Stimmen, die wir hier unten kennen, die da oben hämmern und betteln: »Wir wissen, dass ihr da seid!«, rufen sie, »lasst uns rein, lasst uns rein! Rettet uns!«

Wir sind ganz still und rühren uns nicht. Wir dürfen sie nicht hereinlassen. Sie jammern und flehen. Sie heulen. Um mich herum ist nur Geheul. Sie jaulen wie Hunde.
»Habt Erbarmen! Sarah, lass uns herein! Ich bin es, deine Schwester! Rahel, ich bin es, Josef! Dein Josef! Öffnet uns! Rettet uns! Ich bin es, Rosa!«
Ich halte mir die Ohren zu.
Dann, irgendwann, ist es wieder still. Nur die Tauben gurren.
Ich höre die Fremden neben mir leise schluchzen. »Meine Schwester, meine kleine Schwester«, jammert eine Frauenstimme. »Rosa, Rosa ...«
Im Flüsterton reden sie alle fieberhaft durcheinander. Das war meine Mutter, heulen sie, das war mein Bruder, mein Freund, jetzt müssen sie sterben. Alle weinen.
Warum haben wir die anderen nicht hereingelassen?
»Es ist kein Platz für alle hier unten«, flüstert meine Mutter. »Wir würden ersticken. Man würde uns finden. Wenn einer sie hereingelassen hätte, wären die anderen über ihn hergefallen.«

Im Morgengrauen des 14. März 1943 verlasse ich, fast blind von der Dunkelheit, an der Hand meiner Mutter das Versteck im Kellerloch. Ich bin vier Jahre alt.
Es ist ein eiskalter, eisgrauer Tag. Die Straßen sind leer, die Häuser sind leer. Die Toten sind still.
Auf dem Pflaster liegen viele verstreute Koffer und Bündel, ein Hut, Handtaschen. Blutspuren beflecken den grauen, zertrampelten Schnee.

Eine Putzkolonne räumt schweigend auf, wirft die Koffer auf einen Handkarren, kehrt den blutigen Schnee auf einen Haufen.
Ich weiß nicht mehr, wo ich bin. Wer ich bin ...
»Du heißt jetzt Roma Ligocka«, flüstert meine Mutter mir heiser ins Ohr. »Vergiss das nicht, vergiss das nie, egal, was passiert!«
Die Männer von der Putzkolonne nehmen uns unauffällig in ihre Mitte. Sie setzen mich hastig zwischen die Koffer auf dem Karren, werfen eine Decke über mich. Die Putzeimer klappern. Die Räder des Wagens holpern auf dem Kopfsteinpflaster. Ich höre das gleichmäßige Wisch-Wisch der Besen, die den blutigen Schnee wegkehren.
Wir gehen durch das große Tor in die andere, die arische Welt.
Hinter uns liegt das fast gänzlich verlassene Ghetto.
Mir kommt es so vor, als ob ich ab jetzt kein Kind mehr bin.

* * *

In Polen lebten 1939 die meisten Juden Europas, nämlich 3,3 Millionen; die meisten von ihnen in den Städten. Insgesamt machten sie 14 Prozent der polnischen Bevölkerung aus.
Im 14. Jahrhundert hatte der polnische König Kasimir der Große die Juden zur Förderung der wirtschaftlichen und kulturellen Entwicklung ins Land geholt. Durch ihren Glauben bedingt lebten Juden und Polen in verschiedenen Welten. Anders als in den anderen europäischen Ländern passte sich in Polen nur ein kleiner

Teil der Juden in Sprache, Aussehen und Verhalten der übrigen Bevölkerung an.
Nachdem die Deutschen 1939 Polen besetzt hatten, erließen sie eine ständig wachsende Flut von Vorschriften. Alle Juden wurden registriert, bekamen spezielle Personalausweise und mussten den Davidstern tragen. Ihre Konten wurden gesperrt, ihr Eigentum konfisziert, und sie durften nicht mehr erwerbstätig sein. Reise- und Fahrverbote wurden eingeführt. Haustierhaltung war untersagt, ebenso das Betreten von bestimmten Straßen, Geschäften und Lokalen. Die Zwangsaussiedlungen begannen.
Die Juden wurden in Ghettos getrieben, die in den schäbigsten Stadtteilen lagen. Sie durften diese »jüdischen Wohnbezirke« nur zur Zwangsarbeit verlassen. Isoliert von dem Rest der Bevölkerung, mussten die Ghettobewohner für einen Hungerlohn, oder sogar ganz ohne Lohn, in Fabriken arbeiten, welche die Deutschen mit »siegentscheidenden« Gütern, Rüstungsmaterial und Uniformen belieferten, oder andere niedere Tätigkeiten verrichten. Überfüllung, Hunger, Krankheiten, Epidemien und Tod waren in den jüdischen Ghettos an der Tagesordnung.
In der Stadt Krakau wohnten zu Kriegsbeginn rund 60 000 Juden, im gesamten Krakauer Bezirk, der Woiwodschaft Krakau, schätzungsweise 225 000 Juden. Nur 15 000 von ihnen überlebten den Krieg; viele davon mit Hilfe der polnischen Bevölkerung.

Im März 1941 wurden in Krakau die Juden zu Tausenden in den »jüdischen Wohnbezirk«, rund 320 mod-

rige, kleine Häuser am rechten Ufer der Weichsel, gepfercht. Das Ghetto umfasste anfangs rund 17 000 Einwohner; ab Mai 1941 wurden zusätzlich alle Juden aus 21 außerhalb Krakaus liegenden Ortschaften dorthin umgesiedelt. Die Zahl der von den Behörden pro Fensterkreuz zugelassenen Personen wurde von drei auf vier erhöht. Die Enge in den Häusern und die sanitären Verhältnisse waren un-beschreiblich.
Das Ghetto, ein ehemaliges, heruntergekommenes Arbeiterviertel, wurde zunächst von einer Mauer, später von Stacheldraht umgeben und streng bewacht. Es war bei Todesstrafe verboten, das Ghetto ohne Erlaubnis zu verlassen. Ständig zunehmende Repressalien, willkürliche Grausamkeiten und brutale Razzien kosteten jeden Tag und jede Nacht Menschenleben. Allein im Herbst 1941 wurden schätzungsweise 2000 Menschen aus dem Ghetto verschleppt oder vor Ort ermordet, vor allem Menschen ohne Dokumente und Beschäftigung, vorwiegend orthodoxe Juden.

Im Januar 1942 wurde in der Wannsee-Konferenz die »Endlösung« der Judenfrage beschlossen. Die Deportationen begannen bereits im Herbst 1941. Vorher hatte es noch keine gezielte Judenvernichtung gegeben.

Im Juni 1942 begannen die Deutschen in zwei Großaktionen mit der »Aussiedlung«, der Durchführung der »Endlösung« im Krakauer Ghetto. Tausende von Menschen wurden zusammengetrieben und verladen, 5000 bis 7000 Menschen direkt in das Vernichtungslager Bełżec transportiert, wo sie damals noch mit Diesel-

abgasen ermordet wurden. Unzählige wurden bereits an Ort und Stelle im Ghetto erschossen.
Am 28. Oktober 1942 wurde ein weiterer großer Teil der Juden, etwa 6000 Menschen, aus dem Ghetto verschleppt. Insgesamt brachten die Deutschen in dieser Zeit 12 000 bis 15 000 Menschen aus dem Krakauer Ghetto direkt in die Vernichtungslager.
Die anderen wurden in das auf zwei zerstörten jüdischen Friedhöfen neu errichtete Lager Płaszów am Stadtrand deportiert.
Die jüdische Kampforganisation ŻOB legte in diesem Oktober in der Krakauer Innenstadt im Café Cyganeria, im Esplanada und im Kino Skala Bomben; doch der jüdische Widerstand hatte von Anfang an keine Chance.
In Płaszów übernahm der brutale SS-Untersturmführer Amon Göth im Februar 1943 das Kommando. Die Zahl der Lagerinsassen wuchs rasch von anfänglich 2000 bis auf 25 000 an. Im Lager wurden die Häftlinge durch Hunger, schwere körperliche Arbeit, Krankheiten und Schläge ausgezehrt, viele von ihnen wurden, auch von Göth persönlich, hingerichtet.
Das verkleinerte Ghetto wurde in Zone A und Zone B unterteilt – A für »Arbeitsfähige«, B für »Arbeitsunfähige«.
Um Munition zu sparen, ließ man die noch vorhandenen Kinder im Ghetto an Ort und Stelle in einer Reihe antreten und erschoss sie mit nur einer Kugel. Mit Äxten und Eisenstangen bewaffnet, spürten die Männer des Sicherheitsdienstes dann die Verstecke im Ghetto auf. Die Entdeckten wurden erschossen oder nach Płaszów gebracht.

Am 13. März 1943 um 11 Uhr vormittags gab der Judenrat auf Befehl von SS-Obergruppenführer Scherner bekannt, dass das Ghetto bis 15 Uhr geräumt werden müsse. Die restlichen Juden der Zone A wurden nach Płaszów getrieben, die Einwohner der Zone B in die »Ostbahn« verladen, die in den direkten Tod führte. Amon Göth jagte mit einer Waffe in der Hand, gefolgt von seinen Hunden und seinen Männern, durch die fast leeren Straßen des Ghettos. Am 13. und am 14. März sollen dort innerhalb weniger Stunden noch etwa 1000 Menschen an Ort und Stelle erschossen worden sein. Danach war das Ghetto »judenrein«.

Im Dezember 1943 wurde das Gelände gründlich gesäubert, die Reste der Mauer abgebrochen und das Stadtviertel wieder geöffnet.
Bis weit ins Jahr 1944 gingen Transporte von Männern, Frauen und Kindern von Płaszów direkt in die Todeskammern der Konzentrationslager Auschwitz, Mauthausen und Groß-Rosen. Der letzte Transport aus Krakau erreichte Auschwitz einen Tag vor Einmarsch der Roten Armee.

Heute sind in der Stadt Krakau rund 100 Juden registriert.

2

DIE STADT IST RIESIG, FREMD UND UNHEIMLICH. Schneeregen fällt und fällt. Noch nie habe ich so viele Häuser gesehen, noch nie so viele Pferdedroschken und Straßenbahnen. Trotzdem wirkt die Stadt bedrückt, fast still. Nur wenige Leute sind unterwegs. Sie haben es sehr eilig. Wir laufen frierend durch die Straßen, meine Mutter und ich. In der Hand unsere Koffer, in der Tasche die arischen Kennkarten mit dem fremden Namen. Unsere Herzen klopfen.
Meine Mutter geht sehr schnell, zu schnell für mich. Ich stolpere hinter ihr her. Keiner achtet auf uns. Eine große, blonde Frau und ein kleines, blondes Mädchen in einem roten Mantel sind nichts Besonderes. Auch das Gepäck fällt nicht weiter auf. Es ist Krieg. Da sind viele unterwegs.
Meine Mutter sagt kein Wort. Ich spüre, wie angespannt sie ist. Wie verwirrt vom Tageslicht und von den vielen Gassen. Aber sie kennt sich aus. Wir umgehen die großen Straßen.
Zielstrebig läuft sie immer weiter. Ihre Schritte werden immer schneller. Sie hat Angst. Ich weiß, sie sucht ein bestimmtes Haus. Die Adresse, wo wir sicher sind. Das neue Versteck.

Sie bleibt stehen und schaut sich um, atmet schwer. Ich umklammere ihre Hand, spüre ihre wachsende Angst. Sie hat sich verlaufen.
Der Mann, der auf der anderen Straßenseite seinen Laden aufschließt, wirft uns einen misstrauischen Blick zu.
Weiter.
Sie hastet vorwärts, zieht mich hinter sich her. Ich bin müde und erschöpft, wage jedoch nicht zu jammern.
Wieder bleibt sie stehen, blickt sich nervös um. Keiner verfolgt uns, keiner ist hinter uns her.
Oder doch?
Sie zuckt zusammen. Schritte hallen auf dem Pflaster hinter uns, kommen näher.
Aber es ist nur eine alte Frau, die einen Beutel Kohlen schleppt. Sie hat den Kopf gesenkt, schlurft an uns vorbei, ohne aufzusehen.
Meine Mutter bleibt wieder stehen, überlegt. Oder ist sie zu erschöpft, um weiterzugehen?
»Hier entlang«, sagt sie entschlossen. Ich fühle ihre Erleichterung. Anscheinend weiß sie jetzt, wo wir sind.
Wir gehen eine lange Straße entlang. Am Ende der Straße ist ein großes, steinernes Tor. Dahinter ein Hof mit hohen, alten Häusern.
»Da ist es«, flüstert meine Mutter. »Gleich!«
Die Straße kommt mir endlos vor, doch wir haben keine Wahl.
Es dauert eine Ewigkeit, aber wir schaffen es. Endlich sind wir da ...

Aus dem Schatten des Torbogens tritt plötzlich ein Mann. Seine goldenen Knöpfe blitzen. Seine schwarzen Stiefel glänzen. Er hat einen schwarzen Schnurrbart und kleine, stechende Augen.
»Halt!«, schnauzt er meine Mutter auf Polnisch an. »Polizei! Ihre Kennkarte!«
Ich spüre das Zittern, das durch den Körper meiner Mutter rieselt, wie spitze Nadelstiche. Sie lässt meine Hand los, stellt den Koffer ab, ringt nach Luft, sucht in ihren Taschen.
»Hier ...«, stammelt sie mit belegter Stimme und reicht ihm unsere neuen Ausweise.
Er nimmt sie und blättert darin, schaut von dem Foto auf meine Mutter, dann hinunter zu mir, wieder zurück zum Foto.
»LIGOCKA ...«, sagt er gedehnt und kaut am Zipfel seines Schnurrbarts. »Sie sind arisch, Frau Ligocka?«
Meine Mutter nickt, stumm. Senkt den Kopf.
Ein Grinsen breitet sich auf dem Gesicht des Mannes aus. Sein Schnurrbart zuckt.
»Du lügst!«, bellt er. »Ihr seid Juden! Ich kenne euch. Ich weiß Bescheid. Ihr seid nicht die Ersten, die ich hier erwische. Ich bringe euch nach Montelupich ...«
Ich weiß nicht, was Montelupich ist. Aber an dem Verhalten meiner Mutter erkenne ich, dass es den Tod bedeutet. Wir sind in eine Falle gelaufen.
Sie zittert am ganzen Leib, kramt wieder in ihren Taschen.
»Bitte«, fleht sie und drückt ihm etwas Goldenes in die Hand, »bitte, lassen Sie uns gehen ... das Kind und mich ...«

Er nimmt den Schmuck, betrachtet ihn prüfend, beißt mit seinen gelben, großen Zähnen darauf. Dann lässt er ihn in seine Tasche gleiten.
»Gut ...«, murmelt er. Doch dann zuckt der Schnurrbart wieder. Er grinst.
»Du denkst wohl, du kannst mich bestechen, du dreckiges jüdisches Miststück? Ich bringe euch jetzt dahin, wo ihr hingehört! Nach Montelupich!«
»Warten Sie ... bitte ...« Meine Mutter ist schneeweiß im Gesicht geworden. Sie durchwühlt erneut ihre Taschen, drückt ihm wieder etwas in die Hand. »Hier, nehmen Sie das ... es ist alles, was ich habe ... lassen Sie uns gehen, ich flehe Sie an ...«
Er steckt den Schmuck ein, schaut sie an, genießt ihre Angst. Wartet.
»Du lügst«, knurrt er dann. »Du hast noch mehr. Her damit, oder ...«
Der Handel geht weiter. Meine Mutter zittert, weint, holt Schmuck aus ihren Taschen. Er steckt ihn ein und will mehr, immer mehr. Er ist rot im Gesicht und schwitzt.
Ich bin so müde, furchtbar müde. Ich knie mich auf den kalten Boden, neben meine Mutter. Nichts ist mehr wichtig. Ich möchte schlafen, löse mich auf ...
Die goldenen Ringe gleiten meiner Mutter aus den Händen, glänzen auf dem nassen Kopfsteinpflaster, Brillanten funkeln im Rinnstein.
Ich sehe das Funkeln, die Stiefel, den Schneeregen, der auf alles fällt, leise und stetig, ohne Ende.
Meine innere Stimme rüttelt mich wach. Ich spüre auf einmal genau, dass meine Mutter nicht mehr kann. Keine Kraft mehr hat. Sie hat aufgegeben.

Ich muss sie retten! Ich muss uns retten!
Ich umklammere die Stiefel des Polizisten.
»Nehmen Sie das doch!«, flehe ich ihn an, »lassen Sie uns gehen! Bitte, was haben Sie davon, wenn Sie uns ausliefern! Sie werden uns töten! Lassen Sie uns gehen ... bitte ...«
Die Tränen laufen mir die Wangen herunter. Er schaut mich an. Schaut mir in die schwarzen Augen. Dann macht er eine müde Handbewegung: »Ach, geht. Aber schnell. Bevor ich es mir anders überlege ...«
Wir laufen. Ich fühle in meinem Rücken, wie der Polizist sich bückt und den Schmuck aus dem Rinnstein aufsammelt.

Wir laufen immer noch. Es ist ein Wettlauf mit der Zeit. Unerbittlich rückt die Sperrstunde näher; bis zur Dämmerung muss man von der Straße verschwunden sein, sonst wird man erschossen. Auch wenn man kein Jude ist.
Die Uhren an den Kirchtürmen der Stadt schlagen. Wieder ist eine Viertelstunde vergangen, eine halbe Stunde, eine ganze. Zu jeder vollen Stunde ertönt das Trompetensignal von der Marienkirche. Jedes Mal zuckt meine Mutter zusammen.
Wir laufen und laufen. Wir steigen Treppen hinauf und hinunter. Wir klopfen und klingeln. Wir bitten und fragen.
»Nur für eine Nacht ...«
»Ich bin eine entfernte Kusine vom Land ...«
»Wir kennen uns aus der Schule, ich bin eine gute Freundin von ihr ...«

»Unsere Eltern waren befreundet, meine Tochter und ich sind auf der Durchreise ...«

Meine Mutter denkt sich immer neue Geschichten aus, versucht verzweifelt, sich an Adressen zu erinnern, die sie von früher kennt. An Menschen, die keine Juden sind, die helfen könnten. An Schulfreundinnen, ehemalige Dienstmädchen ...

Überall schlägt man uns die Tür vor der Nase zu.

Wir laufen weiter. Und weiter.

Straßen und Gassen entlang. Über Plätze und durch Hinterhöfe. Treppen hinauf und hinunter.

Meine Beine sind schwer wie Blei. Ich bin so erschöpft, dass ich mich zu jedem Schritt zwingen muss. Nur die Angst treibt mich jetzt noch an.

Bald ist Sperrstunde ...

Wieder ertönt der blecherne Ton der Trompete. Meine Mutter ist jetzt so müde, dass sie nicht einmal mehr zusammenzuckt.

Wir laufen weiter.

Aber unsere Schritte werden langsamer. Wir haben keine Kraft mehr.

Auf einer Parkbank gönnen wir uns eine kurze Ruhepause. Meine Mutter zieht ein altes Stück Zwieback aus der Tasche. Es riecht nach dem Kellerloch. Ich schüttele den Kopf.

»Wohin sollen wir nur gehen?«, flüstert sie verloren.

Da fällt ihr Blick auf ein Kellerfenster in dem Haus gegenüber. Es ist nur angelehnt.

»Komm!«

Meine Mutter schaut sich um, die Straße ist menschenleer. Sie zerrt mich zu dem kleinen Kellerfenster. Ich

begreife, dass ich hineinklettern soll, sträube mich, jammere. Meine Mutter seufzt.
»Dann geh ich eben zuerst ...« Sie bückt sich, öffnet das Fenster, steckt ein Bein durch den offenen Spalt, stößt plötzlich einen unterdrückten Schmerzenslaut aus. Vorsichtig zieht sie das Bein wieder zurück. Sie hat sich an einem Eisenhaken verletzt und blutet.
Was nun? Sie bindet sich ein Taschentuch um das Bein. Es verfärbt sich langsam rot. Sicher hat sie Schmerzen, das Laufen fällt ihr schwer, sie humpelt.
Inzwischen wird es langsam dunkel. Sie bleibt stehen, wirft einen Blick auf eine der vielen Kirchturmuhren.
»Nur noch eine Stunde ...«
Sie stöhnt.
»Wir brauchen einen Arzt«, flüstert sie, »ich kann mit dem Bein nicht weiterlaufen.«

Dr. Groschen, liest meine Mutter auf einem Messingschild. Das ist ein lustiger Name.
Der Arzt öffnet selbst. Er sieht das blutende Taschentuch um das Bein meiner Mutter.
»Kommen Sie herein.«
Er führt uns in sein Sprechzimmer. Nebenan zwitschert ein Kanarienvogel. An der Wand hängt eine Uhr. Meine Mutter wirft immer wieder nervöse Blicke darauf, während der Arzt ihr Bein untersucht.
»Wie ist das passiert?«
Durch seine Brille mit Goldrand schaut er meine Mutter fragend an.
Sie antwortet nicht. Er wickelt einen Verband um das Bein und wäscht sich die Hände.

»Es sieht schlimmer aus, als es ist, Teofila. Die Wunde wird bald aufhören zu bluten ...«
Meine Mutter, die zusammengesunken auf dem Stuhl gesessen hat, richtet sich überrascht auf.
Der Arzt schaut ihr direkt in die Augen.
»Sie heißen doch Teofila, oder? Teofila Abrahamer? Ich habe Ihren Bruder Jakob vor ein paar Jahren operiert. Gallensteine. Erinnern Sie sich? Sie waren oft bei ihm ...«
Er trocknet sich die Hände ab, hängt sorgfältig das Handtuch auf und setzt sich.
Meine Mutter, die ganz bleich geworden war, wird nun plötzlich knallrot. Hastig, drängend redet sie auf den Arzt ein.
»Helfen Sie uns ... bitte ... verstecken Sie uns, nur für eine Nacht ... gleich ist Sperrstunde ...«
Der Arzt schweigt eine Weile, mustert sie. Überlegt.
»Warten Sie«, sagt er leise, »warten Sie ...«
Sein Blick wandert von meiner Mutter zur Wanduhr, bleibt an mir hängen.
Dann steht er mit einem Ruck auf.
»Ich habe Frau und Kinder, verstehen Sie? Verstehen Sie mich? Gehen Sie, bitte.«
Wir stehen wieder unten auf der Straße. Meine Mutter wirkt benommen, wie betäubt.
Die Kirchturmuhr schlägt viele Male, und der Himmel ist schon dunkelgrau.

»Nur noch eine halbe Stunde ... aber hier irgendwo, hier müsste sie wohnen ... sie hat bei meinen Eltern in der Küche gearbeitet ... sie heißt Johanna ...«

Vorübergehend geborgen: Roma im Arm von Manuela Kiernik (um 1943).

Wir hasten in einen dunklen Hauseingang, mit einem lauten Hall fällt die schwere Holztür hinter uns zu. Im Treppenhaus muss man schon das Licht anmachen. Durch das Flurfenster sehe ich, wie draußen auf der Straße die Gaslaternen angezündet werden.
Mein Herz klopft bis zum Hals.
Wir steigen schwerfällig die hölzernen Treppenstufen empor. Sie knarren und ächzen. Erster Stock, zweiter Stock.
Vor einer Tür mit einem Messingschild bleiben wir stehen.
»Kiernik ... ob es hier ist?«, flüstert meine Mutter voller Zweifel.
Ich drücke auf den goldenen Klingelknopf.
Wir hören Schritte. Die Tür geht auf.
Vor uns steht ein Engel. Ein blonder Engel.
Er hat ein gepunktetes, buntes Kleid an, strahlt Wärme, Licht und Herzlichkeit aus. Der Engel ist wunderschön, hell wie die Sonne, goldblond, noch schöner als Irene ...
»Manuela!«, ruft eine scharfe Stimme aus der Wohnung, »mach sofort die Tür wieder zu! Wir lassen niemand herein!«

Aber der Engel antwortet nicht. Seine freundlichen blauen Augen sehen mich an.
»Na los, komm rein, du süße, kleine Erdbeere«, sagt er dann.
Das muss man uns nicht zweimal sagen.
Schnell zieht der Engel die Tür hinter uns zu.
Sind wir in Sicherheit?

»Nur vorübergehend«, höre ich den Engel sagen. »Nur für heute Nacht, Mutter. Bitte ... schau doch mal, die Kleine. Die kleine *Poziomka* ... Sie ist so müde, friert, hat Hunger ...«
Die andere Frau wirft mir einen bösen Blick zu. Sie hat eine Hakennase, Falten auf der Stirn und ein strenges Gesicht. Ihre dunklen Haare sind im Nacken zu einem Knoten gebunden.
Meine Mutter nennt sie höflich *Pani* Kiernikowa, Frau Kiernik.
»Kommt nicht in Frage«, sagt sie und presst die dünnen Lippen zusammen. »Als ob wir nicht schon genug Ärger hätten.«
Ich mag die Kiernikowa nicht. Sie macht mir Angst. Unvorstellbar, dass sie die Mutter des blonden Engels sein soll!
»Helene!«, ruft eine dünne, aber kraftvolle Stimme befehlend aus dem Hintergrund.
Wir stehen im Flur der Wohnung, im Eingang. Ich kann nicht sehen, wem die Stimme gehört. Sie kommt aus einem kleinen Zimmer am Ende des Gangs, dessen Tür angelehnt ist. Die Stimme klingt, als ob sie keinen Widerspruch duldet.

Die Kiernikowa gehorcht der Stimme. Sie dreht sich um und geht mit schnellen, harten Schritten den Korridor entlang, verschwindet in dem Zimmer.
Ich höre ein undeutliches Gemurmel. Meine Mutter umklammert meine Schultern. Sie hat Angst. Der blonde Engel lächelt mich an.
Die Kiernikowa kommt zurück. Ihr Gesicht sieht noch düsterer aus als zuvor. Es sieht aus, als ob sie eine Niederlage erlitten hätte.
»Also gut«, sagt sie, ohne uns anzuschauen, »aber nur für eine Nacht! Bring sie hinunter in den Keller, Manuela.«

Der Keller ist dunkel und feucht wie das schwarze Loch, in dem wir gehaust haben. In der Ecke liegt ein Berg Kohlen, an der Wand lehnt ein Bettgestell. Manuela zerrt eine alte Matratze hervor und gibt uns eine Decke. Mir drückt sie zum Abschied etwas Krümeliges in die Hand. Ein Stück Kuchen. »Morgen früh komme ich wieder«, flüstert sie mir zu. Dann geht sie schnell, lässt uns allein.
Meine Mutter seufzt tief, bettet mich auf die Matratze, deckt mich zu. Sie rollt sich müde neben mir zusammen. *»Maseltow, Maseltow …«,* murmelt sie im Halbschlaf. Sie ist so erschöpft, dass sie gleich darauf tief eingeschlafen ist.
Ich kann nicht einschlafen, so aufgeregt bin ich. Ich liege im Dunkeln, klebrige, feuchte Kuchenkrümel in der Faust, und denke an Manuela.

Wir werden von einem lauten Ächzen geweckt. Zu Tode erschrocken fahren wir hoch. Man hat uns entdeckt!

Aber es ist nur die Kellertür, nur Manuela, die uns holen kommt. »Schnell«, flüstert sie, »es ist schon hell, kommt mit hoch, in die Wohnung. Es wäre nicht gut, wenn die Nachbarn euch hier finden!« Wir nehmen unsere Koffer, reiben uns die Augen, stolpern hinter ihr her, die Treppen hoch, in den zweiten Stock, in die Wohnung. Manuela schließt die Tür hinter uns und atmet auf. Niemand hat uns gesehen.
»Kommt erst mal mit in die Küche, ihr braucht etwas Warmes zu trinken«, sagt sie und nimmt mich bei der Hand. »Na, *Poziomka*, hast du schlafen können, da unten?« Ich nicke, stumm. Ich kann es immer noch nicht fassen, dass es die Wahrheit ist und kein Traum. Es gibt meinen blonden Engel wirklich. Und er nennt mich *Poziomka*, Walderdbeere, wie gestern!
Die Küche ist groß und hell, kein bisschen wie die Küche im Ghetto. An der Wand hängen glänzende Töpfe und Pfannen. Der große, runde Holztisch ist sauber, auf den weißen Stühlen liegen bunte Kissen, und in dem großen, gekachelten Herd prasselt ein Feuer. Es ist warm und gemütlich. Vor allem der Boden gefällt mir. Er hat ein schwarz-weißes Muster.
Wir dürfen uns setzen, und Manuela bringt uns heißen Tee, Brot und Marmelade. Meine Mutter wirft mir einen kurzen, strengen Blick zu. »Iss das!«, heißt das. Brav beiße ich in mein Brot hinein. Aber ich esse es nur, weil SIE es mir gegeben hat, ich trinke sogar ein paar Schlucke Tee.
Manuela redet eindringlich mit meiner Mutter. Zu meiner Erleichterung scheint die Kiernikowa nicht da zu sein. Vielleicht wohnt sie gar nicht hier, und wir dürfen

für eine Weile bleiben? Während ich so nachdenke, wie gut mir das gefallen würde, mit den Beinen baumle und Manuelas goldenes Haar betrachte, das im Schein der Lampe leuchtet wie Sonnenlicht, geht die Tür auf. Ich schrecke zusammen.

Im Türrahmen steht eine kleine Gestalt mit langem, weißem Haar. Sie trägt ein weißes Gewand und hätte ein Furcht erregendes Gespenst sein können, wenn sie mich nicht so an meine Großmutter erinnert hätte. Die gleiche Entschlossenheit in den Augen. Die gleiche Freundlichkeit im Gesicht. Nur nicht so dünn und so klein und so gebeugt …

Und die Stimme, die ist ganz anders. Klar und befehlend. Es ist dieselbe Stimme, die wir gestern Abend aus dem Zimmer hatten kommen hören. »Manuela!«

Manuela, die mit dem Rücken zur Tür sitzt, wendet sich um. »Ja, *Babcia*?« *Babcia* heißt Großmutter. Es ist also Manuelas Großmutter, die vor uns steht. Die Erinnerung an meine Großmutter kommt hoch, ich kann nicht mehr essen, lege das angebissene Brot auf den Teller zurück.

»Iss!«, sagt der Blick meiner Mutter. Sie sitzt schweigend neben Manuela, rührt in ihrem Tee, wagt nicht, etwas zu sagen.

»Das ist deine Kusine aus Rzeszów, Manuela«, sagt die Großmutter mit dieser barschen Stimme, die keinen Widerspruch duldet, »und das« – sie schaut mir direkt in die schwarzen Augen – »ist ihre kleine Tochter. Sie sind bei uns zu Besuch. Für unbestimmte Zeit … der Mann deiner Kusine ist gefallen … leg dir irgendwas zurecht, das kannst du doch am allerbesten. Auf jeden Fall können sie bleiben. Ist mein Tee endlich fertig?«

Mit diesen Worten rauscht sie hoheitsvoll aus der Küche. Wir starren ihr mit offenen Mündern nach.
Manuela gießt Tee aus einer Kanne in eine Tasse und stellt sie auf ein Tablett. »Wenn Großmutter gesprochen hat, ist die Sache entschieden«, sagt sie strahlend, »kein Mensch hier in der Wohnung würde wagen, ihr zu widersprechen. Schon gar nicht meine Mutter.« Sie zwinkert mir zu und geht mit dem Tablett hinaus, um der Großmutter ihren Tee zu bringen.

Die Kiernikowa ist mit dem Beschluss der Großmutter überhaupt nicht einverstanden. Sie ist erst spät von der Arbeit nach Hause gekommen und sagt gar nichts, als sie uns in der Küche sitzen sieht. Stumm packt sie in Zeitungspapier gewickeltes Gemüse aus ihrer großen Tasche aus und beginnt es zu putzen. Meine Mutter springt auf, um ihr zu helfen. Die Kiernikowa drückt ihr wortlos ein Messer in die Hand.
Ich sehe Manuela an. Sie lächelt. »Wenn du willst, darfst du dir noch mal das Album ansehen«, sagt sie.
Ich strahle über das ganze Gesicht.
Manuela hat so ein Album, etwas Schöneres habe ich noch nie gesehen. Darin sind glänzende, bunte, knisternde Papiere in den herrlichsten Farben, sogar silberne und goldene sind dabei. »Das sind Bonbon- und Pralinenpapierchen«, hat sie mir erklärt, »ich sammle sie. Riech mal!« Sie hat mir das Album unter die Nase gehalten, und es duftet herrlich und süß, nach irgendwelchen Sachen, die ich nicht kenne und die wundervolle Namen haben: SCHOKOLADE, das klingt fremd und geheimnisvoll und macht mich seltsam sehnsüchtig.

Manuela hat mir alles gezeigt, die ganze Wohnung. Sie ist riesengroß, hat einen glänzenden Parkettboden und riecht nach Bohnerwachs. Manuela selbst duftet wunderbar nach Veilchen.
Am schönsten ist der Salon. Dort liegt ein Teppich auf dem Boden, der aussieht wie eine Blumenwiese. An der Wand steht ein schweres, dunkles Buffet, darin sind bunte Gläser und Teller aus echtem, feinem Porzellan. Ich darf sie nicht anfassen, sagt Manuela. Es gibt eine Vase, die fast so groß ist wie ich, und ein blaues Samtsofa mit vielen bestickten Kissen.
Auf dem Sofa sitzen niedliche Figuren. Zwei davon haben lange Haare und tragen feine Spitzenkleider. Sie haben blaue Glasaugen und lange Wimpern. Die dritte Figur hat kurze, braune Haare und trägt ein Hemd und eine grüne Hose. Es ist ein Junge.
Ich starre sie an. »Was ist das?«, frage ich Manuela, heiser vor Aufregung.
Sie lacht. »Hast du denn noch nie eine Puppe gesehen, *Poziomka?*« Sie nimmt die Figuren und legt sie mir nacheinander in die Arme. »Das ist Ewa, das ist Violetta, und das hier ist Jacek. Gefallen sie dir?«
Ich zittere vor Aufregung, schlucke, kann nichts sagen, so überwältigt bin ich. Manuela sieht meinen Gesichtsausdruck, lacht und nimmt mir die Puppen wieder weg. »Vielleicht darfst du mal damit spielen, wenn du schön brav bist«, sagt sie und setzt Ewa, Violetta und Jacek ordentlich zwischen die Kissen. Ich nicke stumm. Mein Herz zerspringt fast vor Sehnsucht nach den Puppen, aber ich weiß, dass sie nicht mir gehören und dass ich sie nicht anrühren darf.

Dann gibt es noch das Zimmer von Manuelas Bruder Dudek. Das zeigt sie mir nur kurz, da hängt ein schöner, großer Teppich mit Blumen an der Wand über dem Bett. Daneben ist das Zimmer der Großmutter. »Sie liegt immer im Bett«, erklärt Manuela, »vielleicht schläft sie gerade, wir wollen sie nicht stören.« Die Tür ist aber angelehnt, und ich erhasche im Vorbeigehen einen Blick auf die Großmutter, die den Kopf auf viele Kissen gebettet hat, eine Brille auf der Nase trägt und Karten legt.

»Ihr dürft bei der Großmutter auf der Couch schlafen«, sagt Manuela. Ich freue mich, weil ich ganz sicher war, dass wir nachts wieder in den Keller müssen.

Und dann gibt es noch ein feines Badezimmer mit glänzenden Kacheln und etwas, das Manuela »Badewanne« nennt: »Man füllt sie mit warmem Wasser und setzt sich hinein.« Mich schaudert bei dem Gedanken.

Schließlich gibt es noch Manuelas Zimmer, das sie mit ihrer Mutter teilt. Das ganze Zimmer riecht nach Veilchen.

An den hohen Fenstern hängen rosa Vorhänge und über das breite Doppelbett ist eine rosa Decke gebreitet. An der Wand steht ein niedriger Tisch mit einem rosa Faltenrock und einem großen, runden Spiegel. Auf dem Tisch stehen Flaschen und Fläschchen und Dosen.

Ich weiß sofort, dass Rosa ab heute meine Lieblingsfarbe ist.

Manuela nimmt meine Hand und wir gehen zusammen in die Küche.

Tage und Wochen vergehen, und wir sind immer noch bei Kierniks. Mein ganzes Glück besteht darin, in Manuelas Nähe sein zu dürfen. Immer, wenn sie bei mir ist, fühle ich den Hauch einer anderen, glitzernden, verzauberten Welt, die ich nicht kenne, nach der ich mich sehne, der ich verfallen bin.

Meine Mutter gehört nicht zu dieser Welt, zu der Manuela und ich gehören. Kummer und Sorge gehören nicht in diese Welt. Tod und Schrecken gehören nicht in diese Welt. Angst hat dort nichts zu suchen.

Gleichzeitig weiß ich, dass auch ich in dieser Welt nichts zu suchen habe, nicht dazugehören darf mit meinen dunklen Augen und meinem blond gefärbten Haar. Die Versuchung, sich hier, in der großen, hellen Wohnung, in Sicherheit zu wiegen, ist zwar groß, doch dieser Versuchung zu erliegen unmöglich.

Es gibt keine Sicherheit.

Oft schaue ich stundenlang aus dem Fenster, auf die Straße. Draußen spielen Kinder. Ich sehne mich danach, mit ihnen spielen zu dürfen.

Aber es ist verboten. Ich höre die Lastwagen, die vorbeifahren, und aus den Lautsprechern die schnarrenden Stimmen: Es ist verboten ...

Manuela erzählt, dass sie Leute aus der Straßenbahn zerren und wegbringen, als Geisel, *Zakładnicy*. Oder einfach erschießen. Viele Menschen werden gleich auf der Straße erschossen, sagt sie empört. Gerade haben sie wieder soundso viele Leute erschossen, weil sie irgendwo Flugblätter gefunden haben. Ich weiß nicht, was Flugblätter sind, aber Manuelas Bericht wundert

mich nicht. Es gehört doch zum Alltag, Menschen zu erschießen. Warum empört sie sich?
Ich weiß auch genau, dass die Stiefelmänner nachts Häuser durchsuchen, um Menschen zu fangen, die sich versteckt haben, wie wir. Ich weiß, dass niemand mich sehen und hören, dass ich nicht auffallen, dass ich die Wohnung keinesfalls verlassen darf. Schon jetzt haben die Nachbarn angeblich Bemerkungen gemacht: Ach, Ihre Kusine bleibt wohl recht lange bei Ihnen? Die Kleine hat so dunkle Augen ... Sie sind doch alle blond, wie gibt es denn so etwas?
Keine Sekunde vergesse ich, dass unsere neue Welt nur geliehen ist. Wir werden versteckt, können jederzeit entdeckt und erschossen werden. Und auch Manuela, die Großmutter, die Kiernikowa und ihr Sohn, der junge Dudek, riskieren ihr Leben dabei.

Das weiß ich alles von der Kiernikowa, die nicht müde wird, es immer wieder zu betonen. Sie steht stundenlang mit meiner Mutter in der Küche und bäckt. Die Kuchen werden dann verkauft. So haben wir ein bisschen mehr Geld zum Leben.
Heute machen sie schon seit Sonnenaufgang Rosenmarmelade. Dazu werden frische Rosenblätter mit Zucker gerührt, bis sie einen rosa Brei ergeben. Man bekommt Blasen an den Fingern davon. Danach wird die Rosenmarmelade in kleine, goldgelbe Krapfen gefüllt. Die Krapfenberge sehen schön aus und duften herrlich, aber Appetit darauf habe ich nicht.
»Möchtest du probieren?«, fragt die Kiernikowa, und ich höre, dass sie sich zwingt, freundlich zu sein.

»Nein, danke«, sage ich leise. Ich sitze auf dem Stuhl und blättere in einem großen Buch mit seltsamen Bildern.
Die Kiernikowa starrt mich entrüstet an, weil ich ihr Angebot abgelehnt habe. Dann wendet sie sich an meine Mutter, die am Herd steht und mit einem Schöpflöffel die Krapfen in einen großen Topf mit heißem Fett tunkt.
»Das Kind ist zu mager, es isst ja fast nichts«, sagt sie vorwurfsvoll. »So blass, wahrscheinlich blutarm. Sie müssen da wirklich streng sein, sonst wird sie noch krank! Und Sie wissen ja, was wir dann für Scherereien kriegen. Einen Arzt zu holen ist absolut unmöglich, sonst kommt alles raus. Ich werde heute auf dem Markt etwas für die Kleine besorgen ... aber das ist teuer ...«
Meine Mutter ist ganz in sich zusammengefallen angesichts dieser Schelte. Sie sucht in ihren Taschen und drückt der Kiernikowa einen schmalen, goldenen Ring in die Hand.
»Bitte ... vielleicht gibt es ja Leber, irgendwo ... oder Spinat ...«
Die Kiernikowa nickt stumm. Als sie später mit den Krapfen das Haus verlassen hat, lässt meine Mutter ihren Ärger an mir aus: »Siehst du, Roma? Hab ich's dir nicht schon immer gesagt? Blutarm, hat sie gesagt! Du brauchst Eisen, Vitamine! Du musst essen, hörst du?! Wir können dankbar sein, dass wir überhaupt etwas zu essen haben! Du bringst uns noch in den Tod mit deiner Dickköpfigkeit ...«
Sie stellt einen Teller mit gekochten roten Rüben vor mich hin.

»Iss das«, befiehlt sie, die Hände in die Hüften gestützt. »Du darfst nicht aufstehen, bis der Teller leer ist!«
Am Abend, als Manuela endlich nach Hause kommt und mich rettet, sitze ich immer noch vor dem vollen Teller.

Am nächsten Tag bin ich krank, habe hohes Fieber.
»Sehen Sie!«, schnaubt die Kiernikowa, »ich habe es Ihnen ja gesagt! Jetzt ist das Kind krank, weil es nichts gegessen hat. Unter diesen Umständen können Sie auf gar keinen Fall bleiben! Bitte gehen Sie, und zwar sofort!«
Manuela ist nicht da, und die Großmutter schläft. Meine Mutter packt stumm unsere Sachen in die Koffer. Sie weint. Dann zieht sie mir den roten Mantel an und wir gehen.
Die Treppen hinunter, auf die Straße.
Mit einem dumpfen Knall fällt die Haustür hinter uns ins Schloss.
Mir ist schrecklich kalt, dabei ist es draußen warm und hell. Die Sonne scheint, und überall sind kleine grüne Blätter an den Bäumen. Obwohl ich friere, spüre ich, wie neues Leben in meinen Körper kommt. Das ist die Luft, das ist der Sonnenschein auf meiner Haut. Das ist der Frühling. Es ist ein herrliches Gefühl.
Aber gleichzeitig weiß ich, dass wir, wie immer, in Lebensgefahr sind.
Meine Mutter packt meine Hand und geht schnellen Schrittes mit mir die Straße hinunter, so als hätte sie ein festes Ziel.
»Wohin gehen wir?«, piepse ich.
»Sei still«, murmelt sie, »hab keine Angst.«

Nach einer Weile erreichen wir den Stadtrand, ohne dass uns jemand aufgehalten hat. Wir stehen vor einem hohen, hölzernen Zaun. Hinter dem Zaun sind viele kleine Gärten mit winzigen Holzhäuschen darin. In den Beeten blühen bunte Blumen. Ich bin entzückt, vergesse für einen kurzen Augenblick mein Fieber, die drohende Gefahr ...

»Schau mal, Mama ... die schönen Blumen!«

Aber sie achtet nicht auf mich. Sie zieht mich zu einer Lücke im Zaun, wo ein paar Bretter fehlen. Wir kriechen hindurch, laufen zu einem der Holzhäuschen, rütteln an der Tür.

Es ist verschlossen.

Wir probieren es beim nächsten Häuschen und beim nächsten.

Endlich haben wir Glück.

Die Tür ist nicht abgeschlossen und wir schlüpfen hinein.

Das Sonnenlicht fällt durch die Ritzen unseres Verstecks, auf die staubbedeckten Gartengeräte an der Wand, auf die Spinnweben zwischen den Blumentöpfen, die Strohballen in der Ecke. Irgendwo liegen ein paar alte Säcke herum. Meine Mutter stellt ihren Koffer ab, bereitet uns ein Lager aus Strohballen, deckt mich mit den Säcken zu. Mir wird auf einmal ganz heiß. Ich höre unheimliche, raschelnde Geräusche ...

»Mama!«, flüstere ich ängstlich.

Sie legt mir beruhigend die kühle Hand auf die Stirn.

»Das sind nur Mäuse, mein Schatz. Hab keine Angst ...«

Mäuse, denke ich, und weiß nicht, was das ist. Auf jeden Fall hat meine Mutter Angst davor. Sind sie gefährlich? Wie sehen sie aus?

Auf dem Marktplatz von Krakau (v. li.): Romas Eltern David und Teofila; daneben Teofilas Schwester Irene und ihr Bruder Jakob (um 1925).

»Wie Ratten, nur ein bisschen kleiner«, erklärt meine Mutter schaudernd.

Ratten kenne ich. Ich denke an das dunkle Loch, in dem wir eingesperrt waren, an die huschenden, schwarzen Schatten auf dem Boden, an das Geräusch vieler winziger Füße, an die Schreie der Menschen draußen ... Ich will nicht daran denken.

»Mama«, bitte ich leise, »erzähl mir eine Geschichte.«

Im Café Maurizio am Krakauer Marktplatz gab es das beste Eis der Stadt: Cassata. Es gab mit Nüssen und Marzipan verzierte Pralinen, Gläser mit leuchtend bunten Bonbons, Kuchen und Torten in allen Formen und Farben. Man saß an kleinen, runden Tischen in weich gepolsterten Sesseln und unterhielt sich mit gedämpfter Stimme, während flinke, höfliche Kellner in gestärkten, langen Schürzen die Gäste bedienten. Der Kakao wurde in Tassen aus dicker, brauner Schokolade serviert. Wenn man den Berg schneeweißer, kühler Schlagsahne

gelöffelt und den cremigen Kakao geschlürft hatte, durfte man in die Tasse hineinbeißen und sie genüsslich verzehren. Danach hatte man so ein Gefühl im Bauch, weich, voll, warm, kühl, wunderbar. Glücklich …
Tosia, wie Teofila zärtlich genannt wurde, und ihre kleine Schwester Sabine hatten weiße Kleidchen an, wenn sie sonntags mit ihrer Mutter ins Café Maurizio gingen, und riesige weiße Schleifen im Haar. Sie trugen auch weiße Kleidchen und Schleifen im Haar, wenn sie morgens mit der Kutsche in die Schule fuhren. Es war eine katholische Klosterschule, keine jüdische Schule. Die Eltern legten viel Wert auf Kultur und Bildung, und die Klosterschule, die von deutschen Ordensschwestern mit schneeweißen, gewellten Hauben geführt wurde, galt als strenger und besser. Man studierte dort europäische Literatur, Kunst und Musik, lernte gutes Benehmen und Sprachen. Auch Deutsch lernte Tosia dort.
Zu Hause, in der großen Jugendstilvilla am Stadtrand, in der sie mit ihrer Familie lebte, standen Goethe und Schiller im Bücherregal, und es wurde Polnisch gesprochen, auch manchmal Deutsch, nur selten Jiddisch. Das Haus hatte Tosias Vater gebaut, Jakob Abrahamer. Er war reich, schnurrbärtig und ein guter Geschäftsmann. Außer der großen Bäckerei in der Stadt, in der die besten Grahambrötchen Krakaus hergestellt wurden, besaß er zahlreiche Mühlen, aus denen das Mehl für seine Brötchen stammte, und weitläufige Ländereien. Die Pferdezucht war seine Leidenschaft, und in den Stallungen am hinteren Ende des riesigen Gartens standen so schöne und edle Pferde, dass sie oft als Modell für bekannte Maler dienten.

In dem großen Salon mit den dunklen, geschnitzten Möbeln, dem Flügel und den dicken, weichen Teppichen wurden die jüdischen Familienfeste gefeiert. Dann saßen Tosia und Sabine, ihr kleiner Bruder Jakob und später auch Irene mit den Eltern und der großen Verwandtschaft um den riesigen Esstisch mit der roten, goldbestickten Samtdecke und aßen gebratene Truthähne, die von den Mägden, manchmal sogar von der Hausherrin persönlich, mit Klößen gemästet worden waren, damit sie zartes Fleisch bekamen; oder knusprigen Gänsebraten und mit Äpfeln gefüllte Enten. Es gab auch Karpfen mit Rosinen und Mandeln, Entenleber mit Zwiebeln und Eiern auf Weißbrot, Hühnersülze mit Ei und süßsauren Barszcz mit Kirschen und Roten Beeten. Zum Nachtisch servierte man süße Pflaumenkaltschale und natürlich Berge von Kuchen. Anna Abrahamer konnte herrliche Kuchen backen, Apfelstrudel, Kirschkuchen, Nusstorte, Rosinenkuchen aus Hefeteig. Dazu tranken die Erwachsenen Rosinenwein, Walnussschnaps, Himbeerlikör und Zwetschgenwasser, die stellte der Vater selbst her, aus den Früchten im Garten …

Meine Mutter seufzt, ihre Stimme ist ganz sehnsüchtig geworden, als sie all die guten Sachen aufzählt, die sie damals gegessen hat, und weil die Erinnerung so schön ist. Ich habe es gern, wenn sie mir von früher erzählt, auch wenn ich nicht weiß, was Gänsebraten ist oder wie Schokolade schmeckt. Die Erzählungen meiner Mutter sind Märchen aus einer anderen Welt, die mit meinem Leben nichts zu tun haben. Als hätte sie auf einer Insel

gelebt, die untergegangen ist. Als wäre die Sintflut zwischen uns und diesem Leben. Nie habe ich das Gefühl, dass auch ich ein Recht darauf gehabt haben könnte.
»Mama, wie schmeckt denn Schokolade?«, frage ich schläfrig, denn ich bin müde vom Fieber und vom Verstecken.
»Ach«, sagt sie, und ihre grünbraunen Augen bekommen einen merkwürdigen Glanz, »das kann man gar nicht beschreiben, so wundervoll schmeckt Schokolade. Süß und klebrig, wie Milch und Honig, wie Marmelade und Kuchen, aber noch viel besser ...«
Draußen geht die Sonne unter, und ich höre das Gezwitscher der Vögel im Garten. Ich denke an die Blumen und an Manuela, die nach Veilchen riecht. Meine Mutter schiebt mir ein Stück Brot in den Mund und legt sich neben mich zum Schlafen.

Irgendwann habe ich kein Fieber mehr, es regnet in Strömen, und wir stehen wieder mit unseren Koffern vor Manuelas Tür. Die Kiernikowa öffnet. Sie mustert uns mit einem düsteren Blick. Keiner sagt etwas.
Da hören wir Schritte unten im Hausflur. Sie kommen die Treppe hoch. Die Stufen ächzen.
Die Kiernikowa packt mich am Arm und zieht uns in die Wohnung, schließt schnell die Tür hinter uns.
»Na los, zieht schon die Schuhe aus, der Boden wird ja ganz nass und schmutzig«, knurrt sie und verschwindet in der Küche.
Meine Mutter drückt meine Hand ganz fest. Wir nehmen unsere Koffer und schleichen in das Zimmer der Großmutter. Sie umarmt uns wortlos, freut sich, dass

wir wieder da sind. Sie riecht nach altem Tee und Baldrian. Die Federbetten, die wir benutzt haben, sind noch bezogen.

Auch Manuela freut sich, dass wir wieder da sind. Sie sitzt vor dem Spiegel an ihrem Tisch mit dem rosa Röckchen und tupft mit einer großen Puderquaste in ihrem Gesicht herum. Die blonden, langen Haare hat sie hoch gesteckt und mit kleinen, schwarzen Schleifchen verziert. Im Spiegel sieht sie mich hinter ihr stehen. Dünn, klein, ernst und dunkeläugig.
»Möchtest du auch mal, *Poziomka?*«, lacht sie und wedelt mit der weichen Quaste über meine Nase. Es kitzelt und staubt. Ich lache unbeholfen. »Schau nicht immer so traurig«, sagt Manuela ernst und zieht ihre Augenbrauen zusammen. Sie nimmt einen roten Stift und malt ihren Mund damit an. Jetzt sieht sie auf einmal ganz anders aus.

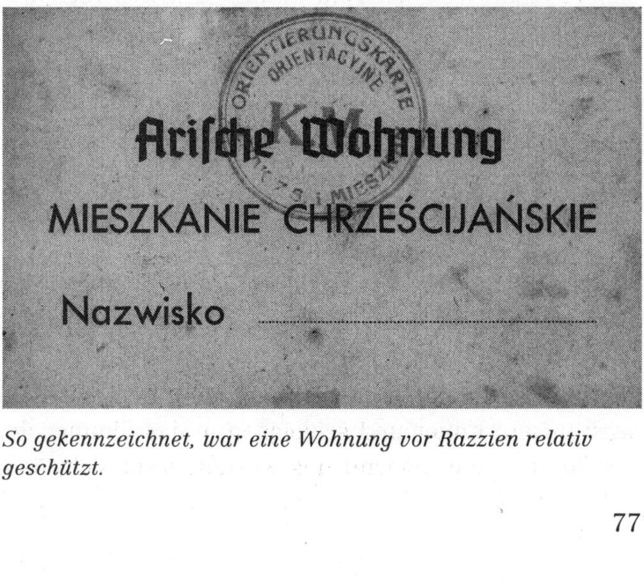

So gekennzeichnet, war eine Wohnung vor Razzien relativ geschützt.

»Manuela!«, sagt eine barsche Stimme. Die Großmutter ist an der offenen Tür erschienen, wie immer im langen, weißen Nachthemd. »Leg nicht so viel Schminke auf, Kind! Du siehst ja aus wie ein Farbkasten!«
Manuela seufzt. Dann steht sie auf und zieht mich an der Hand in den Salon. »Komm, ich zeig dir was!«
Ich bin ganz aufgeregt, Manuela öffnet das Buffet. Darin steht ein schwarzer Kasten mit einem Lautsprecher, wie ich sie an den Lastwagen gesehen habe, nur viel kleiner.
»Das ist ein Plattenspieler!«, erklärt Manuela feierlich. »Und jetzt pass mal auf ...«
Sie nimmt eine schwarze Scheibe aus einem Umschlag. Auf dem Umschlag ist eine wunderschöne, blonde Frau.
»Marika Rökk«, sagt Manuela über die Schulter. Sie legt die Scheibe auf den schwarzen Kasten und stellt ein silbernes, langes Metallding darauf. Dann drückt sie auf einen Knopf. Die schwarze Scheibe beginnt sich zu drehen, und ich höre eine wunderbare Frauenstimme. Sie singt ein Lied.

Ich möchte so gerne
ich weiß nur nicht, was
mein Herz möchte dies
mein Verstand möchte das ...

Ich bin sprachlos. Wieder und wieder sehe ich das Foto auf dem Umschlag an, betrachte die sich drehende schwarze Scheibe, forme mit den Lippen die Worte. *Ich möchte so gerne ...*

Manuela lacht. Das Lied ist zu Ende. Sie steckt die schwarze Scheibe wieder in den Umschlag, drückt auf den Knopf am Kasten und schließt das Buffet.
»Kennst du sie? Marika Rökk?«, frage ich mit großen Augen.
Manuela schüttelt den Kopf, ihre blonden Locken fliegen.
»Aber nein, *Poziomka*«, lacht sie, »Marika Rökk ist sehr berühmt und lebt weit weg von hier. Sie ist eine Deutsche.«
Ich kann nicht glauben, dass Marika Rökk eine Deutsche sein soll.

Dudek, Manuelas Bruder, sehe ich nur selten. Er ist ganz anders als Manuela, groß, stark und schweigsam, aber blond ist er auch. Meistens ist er nicht da, kommt nur zur Sperrstunde nach Hause oder gar nicht. Manchmal bringt er ein paar Männer mit, dann sitzen sie in der Küche und reden, stundenlang. Ich spüre, dass sie ein Geheimnis haben, aber ich weiß auch, dass ich nichts davon wissen darf. Also schweige ich, verkrümele mich mit einem Buch in eine Ecke, so wie immer. Einmal tätschelt er mir im Vorbeigehen den Kopf, und ich bin erstaunt, stolz, dass er mich überhaupt wahrgenommen hat.

Meine Tage verbringe ich am Fenster oder in der Küche, mit einem Buch in der Ecke. Die Kiernikowa und meine Mutter backen und unterhalten sich. Sie reden über Männer.
»Männer sind Schufte, allesamt Schufte«, höre ich die Kiernikowa sagen, und ihr schmaler Mund wird noch

ein bisschen schmaler. Ich frage mich, was ein Schuft ist. Nichts Gutes jedenfalls. Die Kiernikowa redet sich in Rage. »Eine Liebschaft nach der anderen hat er gehabt, alles junge, hübsche Dinger. Und dann ist er ab nach Warschau und hat in der Politik die große Karriere gemacht, hat mich sitzen gelassen, mit zwei kleinen Kindern! Oft wusste ich nicht, wie ich das alles alleine schaffen soll, arbeiten, die Kinder aufziehen, das Essen bezahlen ...«

Meine Mutter schweigt, mitfühlend, lässt die Kiernikowa reden. Sie ist eine gute Zuhörerin.

»Aber jetzt bin ich froh, dass er weg ist. Den würde ich nicht zurückhaben wollen, nicht geschenkt. Und wenn er jetzt vor der Tür stände, würde ich sie ihm vor der Nase zuschlagen!«

Meine Mutter sucht nach etwas Tröstendem, was sie sagen kann.

»Aber die Kinder, auf die können Sie stolz sein!«, meint sie dann tapfer.

Die Kiernikowa seufzt tief. »Wenn Sie wüssten ...«, murmelt sie bitter, »wenn Sie wüssten ... Manuela, nichts als Flausen im Kopf. Und Dudek ...«

Sie bricht den Satz plötzlich ab, wechselt das Thema.

»Und Sie, Teofila? Ist Ihr Mann auch so ein Schuft?«

Meine Mutter lächelt.

»Aber nein«, sagt sie mit weicher Stimme, »David ist ganz bestimmt kein Schuft. Sieben Jahre hat er auf mich gewartet, bis meine Eltern uns endlich die Erlaubnis gaben zu heiraten ...« Ihre Augen bekommen so einen glänzenden Schleier. »Wenn ich nur wüsste, ob er noch lebt ...«.

ŚWIADECTWO
następujące oceny:
Język polski
Język hebrajs
Język obcy
Historia Żydów
Historia
Nauka o Polsce
rok szkolny
ŻYDOWSKA SZKOŁA POWSZ
powiat
W KRAKOWIE

Zeugnis I

Rosa

Abends, im Bett, frage ich meine Mutter nach meinem Vater und was es mit den sieben Jahren auf sich hat. Sie drückt mich fest an sich, in der Dunkelheit, und erzählt.

Es geschah an einem heißen, wunderschönen Sommertag, Tosia war damals fünfzehn Jahre alt. Sie saß im Pavillon im elterlichen Garten und las. Dieser Ort war ihr Lieblingsplatz. Vom Haus aus konnte niemand sie hier sehen, und selbst Rufe erreichten sie nicht, so groß war der Garten mit seinen Blumen und Obstbäumen und Beerenbüschen. Wenn die Eltern Feste feierten – und das taten sie oft –, spielte hier im Pavillon eine Musikkapelle romantische Schlager, zu denen die fein gekleideten Damen und Herren unter den bunten Lampions tanzten. Tosia und ihre Schwester versteckten sich dann hinter den Büschen und schauten den Tanzenden zu, neugierig und in der Hoffnung, dass sie eines der Paare bei einem heimlichen Kuss beobachten konnten; doch diese Hoffnung erfüllte sich nie. Irgendwann einmal kam eines der Dienstmädchen, packte die widerstrebenden Mädchen am Kragen und schleppte sie ins Bett. In diesen Nächten konnte Tosia nicht schlafen, sie lag mit offenen Augen im Dunkel, roch den Duft der Nachtkerzen, der durch das geöffnete Fenster in ihr Zimmer strömte, und lauschte voller Hingabe der mit seltsamer Sehnsucht erfüllten Musik, die ihr Herz und ihren Körper in nie gekannten Aufruhr versetzte.
An jenem Sommertag aber lauschte sie nur dem Gesumm der Bienen, gab sich den wärmenden Strahlen

der Sonne hin, legte schließlich das Buch weg und döste mit geschlossenen Augen, bis sie die Welt um sich herum vergessen hatte.

Und da spürte sie plötzlich die Lippen auf ihrem Mund. Sie fuhr aus dem Halbschlaf hoch, nicht sicher, ob es ein Traum oder Wirklichkeit gewesen war, dieses sanfte Gefühl eines anderen Mundes auf dem ihren, das Entsetzen und Zärtlichkeit zugleich in ihr erweckte.

Es war Wirklichkeit. Vor ihr stand ein junger Mann mit zerzaustem Haar, schwarzen Augen, verschlissener Jacke und offenem Hemd. Tosia sah auf einen Blick, dass er *unmöglich* gekleidet war. Und dass er unwiderstehlich aussah.

David Liebling entschuldigte sich, hochrot im Gesicht. Er war selbst erschrocken über seinen Mut. Wie hatte er es wagen können, dieses feine, junge Mädchen einfach zu küssen? Er, ein armer, jüdischer Junge von knapp achtzehn Jahren, der über die Mauer geklettert war, um für seine Mutter und seine drei Brüder aus dem Garten der reichen Leute ein paar Taschen voll Obst zu stehlen? Was war nur in ihn gefahren? Gewiss, er war als Draufgänger stadtbekannt, seit frühester Jugend hatte seine Mutter deswegen Ärger mit ihm und den Brüdern gehabt. Die Leute hatten sich daran gewöhnt, Maria Liebling dabei zu beobachten, wie sie, laut zeternd, ihre Jungs am Hosenbund nach Hause schleppte, weil sie wieder einmal etwas angestellt oder gestohlen hatten. »Die arme Frau«, pflegten sie kopfschüttelnd zu sagen, »sie hat es wirklich nicht leicht, als Witwe mit dieser Rasselbande! Vier Jungs! Es ist ein Wunder, wie sie es überhaupt schafft, sie durchzubringen ...«

In Wirklichkeit war es kein Wunder, sondern allein Maria Lieblings eiserner Wille und Fleiß, der dies bewirkte. Sie nähte Tag und Nacht, um die Familie zu ernähren. Sie kam fast ohne Schlaf aus, kochte und putzte in den frühen Morgenstunden, während die Kinder noch schliefen. Sie sperrte ihre Söhne im Zimmer ein, damit sie lernten, nur um dann festzustellen, dass sie heimlich aus dem Fenster geklettert waren und nur einen Zettel hinterlassen hatten: »Mama denkt, dass wir lernen, aber wir lernen nicht …« Und dennoch war sie stolz auf ihre Söhne. Auch wenn kein Tag verging, an dem sie ihnen nicht lautstark die Leviten lesen musste.

David starrte Tosia an, und Tosia starrte David an. Für einen winzigen Augenblick verstummten das Gesumm der Bienen und das Vogelgezwitscher im Garten. Dann drehte David sich um, sprang mit einem Satz über die Mauer und war verschwunden.

Teofila war auf einmal ganz heiß und schwindlig. Sie nahm ihr Buch und ging zurück ins kühle Haus, ließ sich aufs Bett fallen und vergrub ihren Kopf in den Kissen. Etwas Neues war in ihr Leben getreten, und sie wusste nicht, was sie damit anfangen sollte. Ihrer Mutter, der strengen, stillen Frau, die immer mit der Haushaltsführung beschäftigt war, konnte sie nicht von dem Erlebnis erzählen. Ihrem Vater, der gerade wieder mit dem Salonwagen von seinen Geschäften aus Wien zurückgekehrt war und nun im Halbdunkel des Salons bei einer Zigarre und einem Gläschen Likör der Ruhe pflegte, erst recht nicht. Sabine mit ihren dreizehn Jahren war noch zu klein. Und die Dienstmädchen, die sich um die Kinder kümmerten, waren kaum diejenigen, denen man ein Geheimnis anvertrauen konnte ... So behielt Tosia ihr Geheimnis für sich, und es dauerte geraume Zeit, bis sie erkannte, weswegen sie keinen Appetit mehr hatte und nachts nicht schlafen konnte. Erst nachdem David noch einige Male über die Mauer geklettert war und es sich bei den Küssen beim besten Willen um keinen Zufall mehr handeln konnte, musste sie sich eingestehen, dass sie bis über beide Ohren verliebt war.

»Was ist das, Mama, verliebt?«, frage ich schläfrig. Ich höre das Wort zum ersten Mal. Meine Mutter zögert. Sie räuspert sich. Ihre Stimme klingt trotzdem ganz belegt, als sie antwortet: »Verliebt sein, das ist, wie ... wie ... wie Schokolade.«
»Und die sieben Jahre?«, frage ich, keineswegs zufrieden mit ihrer Antwort.
»Das erzähle ich dir ein andermal, mein Schatz. Wir müssen jetzt schlafen.«
Wenn sie so einen Ton hat, ist es sinnlos, weiter zu fragen. Dann will sie nicht mehr erzählen, und ich kann sie nicht mehr erreichen. Sie verkriecht sich wie eine Schnecke in ihr Haus. »Gute Nacht«, sage ich enttäuscht und rolle mich auf die Seite.
Wenig später bin ich eingeschlafen.

»Diese kleine Hand ... voller Blut ... kein Wasser wäscht sie rein ...«
»Tötet sie! Tötet sie alle!«, schreit jemand.
Ich sitze hinter dem blauen Sofa im Salon und verstecke mich hinter der hohen Lehne. In der Hand zer-

drücke ich das Stück Brot, das ich essen sollte und nicht essen kann. Deshalb bin ich hierher entwischt, und außerdem sehe ich mir so gern heimlich die Puppen an.

Aber dann sind plötzlich diese Leute ins Zimmer gekommen, und ich musste mich schnell verstecken. Sie haben mich nicht gesehen und angefangen, sich zu streiten und laut rumzuschreien. Manuela ist auch dabei.

»Tötet sie! Tötet sie alle!«, brüllt eine andere Männerstimme. Ich luge vorsichtig hinter der Sofalehne hervor. Der Mann liegt am Boden, auf dem Blumenteppich. Er presst sich die Hand aufs Herz, dann fällt sein Kopf zur Seite.

Plötzlich grinst er und steht wieder auf. Ich stoße einen erleichterten Seufzer aus.

Es sind noch andere Männer im Zimmer und eine Frau. Ich kenne sie. Sie kommen manchmal Manuela besuchen. Ich habe mir ihre Namen gemerkt: Adam, Halina, Jerzy, Tadeusz.

»Es sind meine Freunde«, sagt Manuela, wenn sie kommen, und schließt die Tür zum Salon. Man hört dann nur ein seltsames Stimmengemurmel …

»Sterben!«, sagt Adam laut. »Sie müssen sterben …«

Ich zucke zusammen, mache mich klein. Reden sie von uns? Ich höre sie lachen. Sie unterhalten sich ganz normal und lachen.

Aber dann wieder. »Kinder! Meine Kinder! Sie sind alle tot!«, ruft Halina und bricht in Tränen aus.

Warum sagen sie so etwas? Es sind doch keine Deutschen hier. Wer sollte sie töten?

Ich komme hinter dem Sofa hervor, laufe zu Manuela, umklammere ihre Hand, halte sie fest. Manuela versteht sofort, was mit mir los ist. Sie kniet sich vor mich hin, schaut mir in die Augen.
»Das ist nur ein Spiel«, sagt sie, »du brauchst keine Angst zu haben. Wir spielen Theater!«
Ein Spiel? Ist denn Töten ein Spiel?

»Das ist eine Schauspielschule«, erklärt sie mir später, »meine Freunde und ich, wir wollen Schauspieler werden. Wir spielen die Geschichten aus den dicken Büchern, die du dir manchmal anschaust. Mickiewicz, Shakespeare ... Du darfst es aber nie, niemals jemandem erzählen. Sonst kommen wir alle ins Gefängnis. Denn das ist verboten.«
Das wundert mich nicht, ich weiß ja, was VERBOTEN heißt. Alles, was wir tun, ist verboten, ist gefährlich. Immer.
»Darf ich mitspielen?«, piepse ich sehnsüchtig.
Sie antwortet nicht. Stattdessen geht sie in ihr Zimmer und holt ein dickes Album, das ich noch nie gesehen habe. Darin sind viele Fotos. Sie zeigen schöne, blonde Frauen in feinen Kleidern und elegante Herren. Sie haben alle so einen weichen, verträumten Blick in den Augen ...
»Greta Garbo«, sagt Manuela, »Marlene Dietrich, Clark Gable ... das sind berühmte Schauspieler.« Ihre Stimme ist voller Bewunderung. Ich sehe eine Frau mit hochgehobenem Rock und langen Beinen. »Il...se ... Wer...ner ...«, lese ich langsam. Und dann: ein kleines Mädchen, so groß wie ich. Wie schön sie

ist! Mit lockigen blonden Haaren im Rüschenkleidchen! Wer ist das?!
Shirley Temple. Ich bin wie verzaubert, kann mich nicht satt sehen an diesem Mädchen. Shirley Temple, sage ich immer wieder, Shirley Temple. Ich kenne jeden Knopf an ihrem Kleid, jede Schleife an ihren Schuhen, so lange starre ich das Foto an.
»Ich möchte auch Schauspielerin werden«, sage ich zu Manuela. Mein Mund ist ganz trocken, mein Herz klopft vor Aufregung, anders als sonst, nicht vor Angst.
Sie nickt, abwesend. »Vielleicht. Wenn du groß bist«, sagt sie beiläufig.
Warum sagt sie so etwas? Sie scheint nicht zu wissen, dass ich nie groß sein werde. Dass man uns eines Tages abholen wird, dass die Kinder erschossen werden. Ich werde nicht groß. Will auch nicht groß werden.
Manuela klappt das Album zu. Ich möchte es zu gern noch mal anschauen, aber sie hat keine Zeit mehr für mich. Um mich abzulenken, schenkt sie mir etwas.
»Hier«, sagt sie und drückt mir ein Foto in die Hand, »Marika Rökk, die magst du doch so gern. Ich habe sie doppelt.«
Ich presse das Foto an mich, atemlos vor Glück.

Die Schauspieler sind große Männer mit funkelnden Augen und lautem Lachen, und sie haben mich alle sehr gern. »Unsere kleine Freundin« nennen sie mich, und ich bin sehr stolz darauf. Einer von ihnen, Tadeusz, ein Dünner, Langer, nimmt mich manchmal auf die Schultern und trägt mich durchs Zimmer. Das ist herrlich, weil die Dinge von oben alle ganz anders aussehen und ich mir vorkomme, als ob ich fliegen könnte. Von oben kann ich auch sehen, dass Tadeusz eine kleine Glatze auf dem Kopf hat und dass auf dem Kristall-Leuchter im Salon Staub liegt.

»Der Wald kommt auf mich zu, der Wald ...«, stöhnt Halina und zeigt auf den Ofen in der Ecke. Ich sehe den Wald, als ob er wirklich da wäre. Ich sehe die unsichtbaren Leute, mit denen die Schauspieler sprechen. Ich liebe das Theaterspielen.

Manuela und die Schauspieler lesen sich aus dicken Büchern gegenseitig vor, rollen die Augen, stolzieren durchs Zimmer und schreien sich an. Ich versuche, es ihnen nachzumachen. »Wo ist dein Tuch, Desdemona?!«, piepse ich. Alle lachen und klatschen. Ich bin begabt, sagen sie. Darauf bin ich sehr stolz.

Beim Theaterspielen geht es auch dauernd um dieses Wort, das wie Schokolade ist, Liebe. Verliebtsein. Ich frage Manuela, ob sie verliebt ist. Sie lacht, und ihre Wangen bekommen einen rosa Schimmer. »Was du immer alles wissen willst, *Poziomka!*«

Ich sitze in der Küche am Tisch vor dem vollen Teller. Ein Stück dicke, braune Leber liegt darauf. Das macht gutes Blut, sagen sie. Ich hasse Leber. Ich hasse Blut.

Meine Mutter und die Kiernikowa unterhalten sich. Ich schleiche mich heimlich davon. In Dudeks Zimmer ist niemand. Ich gehe vorsichtig hinein, will mich unter dem Bett verkriechen. Aber da ist kein Platz. Etwas Hartes, Metallenes liegt unter dem Bett: Gewehre. Ich kenne sie gut, die haben die Stiefelmänner immer. Und

dann sind da noch so kleine, runde, glänzende Dinger, die ich nicht kenne. Sie lassen sich gut rollen ...
Ich höre einen Aufschrei, fahre zusammen. Die Kiernikowa steht in der Tür. So habe ich sie noch nie gesehen. Bleich vor Entsetzen und rasend vor Wut.

Das war sehr, sehr schlimm, was ich getan habe, sagen die Erwachsenen. Selbst Manuela ist böse auf mich. Denn jetzt weiß ich zu viel. Ihr müsst morgen früh fort, schimpft die Kiernikowa. Und meine Mutter hat wieder ganz weiße, schmale Lippen. Wir müssen weg. Aber dazu kommt es nicht mehr.
Denn diese Nacht kommen wieder die Männer mit den glänzenden Stiefeln und den goldenen Knöpfen.
AUFMACHEN!!!
KONTROLLE!!!
KENNKARTEN!!!
LOS!!!
SCHNELL!!!
AUFSTEHEN!!!
Ich kann das Gebrüll schon von weitem hören, verkrieche mich unter der Decke. Ich kenne das so gut: den harten Ton von Stiefeln auf Treppen, schlagenden Türen, hämmernden Fäusten, das gierige Schnüffeln der Hunde an der Tür, die heiseren Befehle der Gestapo-Männer.
Jetzt sind sie im Flur. Sie durchsuchen alles, die Küche, das Wohnzimmer, Manuelas Zimmer, Dudeks Zimmer. Sie nähern sich dem Zimmer der Großmutter, unserem Bett. Wir sollen uns schlafend stellen, wenn es eine Kontrolle gibt, hat die Kiernikowa uns eingeschärft. Ich

rühre mich nicht unter meiner Decke. Ich spüre das klopfende Herz meiner Mutter, wie im Ghetto, ihre Angst, ihren steifen Körper. Ich höre, wie die Großmutter vorgibt, leise zu schnarchen.
Sie reißen die Tür auf und machen das Licht an. Ich blinzele verschlafen. Dabei bin ich hellwach.
»Meine kranke Mutter. Und meine Kusine aus Rzeszów mit ihrer Tochter«, erklärt die Kiernikowa mit gepresster Stimme, »Teofila Ligocka.«
»Kennkarten?!«, schnauzt der Stiefelmann.
Meine Mutter setzt sich auf, reibt sich die Augen, tut so, als ob sie tief geschlafen hätte. Sie ist keine sehr gute Schauspielerin, das merke ich sofort. Umständlich holt sie unsere Papiere aus dem Koffer unter der Couch und reicht sie den Uniformierten. Ob sie merken, dass die Hand meiner Mutter zittert? Vielleicht sind sie das gewöhnt. Vielleicht ärgert es sie auch. Sie starren uns misstrauisch an.
Ich springe aus dem Bett. Knie nieder und beginne zu beten. Das hat meine Mutter mir beigebracht, für alle Fälle, damit man uns nicht als Juden erkennen kann: »Vater Unser, der Du bist im Himmel ... Maria Mutter Gottes, erbarme Dich unser ...«
Hastig spule ich die Worte herunter, verhaspele mich, fange wieder von vorne an: »Vater Unser ...«
Die zwei Männer zögern. Sie bleiben an der offenen Tür stehen und betrachten mich noch einmal prüfend. Der eine Soldat sieht das Foto von Marika Rökk auf meinem Nachttisch stehen. Er nimmt es mit zwei Fingern, schaut es lange an, lächelt. Dann sagt er etwas zu dem anderen Mann, und sie gehen.

»*Poziomka* hat gut gespielt!«, sagt Manuela und gibt mir einen Kuss. »Sehr gut! Sie ist eine fabelhafte Schauspielerin!«
Wir kauern alle um *Babcias* Bett und zittern noch immer vor Angst. Die Erwachsenen beraten sich leise. Ich sitze auf Manuelas Schoß.
Wir dürfen bleiben und sogar in Dudeks Zimmer schlafen. In dem breiten Bett, unter dem die Gewehre liegen. Dudek muss in das Zimmer der Großmutter, auf die Couch.
Ich bin stolz. »Hier haben wir doch viel mehr Platz!«, sage ich zu meiner Mutter, die sich gar nicht zu freuen scheint, als wir mit unseren Koffern in Dudeks schönem, großem Zimmer stehen. »Das ist, weil ich so gut gespielt habe!«
Ich berühre die Blumen auf dem Teppich, der an der Wand über Dudeks Bett hängt, ziehe mit dem Finger die geschwungenen Linien nach. Ich schlafe viel besser in dem neuen Bett. Die blauen Lilien haben eine beruhigende Wirkung auf mich, es ist, als würden sie mich in den Schlaf singen.

Meine Mutter knöpft sich ihren Mantel zu.
Wir sind allein in der Wohnung, nur die Großmutter ist da. Sie schläft noch.
Ich laufe und hole meinen Mantel, will meinen Koffer packen, werfe schnell das Foto von Marika Rökk hinein.
»Nein«, sagt meine Mutter. Ihre Stimme schwankt ein bisschen.
Ich schaue sie verwundert an.

»Du bleibst hier«, erklärt sie dumpf. »Bei der *Babcia* Isdebska. Ich muss etwas erledigen. Ich komme bald wieder.«

Panik erfasst mich. Ich umklammere ihre Beine.

»Ich komme mit!«, schluchze ich. »Ich will mit dir sterben!«

Meine Mutter versucht, ihre Beine aus meiner Umklammerung zu befreien.

»Das geht nicht«, sagt sie streng. »Es ist zu gefährlich.«

»Bitte, Mama!« Ich jammere, winsele, flehe sie an, hänge an ihr wie eine Klette. Wenn sie alleine geht, werde ich sie nie wiedersehen.

»Also gut«, seufzt sie, als sie sieht, dass sie mich nicht loswerden kann. »Aber nur dieses eine Mal, hörst du? Und du darfst keinen Ton sagen, ist das klar? Und lass den Koffer hier.«

Sie putzt mir die Nase, und ich bedecke ihr Gesicht mit Küssen.

Ich weiß, dass sie eigentlich froh ist, dass ich mitkomme. Und sie weiß es auch.

Die Türglocke scheppert.

Wir betreten einen Frisiersalon.

Ich habe noch nie so etwas gesehen. Der ganze Raum ist voller Spiegel, und es duftet nach Blumen. Auf dem Boden liegen abgeschnittene Haare. Ein Mann mit Schaum im Gesicht sitzt auf einem hohen Stuhl. Er hat eine große Serviette umgebunden und den Kopf zurückgelehnt. Ein dünner Mann mit gelblicher Haut schabt ihm mit einem silbernen, langen Messer den Schaum herunter.

Auf einem anderen Stuhl sitzt eine blonde Frau und liest in einer Zeitschrift. Sie hat viele goldene Locken auf dem Kopf und einen roten Mund, so wie Manuela, wenn sie den Stift benutzt hat.
Auf dem Boden zu ihren Füßen liegt ein heller Kreis aus Haaren, wie eine leuchtende Sonne.
Der gelbliche Mann dreht sich zu meiner Mutter um.
»Sie wünschen?«
»Ich möchte die Rechnung für die Dauerwelle bezahlen«, sagt meine Mutter leise.
Der Mann schreckt unmerklich zusammen. »Entschuldigen Sie mich bitte für einen Augenblick«, sagt er zu dem Mann im Sessel und legt das silberne Messer in einen Topf. Dann geht er mit meiner Mutter durch einen Vorhang ins Hinterzimmer.
Ich bin so fasziniert von den ganzen interessanten Sachen, die hier zu sehen sind, dass ich wie angewurzelt stehen bleibe. Es gibt bunte Fläschchen und Kämme in allen Größen, ein seltsam geformtes Waschbecken, geheimnisvolle Töpfe und Töpfchen in den Regalen und an der Wand einen großen Apparat, der wie ein silberner Hut aussieht ...
Da blickt die blonde Frau von ihrer Zeitschrift auf und erblickt mich im Spiegel. Sie lächelt mir zu mit ihrem roten Mund.
Ich lächele zurück. Die Frau ist so schön, so blond und so nett. Irgendetwas zieht mich zu ihr hin. Es ist so stark, dass ich alles andere vergesse. Ich laufe zu der Frau hin und klettere ihr auf den Schoß.
Sie ist etwas überrascht von meiner Zutraulichkeit. »Hoppla!«, sagt sie freundlich, »wer sitzt denn da auf meinem Schoß? Wie heißt du denn, Kleines?«

Ich öffne den Mund, um zu antworten, da fällt mir ein, dass ich ja nicht reden darf. Ich klappe den Mund wieder zu und schweige.
»Hast du deinen Namen vergessen?«, fragt die Frau und lacht.
In diesem Moment kommt meine Mutter hinter dem Vorhang hervor, gefolgt von dem gelblichen Mann. Beide starren mich im Spiegel an. Ich erkenne das Entsetzen in den Augen meiner Mutter und weiß sofort, dass ich etwas falsch gemacht habe.
»Wie heißt denn die Kleine?«, wendet sich die blonde Frau an meine Mutter.
Meine Mutter sucht nach Worten. »Äh ... Roma ...«, krächzt sie heiser. »Roma, komm bitte her, wir müssen jetzt gehen!«
Der drohende Unterton ist nicht zu überhören. Ich klettere hastig vom Schoß der blonden Frau hinunter und laufe zu meiner Mutter. Sie nimmt mich fest an der Hand.
»Also dann, bis zum nächsten Mal«, sagt meine Mutter zu dem gelblichen Mann, der wieder mit dem Messer an dem anderen Mann herumschabt. Er nickt.
»Auf Wiedersehen, Roma!«, ruft die blonde Frau hinter mit her. Ich wage nicht, mich umzuschauen. Die Türglocke scheppert, als wir den Frisiersalon verlassen.

»Es war eine Deutsche«, sagt meine Mutter zu Manuela, »ich bin sicher, es war eine Deutsche.«
Sie ist immer noch böse auf mich. Jetzt reden sie wieder darüber, was weiß das Kind, was weiß es nicht, was wird es sagen, wenn man es fragt ...

Ich bin ein Problem für alle. Eine Gefahr für alle.
Schuldbewusst starre ich auf die Zeitung, die vor mir auf dem Küchentisch liegt und in die das Gemüse eingewickelt war, das meine Mutter gerade in der Spüle putzt. Ein paar Buchstaben kenne ich schon. Manuela hat sie mir beigebracht. Ich tue so, als ob ich Zeitung läse, damit ich das Gespräch nicht hören muss.
Manuela bemerkt meinen verbissenen Gesichtsausdruck und kommt zu mir herüber.
»Was liest du denn da, *Poziomka?*«, fragt sie, um mich aufzumuntern, »die Kleinanzeigen im *Krakauer Boten*? Das Blatt liest doch kein anständiger Pole, es wird von den Deutschen betrieben. Findest du das etwa interessant?«
Ich nicke stumm, die Augen auf die Zeitung geheftet. Manuela setzt sich neben mich, legt mir den Arm um die Schultern, »Soll ich sie dir vorlesen?«, fragt sie freundlich. Wieder nicke ich. Hauptsache, sie reden nicht mehr über mich.
»VERSCHIEDENES«, beginnt Manuela. Sie kann wunderbar vorlesen. Wenn sie liest, wird alles sofort lebendig, auch die langweiligsten Sachen klingen wie eine Geschichte. Das liegt daran, dass sie Schauspielerin ist.

`Mädchenmäntelchen (für -5 Jahre), schwarzes Kleid für schlanke Dame, billig zu verkaufen. Karmelicka 54`

»Das ist schon fast zu klein für dich, nicht wahr, *Poziomka*?«, wendet Manuela sich an mich, bevor sie weiterliest.

Kennkarte Nr. 3792 auf den Namen Helena Marek wurde am 11.10.43 gestohlen.
Trauringe, Ohrringe, Sofa, Kinderbettchen zu verkaufen. Rajska 4
Schöne Weihnachtsgeschenke: Gebrauchte Uhren, Schmuck, Silber, billigst zu verkaufen. Szewska 7/1

Meine Mutter seufzt.

Singer-Nähmaschine, guter Zustand, zu verkaufen. Adolf-Hitler-Platz 38

Meine Großmutter ...

Brillanten. Kaufe-Verkaufe. Solide. Krakau, Dietlastr. 15
Christlicher Altwarenladen kauft, verkauft. Plattenspieler, Pelze, Teppiche, Schuhe, Decken. Wir zahlen Höchstpreise. Łobzowskastr. 103
Kennkarte gestohlen, ausgegeb. Umschlagstelle Krakau, auf den Namen A. Konieczna

»Sind unsere Kennkarten auch gestohlen?«, frage ich. Manuela liest schnell weiter.

Alte Bilder, Gemälde, Ankauf, Verkauf. Kostenlose Schätzung. Gemälde-Salon, Krakau, Łobzowskastr. 59
Pelze, Fuchskrägen, Mäntel - nehme in Kommission. Stradom 6

Singer-Nähmaschine, gut, Riemen mit Verdeck, Damenpelzmantel, kleine Größe, Smolenśk 39
Daunendeckchen, gut erhalten, Ankauf. Hauptstr. 10
Hervorragender Psychologe, Wahrsager und Graphologe kennt die Zukunft und das Schicksal der vermissten Person. Zu den Briefen das genaue Geburtsdatum und 20 Zloty beilegen. Zuschriften an die Redaktion.

Manuela räuspert sich, bevor sie weiterliest.

Haarefärben, ondulieren. Beste Bedienung. Firma Sława, Krakau.
Besseres Mädchen, sauber, Kochkenntnisse, gute Deutschkenntnisse, für eleganten Haushalt gesucht. Krakau, Außenring 12/6
Löcher in gebrauchter Garderobe spurlos beseitigt. Werkstatt. Krakau, Starowiślna 43
Arischer Abstammungsnachweis wird fachlich durchgeführt von dipl. Sippenforscher (Dokumente-Beschaffung aus aller Welt). Krakau, Retorykastr. 174/ Wien, Türkenstr. 1
Übernachtungen. Sauber. Diskret. Jana 30/4
Verkaufen billig: Gebrauchte Kleidung, Bettwäsche, Teppiche und andere schöne Sachen. Krakau, Karmelicka 80 (Laden)

»Ich kann mir schon denken, woher sie die Sachen haben ...« Meine Mutter trocknet sich die Hände und setzt sich zu uns.

Übernachtungen für intelligente Menschen. Krakau, Radziwiłowska 14/2

Übernachtungen für Durchreisende. Sebastiana 34/4

Gelegenheitskauf: Gebr. Wäsche, Herrenhose, Anzug, Pelzmantel, Herrenreisebesteck, Lackschuhe. Dietla 19

Christlicher Altwarenladen sucht dringend: Italienische Leuchter, Silbertabletts, Luxusbettwäsche, Tischwäsche, Daunendecken. Lobzowska 103

Zwei Wochen alter Säugling weiblichen Geschlechts abzugeben. Meldungen unter »Nr. 6248«

Manuela holt tief Luft, liest weiter:

Wanzen und anderes Ungeziefer beseitigt radikal, desinfiziert Firma AZOT. Krakau, Krakowska 27

Restaurant »Alt-Krakau« sucht deutschsprachiges Personal.

Schallplatten deutsche Musik, leicht und Klassik, jeden Tag zu verkaufen. Marka 81

Als Nikolausgeschenk empfehlen wir: Silberne Zigarettendosen, Zuckerdosen, Löffel, Kristallgläser und andere Geschenke. Krakau, Sławkowska 26

Deutsch lernen in 3 Monaten. Krakau, Długa 30/1

Pelzmantel für kleines Mädchen, mit Kapuze, guter Zustand, Gelegenheit. Sienna 1

Kleiner Junge vermisst. Hat die Wohnung am 17. September verlassen. Er ist 12 Jahre alt. Blond, blaue Augen. Zuschriften an die Redaktion

Deutsche Wehrmacht sucht Freiwillige für den Behelfsdienst. Meldungen: Böcklinstr. 19

Singer-Nähmaschine ...

»Und so weiter, und so weiter ...« Manuelas Stimme klingt zornig. Sie zerknüllt die Zeitung und wirft sie in den Ofen. Es ist das erste Mal, dass ich Manuela wütend sehe, und ich bin ganz erschrocken. Sicher ist es meine Schuld.
Meine Mutter steht auf und putzt weiter Gemüse.

Es ist gut, dass Manuela uns die Kleinanzeigen vorgelesen hat. Das wird mir ein paar Tage später klar, als die Kiernikowa uns nun doch vor die Tür gesetzt hat. »Es hat in letzter Zeit verstärkt Kontrollen gegeben«, hat sie gesagt, »und das Gestapo-Hauptquartier ist doch gleich um die Ecke. Ihr müsst gehen!«
Wir haben unsere Koffer genommen und sind gegangen. Ich habe noch einen letzten Blick auf den schönen Blumenteppich über Dudeks Bett geworfen. Wie schön wäre es, wenn wir hier zu Hause wären, denke ich noch. Dann stehen wir schon unten auf der Straße.
Wohin? Meine Mutter überlegt fieberhaft. Es weht ein eiskalter Wind, es ist wieder Winter geworden. Die Pfützen zwischen den Pflastersteinen sind gefroren. Für das Gartenhaus ist es zu kalt.

Aber dann fallen ihr die Kleinanzeigen ein:
»Übernachtungen für intelligente Menschen ... Radziwiłowska 14/2«, murmelt sie und packt mich an der Hand.

Die Straße aus der Kleinanzeige liegt in einer schmutzigen, verkommenen Gegend in der Krakauer Vorstadt, das Haus Nummer 14 sieht alles andere als einladend aus. Grauer Putz bröckelt von der niedrigen Fassade, die Fenster sind stumpf vor Dreck. Eine magere Katze sitzt auf der Türschwelle und starrt uns feindselig an.
Wir klingeln.
Schlurfende Schritte nähern sich langsam der Tür. Eine dicke Frau öffnet. Ihr Gesicht ist rot und aufgedunsen, die Haare strähnig. Sie trägt einen dreckigen, gestreiften Bademantel.
»Wir kaufen nichts.«
Ihre Stimme ist barsch und unangenehm.
Meine Mutter murmelt etwas von Kleinanzeigen, Übernachtungen und intelligenten Menschen.
»Kommen Sie rein.«
Wir stehen in einem dunklen, engen Flur, der mit Schränken und Kommoden vollgestopft ist. Es riecht nach Kohl und Katzendreck.
»Hier entlang.« Die Frau schlurft vor uns her, bleibt vor einer Tür stehen.
»Erst zahlen«, sagt sie zu meiner Mutter und blickt uns so feindselig an wie ihre Katze.
Meine Mutter kramt in ihren Taschen, zieht ein paar Geldscheine heraus. Die Frau schnappt danach wie ein fetter Frosch nach einer Fliege. Sie öffnet die Tür.

In dem Zimmer ist es fast dunkel, die Vorhänge sind zugezogen. Eine Wand wird beinahe vollständig von dem schweren, geschnitzten Ehebett eingenommen, auf dem sich schmutzige Federbetten türmen, an der anderen steht ein Sofa. Mindestens vier Schränke füllen die Zwischenräume aus.

»Sie können das Ehebett nehmen«, sagt die Frau zu meiner Mutter, es klingt fast beleidigt. Sie schlägt die Tür hinter uns zu.

»Ruhe!«, keift eine Stimme im Halbdunkel. Sie kommt aus der Richtung des Sofas. Erst jetzt sehe ich, dass wir nicht allein im Zimmer sind: Auf dem Sofa liegt eine unförmige Gestalt und schläft – oder will zumindest schlafen. Wir treten näher und stellen die Koffer ab, meine Mutter entschuldigt sich höflich für die Störung. Die Gestalt hat uns ihren dicken Hintern zugedreht, richtet sich nun aber auf, um uns in Augenschein zu nehmen. Ich staune. Die fremde Frau hat zwei Haarfarben, dunkel und hell, sie sind in der Mitte gescheitelt. So etwas habe ich noch nie gesehen. Gerne würde ich sie fragen, wie das kommt, aber sie schaut mich so böse an unter ihren dichten, schwarzen Augenbrauen, dass mir die Stimme im Hals stecken bleibt.

»Ein Kind«, seufzt sie, »auch das noch.«

Meine Mutter stößt einen Laut der Überraschung aus.

»Frau Professor!«, ruft sie, »was machen Sie denn hier?«

Die beiden scheinen sich zu kennen, beginnen ein leise schnatterndes Gespräch, von dem ich ausgeschlossen bin. Ich setze mich auf den Bettrand und ziehe mich aus. Ich bin furchtbar müde.

»Geh schon mal schlafen, Roma«, sagt meine Mutter über die Schulter, »ich komme gleich.«
Ich krieche unter die schmutzigen Decken. Mir ekelt vor den Federbetten, sie riechen wie die Luft im Flur. Mir ekelt vor diesem Zimmer, vor der Frau Professor, vor dieser Wohnung.
Ich denke an Marika Rökk:

Ich möchte so gerne …
Ich weiß nur nicht, was …

Kurz darauf bin ich eingeschlafen.

Ich erwache von lautem Gehämmer an der Haustür.
Die Deutschen!, denke ich und fahre hoch.
Aber es können nicht die Deutschen sein. Der Mann vor der Haustür brüllt nicht, er bettelt und fleht.
»Lass mich wieder rein, Sophie, mein Goldstück! So lass deinen Mann doch wieder herein! So ein kleines Wodkachen kannst du mir doch nicht übel nehmen … nun los, mach schon auf, mein Täubchen! Es ist Sperrstunde …«
Aber Sophie denkt offenbar nicht daran. Ich höre sie keifen.
»Sei doch nicht so hysterisch, Schätzchen!«, schluchzt die Männerstimme, »du bist eine richtige Hysterie! Ja, eine Hysterie bist du!« Das Gehämmer wird schwächer, hört schließlich auf. Es ist wieder still.
»Schlaf jetzt«, flüstert meine Mutter in der Dunkelheit. Sie liegt neben mir, unter der schweren, übel riechenden Decke. Ob das Bett dem Mann gehört, den die dicke

Frau nicht hereingelassen hat? Mir schaudert bei dem Gedanken. Aber meine Augen sind schwer, und ich döse wieder ein.
Allerdings nicht lange. Auf einmal verspüre ich so ein komisches Kitzeln an meinem Körper, so ein Stechen und Krabbeln, überall. Erschrocken schlage ich das Federbett zurück, suche nach dem Lichtschalter.
»Mama!!!«
»Was ist denn jetzt schon wieder«, höre ich die Frau Professor grunzen. Meine Mutter findet den Lichtschalter, knipst die Nachttischlampe an. Ich ziehe mein Hemd hoch, um zu schauen, was da so juckt.
»Gewalt geschriben!«, ruft meine Mutter entsetzt und schlägt die Hände vors Gesicht. Das ist Jiddisch und bedeutet etwas ganz Schreckliches. Ich schaue an mir herunter. Über meinen Körper läuft eine schwarze Straße. Ich begreife nicht, schaue näher hin. Jetzt sehe ich, dass diese schwarze Straße, die meine Haut bedeckt, sich bewegt. Sie besteht aus vielen einzelnen schwarzen Punkten, kleinen Lebewesen, die über mich krabbeln und kriechen. Ich will sie wegwischen, aber sie sitzen fest ...
»Mama!!!«
»Schon gut, Kind, sei still, ich helfe dir ... ich ziehe sie heraus, sie haben sich festgesaugt ... hab keine Angst ...« Meine Mutter beugt sich über mich, blass vor Abscheu, in rasender Hast pickt sie mit spitzen Fingern die Wanzen von meinem Körper herunter, wie eine Taube Brotkrumen aufpickt, schnell und gezielt, zerdrückt sie dann mit ihrem Schuh auf dem Boden. Es ist ein schweigender, grausamer Kampf, der nur von den

unwirschen Lauten der Frau Professor unterbrochen wird, die sich beschwert, dass ich vor Schmerzen jammere und dass die Nachttischlampe brennt.

Irgendwann in den frühen Morgenstunden ist meine Mutter fertig. Mein ganzer Körper ist rot und verquollen. Wir wagen nicht, das Licht auszumachen, denn Wanzen kommen in der Dunkelheit. Die Frau Professor ist wieder eingeschlafen. Wir liegen still nebeneinander, meine Mutter und ich, ein dünner Streifen graues Morgenlicht fällt auf unsere blassen, erschöpften Gesichter. An Schlaf ist jetzt nicht mehr zu denken.

»Erzähl mir weiter von der Liebe«, flüstere ich.

Meine Mutter seufzt.

»Es ist so lange her ...«, murmelt sie.

Tosias Mutter merkte schon bald, dass ihre Tochter ein Geheimnis hatte, auffällig oft allein im Garten herumspazierte und bei Tisch selbst ihre Lieblingsspeise, Apfelstrudel mit Rosinen, stehen ließ, doch sie hielt es für klüger, nichts zu sagen und erst einmal abzuwarten. Das hatte schließlich auch ihre eigene Mutter damals getan, nachdem sie vor etlichen Jahren ihre sechzehnjährige Tochter Anna mit dem jungen Jakob Abrahamer bekannt gemacht hatte, den die Familie für sie sorgfältig ausgesucht hatte. Die Liebe, davon war Anna seither überzeugt, war eine eher praktische Angelegenheit. Sie wuchs mit den Jahren, wie die Pflaumenbäume im Garten, bedurfte hin und wieder der Pflege und zeigte hin und wieder Früchte, doch es gab keinen Grund, darum viele Worte zu machen.

Das Rätsel um Tosias Geheimnis löste sich früher als erwartet, denn Tosia, die das Versteckspiel satt hatte, entschloss sich eines Tages kühn, ihren Angebeteten nach Hause einzuladen. »Ich werde übrigens David Liebling zum Tanztee am Sonntag bitten«, rief sie nach dem Abendessen über die Schulter und lief eilig die Treppe hinauf in ihr Zimmer, um die Reaktion der Eltern nicht mit ansehen zu müssen. Jakob Abrahamer nahm die Zigarre aus dem Mund und sah seine Frau fragend an.
Anna nickte. »Es sieht ganz so aus«, seufzte sie. »Wo sie diesen David Liebling herhat, ist mir übrigens ein Rätsel. Ich kann nur hoffen, dass er aus anständigen Verhältnissen kommt . . . aber wir werden ja sehen.«
David erschien am Sonntag zum Tanztee, pünktlich um fünf. Er hatte Anna Abrahamer einen Blumenstrauß mitgebracht, ein frisch gestärktes, weißes Hemd angezogen und einen nagelneuen Strohhut auf dem Kopf. Er war höflich und charmant und küsste der Hausherrin die Hand. Aber es nützte alles nichts.
»Er kommt aus einer *unmöglichen* Familie!«, erklärte Anna ihrer Tochter, nachdem die letzten Gäste gegangen waren. »Es ist ausgeschlossen, dass du ihn heiratest, Teofila!«
Tosia brach in Tränen aus. Nicht, dass David ihr schon einen Heiratsantrag gemacht hätte; es war die Reaktion ihrer Eltern, die sie so enttäuschte. Sie hatten sie Teofila genannt, wie die Ordensschwestern in der Schule – als ob sie eine Fremde wäre! Sie hatten keine Ahnung von der Gefühlswelt ihrer Tochter, und sie hatten keine Ahnung von der Liebe. Sie waren engstirnig und herzlos. Aber sie, Tosia, würde es ihnen zeigen.

Teofila im Alter von 20 Jahren (1931).

Von diesem Tag an begann Tosia, das Essen zu verweigern. Sie saß stumm bei Tisch und rührte ihren Teller nicht an. Sie verlor an Gewicht und wurde immer dünner. Unter den Augen wurden die Schatten tiefer, aber in den Augen brannte der Trotz.
»Iss endlich was!«, beschwor Anna ihre älteste Tochter, »man muss essen, um zu leben!« Aber Tosia dachte nicht daran. Solange sie David nicht haben konnte, wollte sie nicht leben.
Ungeachtet seiner Herkunft, kam David jetzt jeden Sonntag zu Besuch. Seine Manieren waren tadellos und seine Hemden immer frisch gebügelt. Er bildete sich in der Abendschule fort, gründete eine Baufirma und hielt bei Jakob Abrahamer um Tosias Hand an.
Jakob Abrahamer schenkte David einen Pflaumenschnaps ein, bot ihm eine Zigarre an und schloss bedächtig die Flügeltür zum Salon. Selbst Sabine, die Übung in solchen Dingen hatte, gelang es nicht, durch das Schlüsselloch etwas Wesentliches zu erfahren. Ein paar Wortfetzen, die sie mit Mühe hatte aufschnappen können, waren die ganze Ausbeute.
»Sie reden über dich«, sagte sie bedeutungsvoll zu Tosia, die das ohnehin vermutet hatte und blass vor

Anspannung in ihrem Zimmer am Schreibtisch über den Schulbüchern saß.
Als sich die Flügeltür nach einer guten Stunde wieder öffnete, waren Jakob Abrahamer und David Liebling sich einig geworden. David würde, wie früher in jüdischen Familien durchaus üblich, sieben Jahre auf seine Tosia warten müssen und sich in dieser Zeit darum kümmern, seiner zukünftigen Familie eine solide finanzielle Grundlage zu schaffen. Die beiden Männer schüttelten sich die Hand.
Nachdem David seinen Hut aufgesetzt hatte und gegangen war, stahl Tosia sich in die Küche und schob sich ein riesiges Stück Apfelstrudel in den Mund ...

»Und ihr habt wirklich sieben Jahre gewartet?«, frage ich beeindruckt, obwohl ich mir unter dem Zeitraum nichts Rechtes vorstellen kann. Lang scheint es auf jeden Fall zu sein.
»Ja«, sagt meine Mutter leise, und ein Lächeln huscht über ihr Gesicht. »Ich war dreiundzwanzig, als wir endlich geheiratet haben, und hatte mein Abitur und meine Berufsausbildung schon hinter mir.«
»Berufsausbildung?« Ich hatte gar nicht gewusst, dass meine Mutter überhaupt einen Beruf hat.
»Eigentlich wollte ich Ärztin werden«, sagt sie ein bisschen traurig, »aber David wollte nicht, dass seine Ehefrau arbeiten muss. Wir wollten ja viele Kinder haben, weißt du. Mindestens fünf ... und da bin ich eben auf eine Schule für Sekretärinnen gegangen. Da lernt man, Briefe auf der Schreibmaschine zu schreiben, und Stenographie.«

Ich finde, das klingt langweilig, Briefe schreiben. Schauspielerin ist ein viel aufregenderer Beruf. Aber das mit den Kindern, das gibt mir zu denken. Ich hätte sehr gerne Geschwister. Immer bin ich allein.
»Ich will so gern eine kleine Schwester haben!«, platze ich heraus.
Meine Mutter streicht mir über den Kopf und steigt leise aus dem Bett.
»Das habe ich auch immer zu meiner Mutter gesagt, als ich klein war«, seufzt sie, »und was dann passiert ist, erzähle ich dir ein anderes Mal. Jetzt sollten wir hier endlich fort und uns etwas zu essen besorgen ...«
Wir verlassen das dunkle Zimmer auf Zehenspitzen. Vom Sofa her höre ich noch das rhythmische Schnarchen der Frau Professor. Dann stehen wir wieder auf der Straße.

In der Nacht ist Schnee gefallen. Eine weiße, unberührte, glitzernde Welt liegt vor uns. Der Kontrast zwischen der Reinheit des Schnees und dem Alptraum der vergangenen Nacht tut fast weh. Ich schließe die Augen, atme ganz tief durch. Kühle, klare Luft füllt wohltuend meine Lungen.
Wir gehen in eine Bäckerei und kaufen uns zwei Stück Kuchen. In einem kleinen Park wischt meine Mutter den Schnee von einer Bank, wir stellen unsere Koffer ab, setzen uns hin und frühstücken. Es ist alles so schön und friedlich um uns herum. Ich beobachte sehnsüchtig ein paar Kinder auf dem Weg zur Schule, die sich mit Schneebällen bewerfen und lachen. Sie haben bunte Mützen an, tragen Schulranzen auf dem Rücken und

sind nur wenig älter als ich. Wie gerne würde ich dazugehören, im Schnee herumtoben und laut schreien, wenn ich einen Schneeball an den Kopf bekomme!
Meine Mutter reißt mich aus den Träumen. »Iss«, sagt sie streng. Sie überlegt, wohin wir nun gehen sollen. Ich kann ihre Gedanken fast immer lesen.
»Zurück zu Manuela«, sage ich, ohne zu zögern. Meine Mutter nickt. Was bleibt uns auch anderes übrig? Wir haben ja kein Zuhause, nur ein Versteck, in dem wir unsere Gastgeber dauernd in Lebensgefahr bringen ... Aber vielleicht nehmen sie uns ja trotzdem wieder auf. Wir müssen es wenigstens versuchen.

Wir haben Glück gehabt. Sie haben uns wieder aufgenommen. Während meine Mutter Manuela in der Küche von unserer Nacht mit den Wanzen erzählt, stehe ich im Salon am Fenster und schaue den tanzenden Schneeflocken zu. Ich denke an Marika Rökk, die so gerne möchte und nicht weiß, was.
Aber ich weiß auf einmal, was ich möchte. Ich möchte Schneebälle machen! Leise öffne ich das Fenster. Auf dem Fenstersims draußen liegt dicker, weicher Schnee, wie der Puderzucker, den meine Mutter auf die Krapfen streut. Ich fasse hinein. Er ist weich und kalt und schmilzt an meinen warmen Fingern. Ich lecke sie ab. Eigentlich hatte ich gehofft, Schnee würde wie Zucker schmecken, aber er schmeckt nach nichts. Ich beginne, kleine Schneebälle zu formen, winzige weiße Kugeln, eine, zwei, viele. So eifrig bin ich beschäftigt, dass ich nicht merke, wie die Kiernikowa hinter mir ins Zimmer tritt.

»Du böses Kind! Jetzt schau dir die Schweinerei auf dem Parkett an! Alles nass und voller Schnee! Und eiskalt ist es noch dazu! Du holst dir ja den Tod am offenen Fenster! Wirst wieder krank!«
Wie Hagelkörner prasseln ihre Worte auf mich ein. Ich versuche, mich unsichtbar zu machen, aber es gelingt mir nicht. Vielleicht habe ich es verlernt? Ich überlege, ob ich mich schnell hinter dem Sofa verstecken soll, aber da kommt die Großmutter ins Zimmer. Sie ist wie immer im Nachthemd, hat sich ein gehäkeltes Schultertuch übergeworfen und sieht sehr ärgerlich aus. Seltsamerweise ist sie aber nicht wütend auf mich, sondern auf die Kiernikowa.
»Mach das Fenster zu, und veranstalte nicht so einen Wirbel, Helene!«, herrscht sie ihre Tochter an, und ich habe das Gefühl, die Kiernikowa würde sich auch gerne unsichtbar machen oder hinter dem Sofa verstecken.
»Das arme Kind ist ja ganz verschreckt!«, fährt die Großmutter mit ihrer Strafpredigt fort, »ich möchte einmal wissen, wie man sich wegen ein bisschen Wasser so aufregen kann! Roma wischt jetzt den Boden auf, und damit ist die Sache erledigt. Du solltest lieber deine Nerven schonen, Helene. Es gibt wahrhaftig Schlimmeres als eine Pfütze heutzutage!«
Damit rauscht sie erhobenen Hauptes davon. Die Kiernikowa schließt das Fenster, brummelt etwas Unfreundliches und entfernt sich. Ich hole den Eimer und den Lumpen aus der Küche und wische das Wasser auf. Dabei spiele ich, ich wäre Aschenputtel und die Kiernikowa die böse Stiefmutter. Das gibt mir ein herrliches Gefühl der Überlegenheit.

Und außerdem weiß ich jetzt endlich, wie man Schneebälle macht.

Die Kiernikowa, meine Mutter und Manuela backen seit Tagen, und es duftet nach Zimt und Nelken in der Wohnung. Die Schauspieler haben Manuela kleine Päckchen mitgebracht, und Tadeusz hatte sogar ein großes für mich dabei. Ich darf es aber noch nicht aufmachen. Ich darf auch nicht in den Salon gehen, denn dort steht der Baum. Ein richtiger Baum! Ich habe genau gesehen, wie Dudek ihn hereingeschleppt hat. Aber was es damit auf sich hat, will mir keiner verraten. Selbst die Großmutter nicht. »Es ist Weihnachten!«, sagt sie mit diesem geheimnisvollen Lächeln, das so viele Falten um ihre Augen macht und das ich so gern habe.
Alle sind aufgeregt und haben zu tun, nur ich nicht. Ich habe keine Ahnung, was Weihnachten ist. Ich sitze in der Küche und lese Zeitung. Inzwischen kann ich ganz gut lesen. Ich bin ja auch schon fünf Jahre alt.

In dem gewaltigen Ringen der Völker, dessen Zeugen wir sind, ist die alte Weltordnung untergegangen. Das neue Europa ist im Entstehen. Eine solche Wiedergeburt ist natürlich mit gewaltigen Veränderungen verbunden, die nicht nur viel Anstrengung erfordern, sondern auch viel Aufopferung . . . manchmal denken wir, die Welt dreht sich um uns, aber dem ist nicht so . . .

Ich finde das alles unverständlich und langweilig, blättere weiter. »Weihnachten in Krakau« heißt es da.

> Unsere Stadt mit ihren vielen Kirchen war immer schon die religiöse Hauptstadt Polens, in der alle Feiertage, vor allem aber Weihnachten, ganz besonders festlich begangen wurden. Am Heiligabend serviert man ein traditionelles Menü: Dreierlei Suppen (Fischsuppe, Mandelsuppe mit Rosinen und Barszcz mit Teigtaschen mit Pilzfüllung). Dann gibt es Heringe. Danach kommen dreierlei Fische: Karpfen in grauer Soße, Zander in Safransoße, Barsch mit Ei-Öl-Soße, danach Plätzchen mit Mohn und Honig ...
> Der Tisch wird mit einem schneeweißen Tuch bedeckt, unter der Tischdecke liegt traditionell ein Bund Heu. In den wohlhabenden Häusern werden am Weihnachtsabend zwölf Gänge serviert ...

»Was gibt es heute Abend zu essen?«, erkundige ich mich bei Manuela. Sie schaut mich erstaunt an. »Du willst wissen, was es zu essen gibt, *Poziomka?*«, fragt sie verwundert, »das ist ja ganz was Neues!« Dann sieht sie die Zeitung, die vor mir liegt, und nimmt sie mir weg. »Ich habe dir doch gesagt, kein anständiger Pole liest dieses deutsche Propagandablatt!« Sie überfliegt den Artikel. »Zwölf Gänge ...«, murmelt sie bitter, »als ob die Leute im Krieg irgendetwas zu essen hätten ...«

Sie zerknüllt die Zeitung und wirft sie in den Ofen. »Bei uns gibt es heute etwas sehr, sehr Gutes!«, erklärt sie dann feierlich, »wir haben tatsächlich einen richtigen Karpfen aufgetrieben. Fisch wird dir sicher gut schmecken.«
Ich seufze heimlich. Wenn sie so etwas sagen, kann ich fast sicher sein, dass es mir nicht schmecken wird.

Zuerst musste ich in der Küche warten, bis ich es vor Spannung kaum noch aushielt. Dann führte Manuela mich endlich an der Hand in den Salon. Und da steht der leuchtende Baum! Er reicht bis fast an die Decke, und auf seinen Zweigen sind brennende Kerzen befestigt. Der ganze Raum ist voll mit goldenem Licht. Wir stehen andächtig davor und singen schöne alte Lieder vom kleinen Jesus, der kein Hemdchen hat und in der Scheune schlafen muss, und seine Mutter weiß nicht, wohin sie gehen soll ...
Natürlich sind wir alle ganz fein angezogen. Sogar die Großmutter ist extra aufgestanden und hat ein dunkles Kleid angezogen, ich erkenne sie kaum wieder. Manuela hat schöne Schleifchen im Haar, meine Mutter trägt ihre geblümte Bluse, und selbst die Kiernikowa sieht mit ihrem Spitzenkragen und der goldenen Brosche irgendwie schöner aus. Ich habe eine große weiße Schleife im Haar und trage ein Kleid, das etwas zu kurz für mich ist. Zur Zeit wachse ich ziemlich schnell.
Der Weihnachtsbaum ist das Schönste, das ich in meinem Leben je gesehen habe! Er funkelt über und über und ist mit handgemachtem Spielzeug, bunten Engelchen, Sternen, Paradiesvögeln, Pferdchen und kleinen

Schlitten aus Holz, Glasperlen und Porzellan geschmückt. Dazwischen hängen bunt umwickelte kleine Bonbons und winzige rote Äpfel. Ich darf die kostbaren, glitzernden Sachen berühren, es ist wie im Märchen.

Wir haben dann im Salon gegessen und wirklich ein weißes Tuch über den Tisch gelegt, natürlich mit Heu darunter. Ich weiß nicht mehr, wie der Fisch schmeckte, aber Weihnachten schmeckt alles gut! Weil es so fein und feierlich ist.
Das große Päckchen von Tadeusz habe ich zuerst ausgepackt, es lag mit den anderen Paketen unter dem Weihnachtsbaum. Er hat mir ein dickes Buch geschenkt, es heißt »Der geheime Garten«. Manuela hat versprochen, mir jeden Tag daraus vorzulesen. Von ihr habe ich ein kleines, samtbezogenes Büchlein bekommen. Als ich darin blätterte, sah ich enttäuscht, dass es lauter leere Seiten hatte. Aber Manuela hat mir erklärt, dass es ein Tagebuch ist. Ich kann hineinschreiben, was ich will, aber ich kann auch andere Leute etwas hineinschreiben lassen, einen Gedanken, ein Gedicht oder nur einen Namen. Ich habe gleich das Foto von Marika Rökk hineingeklebt.
Meine Mutter hat mir ein dunkelblaues Faltenröckchen genäht, in dem ich so erwachsen aussehe, als ginge ich schon zur Schule. Von der Großmutter habe ich auch etwas bekommen – ein schönes, von ihr selbst gehäkeltes Täschchen, wie es erwachsene Frauen tragen.
So glücklich wie an diesem Weihnachtsabend bin ich, glaube ich, noch nie gewesen. Es war fast so, als ob ich eine Familie hätte, und ein richtiges Zuhause. Ich

durfte so lange aufbleiben, wie ich wollte, und niemand hat nachts gegen die Tür gehämmert.
Später hat die Kiernikowa mit meiner Mutter in der Küche die Teller gespült. Ich stand mit der Großmutter am offenen Fenster und lauschte in die stille Weihnachtsnacht hinein. Zuerst erklang die sehnsüchtige Melodie der Trompete von der Marienkirche. Und dann fingen die vielen Krakauer Glocken an zu läuten, dunkle und helle, traurige und fröhliche Glocken, große und kleine.
Als wir dann im Bett lagen, habe ich meine Mutter gefragt, ob sie früher auch so Weihnachten gefeiert haben, wie wir. »Nein«, hat sie gesagt. »Juden feiern kein Weihnachten. Bei uns gibt es andere Feste.«
Ich fand das schade. »Habt ihr denn wenigstens Geschenke bekommen?«, fragte ich. Sie lachte ein bisschen in der Dunkelheit. »Aber natürlich«, sagte sie, »wir haben ganz herrliche Geschenke bekommen, als ich klein war ... zu jedem Geburtstag gab es etwas Goldenes, einen Ring, eine Kette, eine kleine Brosche ... und immer, wenn mein Vater mit dem Salonwagen von seinen Reisen nach Wien zurückkam, hat er uns etwas mitgebracht. Einmal bekam ich von ihm eine Schneekugel aus Glas, die konnte man schütteln, und dann rieselten darin winzige Schneeflocken auf ein kleines Dorf mit einer Kirche ... und einmal, da schenkte er mir eine Spieluhr. Das war mein Liebstes.«
»Was ist denn eine Spieluhr?«, fragte ich. »Meine war ein hölzerner Kasten aus glänzendem Mahagoni, auf dem sich tanzende Porzellanpüppchen zu einer schönen Walzermusik drehten«, erklärte sie verträumt,

»die Figuren waren fein angezogen, die Tänzerinnen mit kleinen Tüllröckchen, die Tänzer mit dunklen Fräcken. Man konnte die Spieluhr immer wieder aufziehen, und immer wieder erklang die Musik, und die Figuren drehten sich ... Aber nun musst du wirklich schlafen, Roma.«

Sie deckte mich zu und gab mir einen Kuss. Weihnachten hatte mich müde gemacht, und es dauerte nicht lange, bis ich eingeschlafen war.

Ich glaube, ich habe die ganze Nacht von der Spieluhr geträumt, aber sicher auch vom Weihnachtsbaum. Und an den kleinen Jesus aus dem Lied habe ich gedacht, der kein Hemd und kein Zuhause hatte. Was wohl aus ihm und seiner Mutter geworden ist ...?

3

Ich betrachte das Leben da draussen, an dem ich nicht teilnehmen darf. Hinter den weißen Spitzenvorhängen am Fenster von Manuelas Wohnzimmer stehe ich und schaue hinaus. Da stehe ich jetzt immer öfter. Ich kenne jede Mauerritze, jede Dachluke und jeden Pflasterstein gegenüber. Die Kirchtürme habe ich längst gezählt. Tauben flattern auf und lassen sich auf dem Dach des gegenüberliegenden Hauses nieder. Ich hasse Tauben. Von dem Gurren wird mir immer schlecht.

Dunkle Wolkenfetzen treiben am grauen Himmel, die Dämmerung senkt sich langsam über die Dächer und Türme der Stadt. Die Menschen huschen wie Ratten in ihre Häuser, dann ist die Straße leer gefegt. Es ist kurz vor sechs, und ab sechs Uhr ist Sperrstunde.

Alle wissen, dass man erschossen wird, wenn man dann noch auf der Straße ist. Sie übernachten bei Freunden oder klopfen bei Fremden, wenn sie es nicht mehr rechtzeitig nach Hause schaffen. Auch Tadeusz und die Schauspieler haben schon hier bei uns im Salon auf dem Boden geschlafen, als sie einmal zu lange Theater gespielt hatten. Das war sehr schön. Tadeusz hat mir Märchen erzählt bis spät in die Nacht …

Gespenstische Stille tritt ein. An der Ecke entdecke ich die stummen Schatten von zwei Uniformierten.
Gerade, als ich mich umdrehen will, um in die Küche zu gehen, sehe ich zwei große Jungen schnell über die Straße rennen. Einer von ihnen verschwindet in einem Hauseingang. Der andere läuft noch weiter. Einer der Uniformierten schaut auf seine Armbanduhr und zieht seine Pistole. Die Kirchenglocke schlägt. Der Schuss und der Glockenschlag sind eins. Der Junge fällt zu Boden. Die beiden Uniformierten unterhalten sich weiter, als wäre nichts geschehen.
Meine Mutter ist hinter mich getreten. »Diese Banditen«, sagt sie leise. Dann verdunkelt sie das Fenster mit schwarzem Papier, wie es Vorschrift ist.

Am Abend liest Manuela mir aus dem neuen Buch vor, das ich von Tadeusz zu Weihnachten bekommen habe: »Der geheime Garten«. Es ist ein wunderschönes Buch. Auf dem Umschlag ist ein kleines, blondes Mädchen in einem schönen Garten abgebildet. Das bin ich. Die Blumen blühen, und auf der Schulter des Mädchens sitzt ein Rotkehlchen.
Wir haben jetzt schon zwei Kapitel gelesen, und es ist furchtbar spannend und traurig. Das Mädchen ist sehr allein und hat niemand zum Spielen. Immer, wenn ich die Kinder im Hinterhof lärmen höre, denke ich an das Mädchen. Der Hof ist zwar kein Garten, aber es gibt dort einen schönen Baum. In letzter Zeit hat er viele dicke Knospen bekommen. Ich verstecke mich jetzt manchmal auf dem Küchenbalkon und schaue den Kindern zu. Sie sehen mich nicht, da oben.

Aber meine Mutter sieht mich, leider. Sie packt mich am Kragen und zieht mich in die Küche, schließt die Balkontür und dreht den Schlüssel um.
»Roma!«, sagt sie halb vorwurfsvoll, halb zärtlich. »Du weißt doch, dass du auf keinen Fall entdeckt werden darfst!«
Ich muss ihr versprechen, mich zu bessern.

Kleines Glück: Roma auf dem Balkon bei Kierniks (um 1943).

Seit heute wissen wir, dass mein Vater noch lebt. Eine junge blonde Frau, die Ella heißt, hat uns besucht. Sie ist die Schwester von Maria, und Maria ist die Frau von Onkel Szymon, Papas Bruder. Ella versteckt sich bei ihrem Freund, einem polnischen Ingenieur. Sie hat polnische Papiere, und da sie gut aussieht mit ihren blond gefärbten Haaren und den hellbraunen Augen, überhaupt nicht jüdisch, kann sie sich überall frei bewegen, ohne erkannt zu werden.
Wie sie unsere Adresse herausbekommen hat, weiß ich nicht. Meine Mutter ist fast in Ohnmacht gefallen, als sie auf einmal hier auftauchte! Ella hat uns ein kleines Päckchen gebracht, darin war Vaters Ring. Da liegt er nun auf dem Küchentisch, wie damals im Ghetto. Ich betrachte den roten Stein, in den zwei ineinander ver-

schlungene Zeichen geritzt sind. Jetzt kann ich lesen, und ich weiß, dass es zwei Buchstaben sind: BL.
Ich erinnere mich, wie mein Vater damals sagte: »Es ist Bernhards Ring.« Und ich weiß noch genau, wie seine Stimme klang, so schwer, so weit entfernt, als ob sie aus einem tiefen Brunnen käme. An sein Gesicht kann ich mich nicht mehr erinnern. Ich weiß nur noch, dass er dunkle Augen hatte, wie ich.
Ella bleibt nur ganz kurz. Mein Vater hat ihr den Ring gegeben, während er noch bei dem Bautrupp aus Płaszów war, sagt sie. Wo er jetzt ist, kann sie uns allerdings nicht sagen.
»Woher kann sie nur wissen, dass ihr bei uns seid?«, fragt die Kiernikowa, nachdem Ella gegangen ist. Sie scheint sich gar nicht zu freuen, dass mein Vater noch lebt.
Aber meine Mutter ist so glücklich, dass sie das Stirnrunzeln der Kiernikowa nicht einmal bemerkt. Ihre Augen haben einen feuchten Schimmer, und sie tut so, als ob sie furchtbar damit beschäftigt sei, die Töpfe in den Schrank zu räumen. Während sie laut klappernd in der Küche hin und her läuft, fragt Manuela nachdenklich: »Ob er wohl noch in Płaszów ist? Ich habe gehört, sie lösen das Lager auf ...«
Darauf weiß meine Mutter keine Antwort. Sie klappert dafür besonders laut mit den Topfdeckeln. »Ich habe keine Ahnung. Aber er lebt!«, sagt sie dann tapfer. »Dieser Ring ist ein Lebenszeichen!«
Ich muss daran denken, dass Bernhard tot war, als mein Vater diesen Ring geschickt bekam. Aber ich sage nichts.

Es ist so schön, meine Mutter einmal glücklich zu sehen.

»Erzähl mir noch mehr von Papa und dir!«, bitte ich sie später, als sie ein wenig Zeit hat und sich zu mir setzt. Sie rückt ein Stückchen an mich heran und dreht den Ring in den Fingern, während sie spricht.
»Wie du weißt, hat dein Vater drei Brüder«, beginnt sie dann. »Dieser Ring hier gehörte Bernhard, dem Zweitjüngsten. Der älteste Bruder heißt Moshe. Er ist Romans Vater – erinnerst du dich noch an deinen Cousin Roman? Er hat dir die Flasche gegeben, als du ungefähr ein halbes Jahr alt warst ... sie haben ihn durch ein Loch in der Mauer aus dem Ghetto geschmuggelt, nachdem Tante Dziunia, seine Mutter, nicht mehr ... Ich frage mich, ob er noch lebt ...«
Sie seufzt. Ich denke angestrengt nach. Nein, meine Erinnerung ist verschwunden. Aber den Namen Roman habe ich schon oft gehört, es ist ja fast derselbe Name wie meiner.
»Nun gut, dann kam dein Vater, David, dann Bernhard, dann Szymon. Über die Herkunft der Familie Liebling weiß ich selbst nicht viel. Ich weiß aber, dass sie immer sehr arm waren. Der Urgroßvater hatte sieben Töchter. Jedes Mal, wenn wieder ein Mädchen auf die Welt kam, bekam er einen Wutanfall, schimpfte, knallte die Türen und betrank sich. Schließlich wurde ihm endlich ein Sohn beschert, aber das war ein Taugenichts. Er war ein stadtbekannter Schürzenjäger, hatte ein Mädchen nach dem anderen, spielte Karten, wurde später Offizier. Man sagt, er sorgte für einen

Skandal in der Stadt, als er einmal auf seinem kastanienbraunen Pferd quer über den Krakauer Marktplatz galoppierte. Sein Vater und seine Schwestern liebten ihn abgöttisch, doch er fiel im letzten Krieg. Seine Töchter waren alles sehr brave und tapfere jüdische Frauen. Deine Großmutter Maria war eine von ihnen.«
Meine Mutter macht eine kurze Pause und gießt sich einen Tee ein. Ich nutze die Zeit zum Nachdenken. Das ist alles sehr verwirrend. Warum bekam der Urgroßvater einen Wutanfall, wenn ein Mädchen auf die Welt kam? Und was war mit dem stadtbekannten Schürzenjäger, der auch ein Mädchen nach dem anderen hatte? Gerade will ich meine Mutter fragen, doch da redet sie schon weiter.
»Maria heiratete sehr früh, einen jungen Mann namens Samuel Liebling. Er wechselte dauernd die Berufe und hatte nie Erfolg. Mal versuchte er sich als glückloser Handelsvertreter, mal betrieb er ein Restaurant. Aus dieser Zeit gibt es eine Geschichte. Als der Großvater nämlich eines Abends aus dem Restaurant nach Hause kam, legte er seinen gut gefüllten Geldbeutel mit den Tageseinnahmen auf den Tisch und ging zu Bett. Dein Vater und sein älterer Bruder schlichen herbei. Sie plünderten die Brieftasche und falteten kleine Schiffchen aus den hübschen, bunten Geldscheinen. Nach einer Weile gerieten sie in Streit und zerrissen sich gegenseitig die Schiffchen. Als ihnen klar wurde, was sie angestellt hatten, spülten sie die Fetzen im Ausguss herunter ... und der Großvater hatte wieder einmal kein Geld ...«
»Wurden sie sehr schwer bestraft?«, frage ich gespannt. Mir kommt der Streich meines Vaters ungeheuerlich vor.

Meine Mutter lächelt. »Du kennst doch deine Großmutter! Keine jüdische Mutter würde je zulassen, dass ihre Kinder geschlagen werden! Aber sicher hat sie die Jungen sehr geschimpft.«
»Und der Großvater?«, frage ich. Er tut mir irgendwie Leid, weil er nie Geld hatte und immer so viel Pech.
»Nun, der ist leider sehr früh gestorben, mit fünfunddreißig Jahren schon. Da war Großmutter Maria schwanger mit ihrem vierten Kind. Sie sprang immer wieder vom Schrank, um es zu verlieren. Aber es nützte alles nichts.«
Noch so eine rätselhafte Aussage. Aber meine Mutter sieht nicht so aus, als ob sie noch weiter erzählen will. Sie sieht auf einmal wieder ganz traurig aus. Mich macht der Gedanke an meine Großmutter auch sehr traurig. Ich denke oft an sie ... Trotzdem, irgendwann muss ich meine Mutter wirklich fragen, warum man vom Schrank springt, wenn man ein Kind verlieren will.

Sie haben uns wieder herausgeschmissen. Ich bin zwar nicht sicher, weshalb, aber ich glaube, es hängt mit dem Ring zusammen. »Zu gefährlich!«, hat die Kiernikowa immer wieder kopfschüttelnd gesagt, »vielleicht hat sie jemand beobachtet. Und ich will sie hier nie wieder sehen!« Damit meinte sie Ella. Sie haben laut geredet, die Kiernikowa und meine Mutter, und es klang sehr vorwurfsvoll. Meine Mutter hat sie angefleht, dass wir bleiben dürfen, aber sogar die Großmutter hat diesmal nicht verhindern können, dass wir nun wieder auf der Straße stehen. So oft haben sie uns inzwischen vor die Tür gesetzt, dass ich mich schon gar nicht mehr richtig

daran erinnern kann. Und trotzdem ist es jedes Mal wieder schrecklich.
Wer könnte uns nur helfen? Meine Mutter denkt nach. Innerlich geht sie wieder einmal die kurze Liste der Menschen durch, die sie von früher kennt. Da gibt es die Klassenkameradinnen aus der Klosterschule und die polnischen Dienstmädchen ...
Ja, das wäre eine Idee! Eines der Dienstmädchen hat meine Mutter besonders gern gemocht, denn meine Mutter hat ihr immer abgelegte Kleider geschenkt. Dieses Dienstmädchen hatte doch irgendwo in der Gegend gewohnt ...?
Wir ziehen los, durch die Straßen, laufen, suchen nach der richtigen Adresse. Aber wir finden sie nicht.
Als es Mittagszeit ist, gehen wir in eine kleine Bäckerei, um uns etwas zu essen zu kaufen. Außer uns ist niemand im Laden. Meine Mutter entdeckt frische Rosinenbrötchen in dem Regal hinter der Theke. Sie stellt ihren Koffer ab und klingelt an der Glocke.
»Zwei Rosinenbrötchen!«, verlangt sie mit glänzenden Augen, obwohl ich gar keine Rosinenbrötchen mag. Die Verkäuferin, eine ältere, hagere Frau mit kurzen Locken und einem schiefen Mund, kommt hinter einem Vorhang hervor, nimmt zwei Rosinenbrötchen heraus und steckt sie in eine Papiertüte ... Dann schiebt sie die Tüte über die Ladentheke. Dabei starrt sie meine Mutter an.
»Aber das ist doch ...!«, ruft sie plötzlich, »das ist doch die Tochter vom alten Abrahamer! Teofila, nicht wahr?«
Meine Mutter erstarrt. Ein paar Sekunden lang sagt niemand ein Wort. Dann packt sie meine Hand und ihren Koffer und stürzt aus dem Laden – ohne die Brötchen.

Schnell laufen wir die Straße entlang, um die Ecke, sehen uns um. Niemand ist uns gefolgt. Wir atmen auf. *»Maseltow, Maseltow«,* wispert meine Mutter fast unhörbar und wischt sich mit einem Seufzer der Erleichterung über die Stirn.
Zum Essen haben wir jetzt allerdings nichts, und meine Mutter traut sich nach diesem Erlebnis nicht mehr, einen anderen Laden zu betreten, solche Angst hat sie, dass man sie erkennen könnte. In Krakau kennt natürlich jeder jeden.
Wir suchen also weiter. Endlich glaubt meine Mutter, die richtige Straße, das richtige Haus gefunden zu haben. »Hier ist es!«, behauptet sie mit unsicherer Stimme. »Im dritten Stock!«
Wir gehen die Treppen hinauf. Erster Stock, zweiter Stock ... Als wir den dritten Stock erreicht haben, stellt meine Mutter fest, dass sie sich geirrt hat. Auf den Türschildern stehen lauter unbekannte Namen.
Gerade als wir wieder gehen wollen, hören wir das Gebrüll von unten.
AUFMACHEEEN!
Die Deutschen! Sie hämmern an die Türen, kommen die Treppen herauf. Wohin können wir bloß fliehen?
Nur weg, weg von ihnen! Wir hasten die Treppen weiter hinauf. Hoch zum Speicher ...
Wir stehen vor der schweren Eisentür, die auf den Dachboden führt. Meine Mutter drückt auf die Klinke. Wir haben Glück, die Tür ist nicht verschlossen. Schnell schlüpfen wir hindurch, schließen die Tür leise hinter uns, während das Getrappel auf den Stufen näher und immer näher kommt ...

Wir sitzen in der Falle. Durch die Eisentür hört man nichts mehr. Es ist still und staubig hier oben, nur wenig Licht fällt durch das schräge, kleine Dachfenster. Auf einer langen Wäscheleine hängen nasse Unterhosen zum Trocknen.
Meine Mutter sucht mit den Augen nach einem Versteck. Es gibt keins. Der Raum ist leer. Doch ... da steht ein hölzerner Zuber in der Ecke ...
Wir kauern uns hinter den Zuber. Er ist viel zu klein, um uns wirklich Schutz zu bieten. Meine Mutter ist jetzt in Panik. Sie nestelt an ihrem Mantel, an ihrer Bluse, zieht einen kleinen Beutel darunter hervor. Ich habe ihn schon öfter bemerkt und sie gefragt, was drin ist. Sie hat es mir nie sagen wollen.
»Hier«, stößt sie jetzt leise hervor und reicht mir eine Kapsel, die sie in dem Beutel hatte, »hier, nimm das in die Hand, halt es ganz fest und schluck es herunter, wenn ich es dir sage!«
Ich starre die Kapsel an. Das ist kein Stück Brot und auch kein gelber Schleim. Das ist bitterer Ernst.
»Was ist das?«
»Zyankali«, zischt sie heiser. »Tu, was ich dir sage!«
Ich nehme die Kapsel und halte sie in meiner feuchten, kleinen Faust. Es kommt mir vor, als brenne sie darin wie Feuer.
Meine Mutter hält ihre Kapsel in der Hand. Sie starrt mit weit aufgerissenen Augen in das Halbdunkel des Speichers. Lauscht, horcht. Doch wir hören nichts, wissen nicht, ob jede Minute die Tür aufgerissen wird und die Deutschen vor uns stehen ...

Mir fällt plötzlich ein, dass ich nicht weiß, wie ich die Kapsel schlucken soll. »Aber ich hab ja kein Wasser!«, flüstere ich verzweifelt.
Meine Mutter fährt herum. »Es geht auch ohne!«, zischt sie. »Du kannst einfach draufbeißen!«
»Aber ich brauche Wasser ...«, jammere ich.
»Sei still! Hier gibt es kein Wasser! Tu einfach, was ich dir sage!«
Ich weiß, dass ich die Kapsel ohne Wasser nicht schlucken kann. Auch nicht draufbeißen kann. Nicht gehorchen, nicht sterben kann ... In meiner Verzweiflung fange ich an zu weinen. Dicke Tränen laufen mir die Wangen herunter.
Meine Mutter ist fast außer sich vor Angst. Sie drückt mich an sich, versucht, mein Schluchzen in ihrem Mantel zu ersticken, streicht mir über den Kopf, will mich beruhigen und trösten, hört dabei mit einem Ohr auf die Geräusche vor der Tür.
»Schh ... sei still ...«
Doch das Klopfen ihres Herzens unter dem Mantel ist so laut und so schnell, dass ich mich nicht beruhigen kann. Ich weine, leise, bis ich keine Tränen mehr habe. Ich umklammere die Kapsel mit dem Zyankali, bis es dunkel wird und vollkommene Stille eingetreten ist. Wie gespensterhafte Schatten hängen die Unterhosen auf der Leine und bewegen sich nicht.
Wir verbringen die Nacht auf dem Speicher hinter dem Zuber, zugedeckt mit unseren Mänteln.
Als es draußen hell wird, putzt meine Mutter mir die Nase und steckt die Kapseln wieder in den Beutel.
»Es ist vorbei«, sagt sie müde, »lass uns gehen.«

Wir müssen zurück zu Kierniks. Wir haben keine andere Wahl, sagt meine Mutter. Das Dienstmädchen haben wir nicht gefunden.
Schweigend gehen wir die Treppe zur Wohnung hinauf. Die Stufen knarren so vertraut. Ich denke an Manuela und die Großmutter. Ein wenig habe ich Angst, dass sie uns wieder wegschicken werden.
Als wir im zweiten Stock angelangt sind und ich gerade den Finger auf den goldenen Klingelknopf setzen will, geht auf einmal die Tür zur Nachbarwohnung auf. Erschrocken fahren wir herum. Ich lasse den Finger sinken. Ein netter Mann steht da in der Tür. Mit silbernen, gescheitelten Haaren und einem freundlichen Lächeln. Er trägt blitzblanke schwarze Stiefel und die Uniform mit den goldenen Knöpfen. Ich weiß sofort, dass er ein Deutscher ist. Ein netter Deutscher? Er lächelt mich an, so etwas habe ich noch nie gesehen.
Jetzt geht er sogar in die Hocke und streckt die Arme nach mir aus. »Kleines Fräulein!«, ruft er strahlend. Dazu noch einige andere Worte. Ich verstehe nicht, was er sagt, aber ich mag ihn, laufe zu ihm hin. Er fängt mich auf und hebt mich hoch.
In diesem Moment geht die Tür von Kierniks Wohnung auf, und die Kiernikowa schaut heraus. Als sie mich auf dem Arm des netten Deutschen sieht, erstarrt sie. Entsetzt blickt sie meine Mutter an, die ebenso entsetzt zurückblickt. Niemand sagt ein Wort. Der nette Deutsche spürt, dass etwas nicht in Ordnung ist, und hört auf zu lächeln.
Da taucht auf einmal Manuelas blonder Lockenkopf hinter der Kiernikowa auf. Ihre blauen Augen weiten

sich vor Schreck, als sie die Lage erkennt, aber es ist nur ein ganz kurzes Flackern. Jetzt zeigt sich, dass Manuela eine gute Schauspielerin ist.
»Teofila!«, ruft sie begeistert und fällt meiner Mutter um den Hals, »wie schön, dass du endlich da bist, komm doch herein!«
Sie schiebt meine widerstandslose Mutter durch die Tür und die Kiernikowa gleich hinterher. Dann wendet sie sich an den deutschen Offizier.
»Meine Kusine!«, erklärt sie strahlend. Sie reden etwas miteinander, was ich nicht verstehe, aber ich fühle, dass es nicht gefährlich ist. Dann nimmt mich der Deutsche mit in die andere Wohnung und schließt die Tür hinter sich.
Wir setzen uns zusammen auf einen Schaukelstuhl im Salon. Ich finde es schön, auf seinem Schoß zu sitzen. Er riecht so gut nach frisch rasiertem Mann. Nach nettem Mann. Ich habe gar keine Angst, obwohl ich weiß, dass er ein Deutscher ist. Er wird mir nichts tun, das weiß ich. Er hat mich gern, streicht mir übers Haar, lächelt, redet mit mir. Aber ich verstehe ihn nicht.
Eine Frau kommt ins Zimmer, er sagt etwas zu ihr, ich höre das Wort »Enkelin«. Es gefällt mir, vielleicht ist es ein Name?
Die Frau fragt mich auf Polnisch, wie ich heiße. Automatisch sage ich mein Sprüchlein auf: »Ich heiße Roma Ligocka und komme aus Rzeszów und meine Mutter ist Hutmacherin und wo mein Vater ist, weiß ich nicht.«
Ich bin ganz eifrig dabei und verschlucke mich fast vor Aufregung, denn zum ersten Mal kann ich meine Ge-

schichte anbringen, die ich so viele Male üben musste und fast im Schlaf hersagen kann. Sie lachen beide, und er sagt wieder Enkelin, Enkelin und schenkt mir einen Keks, auf dem etwas Braunes, Süßes ist. Dann schicken sie mich nach Hause.

Ich klingele bei Kierniks, ganz aufgeregt und stolz darauf, dass ich Süßigkeiten bekommen und dass ich meine Sache so gut gemacht habe. Meine Mutter zieht mich hastig am Arm in die Küche. Dort warten schon Manuela und die Kiernikowa. Und nun fallen alle drei über mich her.

»Was hast du gesagt, was hast du dem Mann erzählt?!«

Wie große, gefährliche Vögel stehen sie mit gereckten Hälsen um mich herum und flattern böse.

»WAS HAST DU GESAGT?!!!«

Ich habe Angst vor ihnen, wiederhole unsicher meinen Spruch: »Ich heiße Roma Ligocka und komme aus Rzeszów und meine Mutter ist Hutmacherin und wo mein Vater ist, weiß ich nicht.«

»Sag die Wahrheit!«, ruft die Kiernikowa schrill, »sonst stehst du den ganzen Tag in der Ecke!« Ich weiche erschrocken vor ihr zurück.

Meine Mutter geht in die Hocke und legt den Arm um mich. »Roma«, fleht sie mich an. »Roma, bitte, du weißt, wir werden sonst sterben, hast du wirklich nichts gesagt?«

»Nein!«, flüstere ich. »Doch! Ich habe gesagt, ich heiße Liebling, nein, ich meine Ligocka und komme aus Rzeszów ...«

Jetzt bin ich völlig verwirrt, ich fange an zu weinen und bekomme Schluckauf.

Manuela nimmt mich auf den Schoß. »Komm«, schmeichelt sie, »komm, *Poziomka,* sag mir die Wahrheit. Ich schenk dir auch ein schönes Bild von Schauspielern für dein Album, aber du musst mir die Wahrheit sagen! Was hast du dem Mann wirklich erzählt?«

»Ich heiße Roma Li-Li ...«, schluchze ich verängstigt. Auf einmal weiß ich gar nicht mehr, was ich gesagt habe. Ich fürchte, sie werden mich bestrafen, mir etwas tun. Vielleicht werden sie mich bloß in die Ecke stellen, vielleicht müssen wir jetzt aber auch alle sterben.

Wie Furien reden sie auf mich ein, so dass ich nicht mehr weiß, wie ich wirklich heiße und was ich wirklich gesagt habe und was nicht und wer ich überhaupt bin. Je mehr sie mich bestürmen, desto weniger weiß ich, und schließlich kann ich gar nichts mehr sagen.

»Schickt sie zu mir!«, höre ich auf einmal die Stimme der Großmutter aus dem Flur, es ist ein Befehl, aber für mich ist es eine Erlösung. Ich darf zu ihr gehen und mich an ihr Bett setzen. »Macht die Tür zu!«, ruft die Großmutter noch, und die Kiernikowa schließt die Tür, nicht, ohne mir noch einen besorgten Blick zuzuwerfen.

Ich zittere richtig, und meine Hände sind ganz kalt. »Du musst keine Angst haben«, sagt die Großmutter freundlich. »Lass die Hühner einfach gackern.«

Ich weiß nicht genau, was sie damit meint, aber ich beruhige mich langsam. Es tut mir immer gut, bei der Großmutter zu sein. Sie zeigt mir, wie man Karten spielt, und ich erzähle ihr, dass ich Süßigkeiten bekommen habe.

Nach einer Weile ruft sie meine Mutter.
»Es ist alles in Ordnung«, erklärt sie ihr ruhig, »*Poziomka* ist eine richtige kleine Dame. Sie würde nie im Leben etwas Falsches sagen!«
Ich nicke eifrig. Nein, das würde ich wirklich nie.

Meine Mutter hat von Ella erfahren, dass Vaters jüngster Bruder, Szymon, sich in der Nähe versteckt hält. Sie ist furchtbar aufgeregt deswegen.
»Wir müssen ihn sehen!«, sagt sie wieder und wieder, »vielleicht weiß er ja etwas über David ...«
Wir wagen es tatsächlich, ihn zu besuchen.
Aber Onkel Szymon weiß nichts über meinen Vater. Er lebt seit zwei Jahren in einer Nische hinter einem Schrank und hat niemanden gesehen. Er ist sehr dünn und ziemlich bleich. Das ist, weil er nie an die frische Luft kommt, sagt meine Mutter.
Eine nette Frau hat ihn bei sich in der Wohnung versteckt. Sie ist Polin und ihr Mann ist Deutscher. Tagsüber, wenn der Mann weg ist, darf Onkel Szymon in der Wohnung herumlaufen und sich bewegen. Abends, wenn der Mann nach Hause kommt, muss er wieder in sein Versteck. Es ist ziemlich eng dort. Für mich wäre es gerade richtig, aber der Onkel kann darin nur stehen oder hocken.
»Wie schläfst du?«, frage ich.
»Im Stehen«, sagt er und lächelt mich blass an. »Es geht gut.«
»Und wie gehst du aufs Klo?«, frage ich.
Onkel Szymon wird rot. »Frag nicht«, brummt er. »Ich gehe, wenn er weg ist.«

Der Mann von der netten Frau ist Offizier. Meine Mutter trifft fast der Schlag, als sie das hört. *»Gewalt geschriben ...«*, murmelt sie, »und wenn er dich findet, Szymon?«
Aber sie weiß schon die Antwort. Wir alle wissen die Antwort. Alle schweigen.
»Aber seine Frau? Und das Kind?« Meine Mutter ist ganz entsetzt. Ich ahne, warum. Es ist gefährlich, ein Kind zu haben. Kinder können alles ausplappern.
Die Frau hat nämlich einen Sohn. Er ist ungefähr so alt wie ich, goldblond und heißt Dieter. Sein glattes, kurzes Haar ist an der Seite brav gescheitelt.
Szymon antwortet nicht. Die Frau erzählt, dass ihr Mann abends oft andere Offiziere mit nach Hause bringt. Dann singen sie deutsche Lieder. Auch von den erledigten Juden sprechen sie, wie von erlegtem Wild. Und Szymon hinter dem Schrank muss zuhören.
»Aber bis jetzt ist alles gut gegangen«, sagt die Frau tapfer. »Vielleicht ist es bei uns sogar sicherer als woanders ... solange der Kleine seinem Vater nichts erzählt ...«
Sie wirft Dieter einen etwas besorgten Blick zu, aber der schüttelt ernst den glatten blonden Kopf und streicht sich die Haare noch glatter. »Du kannst dich auf mich verlassen, Mama«, sagt er mit tiefer Stimme. Ich spüre sofort, dass das stimmt. Auf den kann man sich verlassen.
Dieter ist überhaupt sehr nett, finde ich. Zum ersten Mal in meinem Leben darf ich mit einem anderen Kind spielen. Außer natürlich damals mit Stefuś, aber das ist sehr lange her. Dieter zeigt mir die ganze Wohnung. Er

trägt immer kurze Lederhosen und weiße Kniestrümpfe. Seine Oberschenkel und seine Knie sind rosa und nackt. »Deutsche Kinder sind abgehärtet«, sagt meine Mutter voll Bewunderung, »sie erkälten sich nicht so leicht!« Dabei schaut sie mich an.

Dieter hat eine Sammlung von kleinen und großen Holzschiffchen, die wir in der Spüle schwimmen lassen dürfen. Wir spielen Verstecken und Fangen, während die Erwachsenen sich im Salon unterhalten, manchmal auch Ball. Es ist einfach herrlich.

»Ich liebe dich«, sagt Dieter eines Tages, als ich ihn gerade beim Versteckspiel unter dem Bett seiner Eltern gefunden habe, »und wenn ich groß bin, will ich dich heiraten.«

Ich bin einverstanden, und wir küssen uns heimlich in der Besenkammer.

Leider wird nichts aus der Hochzeit, denn ich darf Dieter nur noch ein einziges Mal wieder sehen. Und das ist ganz allein meine Schuld.

Ich habe nämlich gestohlen.

Wir hatten so schön gespielt. Dieter hatte sich wieder einmal versteckt, und ich suchte ihn im Schlafzimmer. Da lag so ein goldener Ring auf dem Schminktisch seiner Mutter. Sie hat nämlich auch so einen Schminktisch mit Röckchen, wie Manuela, nur ist er hellblau. Da lag also eine Schale voller goldener Ringe, und ich nahm einen davon in die Hand, und er funkelte und glänzte so schön. Mir fiel auf einmal ein, dass meine Mutter ja bald Geburtstag hat und sich über so einen Ring sicher sehr freuen würde. Alle Juden schenken sich etwas Goldenes zum Geburtstag, hatte sie einmal gesagt. Ich steckte den Ring also in meine Unterhose, und dann fand ich Dieter nach einer Weile hinter dem Holzstapel in der Küche und vergaß die ganze Sache.

Aber am Abend, bei Kierniks, fällt mir der Ring wieder ein. Ich hole das schöne Silberpapier heraus, das Manuela mir geschenkt hatte. Es gehört zu meinen wenigen Schätzen. »Schokolade« steht darauf. Immer wieder habe ich es herausgeholt und daran gerochen und dabei geglaubt, noch einen leisen Duft der geheimnisvollen Schokolade zu spüren. Jetzt rieche ich ein letztes Mal daran. Ich wickle den Ring für meine Mutter hinein und verstecke das kostbare Päckchen hinter den Waffen unter dem Bett.

Am Morgen vor dem Geburtstag meiner Mutter kann ich kaum schlafen, denn zum ersten Mal in meinem Leben habe ich für jemanden ein Geschenk. Meine Aufgeregung wächst mit jeder Minute, aber meine Mutter will und will nicht aufwachen. Schließlich halte ich es nicht mehr aus und wecke sie auf. »Mama, Mama, Mama!«, flüstere ich atemlos. »Alles Gute zum Geburtstag, Mama! Und schau mal, ich habe ein Geschenk für dich ...«

Meine Mutter lächelt, sie setzt sich an den Bettrand, nimmt das silberne Päckchen und wickelt es aus. Der Ring rollt über den Boden, direkt vor ihre Füße. Sie verwandelt sich augenblicklich in eine steinerne Statue. Das Gesicht ist aus weißem Marmor und sehr, sehr böse.

»Wo hast du das her?«, fragt sie mit eiskalter Stimme und hebt den Ring auf.

»Es ist eine Überraschung«, piepse ich. Mir wird schlagartig klar, dass ich einen schrecklichen Fehler gemacht haben muss.
»Es ist ein Geburtstagsgeschenk. Für dich ...«
Die Statue stößt ein seltsames Schnaufen aus, eine Mischung aus Stöhnen und unterdrücktem Weinen.
»Roma ...«, krächzt sie, »wo hast du das gestohlen?!«
Gestohlen? Ich habe es doch nur genommen. Sie hatte ja ... die Frau hatte viele Ringe! »Ich wollte doch nur ...«, stottere ich, hochrot im Gesicht.
Nach und nach bringt meine Mutter aus mir heraus, dass der Ring von dem Frisiertisch aus dem Schlafzimmer von Dieters Eltern stammt.
Entsetzt schlägt sie die Hand vor den Mund.
»Nein! Der Ring gehört Dieters Mutter?! Weißt du eigentlich, was das für deinen Onkel, für uns alle bedeuten kann? Jetzt wirft sie ihn hinaus, und dann ist er tot!«
Ich weiß zwar genau, dass eigentlich jeder Schritt irgendwie für uns den Tod bedeuten kann, aber damit habe ich nicht gerechnet, als ich den Ring einsteckte. Auf einmal habe ich das Gefühl, dass alles, was ich tue, furchtbare Folgen haben kann. Dass alles, was ich mache, jedes Wort, das ich sage, den Tod bedeutet. Dass eigentlich alles unter Todesstrafe gestellt ist. Dass ich mich bei jedem noch so kleinen Vergehen schuldig mache und immer schon an allem schuld gewesen bin. Dass ich schlecht bin, durch und durch schlecht.
Und dass es für alle besser wäre, wenn es mich nicht gäbe.

Meine Mutter schleift mich bei nächster Gelegenheit zurück in Dieters Wohnung, und ich muss mich bei der netten Frau entschuldigen und ihr den Ring zurückgeben. Es ist mir schrecklich peinlich. Ich würde am liebsten im Erdboden versinken, doch sie lacht und tätschelt mir die Wange.
»Schon gut«, sagt sie freundlich, »so sind Kinder nun mal. Geh, spiel ein bisschen mit Dieter!«
Aber mit Dieter macht es heute keinen Spaß. Wir streiten, weil er mich nicht mehr heiraten möchte. »Ich heirate keine Diebin«, sagt er, und ich fange an zu weinen. Irgendwie ist auf einmal alles vorbei. Auch Onkel Szymon ist heute ganz wortkarg, wahrscheinlich ist er böse auf mich. Wir verabschieden uns, und er kriecht wieder in seine Höhle hinter dem Schrank.
Die nette Frau spült die Teetassen ab, damit ihr Mann sie nicht sieht, wenn er heimkommt.
»Nichts für ungut«, sagt sie zu meiner Mutter, als diese ihren Mantel anzieht.
»Vielen Dank für alles«, sagt meine Mutter traurig.
Dieter gibt mir die Hand. Er schaut mich nicht an, sondern betrachtet seine Füße. »Auf Wiedersehen«, murmelt er.
Aber wir sehen uns nicht wieder. Wir gehen Onkel Szymon nicht mehr besuchen. Irgendwann, als alles vorbei war, hat er sein Versteck hinter dem Schrank verlassen. Und irgendwann sind Dieter und seine Eltern zurück nach Deutschland gegangen, kurz bevor der Krieg zu Ende war.
Ich denke oft an Dieter. Was wohl aus ihm geworden ist?

Ich halte es kaum noch aus, immer allein zu sein. Es ist Frühling geworden, und draußen liegt der letzte Schnee. Ganz schmutzig ist er. Die warmen Sonnenstrahlen lassen ihn schmelzen, und auf der Straße sind viele große und kleine Pfützen. Ich stehe am Fenster und sehe, wie die Kinder auf der Straße in die Pfützen springen und lachen und Verstecken spielen. Meine Sehnsucht nach Spielen ist so groß, dass es richtig in Armen und Beinen kribbelt.

Ich muss zu den anderen Kindern!

Meine Mutter, Manuela und die Kiernikowa sind in der Küche. Ich schleiche mich leise den Flur entlang, zur Haustür. Drehe den dicken, goldenen Türknauf. Schlüpfe hinaus ins Treppenhaus.

Es ist still, leer und kalt dort. Ich habe Angst. Ich darf nicht, denke ich. Aber dann höre ich das Lachen der Kinder von unten auf der Straße.

Ich muss!

Mit zusammengebissenen Zähnen gehe ich die Stufen hinunter, meine Hand rutscht auf dem polierten Treppengeländer.

Eine Stufe, zwei, drei, vier ... schon bin ich im ersten Stock.

Da höre ich plötzlich Getrappel hinter mir, schon packt man mich am Kragen, zerrt mich die Treppe wieder hoch, zurück in die Wohnung.

»Roma!!!« Meine Mutter keucht. Sie ist sehr schnell gerannt, um mich einzufangen. Und sie ist sehr wütend. »Wie kannst du nur so etwas tun? Du hast unser Leben aufs Spiel gesetzt!«

Ich senke den Kopf.

»Ich weiß, aber ich will doch so gern draußen spielen ...«, sage ich leise.

Sie haben die Köpfe zusammengesteckt und sich beraten. Wahrscheinlich darüber, wie man mich zu Hause festhalten kann. Doch dann höre ich, wie Manuela von einem Garten spricht. Meint sie den Garten aus dem Buch, das wir lesen? Das Mädchen in dem Buch hat nämlich den geheimen Garten entdeckt. Er liegt verborgen hinter einer dicken, hohen Mauer. Aber sie hat den Schlüssel zu dem kleinen Tor in der Mauer gefunden. Jetzt spielt sie immer in dem Garten und pflanzt Blumen und richtet die Beete wieder schön her. Der Frühling ist gekommen, und alles fängt an zu blühen ...

»Roma!« Meine Mutter rüttelt mich sanft. Ich schrecke aus dem Schlaf. Sind die Deutschen wieder da? Aber ich höre nichts. Es ist vollkommen still und noch fast dunkel draußen. Ich möchte lieber weiterschlafen, drehe mich um und ziehe mir die Decke über den Kopf.
»Komm, Roma!«, flüstert meine Mutter und zieht mir die Decke wieder weg. »Ich habe eine Überraschung für dich!«
Eine Überraschung? Bei dem Wort bin ich sofort hellwach. Ich habe es noch nie gehört, aber es klingt aufregend. Hastig schlüpfe ich in meine Kleider.
»Zieh dich warm an!«, mahnt meine Mutter. Sie ist bereits in Hut und Mantel, fertig zum Ausgehen. Was hat sie vor? Haben Kierniks uns wieder vor die Tür gesetzt?

Sie legt den Finger auf den Mund: »Schhh!« Ich nicke gehorsam. Alle schlafen noch, die Großmutter, Manuela, Dudek und die Kiernikowa. Nur wir sind schon wach. Wir schleichen die Treppe hinunter. Ich bin furchtbar aufgeregt. Was kann das bloß für eine Überraschung sein?

Draußen vor der Tür steht eine Kutsche. Wie im Märchen! Wir steigen schnell ein, damit niemand uns sieht. Wohin fahren wir?

Ich bin noch nie mit einer Kutsche gefahren. Natürlich habe ich schon oft welche gesehen, in Krakau gibt es viele Fiaker. Die Leute benutzen sie, wenn sie es eilig haben. Haben wir es denn eilig? Es rüttelt und schüttelt mich in der Kutsche auf dem Kopfsteinpflaster, ich klammere mich an die ledernen Polster, spähe aus einer Ritze in dem dunklen Verdeck, lausche dem klappernden Hufschlag des Pferdes und platze fast vor Spannung. Meine Mutter sagt kein Wort. Sie lächelt nur so geheimnisvoll.

Plötzlich sind wir da. Wir klettern aus der Kutsche, und ich darf dem schönen, braunen Pferd die weiche Nase streicheln. Es riecht so gut, und sein Atem ist warm und lebendig in der kalten Morgenluft. Doch wir haben keine Zeit, denn ein Mann erwartet uns bereits. Er trägt eine Art Uniform, aber eine ganz andere Uniform als die Deutschen. An seinem Gürtel hängt ein großer Schlüsselbund.

Er winkt uns, wir sollen ihm folgen. Ein Kiesweg knirscht unter unseren Füßen. Der Mann schließt ein eisernes Tor auf, wir gehen hinein.

Und stehen auf einmal mitten im geheimen Garten.

Ich bin so überrascht, dass ich nach Luft schnappen muss. Mit kugelrunden Augen betrachte ich die verwunschene Welt, die vollkommene Schönheit, die mich umgibt: den glitzernden Raureif auf den geraden, gestutzten Reihen der Buchsbäume, die hohen, dunklen Tannen, die schimmernde, silberne Wiese, eingerahmt von geschwungenen Beeten, in denen Hunderte von Schneeglöckchen und Krokussen die Köpfe durch die dunkle Erde stecken, den kleinen Tümpel mit dem Springbrunnen ...

Riskanter Ausflug (um 1943).

Dann laufe ich los. Ich will springen und tanzen und hopsen, aber meine Beine sind steif. Auf Zehenspitzen wandere ich die Beete entlang, betaste die Blumen, tauche meinen Finger ins eiskalte Wasser und sammle kleine, weiße Kieselsteine. Ich hocke am Rand des Tümpels und spähe nach den dicken roten und weißen Fischen, die sich in der dunklen Tiefe verbergen. Jedes Schneeglöckchen, jeder Krokus wird von mir bewundert, jeder Baum befühlt. Atemlos und selbstvergessen spiele ich in der Zauberwelt des geheimen Gartens, bis die Stimme meiner Mutter mich zurück in die Wirklichkeit holt.

Sie sitzt auf einer Bank und wartet. »Wir müssen wieder gehen«, sagt sie und zieht mich an sich. Ich umarme sie glücklich. »Es war so schön!«, jauchze ich. »Darf ich wieder mal hierher kommen und spielen?«
Meine Mutter nickt, lächelt. Sie ist glücklich, weil die Überraschung so gut gelungen ist und weil ich so glücklich bin. Der Mann mit dem klappernden Schlüsselbund lässt uns hinaus und schließt hinter uns ab. Meine Mutter drückt ihm einen Geldschein in die Hand. Wir fahren mit der Kutsche nach Hause. Ich bin so randvoll mit Glück, dass ich den ganzen Heimweg über keinen Ton herausbringe. Erst als wir wieder bei Kierniks sind, sprudelt es plötzlich aus mir heraus, und ich erzähle Manuela und der Großmutter von dem geheimen Garten, den meine Mutter für mich gefunden hat.
»Das war eine wunderbare Idee, mit dem Kind in den Botanischen Garten zu fahren«, flüstert Manuela meiner Mutter zu, »wie gut, dass du dort jemanden kennst, Teofila. Ich glaube, dieser Ausflug hat *Poziomka* wieder zum Leben erweckt. Schau nur, sie hat ganz rote Backen bekommen!«

»Erzähl mir von früher ...«, bitte ich meine Mutter wieder. Es ist so ein langweiliger Tag heute. Kein Sonnenstrahl verirrt sich durch die Wolken, im Gegenteil, es schneit, obwohl doch Frühling ist. »Aprilwetter«, sagt die Kiernikowa trübsinnig und vergisst nicht, ihren Schirm mitzunehmen, wenn sie aus dem Haus geht.
Meine Mutter und ich sitzen in Dudeks Zimmer. Wir sind oft stundenlang in diesem Raum, es ist besser, wenn uns keiner sieht, wenn die Kiernikowa in

der Küche ihren Schülern Nachhilfestunden gibt, Dudek jede Minute Besuch erwartet und Manuela mit ihren Freunden im Salon Theater spielt. Meine Mutter sitzt auf dem Bett und näht, wie damals die Großmutter. Jetzt legt sie das Nähzeug weg und winkt mir, ich solle mich zu ihr setzen. Es ist immer wie ein Ritual, wenn sie mir von früher erzählt. Es hat so etwas Feierliches.

Nach sieben langen Jahren durften Tosia und David dann endlich heiraten. Das war im Winter des Jahres 1934, in der Sonnwendnacht. David war damals sechsundzwanzig Jahre alt, Tosia dreiundzwanzig, und sie waren so verliebt wie am ersten Tag. Die Trauung fand in der alten Synagoge in Krakau statt und hinterher hatten Jakob und Anna Abrahamer alle ihre Freunde und Bekannten zu einem großen Fest in ihr Haus eingeladen. Schon Tage zuvor wurde in der Küche gebacken und gebraten, und das ganze Haus duftete nach Zimt und Schokolade, nach Gänsebraten und Rosinenwein. Nun bogen sich die Tische vor den herrlichsten Köstlichkeiten.

Tosia brachte vor Aufregung den ganzen Abend keinen Bissen herunter, aber die Gäste, ihr Bruder und ihre jüngeren Schwestern ließen es sich schmecken. Sabine war besonders ausgelassen, und als Tosia sie fragte, ob sie sich denn so darüber freue, von nun an die älteste verbliebene Tochter im Haus Abrahamer zu sein, flüsterte sie ihr zu, dass auch sie selbst nicht mehr lange bei den Eltern bleiben würde. Sie hatte sich wieder einmal verliebt, aber diesmal, so versicherte sie ihrer

Die Familie feiert: Vater David (3. v. li.), Mutter Teofila (5. v. li.), Roman Polanskis Eltern (im Hintergrund stehend) und (ganz re.) Großmutter Maria (um 1939/40).

Schwester eifrig, war es wirklich ernst. Tosia lachte. Das sagte Sabine jedes Mal.

Anna Abrahamer gelang es, die Feierlichkeiten mit der gebotenen Würde zu überstehen, ohne dabei ihre Gefühle zu zeigen und aus der Rolle der perfekten Gastgeberin zu fallen. Nur einmal, als sie in der Speisekammer die Kuchen durchzählte, konnte sie nicht verhindern, dass ihr eine dicke Träne aus dem Auge rollte. In Wahrheit fiel es ihr nämlich sehr schwer, auf ihre älteste Tochter zu verzichten, die ihr im Herzen so ähnlich war, und sie einem jungen Mann zur Frau zu geben, von dem sie nach wie vor fand, dass er nicht aus den richtigen Kreisen stammte. Aber sie hatte gelernt, sich mit den Gegebenheiten des Schicksals abzufinden, und so seufzte sie nur tief, wischte sich mit ihrem Spitzentaschentuch über die Augen und wies das Personal an, den Nachtisch zu servieren.

Zur Hochzeit schenkte David seiner Frau ein kleines Sommerhäuschen in Krynica, in der Nähe von Krakau auf dem Land. Er nannte es »Villa Tosia«.
Sie bezogen eine schöne, große Wohnung in der besten Gegend. Dort wohnte »man« damals. Sie aßen von feinstem Porzellan, tranken aus geschliffenen Gläsern, und an den Wänden ihres Salons hingen Gemälde bekannter polnischer Maler aus Großvater Abrahamers Sammlung. Tosia und David waren glücklich. Sie waren jung, gesund und verliebt, sahen gut aus und hatten genügend Geld, um das zu tun, was sie tun wollten: das Leben genießen.
David kaufte sich ein Auto und Tosia Parfüm und elegante Kleider. Sie tanzten Charleston bis spät in die Nacht, gingen im Winter zum Skilaufen und fuhren im Sommer ans Meer. David liebte Sport, er spielte mit Begeisterung Wasserball und Tennis, war Schiedsrichter im jüdischen Fußballverein und fuhr Ski wie ein Weltmeister. Er war draufgängerisch und eifersüchtig, Besitz ergreifend und temperamentvoll. Tosia wurde von ihm mit Schmuck überschüttet, und er schrieb ihr flammende Gedichte, in denen er von ihren schönen, grünbraunen Augen schwärmte. Aber arbeiten gehen durfte sie nicht, sie sollte zu Hause bleiben. Als sie einmal für kurze Zeit eine Anstellung im Büro annahm, setzte er alles daran, ihre Entlassung zu betreiben – mit Erfolg.
So blieb Tosia schließlich zu Hause und widmete sich ganz ihrem Dasein als junge, verwöhnte Ehefrau. David kam regelmäßig zum Mittagessen nach Hause, um jede freie Minute mit Tosia zu verbringen. Bei dieser Gelegenheit sah er sie einmal im Gespräch mit einem frem-

den Mann vor dem Haus stehen. Er ging schweigend an ihr vorbei in die Wohnung, öffnete das Fenster und warf die Tischdecke samt Porzellan und Kalbskoteletts hinaus auf die Straße. Erst danach fragte er sie, mit wem sie überhaupt gesprochen hatte. Sie beteuerte ihre Unschuld, und sein aufbrausendes Verhalten tat ihm Leid. Das hinderte ihn jedoch nicht daran, bei der nächsten Gelegenheit wieder so zu reagieren.
Das Kinderkriegen hatten David und Tosia auf später verschoben. Jetzt wollten sie Zeit füreinander haben, und in ein paar Jahren würden auch die Geschäfte noch besser laufen. Aber wenn es dann soweit war, wollten sie mindestens fünf Kinder!
Doch daraus wurde leider nichts ...

Meine Mutter hört auf zu erzählen, weil sie schon ganz heiser ist. Das sagt sie. Aber ich weiß, dass sie aufhört, weil es sie traurig macht, sich an die Geschichten von früher zu erinnern. Dabei würde ich zu gerne wissen, wie es weitergeht. Das mit den Geschwistern interessiert mich brennend.

In der Nacht gibt es wieder eine Kontrolle.
Sie kommen zu dritt in die Wohnung, kurz bevor wir ins Bett gehen wollten. Ich bin schon im Nachthemd.
KENNKARTE ... LOS, LOS!!!
Sie stehen breitbeinig im Flur, kontrollieren die Papiere. Irgendetwas scheint nicht in Ordnung zu sein, sie reden mit der Kiernikowa, die ganz bleich geworden ist. Meine Mutter zittert, sie greift nach meiner Hand und umklammert sie.

Da kommt auf einmal die Großmutter aus ihrem Zimmer. Sie hat sich einen Morgenmantel übergeworfen und ordnet ihr wirres Haar. Sie sieht aus wie eine alte Löwin, kurz vor dem Sprung.
Die Großmutter herrscht die Soldaten an und deutet auf deren Stiefel, die mit schmutzigem Schnee bedeckt sind. Der Schnee tropft herunter und bildet dunkle Wasserlachen auf dem Boden.
»Können Sie sich nicht wenigstens die Stiefel putzen, wenn Sie bei ehrbaren Bürgern nachts einfach so hereinplatzen?«, schimpft sie laut. »Nun schauen Sie sich die Bescherung an! Da kann meine arme Tochter wieder stundenlang auf den Knien liegen und den Boden schrubben! Haben Sie denn zu Hause gar keine Manieren gelernt?!«
Die deutschen Soldaten blicken betreten auf ihre Füße. Sie sehen aus wie auf frischer Tat ertappte Schuljungen, die von der Lehrerin eine Strafpredigt bekommen. Einer versucht, mit einem Taschentuch seine Stiefel abzuwischen.
»Das nützt doch alles nichts!«, wettert die Großmutter. »Dazu braucht man einen Lumpen und einen Putzeimer!«
Sie gibt Manuela mit den Augen einen Wink, und die schickt sich an, den Eimer zu holen.
»Nicht nötig«, stammelt der Soldat mit dem Taschentuch. Er stößt seine Kameraden in die Seite. »Wir wollten sowieso gehen . . .«
Und hastig verlassen sie die Wohnung.
Auf dem Fußboden bleibt ein dunkler Wasserfleck.

Babcia unterstützt mich auch immer, wenn sie mich wieder zum Essen zwingen wollen. Heute gibt es Spinat, weil sie mich so blass gefunden haben. Ich sitze am Tisch vor dem Teller mit dem grünlichen Brei, der nach verfaulten Blättern riecht, und weiß, dass ich den Spinat nicht essen kann. Sie stehen um mich herum. Nacheinander werde ich von meiner Mutter, der Kiernikowa und Manuela geschimpft:

»Iss endlich! Was meinst du, wie lange ich dafür angestanden habe!«

»Hast du überhaupt eine Vorstellung davon, was es heißt, sechs Personen mit vier Lebensmittelkarten zu ernähren?!«

»Wie willst du später eine berühmte Schauspielerin werden, wenn du irgendwann vor Hunger stirbst?«

Ich schweige und starre trotzig auf meinen Teller. Jetzt werde ich wieder bis zum Abend hier sitzen müssen, denke ich verzweifelt, und der Ekel vor dem Essen wird immer stärker, je mehr sie schimpfen. Meine Backen sind voll, und ich kann es nicht runterschlucken.

»Lasst das Kind in Ruhe, es wird schon nicht verhungern!«, ruft die Großmutter aus ihrem Zimmer. Sie ist die Einzige, die mich zum Essen bringt, weil sie mich nie dazu zwingt. Außerdem versteht sie, dass Kinder Leber und Spinat nicht leiden können. »Ich mochte es auch nicht, als ich so alt war, wie du!«, flüstert sie mir zu. Aber gegen die drei schimpfenden Frauen kann sie auf die Dauer auch nicht viel machen.

Irgendwann lassen sie mich dann allein, und ich sitze da und denke an den geheimen Garten oder an Marika Rökk oder stelle mir vor, wie es wäre, wenn Dieter und ich heiraten würden. Manchmal schlafe ich mit vollem Mund am Tisch ein.

Der Frühling ist endlich da, und der Baum im Hof hat lauter grüne Blätter bekommen. Alles duftet herrlich nach Blumen und frischer Erde und Sonnenschein, die Vögel zwitschern laut und fröhlich. Ab und zu hält der Fiaker morgens früh vor unserem Haus, und wir fahren in den Botanischen Garten. Diese Stunden sind, außer Weihnachten und Theaterspielen, das Schönste in meinem Leben. In meinem geheimen Garten gibt es keine Zeit und keine Deutschen, keine Angst und keine Verbote. Nur mich und die verwunschenen Bäume, die mir ihre Geschichten zuflüstern, die bunten Blumen, die wie lebendige Edelsteine aus der dunklen Erde sprießen, die stummen roten und weißen Fische in dem geheimnisvollen Tümpel. Ich habe sogar ein Rotkehlchen gesehen. Es sieht genau wie auf dem Umschlag des Buches aus. Ich habe ein bisschen Angst vor ihm. Wie vor allen Vögeln, vor allen Tieren.
Ich sitze in einer schattigen Ecke und baue kleine Brücken aus Zweigen und winzige Hütten und Gärtchen. Dabei flüstere ich vor mich hin und erzähle mir selber Geschichten.

Vielleicht liegt es an den Sonnenstrahlen, jedenfalls traut sich meine Mutter jetzt öfter einmal heraus. Wir besuchen manchmal heimlich ihre Freundin Ella, die uns damals Vaters Ring gebracht hat. Ella ist immer gut gelaunt. Wenn sie lacht, zittern richtig die Wände.

Sie lebt in einer kleinen Wohnung mit ihrem Verlobten, dem polnischen Ingenieur, zusammen. Er heißt Marian und sieht sehr deutsch aus in seinem langen Ledermantel und den Stiefeln. Am Anfang fürchte ich mich deshalb vor ihm, doch dann entdecke ich, dass er sehr nett ist. Kinder haben die beiden nicht, aber sie besitzen einen großen, schwarz-weiß gefleckten Hund. Er heißt Kazimir und ist eine echte dänische Dogge. Obwohl ich ja sonst Angst vor Tieren habe, mögen wir zwei uns auf Anhieb.

Endlich hat meine Mutter jemand, mit dem sie reden kann, und das nützt sie gründlich aus. Kaum haben wir die Wohnung betreten, verschwindet sie mit Ella im Wohnzimmer. Dann sitzen die beiden stundenlang auf dem Sofa und reden und erzählen ohne Ende. Dabei trinken sie Wodka aus kleinen, grünen Gläsern. Ich habe meine Mutter davor noch nie Alkohol trinken sehen, aber wenn sie bei Ella ist, gehört es anscheinend dazu. Nach einer Weile wird ihr Lachen immer lauter, und sie fangen an, sich Witze zu erzählen, die von Männern und Frauen und Liebe handeln. Ich verstehe nur die Hälfte, aber meine Mutter und Ella liegen am Boden und wiehern vor Lachen. Wenn der Verlobte nach Hause kommt, trinkt er mit und lacht sogar noch lauter als die beiden Frauen. »Ihre Tochter, ihre Tochter, hat ein süßes kleines Löchlein ...«, singt er.

Kazimir und ich finden das sehr albern. Wir sind nüchtern und empört über die kindischen Erwachsenen. Kazimir rollt sich zu einer Brezel zusammen, und ich lege mich in die Höhle zwischen seinen Füßen. Er schnarcht so schön. Wenn ich ihn nicht hätte, wüsste

Gerettete Erinnerung: Teofila (re.) mit ihrer Familie (um 1928).

ich gar nicht, wie ich das Geschnatter und Gewieher aushalten sollte!
Später, wenn wir dann nach Hause gehen und uns beeilen müssen, um nicht in die Sperrstunde zu kommen, muss ich immer doppelt gut auf meine Mutter aufpassen. Sie schwankt manchmal ein bisschen auf der Treppe, singt auch vor sich hin, und ich habe große Angst, dass wir jemandem auffallen könnten. Es ist sehr gefährlich. Aber bis jetzt haben wir immer Glück gehabt.

Die Balkontür ist nur angelehnt, es ist heiß draußen, der Sommer ist da. Der Baum hat viele dicke, weiße Blüten bekommen, sie sehen fast aus wie die Kerzen auf dem Weihnachtsbaum. Unten im Hof spielen die Kinder. Ich höre ihr Rufen und Lachen, und wieder fühle ich dies sehnsüchtige Ziehen im Bauch.

Ich kritzele Zeichnungen auf ein Blatt Papier. Das gehört in der letzten Zeit zu meinen Lieblingsbeschäftigungen, vor allem wenn ich traurig bin. Ich zeichne Kazimir und Marika Rökk, Tadeusz und die Blumen im geheimen Garten, das Haus meiner Großeltern ...
»Erzähl mir von deinen Geschwistern«, bitte ich meine Mutter.
»Von wem willst du hören? Von Jakob? Sabine? Irene?« Wenn sie Irene erwähnt, sieht sie gleich so traurig aus, deshalb sage ich hastig: »Sabine!«
Sie setzt sich zu mir. »Damals war ich noch viel kleiner als du«, sagt sie, lächelt mich an und beginnt.

Als Tosia noch ganz klein war, ungefähr zwei Jahre alt, eröffnete ihr eines Tages die Nana, sie werde ein Geschwisterchen bekommen. Die Nana, das war das Kindermädchen. Sie hatte einen großen, weichen Busen, trug immer eine weiße Schürze und konnte wunderschöne polnische Lieder singen. Tosia hatte sie sehr gern. Die Kinder wurden damals vom Personal erzogen, die Eltern sahen sie nur selten.
Tosia freute sich sehr, weil sie so einsam in dem großen Haus war, und fragte immer, wann kommt denn das Geschwisterchen endlich? So oft, dass es der Nana langsam auf die Nerven ging. Und deshalb sagte sie eines Tages: »Schau mal, jetzt ist das Kind endlich da!« Sie zeigte auf das Bett. Da lag so ein Bündel, und Tosia war überglücklich. Sie nahm das Bündel ganz vorsichtig in die Arme und schaute hinein. Aber es war gar kein Geschwisterchen, sondern nur ihre alte Puppe, welche die Nana ihr hingelegt hatte. Alle lachten, nur

Tosia war sehr enttäuscht und zornig. Diesen Streich spielte ihr die Nana noch ein paarmal, und Tosia wurde immer zorniger.
Eines Tages lag dann wieder einmal so ein kleines Bündel auf dem Bett, und alle sagten geheimnisvoll lächelnd zu Tosia, nun endlich sei das Geschwisterchen wirklich da. Aber Tosia konnte es nicht mehr glauben. Zu oft hatte man sie angelogen und sich über sie lustig gemacht. »Das glaube ich nicht!«, schrie sie, und voller Wut packte sie das Bündel und warf es auf den Boden.
Für Sekunden war es totenstill. Dann begann das Bündel zu brüllen wie am Spieß. Anna Abrahamer stürzte herbei und hob es auf. Sie brachte vor Schreck kein Wort heraus. Aber zum Glück war dem Baby nichts passiert.
Sie nannten das Kind Sabine, und Tosia, die sich wegen des Vorfalls entsetzlich schämte, entwickelte ein ganz besonderes Verhältnis zu ihrer kleinen Schwester. Die beiden Mädchen waren unzertrennlich, wenn auch sehr verschieden. Im Gegensatz zu ihrer eher ruhigen, verschlossenen Schwester war Sabine eigensinnig, lustig und offen. Sie schaffte es immer, ihren Dickkopf durchzusetzen ...

Meine Mutter schaut mich nachdenklich an. »So wie du«, sagt sie leise, »du bist Sabine sehr, sehr ähnlich! Weißt du eigentlich, dass du sogar am selben Tag Geburtstag hast?«
Ich schüttele den Kopf. Nein, das wusste ich nicht. »Ist mein Geburtstag bald?«, frage ich hoffnungsvoll. Ich

wünsche mir eine Puppe zum Geburtstag. Wenn ich eine bekomme, werde ich sie Jacek nennen, so wie die Puppe von Manuela.
»Nur noch ein paar Monate«, sagt meine Mutter, »nicht mehr lange. Dann wirst du sechs Jahre alt!«

Es ist ein verregneter Sommertag, und wir sind wieder einmal auf der Straße unterwegs. Ich halte die Hand meiner Mutter fest umklammert. Sie ist kalt und feucht und gibt mir kein Gefühl der Sicherheit. Im Gegenteil: Ihre Angst fließt durch die kalte Hand direkt in meinen Körper hinein und nirgends wieder hinaus.
Trotzdem genieße ich jedes Mal das Abenteuer, außerhalb der Wohnung sein zu dürfen, den Wind und den Regen auf meiner Haut zu spüren, die Leute zu sehen, die auf dem Marktplatz Schlange stehen, um etwas zu essen zu ergattern. Wir wirken sicher nicht besonders auffällig, so, wie wir aussehen, eine große blonde Frau mit einem kleinen blonden Mädchen an der Hand. Niemand wirkt besonders auffällig, außer den Uniformierten, die durch die Straßen schlendern oder an der Ecke stehen und alles beobachten. Ich denke immer, dass sie sehen müssten, dass ich dunkle Augen habe, und blicke unentwegt zu Boden. Ich fühle, wie sie meine Mutter und mich mit ihren Blicken verfolgen, auch wenn sie mit dem Rücken zu uns stehen, und versuche dann, mich so unsichtbar wie möglich zu machen. Noch nie hat einer von ihnen uns angesprochen, aber ich rechne jede Sekunde damit. Wenn wir an ihnen vorbeigehen, klopft mein Herz so laut, dass ich sicher bin, dass sie es hören können.

Und dann geschieht es. Wir gehen die Karmelicka entlang, die große Straße, von der die kleine Gasse abgeht, in der Manuela wohnt. Ein Mann kommt uns entgegen. Er trägt einen sandfarbenen Regenmantel und blickt zu Boden. Den Hut hat er tief ins Gesicht gezogen. Als wir auf seiner Höhe sind, schaut er auf. Er blickt meiner Mutter direkt ins Gesicht. Ein plötzliches Erkennen blitzt in seinen Augen auf. Mein Herz bleibt stehen. Man hat uns entdeckt. Es ist aus.

Doch der Mann geht weiter, mit gesenktem Blick. Auch meine Mutter geht weiter, sie war für den Bruchteil einer Sekunde stehen geblieben. Sie zerrt mich in die Seitengasse, in den Hausflur, die Treppen hinauf, in Manuelas Wohnung. »Wer war dieser Mann?«, frage ich ängstlich. »Warum hat er uns nicht verhaftet?«

Meine Mutter schweigt, beißt sich auf die Lippen. Sie will es mir nicht sagen.

Einige Zeit darauf begegnen wir dem Mann noch einmal, und dann wieder. Ich weiß jetzt, dass er uns wohl nicht verhaften wird, und spüre trotzdem die Gefahr, die ihn umgibt. Das verwirrt mich. Zu wem gehört der Mann, zu uns oder zu den anderen? Es wäre mir jedenfalls lieber, wir würden ihn nie wieder sehen, der Erdboden würde ihn verschlucken oder sonst etwas. Aber er kommt in seinem hellen Mantel die Straße entlang, und vor der Karmeliterkirche, in die wir in letzter Zeit sonntags manchmal zur Messe gehen, bleibt er stehen. Auch meine Mutter bleibt vor der Kirche stehen, statt schnell vorbeizugehen. Ich will sie wegziehen, doch sie steht einfach da. Sieht sie denn nicht, wie gefährlich es ist? Ich zupfe an ihrem Mantel, aber sie beachtet mich nicht. Sie bekreuzigt sich vor der Heiligenstatue und gibt vor zu beten. In Wirklichkeit wechselt sie leise ein paar Worte mit dem unheimlichen Mann. Sie steckt ihm sogar Geld zu! Dann geht sie zu meiner großen Erleichterung schnell weiter.

Einmal noch sehen wir den Mann mit dem hellen Mantel. Ich entdecke ihn zwischen den Menschen am Ende der langen Straße. Ein Uniformierter und ein anderer Mann in einem langen Ledermantel packen ihn und ziehen ihn in einen Hausflur. Ich fühle, wie meine Mutter erstarrt. Sie läuft mit mir in eine Seitengasse, und wir warten kurz. Ich fühle ihre Angst wie eine große Welle, die mich mit sich reißt. Dann zieht sie mich wieder zurück auf die Hauptstraße, geht weiter, als wäre nichts geschehen. Der Uniformierte und der Mann im Ledermantel kommen uns entgegen, ich spüre die Kälte, die sie umgibt, als sie an uns vorbeigehen. Der Ledermantel streift meinen Arm. Ich höre, wie einer zum anderen sagt: »Ein Jude weniger.« Seine Stimme klingt befriedigt.

Ein paar Häuser weiter sehe ich die Füße des Mannes in dem sandfarbenen Mantel. Er liegt in dem schmutzigen Hausflur, und seine Hose ist offen. Er ist tot. Der Erdboden hat ihn tatsächlich verschluckt. Ich fühle mich schuldig. Die Hand meiner Mutter umklammert die meine noch fester. Sie geht schneller, und ich kann fühlen, dass ihr die Tränen über das Gesicht laufen.

Zurück in der Wohnung, frage ich sie wieder. »Wer war dieser Mann, Mama? Woher kennst du ihn?«

Sie wischt sich die Tränen mit der Küchenschürze ab und fängt an, Kartoffeln zu schälen.

»Das war Leo«, sagt sie tonlos, »der beste Freund meines kleinen Bruders Jakob.«
Wir schweigen.

Heute weiß ich, dass er sich wohl in der Nähe unserer Wohnung versteckt gehalten haben muss. Irgendjemand hat ihn wahrscheinlich für ein paar Zloty verpfiffen. Mit Verdächtigen machte die Geheimpolizei kurzen Prozess: Man öffnete ihnen die Hose und sah nach, ob sie beschnitten waren. Und dann wurden sie erschossen.

Über der Stadt liegt seit Tagen eine feuchtwarme, brütende Hitze, die Kleider kleben einem am Körper.
Kierniks haben uns wieder einmal vor die Tür gesetzt, weil es eine neue Welle von nächtlichen Razzien gibt. Diesmal haben wir keine Ahnung, wohin wir gehen sollen. »Komm, wir fahren nach Warschau!«, sagt meine Mutter plötzlich entschlossen. »Dort kennt uns niemand. Dort werden wir schon irgendwo unterkommen.«
Ich folge ihr mit gesenktem Kopf zum Bahnhof, umklammere trübsinnig meinen Koffer. Ob ich Manuela je wieder sehen werde? Und die Großmutter und meine Freunde, die Schauspieler? Warschau ist weit, das weiß ich genau.
Der Bahnhof ist laut und voller eiliger Menschen mit Gepäck. Der Lärm dröhnt in meinen Ohren. Keiner bemerkt in dem allgemeinen Gewimmel meine Mutter und mich. Wir suchen den richtigen Bahnsteig. Da steht schon ein Zug mit einer ächzenden, dampfenden, riesigen schwarzen Lokomotive. Ich starre das Ungetüm erschrocken an.

»Wir haben nur noch ein paar Minuten Zeit!«, sagt meine Mutter, geht energisch auf den Zug zu und bleibt auf einmal stehen.
»Mir ist plötzlich so schwindlig«, murmelt sie. Ich sehe erschrocken, dass sie auf einmal ganz weiß im Gesicht geworden ist und dass sie ganz nass ist, ihre Haut glänzt vor Schweiß.
»Mama!«, sage ich ängstlich und setze sie auf eine Bank. Sie lehnt sich erschöpft zurück, sieht aus wie tot, ganz in sich zusammengefallen. Ihre Augen sind geschlossen.
Ich baue mich vor ihr auf, damit keinem etwas auffällt, und nehme ihre Hand, wie ein Arzt. Sie ist ganz kalt, aber diesmal nicht vor Angst. Meine Mutter ist krank. Was soll ich tun? Ratlos blicke ich mich um. Ich weiß, dass ich niemand um Hilfe bitten darf. Es ist viel zu gefährlich.
»Ist etwas nicht in Ordnung?«, fragt eine dicke Frau mit Hut, die sich auf einmal neben uns auf die Bank plumpsen lässt. Sie hat ein kleines Hündchen dabei, das ununterbrochen kläfft.
»Nein, nein«, antworte ich hastig und schiebe mich zwischen meine Mutter und die dicke Frau, »es ist alles in Ordnung. Meine Mutter ist nur ein bisschen müde ...«
»Sie sieht krank aus«, sagt die dicke Frau spitz, schaut an mir vorbei und mustert meine Mutter argwöhnisch. »Man sollte einen Arzt holen.«
»Nicht nötig!« sage ich rasch und boxe meine Mutter unauffällig in die Rippen, während ich ihr aufhelfe, »wir wollten sowieso gerade zum Arzt gehen, nicht wahr, Mama?!!«

Meine Mutter schlägt die Augen auf und nickt schwach.
»Ja, ja ...«, murmelt sie.
Ich zerre sie am Arm, weg von der Bank.
»Auf Wiedersehen!«, schleudere ich der dicken Frau noch hin, die immer misstrauischer aussieht. Das Hündchen kläfft.
Ich weiß, dass sie uns hinterherschaut, während ich meine Mutter zum Ausgang zerre. Sie folgt mir mit stolpernden, unsicheren Schritten. Wir tauchen im Menschengewühl unter, und ich atme erleichtert auf, als ich feststelle, dass uns niemand folgt.
Endlich stehen wir wieder auf der Straße.
Meine Mutter schwankt hin und her. Gleich wird sie fallen! Ich muss mich beeilen ...
Jeder Schritt ist eine Qual. Ich ziehe sie hinter mir her, mit einer Hand umklammere ich ihren Arm, mit der anderen schleppe ich meinen Koffer, und die Angst verfolgt mich. Hat jemand uns gesehen? Werden wir jetzt verhaftet? Wird meine Mutter zusammenbrechen? Oder wird es mir gelingen, sie noch rechtzeitig nach Hause zu bringen?
Der Weg scheint endlos, doch schließlich haben wir es geschafft. Wir stehen vor Manuelas Haus. Aber meine Mutter weigert sich hineinzugehen.
»Sie haben uns doch rausgeschmissen!«, flüstert sie heiser. Zum ersten Mal spüre ich, welche Demütigung das für sie bedeutet. Aber ich weiß auch, dass wir keine Wahl haben. Nie haben wir eine Wahl.
»Wir müssen hineingehen, Mama!«, beschwöre ich sie. »Du bist krank. Sie müssen uns helfen!«

Nach einer Weile gibt sie nach. Ihr Stolz fällt in sich zusammen wie ein Kartenhaus. Widerstandslos lässt sie sich von mir die Treppe hochziehen. Ich drücke auf den Klingelknopf.

Die Kiernikowa öffnet. »*Poziomka!*«, sagt sie überrascht. Dann sieht sie meine Mutter. »Um Himmels willen, Teofila ...«

Sie nimmt meine Mutter am Arm und schiebt uns in die Wohnung.

»Ihr könnt von Glück sagen, dass du krank geworden bist, Teofila! Wenn ihr nach Warschau gefahren wäret, würdet ihr jetzt nicht mehr leben«, sagt Dudek trocken, während er einen Eimer Kohle in den Küchenherd schüttet. »Hier, lies das!«

Er schiebt meiner Mutter ein dünnes Blatt Papier herüber. Es ist eine Zeitung, die sie im Untergrund machen, sie heißt *Polska walczy*, »Polen kämpft«. Meine Mutter sieht heute zu meiner großen Erleichterung schon besser aus, sie hat tief und lange geschlafen. Hastig überfliegt sie die Schlagzeilen.

»Der Tag des Gerichts über die Deutschen naht. Die Deutschen werden vor dem Tribunal der Völker stehen, und vor dem Tribunal des menschlichen Gewissens ...«, liest sie. »Was soll das heißen?«, wendet sie sich an Dudek.

»In Warschau ist der Aufstand ausgebrochen!«, erklärt Dudek mit funkelnden Augen, »sie kämpfen alle! Jede Straße, jedes Haus! Es gibt sehr viele Opfer, viele Frauen und Kinder sterben ... die Deutschen verbrennen sie bei lebendigem Leibe ...«

Er bricht den Satz ab, schweigt grimmig.
»Diese Banditen«, murmelt meine Mutter mit vor Entsetzen geweiteten Augen, »... diese Banditen!«

Ella hat eine Idee. »Hör zu, Teofila«, sagt sie eines Tages mit einem Glas Wodka in der Hand. »Wie wäre es, wenn wir uns zusammen eine Wohnung mieten? Marian kann sich darum kümmern, er macht den Mietvertrag und alles, und ihr zwei zieht dann einfach zu uns. So kann es doch nicht weitergehen mit dem ständigen Hinausgeworfenwerden bei Kierniks. Ihr seid ja nun auch schon seit eineinhalb Jahren dort, und diese ständige Anspannung kann doch keiner von euch mehr ertragen! Was hältst du davon?«
Meine Mutter kippt ihren Wodka herunter und nickt. »Das ist lieb von dir, Ella«, sagt sie, »aber es bringt dich doch noch mehr in Gefahr, und deinen Verlobten auch.«
»Du kannst als meine Schwester gelten!«, meint Ella entschlossen. »Entweder wir haben Glück, und der Krieg geht bald zu Ende, oder wir haben eben Pech gehabt! Und bis jetzt hatten wir doch Glück – oder etwa nicht? Immerhin leben wir noch! Außerdem sind die Kontrollen in der letzten Zeit etwas lockerer geworden ... viele Deutsche sind abgereist oder abgerufen worden, es wird jetzt immer enger für sie, sie haben schwere Niederlagen an der Front ... und du kannst schließlich nicht ewig diesen Kierniks auf der Pelle hocken, das weißt du so gut wie ich!«
Ella hat recht. Wir können wirklich nicht länger bei Kierniks bleiben. Meine Mutter nickt, und sie stoßen mit den grünen Gläsern an.

Jetzt geht die Trinkerei wieder los. Kazimir und ich sehen uns viel sagend an. Dann trotten wir beide in die Küche und machen es uns unter dem Küchentisch gemütlich. Ich erzähle ihm, dass ich bald Geburtstag habe und dass ich mir eine Puppe wünsche. Kazimir ist ein sehr guter Zuhörer.

Es gab keinen Abschied von Kierniks, als wir ein paar Wochen darauf mit Kazimir, Ella und ihrem Verlobten in eine kleine Zwei-Zimmer-Wohnung zogen. Der Kiernikowa stand die Erleichterung jedoch ins Gesicht geschrieben, als wir mit unseren beiden Koffern in der Halle standen, und Dudek, der wie immer schwieg, war sicherlich froh, sein Zimmer mit dem Waffenlager wieder beziehen zu dürfen. Allein die *Babcia* umarmte mich lange.

»Komm mich bald besuchen, meine Kleine«, murmelte sie und zog sich ihr Häkeltuch enger um die mageren Schultern. Ich wusste, dass sie mich wirklich vermissen würde.

Manuela flatterte durch den Flur und gab mir einen flüchtigen Kuss. »Bis bald, *Poziomka!«,* rief sie und verschwand im Salon, um mit ihren Freunden ein neues Stück zu proben.

Für Manuela war das Leben immer unkompliziert.

Meine ganze Kindheit hatte ich bei Kierniks verbracht, auf Zehenspitzen, so scheint es mir heute. Es gab Puppen und Theaterspielen, Bücher, Musik, Stifte und Papier, und so etwas wie ein Zuhause; auch wenn nichts davon mir gehörte. Es war ein geliehenes Leben, eine geliehene Kindheit bei einer geliehenen Familie, sogar mit einer geliehenen Großmutter. Danach war die Kindheit vorbei. Man konnte sie auch nicht mehr nachholen, in der rauen Nachkriegszeit und in den wenigen Monaten davor, als alles drunter und drüber ging und ich meinen sechsten Geburtstag feierte. Eine Puppe bekam ich übrigens nicht geschenkt, es gab nirgends Puppen zu kaufen, damals. Aber immerhin war ich nun sechs Jahre alt und endgültig erwachsen geworden.

4

Über Nacht sind die Russen gekommen. Es ist der 18. Januar 1945. Fast lautlos haben sie sich mit dem Schnee in die Stadt geschlichen, wir haben es nicht einmal gemerkt. Und nun sind sie überall. Sie tragen glänzende, schwarze Stiefel, wie ich sie kenne, seit ich denken kann. Und obwohl sie eine andere Sprache sprechen als die Deutschen, klingt ihr Gebrüll genauso heiser, befehlend, hart.

Aber davon habe ich an diesem verschneiten Januarmorgen noch gar keine Ahnung. Ich sitze nämlich friedlich mit Kazimir unter dem Küchentisch und verfüttere ihm heimlich mein Frühstück.

Doch meine Mutter und Ella wissen, dass die Russen Krakau besetzt haben, denn Ella hat es gerade beim Bäcker gehört. Sie sind ganz aufgeregt, voller Angst und Hoffnung zugleich. »Ob der Krieg bald vorbei sein wird?«, fragen sie sich. »Vielleicht wird Polen ja doch wieder frei sein!« Sie machen sich große Sorgen, was nun aus uns werden soll. Die Russen sind grausam, sagen sie. Sie vergewaltigen Frauen. Sie saufen, randalieren und stehlen. Ella meint, dass die Russen lauter geklaute Uhren am Handgelenk tragen, mehrere übereinander.

Dann ziehen sie mir den Mantel an, und wir laufen durch die verschneite Stadt auf den Marktplatz. Wir sind neugierig. Aber natürlich sind wir sehr vorsichtig. Juden müssen immer vorsichtig sein. Der Marktplatz ist voller Leute, und überall stehen russische Soldaten herum. Ich schiele verstohlen auf ihre Handgelenke und bin enttäuscht. Keiner von ihnen trägt mehr als eine Armbanduhr! Die Russen haben andere Uniformen als die Deutschen, aber auch goldene Knöpfe, und sie tragen einen roten Stern. Das erinnert mich auf einmal an den gelben Stern, den wir früher tragen mussten.

»Warum tragen die Soldaten einen roten Stern?«, frage ich meine Mutter, als wir später wieder in der Wohnung sind und uns die durchgefrorenen Hände am Küchenherd wärmen.
»Weil sie Russen sind«, antwortet sie.
Das sagt mir gar nichts. »Aber warum tragen denn Russen einen roten Stern?« Meine Mutter denkt nach. »Das ist sehr schwer zu erklären«, sagt sie dann, und das heißt, dass sie eigentlich nicht mehr darüber sprechen will. »Aber wir, wir mussten doch auch einen Stern tragen?«, bohre ich weiter. Meine Großmutter fällt mir auf einmal wieder ein, wie sie auf dem Küchenstuhl sitzt und gelbe Sterne an unsere Jacken und Mäntel näht.
»Ja«, seufzt meine Mutter, »das war am Anfang, als alles losging. Das war der Judenstern, der uns brandmarkte ...«
Noch ein Wort, das ich nicht kenne. »Erzähl mir davon!«, bitte ich sie. »War ich da schon auf der Welt?«

Im März 1938, also vor nun fast sieben Jahren, kamen David und Tosia aus dem Skiurlaub zurück, und Tosia stellte fest, dass sie schwanger war. »Ein Skiunfall!«, erklärte sie strahlend vor Glück ihrer Schwester Sabine, als diese, wie so oft, zu Besuch kam. Sabine fiel ihr um den Hals und gratulierte ihr. Sie war inzwischen selbst glücklich verheiratet, mit einem jungen, respektablen Juden, dem Ingenieur Krautwirth.
Aber später, als sie gemütlich im Salon zusammensaßen, Tee tranken und redeten, sprachen sie über die Besorgnis erregenden Ereignisse in Deutschland. Die Familie Abrahamer hatte nämlich entfernte Verwandte in Berlin, und die hatten kürzlich geschrieben. Sie berichteten von Juden, die ihren Arbeitsplatz verloren, die auf offener Straße angepöbelt wurden, und von immer neuen Verordnungen, die ihnen das Leben schwer machten. Einige ihrer Bekannten waren sogar spurlos verschwunden. Auf einmal hatte Tosia eine dunkle Ahnung von etwas Unbekanntem und Schrecklichem, das auf sie zukam. »Wenn ich diese Geschichten höre, habe ich direkt Angst um mein Kind!«, sagte sie. »Was ist, wenn es bei uns genauso wird?«
Sabine beruhigte sie. »Diesen Hitler kann man doch nicht ernst nehmen«, sagte sie, »das ist ein Verrückter, das sieht doch jeder. Die Deutschen sind doch vernünftige Leute – denk nur an die Ordensschwestern aus unserer Schulzeit! –, sie werden ihn so schnell wieder nach unten befördern, wie er nach oben gekommen ist.«
Der Meinung war auch David, der gerade von der Arbeit nach Hause kam. »Du sollst jetzt nicht an solche Dinge denken«, sagte er beruhigend zu seiner Frau,

»Sabine hat Recht. Dieser Adolf ist nichts als eine Witzfigur. Deshalb habe ich ja auch unseren Hund so genannt!« Er strich dem jungen Schäferhund, den sie seit kurzem besaßen, liebevoll über den Kopf. Tosia lachte kurz auf. Natürlich, David hatte Recht.

Dass in der letzten Zeit viele seiner Freunde nach Brasilien ausgewandert waren, erwähnte David nicht. Auch er selbst hatte darüber nachgedacht, das Land zu verlassen. Aber da war seine schwangere Frau, da war seine alte Mutter, da war die Firma, die er so mühsam aufgebaut hatte. Und schließlich war seine Familie hier seit Generationen zu Hause. Krakau war seine Heimatstadt.

Hier war er mit seinen Brüdern aufgewachsen, hatte als kleiner Junge Äpfel aus fremden Gärten gestohlen, die Schule geschwänzt, sich in der Gartenlaube heimlich mit Tosia geküsst. Hier waren seine Wurzeln und auch die seiner Frau, bei der zu Hause man Deutsch gesprochen hatte wie Polnisch und die, wie er selbst, die deutsche Kultur schätzte und verehrte. Die Deutschen waren gebildet und zivilisiert, nichts wirklich Ernsthaftes konnte von ihnen zu befürchten sein. Und außerdem – vor einer Witzfigur wie Adolf Hitler sollte er fliehen?

Nein, er konnte und wollte seine Heimat nicht verlassen.

»Was ist aus Adolf geworden?«, unterbreche ich meine Mutter.

Sie blickt mich ganz verwirrt an, so jäh habe ich sie aus der Erinnerung gerissen.

»Du weißt doch ...«, murmelt sie.
»Ich meine den Hund!«, erkläre ich.
»Ach, der!«, sagt sie nachdenklich. »Ja, der hätte dir gefallen ... den hat dein Vater dann bei Bauern versteckt, als die Deutschen kamen. Aber der Hund ist den ganzen Weg zurück zu uns in die Stadt gelaufen, dreißig Kilometer ... seine Pfoten waren ganz wund ... kurz darauf musste dein Vater ihn dann sowieso abgeben.«
»Warum?«, frage ich entsetzt.
»Weil dann die Verordnungen für Juden kamen ... Aber das war lange nach deiner Geburt.«
Ich denke nach über das, was sie gesagt hat.
»Wie war das, als ich zur Welt kam?«, will ich dann wissen.

So lange hatten sich David und Tosia sehnsüchtig ein Kind gewünscht, und nun wurde es zum falschen Zeitpunkt geboren. Als in der Reichspogromnacht 1938 in Berlin die Synagogen brannten, brachte David seine hochschwangere Frau in ein Krakauer Krankenhaus, doch Roma ließ auf sich warten und kam erst nach vielen langen und schmerzhaften Stunden am 13. November zur Welt.
Bei all ihrem Glück über das gesunde, kleine Mädchen waren die jungen Eltern verzweifelt. Die ersten deutschen Juden waren bereits nach Polen deportiert worden, die Luft war erfüllt von schrecklichen Gerüchten und grausamen Ahnungen, die Stimmung in der jüdischen Bevölkerung düster wie vor einem schweren Gewitter. Niemand wusste, ob und wann es losbrechen würde, was überhaupt zu erwarten war. Viele wähnten

sich in Krakau noch sicher, während andere schon aufs Land oder ins Ausland geflohen waren. Doch dazu konnte David sich immer noch nicht entschließen.
Als die Deutschen dann in Polen einmarschierten, im September 1939, entschloss er sich endlich zur Flucht. Gemeinsam mit Jakob und Anna Abrahamer, Tosias jüngeren Geschwistern, und einer Menge Gepäck verließ die Familie Krakau in zwei Pferdekutschen. Sie kamen weit weg auf dem Lande bei armen polnischen Bauern unter, in einer einfachen Hütte mit Lehmfußboden und ohne warmes Wasser. Noch nie hatte Tosia so viel Armut und so viel Schmutz gesehen. Es gab Läuse dort und Ungeziefer, und sie lebten mit dem Vieh unter einem Dach. Nach einer Weile hielt sie es nicht mehr aus.
»Das Kind wird krank!«, sagte sie zu David. »Ich kann es hier nicht richtig sauber halten, nicht baden, nicht großziehen. Ich will wieder nach Hause!«
Es stimmte ja, die kleine Roma war schwach und kränkelte. David sah seine Tochter an, ihre schwarzen Augen, ihren dunklen Haarflaum, und sein Herz war schwer. Sie sah ihm sehr ähnlich, und sie sah wie eine kleine Jüdin aus. Aber Tosia machte sich solche Sorgen, dass David schließlich nachgab. Weiter nach Osten konnten sie nicht fliehen, denn da waren schon die Russen. Also spannten sie wieder an und fuhren zurück.
Zurück – in den Tod, ins Ghetto.

Meine Mutter schweigt. »Ich koche uns jetzt einen Tee«, sagt sie dann. »Möchtest du nicht etwas essen, Roma?«
Ich schüttele den Kopf.
»Und der Stern?«, frage ich.

Die Deutschen hatten inzwischen Krakau eingenommen. Anfang September hallten die engen Gassen der Stadt wider von den harten Schritten marschierender deutscher Soldaten. Und dann kamen die Verordnungen.
Die Juden durften kein Geld mehr haben und keine Arbeit, keine Häuser und keine Haustiere, keinen Schmuck und keine Pelze. Sie durften nicht mehr mit der Straßenbahn fahren oder auf der Hauptstraße einkaufen oder ins Restaurant gehen. Ganze Stadtteile waren auf einmal verboten. Es gab Schilder: Für Hunde und Juden verboten …
David musste seinen Hund hergeben, seine Firma, sein Auto, sein Geld, seine Wohnung. Die Deutschen kamen und packten das schöne Porzellan, die geschliffenen Gläser und die Gemälde in Kisten. Was sie nicht mochten, warfen sie einfach aus dem Fenster.
Eine Weile wohnte er mit seiner Familie in einem Zimmerchen am Stadtrand. Auch die Familie Abrahamer hatte alles verloren und war aus dem schönen Haus mit dem großen Garten vertrieben worden. Die Bäckerei in der Stadt wurde von einem Deutschen übernommen, der einfach seinen eigenen Namen klein mit aufs Schild setzte, die Bäckerei aber unter dem alten Namen weiterführte – schließlich waren Abrahamers Grahambrötchen stadtbekannt und ein gutes Geschäft …
Roma war ein Jahr und zwei Wochen alt, als die Kennzeichnung aller Juden mit dem gelben Stern befohlen wurde. So konnte jeder die Juden auf Anhieb erkennen.

Meine Mutter sieht mich an und drückt mich ganz fest an sich.

Vor dem Krieg und danach: Romas Vater David 1928 und 1946.

»Du wusstest damals genau, warum du nicht auf die Welt kommen wolltest ...«, sagt sie leise.

Ein Mann steht auf einmal vor der Tür, ein Fremder. Er sieht schrecklich aus, wild und gefährlich. Nicht einmal Schuhe hat er an den Füßen! Seine Kleider sind zerrissen und schmutzig, sein Gesicht ist eingefallen, seine Haare sind strähnig und grau, er hat tiefe Schatten unter den dunklen Augen und einen wirren Bart. Ganz abgemagert ist er, wahrscheinlich will er ein Stück Brot. Kazimir knurrt. Er hat wohl auch Angst vor dem Fremden. Ich will schnell die Tür wieder zumachen, aber da ruft meine Mutter aus der Küche: »Wer ist es, Roma?« Schon kommt sie gelaufen und steht hinter mir, will die Tür wieder zumachen.
»Tosia ...!«, krächzt der Mann. Meine Mutter gibt einen kurzen Aufschrei von sich, vor Schreck oder vor Glück, das kann man nicht sagen. Eine Sekunde lang steht sie da, wie erstarrt. Dann fällt sie dem Fremden um den Hals.

Ich weiche erschrocken zurück. So kenne ich meine ruhige, stille Mutter gar nicht. Sie jubelt und schluchzt, sie bedeckt das schmutzige Gesicht des Bettlers mit Küssen und er das ihre. Die Szene ist mir unheimlich und macht mir Angst. Was will der Mann von meiner Mutter?
Jetzt lässt er sie endlich los und beugt sich zu mir herunter. Er stinkt nach Schweiß und nach feuchten Lumpen.
»Rominka!«, flüstert er heiser, »erkennst du mich denn gar nicht mehr?« Sein Gesicht ist ganz nahe an meinem. »Mein kleines Töchterchen!«
Ich starre ihn entsetzt an. Ich bin wütend auf diesen unheimlichen Fremden, der meine Mutter abküsst. Jetzt will er womöglich auch mich noch küssen!
Schnell drehe ich mich um, laufe weg und verstecke mich unter dem Bett. Hinter mir höre ich, wie meine Mutter sagt: »Sie ist noch klein, David, und sie hat dich schließlich so lange nicht gesehen …«
Mein Vater ist zurückgekommen.

Er ist ausgerissen aus dem Lager. Geflüchtet. »In letzter Minute«, sagt er, »ich wäre sonst tot, wie die anderen.« Auschwitz heißt das Lager, und es muss schrecklich dort sein, denn mein Vater weint, während er davon erzählt. Sie sitzen auf dem Sofa, mein Vater, meine Mutter und Ella. Sie trinken Wodka aus den kleinen grünen Gläsern. Meine Eltern halten sich fest umklammert. Mein Vater will mich auf den Schoß nehmen, aber ich entziehe mich seinen Händen.
»Komm, Kazimir«, flüstere ich dem Hund ins Ohr, »wir legen uns unter den Küchentisch. Hier wird ja nur geweint und getrunken.«

Kazimir versteht. Wir liegen unter dem Tisch, und ich lehne meinen Kopf an seinen warmen, seidenweichen Bauch. Seine lebendige Wärme und sein regelmäßiger Atem geben mir ein Gefühl der Sicherheit. Von meinem Platz aus sehe ich die linke obere Ecke des Küchenfensters. Ich sehe, dass das Blau des Himmels in der Ecke immer dunkler wird, nachtblau. Ich höre, weit entfernt, das lang gezogene Heulen des Fliegeralarms.
Das ist nicht mein Vater, denke ich. Er kann es nicht sein! David Liebling ist jung und gut aussehend, ein schöner Mann, ein Abenteurer, der junge Mädchen im Garten küsst und Ski fährt wie ein Weltmeister! Das Foto fällt mir ein, das meine Mutter immer bei sich trägt. Es zeigt ihn, lachend und braun gebrannt, in einem weißen Anzug mit einem Strohhut auf dem Kopf. Auf der Rückseite steht:
Liebe Mami,
der schöne Jüngling auf dem Foto, der Dich anlächelt, ist Dein liebender Sohn David

Dann schießt mir auf einmal ein Bild aus dem Ghetto durch den Kopf. Das war, nachdem sie Großmutter geholt hatten. Da sitzt er auf dem Bettrand in dem dunklen, stickigen Zimmer und wiegt sich im Schmerz hin und her, so wie heute, als er von dem Lager erzählt.
So wie heute? Und wenn er es doch ist?
Nein, denke ich. Ich will nicht, dass er es ist. Mein richtiger Vater ist tot.

Nachts schläft der Fremde in unserem Bett. Ich drücke mich so sehr an den Rand, dass ich aufpassen muss, nicht hinauszufallen. Jetzt, wo er ein Bad genommen und sich rasiert hat, stinkt er zwar nicht mehr, aber trotzdem will ich nichts von ihm wissen. Wenn er mich anfassen will, laufe ich weg. Wenn er mit mir redet, habe ich Angst vor seiner kräftigen Stimme.

Meine Mutter kümmert sich nur noch um ihn. Sie versucht, etwas zu essen aufzutreiben, und steht dann stundenlang am Herd. »Damit du wieder Fleisch auf die Rippen bekommst!«, sagt sie und schiebt ihm den vollen Teller hin. Er schlingt das Essen herunter, als ob er seit Jahren nichts mehr zu sich genommen hätte. »Komm!«, sagt er zu mir, als er fertig ist, »setz dich auf meinen Schoß!« Aber ich will nicht. Ich laufe weg und verstecke mich wieder unter dem Bett.

Sie reden und reden. Ich höre nicht zu. Ich sitze irgendwo und zeichne oder erzähle Kazimir leise von meinem Kummer. Manchmal habe ich Sehnsucht nach Manuela oder nach der *Babcia*.

»Wir gehen sie bald besuchen«, sagt meine Mutter und redet weiter mit dem Fremden.

»Ich bringe ihn um!«, brüllt der Fremde, der mein Vater sein soll. »Ich werde ihn finden, Tosia, du wirst schon sehen! Und dann muss er dafür bezahlen, dass er ein Verräter ist!« Ganz wild sieht er auf einmal aus, seine Augen blitzen, er steckt eine Pistole in seine Tasche. Ich habe Angst vor ihm.

»Nicht, David!«, fleht meine Mutter. »Bitte nicht! Was geschehen ist, ist geschehen, und niemand kann es wieder rückgängig machen. Du bringst uns nur in Gefahr!«

Der Fremde antwortet nicht gleich, er schaut meine Mutter lange an. »Ich muss es tun«, sagt er dann, »versteh doch, Tosia, ich muss es tun. Es ist richtig so.« Dann geht er mit festen, entschlossenen Schritten aus der Wohnung, knallt die Tür hinter sich zu. Ich atme auf. Meine Mutter verdeckt ihr Gesicht mit den Händen.
»Ach, hätte ich ihm nur nichts davon erzählt!«, flüstert sie müde. »Es ist alles meine Schuld!«
»Wen will er denn umbringen?«, erkundige ich mich sachlich.
»Den Polizisten! Du weißt schon, als wir damals aus dem Ghetto geflohen sind und nach der Adresse suchten, die wir teuer bezahlt hatten und wo wir hätten sicher ein sollen. Das war eine Falle, eine Judenfalle! Und der Mann – der Polizist – hat Geld und Schmuck kassiert und viele Menschen an die Deutschen verraten!«
Ein Bild taucht in mir auf. Funkelnde Brillanten glänzen im feuchten Rinnstein, ich umklammere die Stiefel des Polizisten, flehe ihn an, uns gehen zu lassen ... Ja, ich erinnere mich gut.

Spät in der Nacht kommt der Fremde wieder.
Ich höre, wie er die Kleider abstreift und sich müde auf den Bettrand setzt. Er atmet schwer.
»David?«, fragt meine Mutter schlaftrunken, schreckt hoch. »David! Du lebst!« Sie fällt ihm um den Hals.
Ich rolle mich so weit wie möglich weg von ihr.
»Was ist geschehen? Hast du ihn wirklich umgebracht? Sag es mir, David, hast du ihn umgebracht?!!!« Meine Mutter hat den Fremden an den Schultern gepackt, schüttelt ihn.

»Nein«, seine Stimme klingt gepresst, »ich konnte es nicht.«
»Oh David! Ich wusste, dass du so etwas nie tun könntest! Ich wusste es!« Die Stimme meiner Mutter ist ganz schrill vor Erleichterung und Glück.
»Ich konnte es nicht«, sagt der Fremde tonlos, »weil er schon tot war, als ich ihn endlich fand. Jemand hatte ihn kurz zuvor erschossen.«

Hin und wieder gibt es Fliegeralarm. Das Geheul der Sirenen tut in den Ohren weh. Wir müssen dann stundenlang mit den anderen Leuten aus dem Haus im Keller sitzen. Der Fremde weigert sich, mit in den Keller zu gehen. Er hat keine Angst, und das ist neu für mich, ich bewundere ihn dafür.
»David, bitte!!«, fleht meine Mutter ihn an.
Aber er will nicht. Er ist stur. »Mir wird schon nichts passieren«, sagt er, »ich habe Schlimmeres gesehen!«
Jetzt höre ich manchmal zu, was er sagt, trotz seiner lauten Stimme. Seit er mich in Ruhe lässt, gefällt er mir viel besser. Ich habe festgestellt, dass seine Augen eigentlich nicht gefährlich sind. Sie sind schwarz und glänzen von innen.
Langsam glaube ich, dass er vielleicht doch mein Vater ist.
Irgendwie gewöhne ich mich jedenfalls an ihn.

Es ist wieder Frühling geworden. Die Fenster unserer Wohnung stehen weit offen, und die Sonne scheint herein. Draußen auf der Straße rufen die Menschen laut durcheinander, man hört Gelächter, eine seltsame Auf-

Die Nacht

Die Flucht

regung liegt in der Luft. Es fühlt sich an wie Sprudelwasser oder als ob man sanft gekitzelt wird. Meine Mutter, mein Vater und ich nehmen uns an der Hand und laufen auf den Marktplatz. Wenn man wissen will, was los ist, erfährt man alles auf dem Marktplatz, das ist in Krakau so.

Schon von weitem höre ich die Menschen jubeln und schreien. Noch nie habe ich den Marktplatz so voll gesehen! Ich muss direkt aufpassen, dass ich in dem Gewühl nicht verloren gehe. Ängstlich presse ich mich an meine Mutter. Doch da heben mich auf einmal zwei starke Arme hoch, und mein Vater setzt mich auf seine Schultern.

Es ist herrlich, auf seinen Schultern zu sitzen. Ich bin jetzt größer als alle anderen! Ich kann alles sehen, die Marktstände und den Brunnen und die vielen, vielen Leute, die schubsen und drängeln und tanzen, und ich bin sicher hier oben, denn mein Vater trägt mich.

»Der Krieg ist zu Ende!«, schreien die Leute. »Der Krieg ist aus!!!«

Sie werfen ihre Hüte in die Luft und jubeln ohne Ende, die Menge unter mir wogt und feiert, singt und freut sich. Dass die Menschen so ausgelassen und glücklich sein können! Das wundert mich sehr, aber das Glück ist wohl ansteckend, denn ich merke auf einmal, dass ich auch lache und singe und mit ihnen rufe: »Der Krieg ist aus!«, obwohl ich gar nicht genau weiß, was sie damit meinen.

Als wir, Stunden später, erschöpft und glücklich wieder in der Wohnung sind und meine Mutter sich um das Abendessen kümmert, frage ich sie, warum sich die

Menschen auf dem Marktplatz heute so freuen. »Weil der Krieg zu Ende ist!«, lacht sie. Ich verstehe das nicht. »Was heißt das?«, frage ich. »Dass wir in Sicherheit sind!«, antwortet sie. In Sicherheit? »Heißt das, dass uns nichts mehr passieren kann?« Verwundert starre ich sie an.

Sie geht vor mir in die Hocke und umarmt mich fest. Ich sehe, dass ihre Augen feucht glänzen. Sie sieht so glücklich aus, wie ich es gar nicht von ihr kenne. »Genau«, strahlt sie, »das heißt, dass wir uns nie wieder verstecken müssen!« – »Versprichst du mir das?«, frage ich misstrauisch. »Ja, ich verspreche es dir!«, erwidert sie fest. »Aber wie lange?« Ich kann es nicht begreifen. »Wir sind jetzt frei, verstehst du?«, erklärt sie mir, »der Krieg ist aus. Hitler ist tot! Es ist Frieden! Und wir sind nun Menschen wie jeder andere auch ...« »Für wie lange?«, frage ich noch einmal. »Für immer!« – »Für immer? Aber wie lange ist das?« Ich schüttele ungläubig den Kopf, fast ärgerlich darüber, dass sie mich nicht versteht. Es gibt doch so etwas nicht, ich kann mir jedenfalls nichts darunter vorstellen. Wie leichtfertig sie das sagt: Für immer!

Wir sind nun Menschen wie jeder andere auch. Ich kann es mir zwar immer noch nicht vorstellen, aber das Leben hat sich tatsächlich verändert. Wir brauchen uns nicht mehr zu verstecken! Wir können tatsächlich jederzeit überall hingehen, ohne befürchten zu müssen, entdeckt zu werden. Trotzdem werde ich das Gefühl nicht los, dass man uns jederzeit verhaften kann. Ich bin immer ganz unruhig, wenn

wir auf der Straße unterwegs sind, und wage nicht, den Menschen ins Gesicht zu sehen.
Die Nachrichten über Verwandte und Freunde, die vermisst werden, verbreiten sich in der Stadt wie ein Lauffeuer, sie gehen Tag und Nacht von Mund zu Mund. ÜBERLEBT heißt das Wort, das mir in den Ohren klingt. Hat sie, hat er, haben sie ÜBERLEBT ... Jeder fragt jeden, und nicht immer erfährt man die Wahrheit, aber solange es noch Hoffnung gibt, macht man sich Hoffnungen. Zahllose Zettel kleben an der Synagoge, auf denen kurze Botschaften stehen:

Wer hat meine Schwester Rosa Seelenfreund gesehen?
Sie ist einundzwanzig Jahre alt, hat langes, braunes Haar und trägt eine Brille. Zum letzten Mal wurde im Ghetto Anfang März 43 von ihr gehört ...
bitte melden bei Miriam Seelenfreund ...

Viele Menschen tauchen nun plötzlich wieder auf, doch die meisten sind tot.
Aber Tante Sabine lebt! Meine Mutter hat erfahren, dass sie aus dem Lager Auschwitz befreit worden ist. Wir sind alle ganz verrückt vor Freude! Natürlich hat meine Mutter sich sofort auf den Weg gemacht, um Sabine dort abzuholen. Der Weg war weit und beschwerlich, denn es fuhren keine Züge. So fuhr sie per Anhalter auf Lastwagen mit und ging den Rest der Strecke zu Fuß. Aber als sie endlich ankam, war Sabine schon tot. Sie muss sehr krank gewesen sein, es herrschte Typhus im Lager.

Es fällt meiner Mutter schwer, darüber zu sprechen. Sie kann nicht einmal weinen.
Erst als mein Vater eines Abends erzählt, wie Sabine im Lager Płaszów mit ansehen musste, wie ihr Mann, der Ingenieur Krautwirth, zum Tode verurteilt wurde, weil er einen kleinen Jungen beschützen wollte, kann sie endlich wieder weinen. Krautwirth hatte versucht, sich umzubringen, aber er hatte es nicht geschafft. Mit aufgeschnittenen Pulsadern hat man ihn aufgehängt, bis kein Tropfen Blut mehr in ihm war. Und alle Gefangenen mussten zusehen.
Trotzdem hat sich Sabine später, nachdem man sie nach Auschwitz geschickt hatte, noch einmal verliebt. Sie hat sogar heimlich geheiratet. Über den Stacheldraht hinweg hat ein Rabbiner sie und ihren neuen Mann getraut.
»Sie war immer verliebt. Und so ein Dickkopf!«, schluchzt meine Mutter. Ich denke daran, wie ich Sabine zum letzten Mal gesehen habe. So fröhlich und so hübsch, mit ihrem bunten Tuch um den Kopf.
Das Weinen hört nicht auf, denn nach und nach erfahren wir von dem Schicksal unserer Familie. Die Großeltern Abrahamer und Irene sind im Lager Bełżec umgebracht worden, in Gasöfen. Jakob, der kleine Bruder meiner Mutter, ist ums Leben gekommen, als die Munitionsfabrik, in der er arbeitete, von den Deutschen in die Luft gejagt wurde. Meine andere Großmutter, Maria Liebling, ist und bleibt verschwunden, wahrscheinlich hat man sie auch in einem Gasofen ermordet.
Ich will nicht glauben, was ich alles höre, und ziehe mir die Bettdecke über den Kopf, wie damals im Ghetto.

Aber es gibt kein Entrinnen. Das ist erst der Anfang von all den schrecklichen Geschichten, die ich nun mit anhören muss.

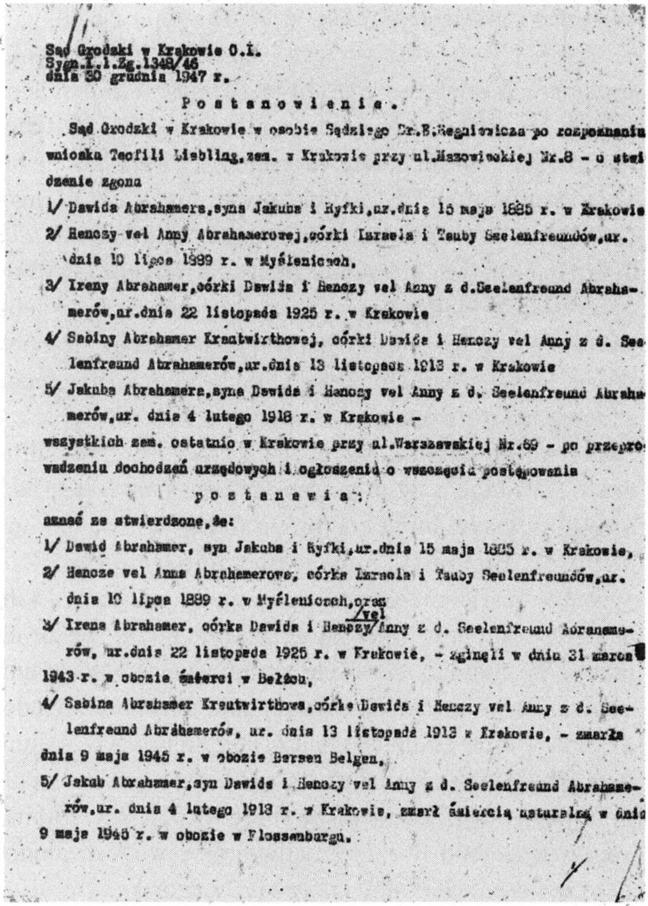

Sąd Grodzki w Krakowie O.I.
Sygn.I.1.Zg.1348/46
dnia 30 grudnia 1947 r.

P o s t a n o w i e n i e .

Sąd Grodzki w Krakowie w osobie Sędziego Dr.B.Regniewicza po rozpoznaniu wniosku Teofili Liebling,zam. w Krakowie przy ul.Mazowieckiej Nr.8 - o stwierdzenie zgonu

1/ Dawida Abrahamera,syna Jakuba i Ryfki,ur.dnia 15 maja 1885 r. w Krakowie
2/ Henczy vel Anny Abrahamerowej,córki Izraela i Tauby Seelenfreundów,ur. dnia 10 lipca 1889 r. w Myślenicach,
3/ Ireny Abrahamer,córki Dawida i Henczy vel Anny z d.Seelenfreund Abrahamerów,ur.dnia 22 listopada 1925 r. w Krakowie
4/ Sabiny Abrahamer Krautwirthowej, córki Dawida i Henczy vel Anny z d. Seelenfreund Abrahamerów,ur.dnia 13 listopada 1913 r. w Krakowie
5/ Jakuba Abrahamera,syna Dawida i Henczy vel Anny z d. Seelenfreund Abrahamerów,ur. dnia 4 lutego 1918 r. w Krakowie -

wszystkich zam. ostatnio w Krakowie przy ul.Warszawskiej Nr.69 - po przeprowadzeniu dochodzeń urzędowych i ogłoszeniu o wszczęciu postępowania

p o s t a n a w i a :

uznać za stwierdzone,że:

1/ Dawid Abrahamer, syn Jakuba i Ryfki,ur.dnia 15 maja 1885 r. w Krakowie,
2/ Hencze vel Anna Abrahamerowa, córka Izraela i Tauby Seelenfreundów,ur. dnia 10 lipca 1889 r. w Myślenicach,oraz
3/ Irena Abrahamer, córka Dawida i Henczy vel Anny z d. Seelenfreund Abrahamerów, ur.dnia 22 listopada 1925 r. w Krakowie, - zginęli w dniu 31 marca 1943 r. w obozie śmierci w Bełżcu,
4/ Sabina Abrahamer Krautwirthowa,córka Dawida i Henczy vel Anny z d. Seelenfreund Abrahamerów, ur. dnia 13 listopada 1913 w Krakowie, - zmarła dnia 9 maja 1945 r. w obozie Bersen Belgen,
5/ Jakub Abrahamer,syn Dawida i Henczy vel Anny z d. Seelenfreund Abrahamerów,ur. dnia 4 lutego 1913 r. w Krakowie, zmarł śmiercią naturalną w dniu 9 maja 1945 r. w obozie w Flossenburgu.

Dieses Dokument von 1947 listet einige während der deutschen Besetzung ermordeten Angehörigen von Romas Familie auf.

Krakau ist auf einmal voller Menschen. Das ist, weil in Warschau so viele Bomben gefallen sind, dass es dort kaum noch Häuser gibt. Und die kleinen jüdischen Städte gibt es zum Teil überhaupt nicht mehr. Es ist jetzt sehr schwer, in Krakau eine Wohnung zu finden. Wir haben Glück, dass wir schon eine Wohnung haben, sagt meine Mutter. Ella und ihr Verlobter Marian haben sich in ihr Zimmer zurückgezogen. Die Wodkaflasche haben sie mitgenommen, glaube ich, denn ich sehe meine Mutter nie mehr betrunken.

Sie hat jetzt auch gar keine Zeit mehr dafür, denn nach und nach finden die Menschen sich wieder. Immer mehr fremde Leute kommen jetzt zu uns, fast so wie früher. Meine Mutter dreht langsam durch, weil es immer enger in der kleinen Wohnung wird. Zum Schluss sind wir vierzehn Personen.

Ich habe jetzt einen kleinen Bruder. Er heisst Ryszard und ist ein halbes Jahr jünger als ich. Mein Vater hat ihn eines Tages mitgebracht. Ich habe ihn sofort in mein Herz geschlossen mit seinen großen Augen, den wilden schwarzen Locken und seinem mageren, kleinen Körper. Nach und nach kommt seine gesamte Familie zu uns, Eltern, Großeltern und die zwölfjährige Bronia. Die Familie Horowitz ist von einem Mann namens Oskar Schindler gerettet worden.

Eine Weile wohnen die Brüder Rosner bei uns, die Brüder von Frau Horowitz. Sie sind Musiker und haben nur überlebt, weil sie dem Lagerkommandanten beim Essen aufgespielt haben. Dann tauchen die beiden Brüder meines Vaters auf. Szymon kenne ich schon, er hatte sich ja hinter dem Schrank in Dieters Wohnung versteckt gehalten. Seine Frau, die irgendwo auf dem Land untergetaucht war, kommt auch dazu. Den anderen Bruder, Moshe, kenne ich noch nicht. Ich habe Angst vor ihm. Er ist klein, aber stark und wird sehr schnell böse. Das ist, weil er in so vielen Lagern gewesen ist, davon wird man verrückt.

Der kleine Ryszard ist auch ein bisschen verrückt. Er hat eine Nummer auf dem Arm, so wie die Erwachsenen alle. Eine blaue Nummer, die mit den Ziffern 144 beginnt. Wenn wir zusammen in der Badewanne sitzen, berühre ich sie manchmal mit dem Finger. Dann zieht er schnell seinen Arm zurück. Wenn es Essen gibt, wird er ganz wild, schnappt sich schnell sein Brot und versteckt es unter dem Kopfkissen. Nie isst er es sofort, nur nachts, im Dunkeln, höre ich ihn manchmal kauen, denn wir schlafen zusammen in einem Bett. Ich verstehe das nicht.

Die Erwachsenen verstehen das zwar auch nicht, aber sie scheinen nicht zu begreifen, dass er verrückt ist. Sie schimpfen, wenn er sein Brot versteckt. Sie wollen, dass er mit den anderen am Tisch sitzt und sich benimmt.

Kinder müssen brav sein, Kinder müssen sich benehmen. Für Kinder hat man auch jetzt, nach dem Krieg, keine Zeit. Es ist, als wäre der ganze Krieg für uns nicht passiert. Man kann nicht auf Kindergefühle Rücksicht nehmen. Damit muss jeder selber fertig werden. Es ist schwer genug, alles zu ertragen und alle durchzufüttern, denken sie.

»Lass doch bitte das Licht noch ein bisschen an!«, bettele ich manchmal am Abend, wenn mir wieder so

unheimlich ist. Aber meine Mutter ist auf einmal ganz hart geworden.
»Mach deine Augen zu und dreh dich auf die Seite!«, sagt sie und macht die Lampe aus.
Ich liege im Dunkel und höre, wie Ryszard neben mir heimlich an seiner Brotrinde knabbert, während die Erwachsenen in der Küche um den Tisch sitzen und reden und schluchzen.
Sie reden nur vom Tod.

Mein Vater verschwindet jeden Morgen und kommt erst spät am Abend wieder. Er besorgt uns Geld und Essen und kümmert sich um das, was von seiner Firma übrig ist. Ab und zu liest er verlorene und verwahrloste jüdische Kinder von der Straße auf, die er in einem Waisenhaus unterbringt, das er gemeinsam mit einigen anderen Juden gegründet hat.
Eines Tages schleppt er einen Jungen mit nach Hause, der ein paar Jahre älter ist als ich und ganz verwahrlost und böse ausschaut. Der Junge ist dünn, hat Segelohren und schreit wie am Spieß, als meine Mutter ihn in der Küche in einen Zuber mit heißem Wasser stecken will, um ihn zu waschen. Ich starre ihn an. Irgendwie ist er bewundernswert in seinem Zorn.
»Rate mal, wer das ist? Das ist dein Cousin Roman!«, sagt meine Mutter und setzt dem Jungen einen Teller Suppe vor.
Er schlingt wie ein wildes Tier, so hungrig ist er.
»Ich habe ihn gleich erkannt«, sagt mein Vater leise zu meiner Mutter, »ich wusste sofort, dass er der Sohn meines Bruders ist. Seine Ohren sind unverwechselbar.

Das wird nicht leicht für dich sein, Tosia. Ich habe ihn buchstäblich aus der Gosse gezogen. Er muss Schreckliches erlebt haben, nachdem er damals aus dem Ghetto geschmuggelt wurde. Aber er lebt!«
Romans Vater, Onkel Moshe, weint vor Freude, weil er seinen Sohn wieder gefunden hat. Trotzdem fangen sie sofort an, miteinander zu streiten, und hören für die nächsten Jahre nicht mehr damit auf. Die Streitereien verlaufen immer gleich: Roman heult und schreit und schlägt um sich, der Onkel prügelt hemmungslos und verzweifelt auf ihn ein. Es ist, als ob er all die erlebten Misshandlungen und Demütigungen an seinem Kind auslassen müsste.
Der kleine Ryszard und ich teilen nun unsere Matratze mit Roman. Roman redet wie ein Wasserfall, laut und schnell. Er erzählt uns unter der Decke spannende, unheimliche Geschichten. Wenn wir dann endlich eingeschlafen sind, wache ich manchmal davon auf, wie Feuchtigkeit sich auf dem Laken ausbreitet und zu mir herüber kriecht. Ich sage nichts, denn ich weiß, Romans Vater wird ihn wieder verprügeln, wenn er es merkt.
Aber er merkt es oft genug, auch wenn ich nichts sage. Ich habe Romans Wehgeschrei noch heute im Ohr. Direkt neben mir liegt er, und es wird auf ihn eingeschlagen, in rasender Wut.

Auch die Geschichten der Erwachsenen habe ich seither im Ohr und kann sie nie wieder vergessen. Es nützte nichts, dass ich mir die Ohren zuhielt, unter das Bett kroch, mir die Decke über den Kopf zog. Es gab kein Entrinnen, es gab kein Erbarmen für uns Kinder. Wir wurden ungewollt zu Zeugen gemacht von denen, die Zeugnis ablegten. Denn sobald es draußen dunkel wurde, sprachen die Erwachsenen über das Erlebte, über den Tod, über die unvorstellbarsten Grausamkeiten, über die unglaublichsten Qualen und Quälereien, zu denen Menschen fähig sind, die Menschen ertragen können. Dies war die Zeit der Klage, der Trauer, des Zorns und der Bitterkeit. Danach verstummten die Stimmen der Überlebenden, viele von ihnen für immer. Und auch wir, die Generation der Kinder, sprachen nicht mehr darüber.

Unauslöschlich brennt sich das Wort »Auschwitz« in diesen endlosen Nächten in meine Seele ein. Ohne uns Kinder zu beachten, erzählen die Erwachsenen aus dem Lager. Es ist fast, als ob sie eine schreckliche, krankhafte Lust dazu verspüren, jedes Detail zu beschreiben. Wie man Menschen erschoss, erwürgte, ihnen die Adern aufschnitt, sie in Herden nackt in die Gaskammern schickte. Wie man Leichen in den Weihnachtsbaum in Auschwitz hängte. Wie die Todgeweihten vor ihrem letzten Gang ihre Kleider und Schuhe sortieren mussten, und wie ein kleiner Junge dort stand und kleine Schnurstückchen zum Zusammenbinden der Schuhe verteilte.

Sie berichten, wie sie die Peitschenhiebe mitzählen mussten, die ihren Rücken zerschnitten. Wie man ihnen die Namen und Vornamen wegnahm und ihnen die blauen Nummern in die Haut stach, wie sie vor Kälte fast vergingen, wenn sie stundenlang nackt draußen stehen und ihre Nummern aufsagen mussten. Wie man

ihre nackten Körper mit eiskaltem Wasser begoss. Wie die Hunde den Menschen die Leiber aufrissen. Wie der Hunger und die Angst sie fast um den Verstand brachten. Und immer wieder beschreiben sie, ganz nebenbei, die banalen Dinge des Lageralltags: Wo man am besten Brot versteckt, was man macht, wenn einem die einzigen Schuhe gestohlen werden, wie man am besten Gesundheit vorschützt, indem man sich in den Finger sticht und Blutstropfen auf den Wangen verreibt, wie man seinen eigenen Urin trinkt und sich damit wäscht – all das konnte über Leben und Tod entscheiden. Nicht einmal Empörung klingt aus ihren flüsternden, müden Stimmen, sie schildern nur Fakten, Tatsachen, Selbstverständlichkeiten. Und das Stunden um Stunden, Nacht um Nacht, Monat um Monat.
Oft glaube ich in dieser Zeit, es nicht mehr ertragen zu können. Warum hören sie nicht endlich auf damit? Warum quälen sie uns und sich selbst immer wieder aufs Neue? Wenn ich nur so schreien könnte wie Roman oder so friedlich dabei schlafen wie der kleine Ryszard, der nichts dabei findet, weil er es selbst erleben musste! Aber ich kann nicht schreien, ich darf nicht laut sein, ich muss schweigen und wachen und zuhören und brav sein. Für ewig brav sein und schweigen. So kommt es mir vor.

Während nachts der Wahnsinn bei uns ausbricht, versuchen die Erwachsenen tagsüber fieberhaft, den Anschein einer Normalität herzustellen. Nach wie vor ist es sehr schwierig, uns alle mit Essen zu versorgen. Aber es gibt jetzt Lebensmittelpakete, auf denen steht in großen Buchstaben UNRRA. Mein Vater hat eines davon mit nach Hause gebracht, stolz, dass er es geschafft hatte, ein solches Wunder zu ergattern. In dem Paket sind alle möglichen Sachen, die meine Mutter mit kleinen Entzückensschreien begutachtet, darunter mehrere Blechdosen. Ein paar Dosen enthalten gezuckerte, dickflüssige Milch, die wundervoll schmeckt, in anderen ist eine gelbe Flüssigkeit. »Orangensaft«, erklärt mein Vater triumphierend. Orangensaft? Ich schnuppere misstrauisch an der offenen Dose. Es riecht angenehm. Vorsichtig nippe ich an der Flüssigkeit. Sie ist süß und frisch. Ich habe noch nie etwas so Gutes getrunken!

Dann drückt mir meine Mutter mit glänzenden Augen eine flache, runde Dose in die Hand. »Schau mal, Roma«, sagt sie andächtig, »das ist Schokolade!« Ein Kribbeln läuft mir den Rücken herunter. Schokolade! So lange habe ich davon geträumt, und nun werde ich sie tatsächlich endlich probieren können! Ich öffne behutsam den Deckel. Eine dunkelbraune, harte Scheibe ist in der Dose. Voller Vorfreude breche ich ein Stückchen davon ab und stecke es mir in den Mund. Es ist sehr hart und kracht beim Kauen. Süß ist es schon, aber auch bitter, eigentlich schmeckt es scheußlich.

»Das soll Schokolade sein?!«, frage ich enttäuscht. Alle nicken, und ich fühle mich, als ob sich das Paradies in einen Schrebergarten verwandelt hätte.

Ich habe noch ein Foto aus dieser Zeit. Es wurde am Muttertag im Jahr 1946 aufgenommen und zeigt Roman, die Horowitz-Kinder und mich. An jenem Maitag kam mein Vater mit einem Fliederstrauß nach Hause,

Ein Ausflug nach Schloss Wawel (1946): Die siebenjährige Roma (re.), dahinter ihr Cousin Roman Polanski, dreizehn Jahre alt, neben der gleichaltrigen Bronislawa Horowitz, der Schwester des sechsjährigen Ryszard Horowitz (vorne li.).

den er im Park gepflückt hatte, überreichte ihn meiner Mutter und nahm uns mit zu einem Ausflug auf das Krakauer Schloss Wawel. Wie eine ganz gewöhnliche Familie. Ein Vater mit seiner kleinen Tochter, dem Neffen und zwei befreundeten Kindern.
Ich weiß noch, wie wir für das Foto lächeln sollten. Ein bisschen schüchtern sieht mein Lächeln auf dem Foto aus. Aber doch bin ich in diesem Moment glücklich und stolz.

»Kinder müssen in die Schule gehen!«, sagt meine Mutter und näht in Windeseile aus den alten, gestreiften Sträflingskleidern, die sie blau gefärbt hat, einen Matrosenanzug für Ryszard und ein Matrosenkleidchen für mich.
Es gibt wieder eine jüdische Schule in Krakau. Sie ist nur ganz klein und befindet sich in einem armseligen, dunklen Gebäude mit winzigen Räumen. Ich komme gleich in die zweite Klasse, weil ich schon lesen und schreiben kann und fast sieben Jahre alt bin. In unserer Klasse sind elf Kinder. Sie kommen von überall her, vom Land, aus Warschau, sogar aus Russland kommen sie.
Ich setze mich in meine Bank und verstumme. Eigentlich hatte ich mich auf die Schule gefreut, aber nun verschlägt es mir die Sprache. Es herrscht eine bis zum Zerreißen gespannte Stimmung dort. Keine Minute vergeht, ohne dass jemand in Tränen ausbricht. Lehrer und Kinder weinen bei jeder Gelegenheit. Alle sind nervös, fast hysterisch. Es braucht nur einer ein lautes Wort sagen, und die Lehrerin, die auch in einem

Lager gewesen ist, zuckt zusammen und beginnt zu schluchzen. Wenn sie sich die Tränen abwischt, sieht man die blaue Nummer auf ihrem Arm. Das Weinen steigert sich oft bis zu einem gemeinsamen Weinkrampf.

Ich will nicht weinen. Ich will nicht lernen.

Ich kann nichts mehr in mich aufnehmen, ich bin voll.

Ich will nichts essen. Ich will nichts hören. Ich will nichts sagen.

Wir sollen Jiddisch und Hebräisch lernen.

Ich schweige und kritzele unter der Bank kleine Figuren in mein Heft.

Hier sind alle verrückt.

In der Pause nehme ich meinen Mantel und gehe nach Hause.

»Bist du wieder krank, Roma? Warum willst du nicht in die Schule gehen?« Meine Mutter ist entsetzt und ratlos. Ich senke den Kopf. Leider bin ich nicht krank. Ich kann ihr nicht erklären, warum ich in den letzten Tagen mehrmals nach Hause gegangen bin. Ich weiß nur, dass ich es in der Schule nicht aushalten kann. Sie ist einfach schrecklich.

»Aber du musst!«, sagt meine Mutter, und ich merke, dass sie dabei genauso unglücklich ist wie ich. Sie bringt mich zurück in die Schule. Ich höre, wie sie mit der Lehrerin spricht.

»Sie sitzt nur da, will nicht lernen, antwortet nicht, starrt die Wand an und kritzelt in ihr Heft«, sagt die Lehrerin vorwurfsvoll.

»Sie wissen ja, der Krieg …«, seufzt meine Mutter.

»Aber wir müssen uns doch alle zusammen ...«, erwidert die Lehrerin. Den Rest bekomme ich nicht mit, denn ich muss wieder in die Klasse.
In der nächsten Zeit sorgt meine Mutter dafür, dass Roman mich und Ryszard morgens in die Schule bringt. Das tut er auch. Allerdings nur bis zur nächsten Ecke. Da lassen die beiden Jungen mich dann stehen und laufen davon. Sie können rennen – das kann ich nicht! Meine Beine sind steif und schwer wie Blei. Die Jungen erwischen die Straßenbahn, hängen sich an ihre Türen und sind kurz darauf meinen Blicken entschwunden.
Ich starre ihnen sehnsüchtig hinterher, aber ich sage nie etwas. Langsam gehe ich die Straße entlang und träume vor mich hin. Bis ich im Klassenzimmer bin, ist meistens schon die erste Stunde vorbei.
Lange Zeit ahnt keiner, dass ich die Einzige von uns dreien bin, die zwar äußerst widerwillig, aber brav zur Schule geht.

Endlich besuchen wir Manuela.
Alles ist so vertraut, und doch erkenne ich es kaum wieder: Das Sofa im Salon kommt mir niedriger vor, der Flur kürzer, der Baum im Hof viel kleiner und dünner.
»Wie bist du nur gewachsen, *Poziomka!*«, staunt Manuela, blond und schön wie immer, und gibt mir einen Kuss.
Die *Babcia* liegt im Bett, wie früher. Sie freut sich sehr über unseren Besuch. Wir umarmen uns lange und spielen eine Runde Karten miteinander.
Alles ist wie früher ...

Als ich in die Küche komme, steht da die Kiernikowa am Herd und mustert mich sogleich von oben bis unten. Ich schrumpfe sofort ein Stückchen zusammen und fühle mich wieder ganz klein.
Wie früher ...
»Und Dudek?«, sagt meine Mutter gerade zu Manuela. Sie sitzen am Küchentisch und trinken Tee.
»Wir wissen es nicht«, sagt Manuela leise. »Seit Kriegsende haben wir nichts mehr von ihm gehört.«
Ich höre, wie die Kiernikowa ganz tief durchatmet.
»Ich höre, du gehst jetzt in die Schule, Roma?«, fragt sie mich dann freundlich. »Gefällt es dir?«
Ich nicke stumm. Die Kiernikowa ist die Letzte, der ich mein Herz ausschütten würde. Es gibt niemanden, dem ich erzählen kann, wie es mir in der Schule geht. Dass ich so schrecklich einsam bin.
Wie früher.

Es ist das erste Mal, dass ich Gelegenheit habe, mit anderen Kindern zusammen zu sein, und ich bin einsamer als je zuvor.
Meine Einsamkeit fällt jedoch niemandem auf, denn in der jüdischen Schule ist jeder für sich. Keiner redet miteinander. In der Pause gehen wir paarweise spazieren und schweigen. Manche Kinder sitzen nur da und schaukeln hin und her. Einige machen in die Hose. Jeder ist in seiner Geschichte und seiner Angst gefangen, auch die Lehrer. Es gibt kaum Spiele oder Freundschaften zwischen den Kindern. Hin und wieder gehen sie aufeinander los. Die Jungen schlagen sich gegenseitig mit den hölzernen Griffelkästen auf den Kopf, die

Mädchen kratzen und beißen. Es gibt Verletzte, blaue Flecken, blutende Wunden. Wir sind wie wilde, verängstigte Tiere.

Ich versuche nicht mehr, nach Hause zu gehen, denn meine Mutter bringt mich ja doch nur wieder zurück. Andere Kinder rennen immer wieder während des Unterrichts weg, einer springt bei jedem Geräusch auf und versteckt sich. Eine Zeit lang läuft die Lehrerin den Kindern noch hinterher, aber nach einer Weile gibt sie auf. Die ständige Spannung ermüdet uns alle und stumpft uns ab.

Neben mir in der Schulbank sitzt ein Junge, groß, dünn, mit schwarzem Haar. Er fühlt sich seltsam an, nicht hart und eckig wie die anderen Jungen, sondern ganz weich. Seine Bewegungen sind mädchenhaft und graziös. Wenn er sich setzt, streichen seine Hände einen unsichtbaren Rock glatt. Während des Unterrichts spielen seine Finger in der Luft herum, so als würden sie einen Zopf flechten.

Er ist mir unheimlich.

Eines Tages, in der Pause, als ich ihn wieder einmal so verstohlen von der Seite beobachte, lächelt er mich schüchtern an und winkt mich näher. Er kramt in seiner Tasche und zieht ein Foto heraus. Es zeigt ein Mädchen mit langen, schwarzen Zöpfen in einem geblümten Kleid. Das Mädchen sieht ihm sehr ähnlich.

»Deine Schwester?", frage ich vorsichtig.

Er schüttelt heftig den Kopf.

»Ich«, sagt er und deutet auf das Foto. Stolz schwingt in seiner Stimme, und ich begreife, dass das Foto so etwas wie ein Beweis, eine Rechtfertigung für ihn ist.

»Ich musste so tun, als wäre ich ein Mädchen«, sagt er und wird ganz rot im Gesicht, »damit die Deutschen nicht kontrollieren« – er zeigt auf seine Hose – »da unten ...«
Ich sehe in seinen Augen die Sehnsucht danach, wieder ein Mädchen zu sein.

Heute ist keine Schule, und Roman und Ryszard haben mich auf einen ihrer heimlichen Streifzüge mitgenommen. Roman kennt die ganze Stadt wie seine Hosentasche. Er weiß, wie man auf Straßenbahnen und Lastautos aufspringt, wo man etwas zu essen auftreiben kann, wo die besten Verstecke sind und welche Leute bereit sind, Kindern für eine kleine Hilfeleistung ein paar Złoty zu zahlen.
Seit der Krieg zu Ende ist, herrscht in Krakau ein buntes Chaos. Überall wimmelt es von Menschen. An jeder Straßenecke hat irgendjemand irgendetwas zu verkaufen: Wodka, Knöpfe, frische Pilze aus den umliegenden Wäldern, selbst gestrickte Wollstrümpfe, alte Bücher, Kernseife. Keiner hat Geld, und jeder will welches verdienen. Es gibt nichts, womit nicht gehandelt wird.
Wir haben in einer kleinen Gasse ein verlassenes Schuhgeschäft entdeckt. Die Tür ist vernagelt, doch Roman weiß sofort, dass es im Hof noch ein Fenster geben muss, durch das man in den Hinterraum klettern kann. Die Jungen machen eine Räuberleiter, und ich zwänge mich tapfer als Erste durch das kleine Fenster. Unten in dem Raum ist es dunkel. Eine Erinnerung kriecht in mir hoch, nimmt mir den Atem. Ich schwanke. Ich will nicht springen ...

»Spring endlich!«, zischt Roman. Das ist ein Befehl. Ich zaudere, gebe mir endlich einen Ruck, springe hinunter und lande auf einem Stapel leerer Schuhkartons. Gleich darauf erscheint Ryszards blasses Gesicht in der Fensteröffnung, schließlich Romans Kopf mit den Segelohren.

Es ist still im Raum, wir hören nur unser Keuchen, unseren Atem. Mein Herz klopft sehr laut und sehr schnell.

»Vorwärts!«, treibt Roman uns im Flüsterton an, »mal sehen, was es hier an Schätzen gibt!«

Wir schleichen in den Verkaufsraum. Wenn es nicht so dunkel und so staubig wäre, könnte man denken, er wäre gerade erst verlassen worden. Da steht die große, polierte Kasse auf der Ladentheke, da ist die Reihe von Stühlen und Schuhbänkchen, da sind die ordentlich gestapelten Kartons in den Regalen. In einer Ecke steht eine Leiter. Es riecht nach Leder.

»Los!«, zischt Roman. Wie ein Affe klettert er auf die Leiter und wirft uns die Schuhkartons zu. Ryszard und ich stehen unten, fangen sie auf und begutachten den Inhalt.

Leer. Leer. Leer ...

Packpapier raschelt, türmt sich auf dem Boden, aber kein einziger Schuh ist mehr in den Kartons zu finden. Roman klettert die Leiter wieder herunter, er ist enttäuscht.

»Keine Beute ...«, murmelt er bitter.

Doch dann entdeckt er plötzlich einen Stapel kleinerer Schachteln in dem Regal hinter der Kasse.

Wir durchwühlen alles und sind hellauf begeistert. Wahre Schätze liegen vor uns! Schnürbänder in allen Längen, Stärken und Farben, ein paar Dosen Schuhcreme, sogar zwei Schuhbürsten haben wir gefunden.
»Das lässt sich sehr gut verkaufen«, meint Roman sachlich.
Ryszard nickt begeistert. »Wir werden reich!«
Hastig raffen wir unsere Beute zusammen und verschwinden wieder durch das Fenster.
Ein paar Straßen weiter bauen wir unseren Verkaufsstand auf.
»Schuhbänder zu verkaufen!!! Allerbeste Schuhcreme, 1a Qualität!«
Roman macht den Marktschreier, Ryszard reicht den Kunden die Ware, ich zähle das Geld. Aber nicht alle Leute brauchen Schuhbänder, und einige fragen uns auch, woher wir sie haben. Unsere Preise sind nämlich verdächtig günstig. Wenn es brenzlig wird, zeigt Roman auf Ryszard und mich und fleht: »Die beiden Kleinen werden verhungern, wenn Sie uns nichts abkaufen . . .!«
Vor allem bei Ryszard hat das Erfolg. Die Leute sehen sein blasses, kleines Gesicht, die schwarzen Augen mit den langen Wimpern, und schon kaufen sie etwas.
Nach kurzer Zeit haben wir alles verkauft. Stolz zählen wir gemeinsam unser verdientes Geld.
Es ist eine ganze Menge.
»Genug, um damit nach Amerika zu fahren!«, verkündet Roman. »Lasst uns eine Weltreise machen!«
Ryszard nickt, und auch ich bin einverstanden. Amerika, das klingt gut. Doch dann fällt mir etwas ein.

»Aber wir brauchen Proviant«, gebe ich zu bedenken.
Die Jungen überlegen. Kein Zweifel, das ist wahr. Ohne Proviant können wir nicht reisen.
»Also gut. Dann kaufen wir erst Proviant und reißen danach aus«, beschließt Roman.
Wir gehen in einen der wenigen geöffneten Süßigkeitenläden am Marktplatz und decken uns mit Zuckerstangen, großen rosa Kuchen und weißen Nougatschnitten ein. So etwas haben wir noch nie gegessen. Zu Hause gibt es nämlich allerhöchstens widerlich zähe Gummimarmelade.
Mit leuchtenden Augen sehen wir zu, wie die Verkäuferin alles in eine Tüte packt. Dann geht es ans Zahlen. Roman legt unser Geld auf den Ladentisch. Die Verkäuferin nimmt es, zählt nach und tut es in die Kasse. Sie gibt Roman eine Münze zurück.
»Aber ... wo ist der Rest?«, fragt er.
Die Verkäuferin zuckt die Schultern. »Tut mir Leid, Kinder«, lächelt sie, »es gibt keinen Rest. Ihr habt alles ausgegeben!«
Wir schleichen mit hängenden Köpfen aus dem Laden, zutiefst enttäuscht darüber, dass nun aus dem Ausreißen nichts wird.
Die Zuckerstangen und die rosa Kuchen sind ein gewisser Trost, und davon brauchen wir jetzt eine ganze Menge. Erst als der letzte Krümel vertilgt ist, schleppen wir uns heim. Es kommt uns so vor, als ob wir ein ganzes Pfund Steine im Magen liegen hätten.
»Wo habt ihr euch nur herumgetrieben?«, schimpft meine Mutter, als sie uns so sieht, schmutzig und ver-

klebt. Im nächsten Moment stellt sie uns schon den Eimer hin, weil sie sieht, wie blass wir um die Nasen sind.
Mir wird als Erstes schlecht, dann kommt Ryszard an die Reihe. Nur Roman gewinnt den Kampf mit seinem Magen. Schade um das schöne Geld, mit dem wir die Welt erobern wollten!

In der jüdischen Schule singen wir oft Lieder von Mordechaj Gebirtig. Er ist in Krakau geboren und war ein Tischler und Dichter. Im Ghetto haben ihn die Deutschen auf dem Weg ins Lager erschossen. Seine Lieder sind furchtbar traurig, aber ich liebe sie. Obwohl wir alle weinen müssen, wenn wir singen.
Ein Lied klingt mir immer noch in den Ohren:

Unser Städtchen brennt

Es brennt! Brüder, es brennt!
Oh, unser armes Städtchen, Gott behüte, brennt!
Böse Winde mit Zorn
reißen, brechen und schüren
stärker noch als die wilden Flammen,
alles ringsum schon brennt!

Und ihr steht und schaut umher
mit verschränkten Händen
und ihr steht und schaut umher –
unser Städtchen brennt!

Das Lied berührt irgendetwas in mir, ganz tief. Eigentlich halte ich es in der Schule nur noch aus, weil wir

diese Lieder singen. Sonst bin ich gar nicht wirklich da, obwohl mein Körper natürlich brav in der Bank sitzt, neben dem Jungen, der ein Mädchen ist.
Es gibt ein einziges Mädchen, das ich nett finde und mit dem ich gern ein bisschen Freundschaft schließen würde. Aber das geht nicht, denn sie ist so verrückt wie alle anderen. Sie heißt Janina und hat schöne, lange Haare. Jeden Tag spielt sich nach der Schule das gleiche Drama ab, von dem ich immer eine Gänsehaut bekomme. Es ist wie ein Theaterstück, das sich ständig wiederholt.
Eine blasse, dickliche Frau wartet vor dem Schultor, um Janina abzuholen. Sie geht auf Janina zu, freut sich, will sie umarmen. Aber Janina stößt sie weg. »Ich kenne dich nicht!«, schreit sie. »Geh weg! Lass mich in Ruhe!« Die Frau weint. »Aber ich bin doch deine Mami! Bitte, komm doch zu deiner Mami! Bitte!« Und sie rennt Janina hinterher. »Lass mich! Du bist nicht meine Mutter!«, ruft Janina wütend und läuft schneller. Die Frau packt sie am Ärmel, hält sie fest. Zuletzt weinen beide. »Verzeih mir...«, schluchzt die Frau, »bitte verzeih mir, mein Kind ...«
Eines Tages bin ich mutig genug, Janina in der Pause nach der Frau zu fragen. »Wer ist sie?«, will ich wissen. Janinas Gesicht wird schlagartig düster. »Sie behauptet, meine Mutter zu sein«, sagt sie zornig und ballt die Fäuste, »aber sie lügt! Ich bin auf dem Land aufgewachsen, bei einer polnischen Bauersfamilie. Das sind meine Eltern! Und stell dir vor, nach dem Krieg kommt plötzlich diese fremde Frau daher und behauptet, sie wäre meine Mutter! Ganz schrecklich hat sie ausgese-

hen, sie hatte nicht einmal Haare auf dem Kopf, und sie wollte mich mitnehmen! Ich habe geheult und geschrien, aber meine Eltern haben mich tatsächlich hergegeben. Sie haben mich verkauft. Ja, ich habe mit eigenen Augen gesehen, wie diese Frau ihnen Geld in die Hand gedrückt hat! Deshalb kann ich auch nicht ausreißen, denn ich kann nicht zurück nach Hause. Sie haben mich verkauft!!!«

Janina bricht in ein lautes Schluchzen aus, und ich stehe da wie vom Donner gerührt. Es fällt mir schwer, zu begreifen, dass Eltern ihr eigenes Kind verkaufen können. Jetzt verstehe ich, warum Janina mit der Frau nichts zu tun haben will.

Aber dann muss ich auf einmal an meinen Vater denken. Was, wenn die Frau die Wahrheit sagt? Was, wenn sie tatsächlich Janinas Mutter ist?

Der Gedanke tut weh. Nein, ich will von alledem gar nichts wissen. Hätte ich nur nicht gefragt.

Gut, dass ich Roman und Ryszard habe! Manchmal singen wir lauthals freche Lieder:

Kusine, Rosine,
Silbertaler,
Krieg verlor
der dumme Maler

Kusine, Rosine,
hartes Brot,
hat verloren
und ist tot…

Langsam werden wir eine unzertrennliche kleine Bande. Wann immer es geht, streifen wir gemeinsam durch die Straßen der Stadt und erleben Abenteuer. Kein Erwachsener ahnt, was wir alles anstellen, und das ist gut so, denn meistens ist es etwas Verbotenes. Romans Lieblingsspiel besteht darin, den Leuten Knallfrösche vor die Tür zu werfen und dann ihre erschrockenen Gesichter zu sehen, denn so kurz nach dem Krieg denken sie natürlich jedes Mal, es wäre eine Bombe!
In dieser wilden und verrückten Nachkriegszeit darf ich noch einmal so etwas wie eine richtige Kindheit entdecken. Das habe ich Roman zu verdanken.
Ich bewundere ihn restlos. Er scheint alles über die Welt zu wissen und ist stets gierig darauf, noch mehr zu lernen. Nur von der Schule, da will er nichts wissen. Wenn er nicht schwänzt, bringt er meistens schlechte Noten nach Hause und wird dafür regelmäßig verprügelt. Ich denke jedes Mal, sein Vater schlägt ihn tot. Aber kurz darauf steht er plötzlich neben mir: »Komm, Roma, los! Wir hauen ab! Ich zeig dir was Tolles!«
Eines Tages schleppt er mich in einen Hinterhof und schiebt mich durch eine angelehnte Eisentür in einen kleinen, stockdunklen Raum. Ich halte den Atem an vor Spannung. Nach kurzer Zeit gewöhnen sich meine Augen an das Dunkel, und ich erkenne, dass wir wie im Theater vor einer Bühne sitzen. Als der Vorhang aufgezogen wird, erwarte ich mit Spannung die Schauspieler. Doch statt dessen flackern Lichter über eine weiße Wand, und ich erkenne eine riesige Schrift:

Der weisse Neger

Und plötzlich erscheinen lauter bewegliche Bilder, Menschen rennen über die Wand und reden, ein Auto fährt über die Bühne, sogar ein bellender Hund ist zu sehen. Ich begreife nicht, was los ist, weil alles so schnell geht und so laut ist, aber eins ist klar: Hier geht es mal wieder um Verliebtsein.

Mir wird ganz schwindlig. Benebelt verfolge ich das Geschehen, bis irgendwann auf einmal eine Art Fanfare ertönt, die Bilder schlagartig verschwinden und das große Wort KONIEC, »Ende«, erscheint. Ich reibe mir die Augen, tappe wie betäubt hinter Roman her ins Freie.

»Nun?! Was sagst du?!!!« Sein Gesicht glüht vor Begeisterung, seine kleinen, wachen Augen leuchten.

»Was war das?«, piepse ich, noch ganz erschlagen.

»Das«, verkündet Roman feierlich, »das war Kino!«

Zu meinem siebten Geburtstag bekomme ich Jacek.

Wer weiß, wo meine Mutter ihn herhat! Es gibt ja noch immer keine Spielwarenläden. So lange schon habe ich mir Jacek gewünscht, von meiner Puppe, von einem Baby gesprochen, mir ein altes Stück Stoff zusammengerollt und es in den Armen gewiegt. Und dann ist er auf einmal da! Jacek hat einen weichen Stoffkörper und einen Kopf aus Porzellan. Er ist blond und hat blaue Augen. Er ist das schönste Baby der Welt.

Ich bin sprachlos vor Glück. Behutsam lege ich ihn in einen Puppenwagen, den mir die Nachbarin geschenkt hat, und breite vorsichtig eine rosa Steppdecke darüber. Roman und Ryszard machen sich über mich lustig, aber ich höre nicht auf sie. Ich schleppe den Kinderwagen auf die Straße und schiebe ihn in den Park.

Es ist zwar ein grauer Novembertag und schon ziemlich kühl, aber für mich scheint die Sonne vom Himmel herunter, die Vögel zwitschern, die Blumen blühen, und alles ist schön, denn ich fahre mein Baby spazieren. Glücklich summe ich ein Liedchen, zupfe hin und wieder die Decke zurecht und betrachte Jaceks kleines Gesicht. Er schläft friedlich, die blauen Augen unter den langen, dichten Wimpern fest geschlossen.
Ich setze mich auf eine Parkbank, wie die jungen Mütter es immer tun, und nehme ihn heraus, um ihn zu liebkosen.
Und dann ist da plötzlich ein kleines Mädchen, dünn, hungrig, böse, wie eine Wespe.
»Darf ich deine Puppe mal halten?«
Ich weiß auf einmal, was geschehen wird, sehe alles vor meinem inneren Auge ablaufen. Wie in den beweglichen Bildern, die man Kino nennt.
»Nein.«
Aber das Mädchen schaut mich finster an. »Nur einen Moment!«. Sie zupft mich am Ärmel. Ich schweige und presse Jacek an mich. Sie wird immer wütender, und mein Nein wird immer schwächer. Sie hört einfach nicht auf.
Ich gebe ihn ihr, in seine rosa Decke gewickelt.
»Sei vorsichtig.«
Und dann geschieht es, genau so, wie ich es geahnt habe. Jacek fällt zu Boden, sein Kopf zerspringt in vier Teile, seine leeren blauen Augen klimpern sinnlos, bis sie endlich still stehen. Ich sehe auf einmal das zerschmetterte Baby aus dem Ghetto vor mir, wie es auf dem Pflaster liegt.

Kein Vogel zwitschert mehr, keine Blume blüht, kein Sonnenstrahl dringt durch die dichten, grauen Wolken. Das Mädchen rennt weg. Ich klaube die Scherben zusammen und lege sie in den Kinderwagen. Dann fahre ich langsam heim.

»Mit dem Kind stimmt etwas nicht«, sagt Onkel Szymon eines Tages. Ich sitze mit einem Buch in der Ecke und blicke erstaunt auf.
»Was meinst du, Szymon?«, fragt meine Mutter betroffen.
»Nun ja, schau sie dir doch an, Tosia. Sie kommt mir immer wie eine kleine Erwachsene vor, nicht wie ein Kind.«
Meine Mutter nickt. Das ist wahr. Oft nennen sie mich im Scherz »die kleine Alte«.
»Ich glaube, es liegt an der Schule«, sagt sie. »Die Schule tut ihr nicht gut. Vielleicht sollte ich sie an eine ganz normale Schule geben ...«
Es ist merkwürdig, wie sie über mich sprechen, als ob ich Luft wäre, es wundert mich immer wieder. Aber so sind die Erwachsenen. Sie bestimmen über unser Leben, über Zuwendung und Strafe, über Kleidung, Schule, Essen. Sie bestimmen, was gut und böse, was richtig und falsch ist. Wir werden nie gefragt.
Immer noch sitze ich oft stundenlang mit vollem Mund am Tisch und kann nicht essen.
Roman piekt mich in die volle Backe.
»Au!« Ich muss lachen und spucke dabei den ganzen Spinatbrei aus.
Meine Mutter schimpft, Roman bekommt wieder Prügel.

»Diese Kinder . . .!«, sagen die Erwachsenen kopfschüttelnd und seufzen. Wir sind eine Last für sie.

Roman hat ein Geheimnis.
Eines Abends, als wir allein auf der Treppe im Hausflur sitzen, vertraut er es mir an. »Ich werde mir ein Fahrrad kaufen!«, verkündet er stolz.
Ein Fahrrad? Ich kann es kaum glauben. Fahrräder sind schwer zu bekommen, sie sind furchtbar teuer und überhaupt, ich kenne niemanden, der eins hat.
»Aber ich!«, behauptet Roman. »Morgen Abend treffe ich mich mit ihm im Park, und er gibt mir das Fahrrad! Schau, wie viel ich dafür gespart habe . . .«
Er holt einen schmutzigen kleinen Beutel aus der Hosentasche und lässt mich hineinschauen. Er ist voller Geldstücke. Ich habe noch nie so viel Geld auf einmal gesehen und bin schwer beeindruckt.
»Wo hast du das her?«, frage ich ihn voll Bewunderung.
»Verdient«, entgegnet er lässig und steckt den Beutel wieder ein. »Mein Vater wird Augen machen! Aber wehe, du erzählst jemandem davon! Das ist unser Geheimnis, klar?«
Ich gebe ihm mein dreifaches Ehrenwort, obwohl das gar nicht nötig wäre, denn ich tue immer, was Roman sagt.

Am nächsten Abend verschwindet Roman nach dem Essen, um sein Fahrrad abzuholen. Ich bin ganz aufgeregt, wie es wohl aussehen wird und was die Erwachsenen dazu sagen werden. Sicher wird sein Vater sehr stolz auf ihn sein. Ich warte und warte, aber Roman kommt nicht wieder.

»Wo steckt er bloß, dieser Nichtsnutz?!«, brüllt Onkel Moshe. »Na warte, wenn ich den in die Finger kriege!«
Ich beiße mir auf die Lippen. Ich darf nichts sagen, denke ich, ich darf nichts sagen ...
»Er wird schon kommen«, murmelt meine Mutter und räumt den Esstisch ab.
Aber Roman kommt nicht wieder. Weder an diesem Abend noch am nächsten Tag. Ich kann die ganze Nacht nicht richtig schlafen, weil ich an Roman und sein Fahrrad denke. Wenn es doch nur kein Geheimnis wäre! Was, wenn ihm etwas passiert ist? Aber vielleicht ist er ja auch nur mit dem neuen Fahrrad ausgerissen, nach Amerika, davon träumt er ja schon immer...
Ich schweige eisern.
Die Erwachsenen machen sich inzwischen auch ernsthafte Sorgen. Roman war zwar schon hin und wieder mal verschwunden, aber so lange noch nie.
Sie suchen ihn überall, doch sie finden ihn nirgends.
Eine weitere Nacht vergeht, in der ich richtige Alpträume habe. Wie ein Stein liegt mir das dreifache Ehrenwort auf der Brust. Soll ich es brechen? Meine Angst um Roman wird immer größer.
Schließlich halte ich es nicht mehr aus und erzähle meiner Mutter von dem Fahrrad. »Aber sag Onkel Moshe nichts!«, flehe ich. »Er wird ihn sonst wieder schlagen!«
Doch Onkel Moshe kann ihn diesmal nicht verprügeln, denn Roman ist schwer verletzt, als sie ihn endlich finden. Er hat eine Wunde am Kopf und ist ganz schwach, weil er seit zwei Tagen mehr oder weniger bewusstlos in einem unterirdischen Bunker im Park gelegen hat. Sein Geld ist weg, und ein Fahrrad hat er auch nicht.

»Hast du dein dreifaches Ehrenwort gebrochen?«, flüstert er schwach, als ich ihn endlich im Krankenhaus besuchen darf.
Ich nicke, beschämt.
»Macht nichts«, brummt er und grinst schief, »ich glaube, sonst wäre ich da unten tatsächlich krepiert. Aber wehe, das passiert je wieder!«
Ich gebe Roman mein dreifaches Ehrenwort, dass ich mein dreifaches Ehrenwort nie wieder brechen werde.

Das Reden über die Grausamkeiten hat aufgehört, und die Wohnung ist auf einmal ganz leer. Einer nach dem anderen hat uns verlassen und ein neues Leben begonnen. Onkel Szymon ist mit seiner schwangeren Frau nach Australien ausgewandert. Die Familie Horowitz hat eine eigene Wohnung gefunden. Ich vermisse den kleinen Ryszard, aber zum Glück habe ich ja noch Roman.
Der sitzt seit neuestem nachts immer in der Küche und übt mit einem Stück Seil Knoten machen. Er ist nämlich jetzt bei den Pfadfindern, da muss man so etwas können. »Wer alle Knoten kann, bekommt ein Abzeichen«, erklärt er mir.
Es gibt vierundzwanzig Abzeichen bei den Pfadfindern, und Roman hat sie alle, bis auf das letzte. Er wird es schaffen, da bin ich ganz sicher. Wenn er sich etwas vorgenommen hat, schafft er es auch.
Eines Tages wird er es auch schaffen, nach Amerika zu kommen. Das haben Ryszard und er sich beim Abschied geschworen. Was die Jungen nur haben! Immer wollen sie nach Amerika.

5

Wir fahren in die Ferien, als wären wir eine ganz normale Familie. Eines Tages eröffnet mir mein Vater lächelnd: »Wir fahren nach Zakopane. Das ist ein kleiner Ort in den Bergen, in der Nähe von Krakau. Wir wollen uns dort ein paar Tage erholen. Stell dir vor, wir werden eine richtige Reise machen, und Roman darf auch mitkommen!«
Begeistert falle ich ihm um den Hals. Ich laufe gleich, um es Roman zu erzählen.

Es ist Frühling, und Zakopane ist der schönste Ort der Welt. Auf den Wiesen blühen die Blumen, es gibt einen silbernen, sprudelnden Gebirgsbach, schattige Wälder, zwitschernde Vögel, sogar ein echtes wildes Kaninchen mit langen Ohren habe ich dort gesehen. Ich wusste bisher gar nicht, dass es etwas so Schönes gibt wie die Natur! Jetzt fühle ich zum ersten Mal die feuchte Wärme der Erde, rieche den Duft der kleinen blauen Veilchen, spüre das helle Rauschen des Windes in den Blättern, die ganze Fülle der Sonnenwärme in meinem Körper. Die Natur schenkt mir ein grenzenloses Gefühl der Geborgenheit und der Freiheit zugleich.

Der einzige Urlaub mit den Eltern (1946).

Wir wohnen in einer kleinen Pension, in der es jeden Morgen zum Frühstück frische Brötchen und selbst gemachte Erdbeermarmelade gibt. Nachts schlafen wir unter dicken, weichen, sauberen Federbetten.

Ich habe Hunger und esse mich satt. Ich schlafe tief und lange, ohne nachts von Alpträumen geplagt zu werden. Ich fühle mich frei und unbeschwert, ich bin glücklich.

Auch meine Eltern und Roman sind glücklich. Mein Vater und meine Mutter kommen mir vor wie die Leute auf den Bildern im Kino. Sie kichern und halten Händchen und küssen sich, als hätten sie sich gerade ineinander verliebt. Immer wieder sagt mein Vater mit weicher Stimme: »Schau nur, wie schön sie ist, mit ihrem Himbeermund!«, und deutet auf meine Mutter, die lachend im Gras sitzt und ihr Gesicht in die Sonne hält. Ich nicke, was soll ich auch sagen? Es ist schön, die Eltern so glücklich zu sehen, aber die beiden kommen mir vor wie alberne Kinder.

Roman findet das auch. Wir bauen zusammen Staudämme an dem kleinen Bach und lassen Rindenschiffchen fahren. Mein Vater hilft uns manchmal dabei. Oft hebt er mich hoch und trägt mich auf seinen Schultern durch die Landschaft. Dabei singen wir Lieder, fröhliche Kinderlieder, nicht solche wie in der Schule. Roman pfeift dazu, und er versucht, auch mir das Pfeifen bei-

zubringen. Eine Zeit lang laufe ich nur mit gespitztem Mund herum und übe ununterbrochen, dann schaffe ich es endlich, einen dünnen Pfeifton herauszubringen. Alle klatschen, und ich bin furchtbar stolz.
Es kommt mir in diesen Tagen vor, als ob die Welt nur noch aus Sonnenschein bestünde und alle dunklen Schatten sich aufgelöst hätten.

Doch dann passiert das Schreckliche.
Wir haben eine herrliche Wanderung gemacht, und machen uns, verschwitzt und hungrig, auf den Heimweg in unsere Pension.
Schon von weitem entdecke ich die beiden: zwei Männer mit Aktentaschen und Regenmänteln. Sie haben Hüte auf, obwohl die Sonne heiß vom Himmel brennt, und ihre Gesichter sind regungslos, wie Soldatengesichter. Ich weiß sofort, es sind Polizisten und sie bedeuten Gefahr.
»Hoffentlich hast du keinen Sonnenstich«, sagt meine Mutter besorgt, »du siehst plötzlich so blass aus, Kind!«
Einer der Männer macht einen Schritt auf uns zu. »David Liebling?«, fragt er barsch.
Mein Vater nickt. Ich spüre wieder die eisige Kälte, die Angst, die aus der zitternden Hand meiner Mutter in mich hineinfließt. So eisig wie nie zuvor. Die Hitze, und ihre kalte Hand. Die unbewegten Gesichter der Polizisten. Neben mir atmet Roman heftig. Auch er hat Angst.
»Sie sind verhaftet«, sagt der Mann im Regenmantel. »Sie kommen mit uns.«
Mein Vater schweigt, senkt den Kopf, denkt nach. Soll er tun, was sie von ihm verlangen? Soll er sich wider-

standslos abführen lassen? Soll er kämpfen? Bange Sekunden vergehen. Dann fällt sein Blick auf mich, und er lächelt ein wenig.

»Hab keine Angst, Töchterchen«, sagt er, »ich bin bald wieder da. Sicher ist es nur eine Verwechslung. Und du, Tosia ...« Er blickt meiner Mutter fest in die Augen. »Sorge dich nicht um mich.«

Schon steigen sie in das schwarze Auto, das vor der Pension geparkt ist, und fahren los. Wir starren wortlos hinterher. Die kleine Staubwolke, die der Wagen aufgewirbelt hat, hängt noch eine Weile in der Luft. Dann löst sie sich auf.

Wie leer die Wohnung auf einmal ist.

Wenn ich aus der Schule nach Hause komme, ist meine Mutter oft noch in Hut und Mantel, gerade rechtzeitig zurückgekommen, um mich in Empfang zu nehmen. Ich kann nämlich nicht alleine sein, und Roman macht seine üblichen Streifzüge. Meine Mutter forscht Tag und Nacht nach dem Verbleib meines Vaters. Wir haben nämlich bis jetzt noch nicht herausbekommen, wo er ist, obwohl wir nun schon seit ein paar Wochen wieder in Krakau sind. Zakopane haben wir nach diesem schrecklichen Tag sofort verlassen, und meine Mutter hat alles in Bewegung gesetzt, um meinen Vater zu finden, aber er ist und bleibt verschwunden.

»Warum haben sie ihn nur verhaftet?«, schluchzt sie wieder und wieder. Seit mein Vater weg ist, ist sie völlig zusammengebrochen. Ich verstehe das nicht. Sie müsste doch eigentlich wissen, dass man jederzeit verhaftet werden kann!

Ständig läuft sie zur Post und telefoniert. Schließlich findet sie endlich heraus, wo er ist.
In Montelupich.
Bei der Erwähnung des Wortes zucke ich erschrocken zusammen. Montelupich, das hat der Polizist damals gesagt. Montelupich ist der schlimmste Ort der Welt für mich. Montelupich bedeutet den sicheren Tod ...
Meine Mutter seufzt und wischt sich entschlossen die Tränen aus den Augen.
»Etwas Genaues habe ich nicht erfahren können«, erklärt sie mir, »sie behaupten anscheinend, er wäre ein Verräter. Aber das ist ja jeder heutzutage. Gerade die Leute, die im Widerstand waren und ihr Leben aufs Spiel gesetzt haben, werden jetzt verfolgt! Wahrscheinlich sitzt der arme Dudek auch in Montelupich ... ich muss unbedingt jemand finden, der nimmt!«
»Jemand, der nimmt«, das weiß ich schon, ist ein Mensch, den man mit Schmuck oder Geld dazu bringen kann, dass er einem hilft. Nun läuft meine Mutter von Behörde zu Behörde und versucht herauszufinden, wer für meinen Vater zuständig ist. Ich weiß nicht, ob sie Erfolg hat, mein Vater ist jedenfalls immer noch nicht zurück. Oft nimmt sie mich mit zu einem alten Mann, der Anwalt ist. Dann reden sie ganz lang darüber, wie man meinen Vater aus dem Gefängnis freibekommen könnte, und gehen schließlich ratlos auseinander.
Im September, zum jüdischen Neujahrsfest, schafft mein Vater es endlich, uns eine Botschaft zukommen zu lassen. Es ist ein kleines Stück Pappe, auf dem steht:

Meiner geliebten Frau und Rominka alles Gute zum neuen Jahr

Ich besitze es noch heute.

Meine Mutter muss jetzt ganz allein für uns sorgen, denn das bisschen Geld, das wir haben, reicht hinten und vorne nicht. »Wenn David nicht bald zurückkommt, muss ich mir eine Arbeit suchen!«, sagt sie besorgt. Sie hat ganz viele Falten auf der Stirn bekommen in der letzten Zeit.

Aber dann geschieht, woran keiner von uns mehr glauben konnte. Mein Vater kommt nach Hause! Sie haben ihn freigelassen, weil er in Montelupich sehr, sehr krank geworden ist. Seine Haare sind noch grauer geworden, er hatte einen Schlaganfall. Eine Weile lag er danach im Gefängniskrankenhaus, aber schließlich haben sie ihn nach Hause geschickt. Vielleicht hatte meine Mutter auch endlich jemanden gefunden, »der nimmt«?

Meine Mutter, die sich ja in medizinischen Sachen auskennt, ist außer sich wegen des Schlaganfalls. »So etwas kommt doch nur bei alten Leuten vor, nicht bei einem neununddreißigjährigen Mann!«, ruft sie entsetzt.

Ich wundere mich nicht, dass er einen Schlaganfall hatte. Sie haben ihn sicher geschlagen, in Montelupich. Jetzt liegt er im Bett, er ist gelähmt und kann sich nicht rühren. Auch sprechen kann er kaum noch. Nur seine schwarzen Augen sind so lebendig wie immer, und sie verfolgen alles, was geschieht.

In dieser Zeit bin ich meinem Vater so nah wie nie zuvor, ja, eigentlich lerne ich ihn jetzt erst richtig kennen. Wenn ich von der Schule nach Hause komme, laufe ich schnell ins Schlafzimmer und setze mich zu ihm auf die Bettkante. Ich pfeife ihm etwas vor, oder ich erzähle ihm von den verrückten Dingen, die ich in der jüdischen Schule erlebe. Ich sage ihm Gedichte auf und spiele Theater für ihn. Er hört mir zu, so wie die *Babcia*, die auch immer im Bett gelegen hat. Leute, die im Bett liegen, haben viel Zeit.

Auch ich habe Zeit, und ich habe eine Menge Geduld. Meine Mutter bekommt immer ganz rote Augen, wenn er nur so stumm daliegt, sie ist mit den Nerven fertig. Aber mir macht es nichts aus, zu sehen, wie schwach er ist. Im Gegenteil.

Auf einmal bin ich die Große, und er ist das Kind. Das ist seltsam, aber es ist auch schön. Ich bringe ihm das Sprechen wieder bei. Er zeigt auf einen Gegenstand, und ich sage ihm langsam und deutlich den Namen. Dann spricht er mir das Wort mühsam nach. Er muss sich an alles wieder erinnern, an seinen eigenen Namen, an uns. Alles ist neu für ihn.

»Du bist David Liebling«, sage ich laut und nehme seine Hand. »Und ich« – ich zeige auf meine Brust – »ich bin deine Tochter Roma ... und das da ist deine Frau, meine Mama, sie heißt Tosia ...«

»Tosia!«, flüstert er undeutlich, und so etwas Helles blitzt in seinen Augen auf, als ob ihm plötzlich alles wieder eingefallen ist.

Ich sehe, wie schwer ihm das Lernen fällt und dass er weiß, was mit seinem Gehirn passiert ist. Meine Mutter hat es mir erklärt, aber ich habe nicht alles verstanden, außer, dass etwas im Kopf geplatzt ist und er deshalb nicht mehr richtig denken kann. Ich sehe, wie er kämpft, um sich das Denken neu beizubringen, und wir strahlen beide vor Stolz um die Wette, wenn er es schafft, ein neues Wort zu lernen. Er fängt auch schon an zu schreiben. Ich zeige es ihm: MAMA schreibt er, PAPA, ROMA ...

Jetzt, wo mein Vater schwach ist und mich braucht und wo er nicht mehr der starke Held ist, der mich hoch oben auf seinen Schultern trägt, jetzt liebe ich ihn am allermeisten.

An einem grauen Novembermorgen stirbt mein Vater, sechs Tage vor meinem achten Geburtstag.

Ich weiß es noch wie heute.

Draußen regnet es in Strömen, und ich bin völlig durchnässt, als ich von der Schule nach Hause komme. Schon als ich an der Haustür klingele, habe ich ein seltsames Gefühl im Bauch. Ich laufe schnell die Treppen hinauf, stürme tropfnass in die Wohnung. Meine Mutter, die sonst immer schimpft, wenn ich die nassen Schuhe nicht gleich ausziehe, sitzt in der Küche auf einem niedrigen Schemel. Vor ihr liegt eine kleine Schachtel. Sie schaut mich so merkwürdig an.

»Wir haben keinen Vater mehr«, flüstert sie heiser.

Ich starre sie entsetzt an, laufe ins Schlafzimmer. Das Bett ist leer, er ist fort.

»Wo ist Papa? Was ist passiert?!«

»Du weißt ja, er hatte hohes Fieber in den letzten Tagen«, sagt sie langsam. Ihre Stimme klingt ganz hohl und brü-

chig. »Heute Morgen musste er deshalb ganz schnell ins Krankenhaus. Aber es war schon zu spät, die Ärzte konnten ihn nicht mehr retten. Sein Herz hatte sich entzündet, war schwach, denn er ist viel krank gewesen im Lager ... und es gab keine Medizin, die ihn hätte heilen können ...«
Ich öffne vorsichtig die Schachtel. Ein Rasierpinsel liegt darin, ein Rasiermesser, eine Uhr mit abgewetztem Armband und der schöne, blaue Füller, mit dem er gerade noch ROMA geschrieben hatte ...
Das ist alles, was von meinem Vater übrig geblieben ist. Später hat meine Mutter immer gesagt, dass man einige Wochen darauf Penicillin auf dem Schwarzmarkt kaufen konnte. Das wäre seine Rettung gewesen.

Sieben Tage lang sitzt meine Mutter auf dem Schemel in der Küche und trauert um meinen Vater. Die Spiegel in der Wohnung werden verhängt. Es ist, als ob das Leben auf einmal zum Stillstand gekommen wäre.
Ich schleiche auf Zehenspitzen durch die Wohnung, bringe ihr das Essen, koche Tee, sitze in der Ecke, mache mich unsichtbar.
Dann legt meine Mutter den schwarzen Schleier an, den sie von nun an ein Jahr lang tragen wird, und wir leben weiter.

Es gibt vieles, was ich erst hinterher über meinen Vater erfahren habe, manches sogar erst heute. Inzwischen weiß ich, dass er während des Krieges heimlich für die jüdische Widerstandsgruppe in Krakau gearbeitet hat. Er gehörte zu jener kleinen Gruppe junger Idealisten, die damals Flugblätter verteilten, Schienen demontier-

ten, Baracken und Lastwagen in die Luft sprengten und schließlich im Cafe Cyganeria am Marktplatz eine Bombe legten.
Während er in Płaszów war, hatte er sich freiwillig zu einem Bautrupp gemeldet und durfte daher tagsüber das Lager verlassen. Da zahlten sich seine »Beziehungen« aus der wilden Jugendzeit endlich aus; über seine Kontakte zur Unterwelt, die er als Junge in den Straßen der Stadt geknüpft hatte, besorgte er den Widerstandskämpfern Schießpulver und Munition.
Ein- oder zweimal glaubte meine Mutter damals bei Kierniks, ihn vom Fenster aus in einem Bautrupp bei Straßenarbeiten entdeckt zu haben. Aber vielleicht hatte sie sich das auch nur eingebildet.
Wie gerne hätte ich mehr Zeit mit meinem Vater verbracht.

Seit mein Vater tot ist, sind meine Mutter und ich aufeinander angewiesen. Ich tröste sie, wenn sie nachts weint. Sie nimmt mich in den Arm, wenn ich niedergeschlagen aus der jüdischen Schule komme. Ich schlafe nur ein, wenn sie meine Hand hält. Sie sorgt für mich, und ich sorge für sie. Ich fühle, was sie fühlt. Wir sind fast wie ein Wesen mit zwei Köpfen, einem großen und einem kleinen.
Aber die Verantwortung für sie erdrückt mich manchmal. Dann wünschte ich, mein Vater wäre da und würde mir die Last abnehmen. Ich vermisse ihn oft, aber längst nicht so sehr wie meine Mutter. Sie isst nicht, sie schläft nicht, sie weint nicht einmal, sie liegt nur so da, stumm und regungslos. Ich mache

mir Sorgen um sie. Fast haben die Rollen sich umgekehrt.
»Du musst etwas essen!«, sage ich streng und bringe ihr einen Tee und einen Zwieback ans Bett.
»Schlaf jetzt!«, flüstere ich und decke sie zu.
Wie ein kleines Kind braucht sie meine Hilfe.
Wir sind aufeinander angewiesen, seit mein Vater tot ist. Ohne einander können wir nicht leben.

Nach und nach versucht meine Mutter, den Alltag auch ohne meinen Vater zu organisieren. Als Erstes entschließt sie sich, beim Amt einen Antrag zu stellen, damit sie den Namen Ligocka behalten kann. Den Namen Liebling will sie für immer vergessen. Vielleicht denkt sie auch, es wäre besser für mich?
Aber ich will meinen alten Namen gar nicht mehr hören. Er ist damals im Ghetto in der Tiefe meiner Erinnerung versunken. So oft habe ich das Sprüchlein mit dem neuen Namen aufsagen müssen, dass ich es schließlich selber geglaubt habe. Ich kann den Namen Liebling nicht mehr über die Lippen bringen, selbst wenn ich es wollte.
Danach kümmert sich meine Mutter um Geld. Sie bekommt Arbeit im Büro, bei der ehemaligen Firma meines Vaters, die jetzt von einem Freund weitergeführt wird. Dann macht sie sich auf die aussichtslose Suche nach einer kleineren Wohnung, weil wir unsere größere nicht mehr behalten dürfen.
Sie hofft auch, wie viele andere, noch etwas von ihrem Erbe bekommen zu können. Ihr Elternhaus wurde von den Deutschen enteignet und danach von den Kommu-

nisten beschlagnahmt. Wieder einmal läuft sie von Behörde zu Behörde.
»Wir werden es schon schaffen!«, sagt sie tapfer zu mir, und ich bin froh, dass sie nicht mehr so viel weint.

Es ist wieder Frühling geworden, und wir fahren mit der Droschke in die Warszawska, die Straße, in der das Haus liegt. Ich bin ganz aufgeregt und freue mich. Jedes Wort, das meine Mutter mir von dem Leben im Großelternhaus erzählt hat, klingt mir noch in den Ohren. Ich werde den herrlichen Garten mit den Obstbäumen und Sträuchern erkunden, im Pavillon in der Sonne sitzen, so wie Tosia damals, als sie meinen Vater kennen lernte. Ich werde im Haus auf Zehenspitzen durch den Salon mit den dicken Teppichen schleichen, in die blau gekachelte Küche, in der es nach Rosinenbrötchen und gebratenem Truthahn riecht. Im Schlafzimmer werde ich mich in das weiße Bett mit den geschnitzten Lilien sinken lassen, die spitzenbesetzte Bettwäsche mit den gestickten Monogrammen bewundern. Die Spieldose mit den Porzellantänzern im Zimmer meiner Mutter, die werde ich mitnehmen, wenn sie noch da ist …
Aber es ist nichts mehr da. Keine Obstbäume, kein Pavillon, kein Garten. Stattdessen ist da ein ungepflegter Friedhof mit Grabsteinen. Mittendrin steht ein heruntergekommenes, altes Holzhaus. Die geschnitzte Balkonbrüstung ist halb abgerissen, Wäsche hängt aus den offenen Fenstern.
Das muss ein Irrtum sein! Ich blicke mich um, sehe hoch zu meiner Mutter. Ihr Gesicht ist wie aus grauem Stein. Langsam begreife ich, dass es kein Irrtum war. Seit

Kriegsbeginn ist meine Mutter nicht mehr hierher gekommen, hat ihr Elternhaus nicht mehr gesehen. Dies Haus hier ist tatsächlich ihr Elternhaus! Eine halbe Ruine auf einem Friedhof. Die ganze Gegend ist ein Friedhof geworden. Der kleine Friedhof in der Nähe wurde erweitert und erweitert, bis er auch den Garten meines Großvaters erreicht hatte. So viele Gräber brauchte man für die Toten.

Wir versuchen gar nicht erst, in das Haus hineinzugehen. Es ist voller fremder Leute. Meine Mutter nimmt mich an der Hand, und wir gehen nach Hause. Nie wieder sind wir zusammen hierher gekommen.

»Ich kann doch nicht auf einem Friedhof wohnen«, sagt sie müde.

Übrigens hat sie auch nie einen Złoty Entschädigung für ihr Elternhaus erhalten.

Die Spaziergänge mit meiner Mutter gleichen einer Geisterbeschwörung. »Guck mal«, pflegt sie zu sagen, wenn wir in der Stadt unterwegs sind, »guck mal, hier war dieser und hier jener Laden, hier gab es feine Stoffe, dort gab es die elegantesten Hüte, in diesem Haus war ein Juwelier, hier kaufte ›man‹ Schmuck, dort kaufte ›man‹ Wäsche . . .«

Ich deute auf ein leeres Schaufenster, auf dem noch die alte, abgeblätterte Schrift zu erkennen ist. »Und da«, frage ich, »war da nicht auch ein Juwelier?«

»Ja«, antwortet sie, »aber da kaufte ›man‹ nicht.«

Jetzt gibt es fast gar nichts mehr. Keine Stoffe, keinen Juwelier, keine Hüte. Einmal gehen wir an einem Schaufenster vorbei und schauen hinein. Der Laden ist mit

wunderschönen blauweißen Kacheln gefliest. Er ist leer.
»Schau, was für schöne Kacheln!«, sage ich. Und sie seufzt sehnsüchtig. »Früher gab es da noch Fleisch«, murmelt sie. »Das war der beste Metzger in der Stadt! Die Leberpasteten hättest du sehen sollen, allein beim Gedanken daran läuft mir das Wasser im Mund zusammen!«
Nach und nach erfahre ich immer mehr über das Leben früher. Wie leicht und schön es damals gewesen sein muss, wie bunt, wie elegant! Ich sehne mich nach diesem Leben, und meine Mutter sehnt sich danach, aber von ihren Gefühlen spricht sie nicht, diese Zeit ist für immer vorbei. Jetzt ist alles grau geworden. Die Menschen geben sich zwar gewaltige Mühe, wieder ein normales Leben zu führen, auch wir. Aber alle sind arm. Es gibt fast nichts zu kaufen, nur der Schwarzmarkt blüht. Und nach wie vor ist die Stadt zum Brechen überfüllt, es wimmelt geradezu von Intellektuellen, Künstlern, Journalisten, Professoren und Literaten, die aus Krakau stammen oder hier eine neue Heimat finden wollen.
Immerhin sind die Kaffeehäuser wieder geöffnet, die Straßenbahn fährt wie eh und je um den Marktplatz herum, Zeitschriften erscheinen, im Theater wird wieder gespielt. Manuela und ihre Freunde stehen jetzt manchmal auf der Bühne, und meine Mutter und ich gehen dann natürlich zur Premiere, um sie zu bewundern. Das ist das Schönste für mich, ich klatsche, bis mir die Hände wehtun, und darf Manuela danach sogar in der Garderobe besuchen.

Wer es sich leisten kann, geht am Sonntag nach der Kirche und dem Spaziergang sogar wieder in die Konditorei. Das ist in Krakau nämlich Tradition. Es gibt da Napoleonki, eine Art Sahnetorte mit Himbeersaft, und die berühmten Cremeschnitten.

Auch wir gehen jetzt Sonntags immer spazieren, in der Allee, die um die Altstadt führt. Das ist wie der Salon der Stadt. Dort flaniert man auf und ab und begrüßt einander höflich, wie eh und je. Kleine Päckchen mit Kuchen baumeln an den Mantelknöpfen der Männer; denn nach dem Spaziergang wird Tee getrunken und Kuchen gegessen. Das ist so üblich und darauf besteht meine Mutter.

Sie hat sich vorgenommen, mir Benehmen beizubringen. »Wenn wir schon kein Geld haben, musst du wenigstens Manieren haben!«, erklärt sie. Sie zeigt mir, wie man sich bei Tisch benimmt, wie man einen Knicks macht und ähnliche Dinge, die ich für ziemlich überflüssig halte. Wenn ich frage, warum das so ist, sagt sie, ohne Widerspruch zu dulden: »Das war bei uns zu Hause immer so.«

Deshalb muss ich nun am Sonntag immer weiße Strümpfe, hohe Schuhe, Schleifen im Haar und Handschuhe tragen. Ich komme mir dabei ziemlich steif und albern vor, aber da ist meine Mutter eisern. Roman lacht mich jedes Mal aus. »Tante Tosia, warum ziehst du Roma wie einen Idioten an?«, fragt er, und ich versinke vor Scham fast in den Boden. »So geht ›man‹ nun mal in die Stadt«, antwortet sie knapp und presst die Lippen aufeinander.

Auch Roman bleiben die Benimmregeln meiner Mutter nicht erspart, aber sie rinnen an ihm ab wie Wassertropfen auf einem Regenschirm. Er führt nun mal sein eigenes Leben, wohnt zum Teil bei uns, zum Teil bei seinem prügelnden Vater. Der hat uns gerade mitgeteilt, dass er wieder heiraten will. In einem Tanzlokal auf dem Land, in einem kleinen Ort namens Polanica, hat er eine Blondine kennen gelernt.
Einmal hat er sie mit zu uns gebracht. Ich sehe sofort, dass ihre blonden Haare gefärbt sind. Sie hat ein schrilles Lachen und möchte unbedingt, dass er sich taufen lässt.
»Ich heirate keinen Juden!«, verkündet sie kichernd und lässt den Blick herausfordernd in die Runde schweifen.
»Moshe hat mir zuliebe seinen Namen geändert. Er heißt jetzt Ryszard, Ryszard Polanski, nach dem Ort, in dem wir uns kennen gelernt haben ...«
Alle schweigen. Onkel Moshe-Ryszard schwitzt und wischt sich mit einem Taschentuch die rote Stirn.
Dann erklärt er uns umständlich, was seine Pläne sind und wann die Hochzeit sein soll. »Der Junge darf nach der Hochzeit zu uns ziehen«, sagt er. Roman beißt sich auf die Lippen. Die Blondine grinst die ganze Zeit, während er uns das erzählt.
Der arme Roman!
Wenn Onkel Ryszard wüsste, wie schlecht er in der Schule ist, würde er vielleicht nicht so ruhig dasitzen. Aber Roman hat behauptet, er hätte sein Zeugnis verloren. Ich habe dem Onkel stattdessen meins gezeigt, um ihn abzulenken.

»Eine Eins in Betragen?«, fragt Onkel Ryszard und hebt anerkennend die Augenbrauen. »Daran solltest du dir mal ein Beispiel nehmen, Junge!«
Roman senkt den Kopf, als würde er sich schämen. Er ist wirklich ein sehr guter Schauspieler.
»Dafür hat sie eine Fünf in jiddischer Sprache«, seufzt meine Mutter. »So beispielhaft finde ich das nicht gerade!«
»Aber wer braucht denn noch so was, heutzutage!«, kichert die Blondine, und Onkel Ryszard muss sich wieder die Stirn wischen.
Ich finde, da hat sie ausnahmsweise einmal Recht. »Auf dieser jüdischen Schule ist es ganz schrecklich«, sage ich leise.
Nachdem Onkel Ryszard und seine kichernde Blondine endlich gegangen sind, nimmt meine Mutter mich auf den Schoß.
»Ich habe eine Überraschung für dich, Roma!«, verkündet sie. »Wenn wir zurückkommen, ziehen wir in eine neue Wohnung, und du darfst in eine andere Schule gehen!«
Ich freue mich unbändig und bestürme sie mit Fragen.
Wo wird die neue Wohnung sein? Wie sieht sie aus? Wird dort genug Platz sein, damit ich endlich einen eigenen Hund haben darf? Und was ist mit Roman? Wie ist meine neue Schule? Ist es eine jüdische Schule? Und überhaupt – was heißt »zurückkommen«? Fahren wir denn weg? Vielleicht wieder nach Zakopane?
»Nein«, sagt meine Mutter. »Wir fahren nicht nach Zakopane, sondern viel weiter weg, mit der Eisenbahn,

bis an die tschechische Grenze. Nach Oberschlesien, ins Riesengebirge. Dort werden wir eine Woche Ferien machen, in einem richtigen Hotel!«
Ich springe von ihrem Schoß und beginne sofort, meinen Koffer zu packen.

Ein paar Wochen später sitzen wir in der Eisenbahn und fahren in die Ferien. Ich bin sehr aufgeregt, schließlich ist es das erste Mal, dass ich in einer Eisenbahn sitze. Allerdings sitze ich nicht, sondern ich laufe herum. Ich hopse durch den Gang und schaue, was für Leute in den Abteilen sitzen, und recke den Hals, um aus dem Fenster sehen zu können. Der Zug rattert und schnauft und pfeift und macht einen höllischen Lärm. Draußen fliegt die Landschaft vorbei, mal hügelig, mal flach, die Bäume und die Wiesen sind von einem satten Grün, der Himmel ist wolkenlos blau, es ist Sommer.
»Mama! Schau nur!« Ich zupfe sie am Ärmel, muss ihr zeigen, was ich alles sehe, das rote Auto auf der Straße, die Pferde, das alte, verfallene Schloss ...
Sie hat die Augen geschlossen, stöhnt, dreht sich weg. Ich merke, dass sie auf einmal ganz feuchte Hände hat, dass kalter Schweiß ihr Gesicht bedeckt. Hat sie Angst? Ist sie krank?
Mir fällt ein, dass sie damals, auf dem Bahnhof, auch krank geworden ist. Als wir nach Warschau fahren wollten. Vielleicht tun Zugfahrten ihr nicht gut?
»Mama! Was ist mit dir?«
»Es ist schon gut, Roma ... lass mich ...«
Sie zittert. Ich höre, wie ihre Zähne klappern. Sie friert ganz fürchterlich. Ich decke sie mit ihrem Mantel zu

und setze mich neben sie, um sie zu bewachen. Endlich schläft sie ein. Die alte Frau, die neben uns sitzt, betrachtet uns misstrauisch.
»Die ist ja krank! Da kann man sich anstecken!«, sagt sie plötzlich empört, nimmt ihren Koffer und geht. Ich bin froh, denn so haben wir mehr Platz in dem überfüllten Abteil.
Sie ist also wirklich krank, denke ich. Ich mache mir Sorgen, aber was soll ich tun? Ich kenne ja niemanden, der mir helfen könnte. Ich warte. Stundenlang sitze ich so da und warte, während meine Mutter schläft und die Landschaft vor dem Fenster vorbeifliegt. Langsam wird es immer hügeliger, dann kommen wir ins Gebirge. Die Lokomotive pfeift und schnauft.
Der Zug hält vor einem kleinen weißen Bahnhofsgebäude mit bunten Blumenkästen.
Ich rüttele meine Mutter wach. »Mama, wach auf ... ich glaube, wir sind da!« Sie wirft einen Blick aus dem Fenster, schwankt, folgt mir dann benommen. Der Schaffner reicht uns die Koffer hinterher.

Ich weiß nicht mehr, wie wir ins Hotel gekommen sind. Es ist ein dunkler, alter, bedrohlich wirkender Kasten. Man hat uns durch endlose, muffige Flure in unser Zimmer geführt. Es hat ein großes Fenster mit schweren grünen Samtvorhängen, aus dem man den dichten, dunklen Tannenwald sehen kann. Unter dem Fenster steht ein Tisch mit grüner Plüschdecke und Fransen. Ich mag dieses dunkle Zimmer nicht. Ich mag das Hotel nicht. Die Leute sind nicht freundlich hier. Sie mögen keine Juden, glaube ich. Sie sprechen Deutsch miteinander.

Jetzt liegt meine Mutter in dem riesigen, dunklen Holzbett, das wie ein Sarg aussieht. Sie hat Schmerzen und Fieber, murmelt wirre Sätze vor sich hin. Ich gebe ihr kleine Schlucke Wasser zu trinken und kühle ihre heiße Stirn mit einem feuchten Handtuch, so wie sie es mit mir immer macht, wenn ich Fieber habe. Zum Glück gibt es ein Waschbecken im Zimmer. Dann will ich ihr etwas von unserem Reiseproviant geben, aber sie schaut das Essen noch nicht einmal an. Auf einmal habe ich das Gefühl, wir sind ganz allein auf der Welt. Ich bin so hilflos ...
Schließlich ziehe ich mich aus, rolle mich neben ihr zusammen und schlafe ein.
Jemand schüttelt mich, reißt mich aus dem Traum.
Die Deutschen?!
Das Licht wird angeknipst, ich reibe mir die Augen. Meine Mutter beugt sich über mich, sie hat mich geweckt. Ihr Gesicht ist rot und verquollen, sie keucht ganz merkwürdig. Ich starre sie an. Sie macht mir Angst!
»Hol einen Arzt«, krächzt sie, »ich sterbe ...«

Ich renne, so schnell mich meine Beine tragen.
»Sie stirbt!«, schreit es in meinem Kopf, »sie stirbt!«
Ich habe mein Nachthemd an und meine Pantoffeln, laufe in den dunklen Wald hinein.
Wohin soll ich laufen? Wo finde ich Hilfe?
Meine Mutter hat mir nicht mehr geantwortet, als ich sie fragte, wie ich das denn machen soll, einen Arzt holen. Sie hat nur ihre Hände gehoben und sie fallen gelassen. Im Hotel habe ich niemanden gefunden. Das Licht

brannte, aber niemand war da. Da bin ich hinaus in den Wald gelaufen. Ich weiß ja, ich muss mich beeilen, ich kann nicht warten, bis jemand kommt, ich muss, ich muss …

»Sie stirbt!«

Ich keuche jetzt so laut, dass ich das wilde Klopfen meines Herzens nicht mehr hören kann. Ich renne ganz schnell, damit ich die schwarzen Schatten hinter den dunklen Tannen nicht sehen muss. Sie verfolgen mich, die Stimme in meinem Kopf schreit immer lauter, ich habe Angst, Angst, Angst …

Ich komme zu einer Kreuzung, der eine Waldweg führt nach rechts, der Weg, auf dem ich gekommen bin, geradeaus. Oder war es andersrum? Auf welchem Weg bin ich gekommen? Und wohin soll ich weiterlaufen? Ich habe mich verirrt.

Mitten im dunklen Wald stehe ich ganz allein, in meinem dünnen Nachthemd, und für einen Augenblick glaube ich zu sterben vor Angst und Kälte.

Aber ich sterbe nicht, die Stimme hält mich am Leben. »Sie stirbt!«, schreit sie. Ich laufe weiter, achte nicht darauf, dass ich meine Pantoffeln verliere, dass sich mein Nachthemd in den Zweigen verheddert, laufe weiter und weiter.

Ganz hinten sehe ich plötzlich ein Licht in der Dunkelheit. Ich renne darauf zu, es wird heller, immer heller, ich erkenne eine Straßenlaterne, die Umrisse von Häusern, es ist ein Dorf.

Ein Arzt! In dem Dorf gibt es vielleicht einen Arzt!

Die Fenster der Häuser sind dunkel, doch das ist mir gleich. Ich hämmere gegen die erstbeste Tür, höre ärgerliches Gemurmel. Eine Frau macht die Tür auf, lugt durch den Spalt.

»Sie stirbt!«, keuche ich, »ich brauche einen Arzt ... einen Doktor ... Mama ...!«

Die Frau nickt, sie versteht, deutet auf ein anderes Haus, sagt etwas in einer fremden Sprache, auf Deutsch.

Ich laufe hinüber zu dem anderen Haus, trommele mit beiden Fäusten gegen die Tür.

»Doktor! Ich brauche einen Doktor!!!«

Über mir wird ein Fenster geöffnet, das Licht geht an, ein Mann steckt seinen Kopf heraus.

»Sie stirbt!«, flüstere ich heiser, zu Tode erschöpft. Ich weine und rede wirr auf ihn ein. Er scheint zu verstehen, denn jetzt schließt er das Fenster, ich höre, wie er die Treppe herunterkommt.

Er öffnet die Haustür, und ich falle mit der Tür ins Haus, umklammere seine Beine. »Sie stirbt!!!«

»Lass mich wenigstens anziehen«, brummt er in gebrochenem Polnisch. Er hat einen gestreiften Schlafanzug an. Ich warte auf ihn, jede Sekunde ist eine Ewigkeit, aber dann ist er da und hat sein Köfferchen in der Hand. Wir gehen zu Fuß zurück zum Hotel, die Straße entlang, nicht durch den Wald. Es geht viel schneller, schon sind wir da, und der Arzt steht am Bett meiner Mutter, fühlt ihren Herzschlag. Sie lebt noch. Sie lebt noch!

Aber sie ist sehr, sehr krank, sagt der Arzt, sie muss ins Krankenhaus, sofort. Schon kommt der Krankenwagen, und auf einmal sind auch zwei Leute da vom Hotelpersonal. Keiner spricht mit mir, niemand

erklärt mir etwas, beachtet mich. Sie bringen meine Mutter auf einer Trage hinaus, sie hat die Augen geschlossen, sie sieht mich nicht. Niemand sieht mich. Ich sitze in der Ecke, und mein Hals ist eng mit erstickten Tränen.
In den frühen Morgenstunden schlafe ich endlich ein.

Ich erwache davon, dass es heiß ist, brütend heiß.
Es dauert eine Weile, bis ich begreife, wo ich bin. Da steht der Tisch mit der grünen Plüschdecke, auf dem Tisch steht ein Tablett. Das Bett neben mir ist leer.
Schlagartig fällt mir alles wieder ein.
Ich krieche aus dem Bett und ziehe die schweren Vorhänge auf, öffne das Fenster. Die Mittagshitze flutet herein, die Sonne steht hoch am Himmel. Vielleicht ist es auch schon Nachmittag? Ich weiß es nicht, ich habe kein Zeitgefühl mehr, und ich habe keine Uhr.
Das Essen auf dem Tablett sieht eklig aus, ich rühre es nicht an. Ich trinke einen Schluck Tee und flechte mir die Zöpfe. Dann ziehe ich mich an und gehe hinaus in den Flur, die Treppe hinunter, in den Garten. Ich setze mich auf eine Bank.
Alles kommt mir vor, als wäre es nicht echt. Wie in einem Theaterstück. Ich baumle ratlos mit den Beinen. Die Sonne brennt heiß auf mich herunter, und ich höre die Stimme meiner Mutter: »Pass auf, dass du keinen Sonnenstich bekommst, Roma!«
Ein junges Mädchen nähert sich meiner Bank, setzt sich neben mich, starrt mich neugierig an.
»Bist du ganz alleine hier?!«, fragt sie. Ich nicke.
»Wo ist deine Mutter?«

Aus irgendeinem Grund muss ich lügen. »Sie schläft«, antworte ich.
»Möchtest du mitkommen? Wir machen einen Spaziergang!« Das Mädchen ist nett, es will mich aufmuntern, vielleicht spürt es meine Verlorenheit. Ich nicke wieder.

Wir gehen durch den Wald, das Mädchen, seine Mutter und ich.
Bei Tageslicht sieht der Wald ganz anders aus, licht und kühl, es ist schön hier, der Boden ist so weich, und es duftet herrlich nach Harz und Tannennadeln. Ich hopse ein bisschen herum, laufe ins Gebüsch, denn ich habe dicke schwarze Brombeeren entdeckt, die will ich pflücken.
Auf einmal ist da ein Gesumm und Gebrumm in der Luft, und ich bin umgeben von wilden Bienen. Was habe ich ihnen getan? Sie greifen mich an, sie verfolgen mich! Ich schlage nach ihnen, doch es sind viel zu viele, sie sind überall, in meinen Haaren, meinen Ohren, in meinem Mund, am Hals, sie stechen mich, ich schreie und weine und renne weg, hinaus aus dem Wald.
Hinter mir höre ich wie im Nebel die Rufe und das Fußgetrappel des Mädchens und seiner Mutter, sie laufen hinter mir her, wollen mir helfen, doch ich kann nicht stehen bleiben, ich bin fast rasend vor Angst und Schmerz.
Endlich lassen die Bienen von mir ab, das Gebrumm und Gesumm entfernt sich, ich stehe zitternd da, meine Arme und Beine sind rot und geschwollen, ich vergehe vor Schmerzen, betaste vorsichtig mein Gesicht. Es fühlt sich ganz dick an, aufgedunsen. Mit den Fingern ziehe ich die letzte Biene aus meinem Haar, die sich darin verfangen hat.

Das Mädchen und seine Mutter kommen gelaufen, jammern und schlagen die Hände über dem Kopf zusammen. »Du armes Kind!«, ruft die Mutter, »schnell, lauf in dein Zimmer, deine Mutter soll dir kalte Tücher auf die Stiche tun!«
Ich nicke wie in Trance, stolpere zurück ins Hotel, die Gänge entlang, in das große, dunkle Zimmer. Ich ziehe mich aus und wickle mich in nasse, feuchte Handtücher, wie die Frau es gesagt hat. Es lindert den Schmerz ein wenig, aber nur kurz. Ich fühle, wie das Gift in meinem Körper tobt. So ist es also, wenn man Gift schluckt.
Mit letzter Kraft schleppe ich mich ins Bett, ziehe das Laken über mich und versinke in der Welt, die zwischen Schlafen und Wachen liegt. Hier hat die Wirklichkeit keine Bedeutung mehr.

Meine Großmutter tritt ans Bett und legt mir ihre trockene Hand auf die Stirn.
»Du schaffst es«, flüstert sie, »ich bin bei dir.«
Ich bin froh, dass sie da ist. Ich bin so allein.
»Du musst trinken ... du musst es schaffen ...«
Ich trinke. Mir ist heiß, so furchtbar heiß.
Endlich schlafe ich ein.

Die Augen kann ich nicht mehr aufmachen, denn meine Lider sind geschwollen. Auch der Mund fühlt sich so dick an ...
Es gibt keine Zeit mehr, nur noch das Gefühl, dass mein Körper zerfressen wird und nicht mehr mir gehört. Aber meine Gedanken gehören mir noch. Ich weiß, es

wird besser werden, ich muss nur durchhalten, wie Großmutter es gesagt hat.

Die Tage und Nächte, die ich todkrank in dem dunklen Hotelzimmer verbringe, kommen mir vor wie eine Ewigkeit.
Ab und zu wird die Tür geöffnet, ich höre Schritte, leises Geklapper. Jemand kommt lautlos herein, nimmt das Tablett weg, das ich nicht angerührt habe, und stellt ein neues hin. Nie höre ich ein Wort. Ich liege nur da, und mein Körper pocht, hämmert, pulsiert, kämpft gegen das Gift. Das braucht all meine Kraft.
Aber ich schaffe es.
Irgendwann steht plötzlich ein fremder Mann in meinem Zimmer. Es ist ein schnauzbärtiger Taxichauffeur.
»Heißt du Roma Ligocka?«, fragt er.
Ich nicke schwach.
»Zieh dich an, ich bringe dich zu deinem Onkel.«
Er trägt meinen Koffer ins Auto, ich folge ihm auf wackligen Beinen.
Keinen einzigen Blick werfe ich zurück.

Onkel Mittelmann gefällt mir auf Anhieb. Er ist Arzt, klein und freundlich und macht lustige Witze. Aber er nimmt mich ernst, und das ist selten bei Erwachsenen. »Du hat dir sicher große Sorgen gemacht, Roma«, sagt er, »so ein kleines Mädchen, ganz allein in diesem großen Hotel, das war gewiss nicht schön für dich. Aber deine Mutter war drei Tage lang nicht richtig bei Bewusstsein. Sie hat eine schwere septische Angina. Sobald sie zu sich kam, hat sie nach dir gefragt und

mich um Hilfe gebeten. Bis sie wieder gesund ist, bleibst du erst einmal bei uns. Einverstanden?«
Ich bin einverstanden. Onkel Mittelmann wohnt in einem netten Haus mit einem kleinen Garten. Er ist mit einer Großtante meines Vaters verheiratet. Tante Berta ist groß und dick und hat eine spitze Nase. Sie ist laut und überschwänglich, der Onkel ruhig und schweigsam, vor allem wenn er mit ihr zusammen ist. Ich glaube, er hat Angst vor ihr, aber zu mir ist sie lieb. Ich freue mich, dass ich so nette Verwandte habe, von denen ich noch nicht einmal etwas wusste.
Der Onkel und die Tante waren während des Krieges auch im Lager, ich erkenne die blauen Nummern auf ihren Armen, aber sie reden nicht davon. Sie haben eine erwachsene Tochter, den Sohn, Janek, haben sie verloren. Im Wohnzimmer steht ein Foto von ihm mit einer Studentenmütze auf dem Kopf. Wenn sie von ihm sprechen, werden ihre Stimmen ganz leise.
Die Tante gießt die Blumen im Garten, und ich darf ihr dabei helfen. Der Garten ist wundervoll! Es gibt dort Stachelbeerbüsche, so wie früher bei meinem Großvater, und Blumen und ein kleines Gemüsebeet mit Radieschen und Karotten. Tante Berta kauft mir eine kleine Ente. Ich nenne sie »Kasia« und liebe sie mehr als alles auf der Welt. Wie ein kleiner Hund folgt sie mir überallhin und quakt dabei ununterbrochen. Ich darf sie sogar mit aufs Zimmer nehmen. Ich bin überglücklich.
Immer, wenn er Zeit hat, kümmert sich Onkel Mittelmann um mich. Er spielt für mich auf dem Klavier, lauter alte Schlager. Sie klingen ein bisschen schief, denn das Klavier und seine Stimme sind verstimmt.

Er ist bei den Leuten sehr beliebt. Die Patienten kommen tags und nachts, und Tante Berta schimpft darüber immer. Auf der Treppe liegen Kuchen, Eier und Honig, einmal sitzt dort sogar ein lebendiges Huhn. Aber in der Schublade in seinem Arztzimmer, in der er das Geld aufbewahrt, das er verdient, sind immer nur kleine Scheine. Abends zählt er sie und gibt sie Tante Berta. Dann schimpft sie wieder, weil er von den Patienten kein Geld nimmt.

»Sie haben doch keins«, verteidigt er sich und zwinkert mir zu.

»Wenn das so weitergeht, haben wir bald auch keins mehr!«, ruft Tante Berta aufgebracht.

Mein Onkel führt lange Gespräche mit mir, wenn wir allein sind. Er erklärt mir alles, und ich lerne eine Menge über Krankheiten und über das Leben. Er kennt viele kleine Sprüche und Gedichte auswendig, die immer auf alles zu passen scheinen. Wir lachen viel zusammen. Nur woher die kleinen Kinder kommen, will er mir trotz meiner vielen Fragen nicht erklären.

Zum ersten Mal in meinem Leben erfahre ich die Geborgenheit einer Familie. Und gerade hier bekomme ich zum ersten Mal diese seltsamen Zustände. Ich sitze auf dem Bett, denke an meine Mutter im Krankenhaus, versinke im Ticken der Uhr und kann mich nicht rühren. Als ob unsichtbare Fesseln mich halten. Ticktack, ticktack … Wenn ich in einem solchen Zustand bin, kann nicht einmal »Kasias« Quaken mich aufmuntern, und ich höre es nicht, wenn Tante Berta mich zum Essen ruft. Ich bin wie ein Stein.

Ich spreche mit niemandem darüber, nicht einmal mit Onkel Mittelmann. Vielleicht hätte ich es damals tun sollen. Vielleicht hätte er mir helfen können. Heute weiß ich, dass es einen Namen für diese Zustände gibt: Sie heißen Depressionen.

6

Die neue Wohnung liegt in der Krakauer Altstadt, nicht weit vom Markt. Es gibt einen düsteren Hauseingang, wo meistens ein Besoffener herumlungert. Dann geht es drei Stufen hoch in unsere Wohnung.

Es ist eine dunkle, kleine Parterrewohnung mit einem großen Zimmer, einer Wohnküche und einem engen Flur. Fast immer muss Licht brennen, weil es so dunkel ist. Wenn ich aus dem vergitterten Fenster blicke, schaue ich auf den Hinterhof. Ich sehe die Füße der Menschen, die am anderen Ende des Hofes vorbeigehen. Oder die Hausmeisterin, die im Halbdunkel ihre Röcke hebt und direkt vor meinem Fenster auf das Kopfsteinpflaster pinkelt. Nachts muss sie den Leuten, die spät nach Hause kommen, mit einem großen, rostigen Schlüssel die Tür aufschließen. Sie ekelt mich.

Meine Mutter hat die Wohnung so schön wie möglich renoviert. Ich schlafe im Zimmer, in einem eigenen Bett! Da stehen auch ein Schreibtisch für mich und eine Vitrine mit Büchern. In der Ecke ist ein großer, grüner Kachelofen.

Meine Mutter schläft auf der Couch in der Wohnküche. Es ist alles furchtbar eng, aber es gehört uns ganz allein.

Roman ist zu seinem Vater und der kichernden Blondine gezogen. Ich vermisse ihn manchmal.

Kurz nachdem wir eingezogen sind, steht auf einmal ein verhutzeltes, in Tücher gehülltes Wesen vor der Tür, klein, knochig und hässlich wie die Pest. Das ist Mariechen.
Sie fällt meiner Mutter zu Füßen und küsst ihr die Hand. Verlegen ziehe ich mich ins Wohnzimmer zurück. Aber ich höre, wie die beiden miteinander reden. Meine Mutter ist ganz gerührt, dass Mariechen uns gefunden hat und zurückgekommen ist. Sie war nämlich eins der Dienstmädchen im Haus ihrer Eltern.
»Aber ich kann dich doch gar nicht bezahlen, Mariechen!«, höre ich meine Mutter sagen. Sie geht zwar jetzt jeden Tag ins Büro, aber viel verdienen tut sie nicht.
»Das macht nichts, gnädige Frau«, erwidert Mariechen in ihrem ländlichen Dialekt entschlossen, »ich bleibe trotzdem bei Ihnen! Sie können doch die Hausarbeit nicht alleine machen, das gehört sich nicht!«
Seither ist Mariechen bei uns. Sie schläft auf einem Feldbett im Flur. Morgens kommt sie in mein Zimmer und heizt den Kachelofen an. Dabei schimpft sie ununterbrochen vor sich hin.
»Manche Leute dürfen im Bett liegen und schlafen, so lange sie wollen, ja, manche Leute machen es sich gemütlich und faulenzen, während andere Leute hart arbeiten müssen …«, murmelt sie so laut, dass ich es hören kann, und so lange, bis ich es im Bett nicht mehr aushalte.

Mariechen kann nicht lesen und nicht schreiben. Sie ist Dienstmagd, seit sie neun Jahre alt war – so alt, wie ich jetzt bin. Nach dem Frühstück legt sie sich ihr Tuch um die Schultern, nimmt den Einkaufskorb, baut sich vor meiner Mutter auf und fragt: »Was wünschen die Herrschaften heute zu essen?«
Am Anfang hat meine Mutter noch versucht, ihr zu erklären, dass wir das nehmen müssen, was es zu kaufen gibt, aber davon will Mariechen nichts wissen. Schließlich spielt meine Mutter das Spiel mit.
»Zum Vortisch hätte ich gern ... äh ... Sauerampfersuppe, dann Kalbsklößchen mit Reis und zum Nachtisch Apfelstrudel«, sagt sie. Mariechen nickt zufrieden. Sie nimmt das Geld und geht einkaufen. Nach ein paar Stunden kommt sie heim und rechnet sorgfältig ab. Natürlich gibt es das Gewünschte nie, sie bringt mit, was gerade da ist. Aber kein Mensch erwähnt mit einem Wort, dass es statt Kalbsklößchen wieder einmal Grütze gibt. Das gehört zu den Spielregeln.

Ich gehe jetzt in die katholische Grundschule um die Ecke. In meiner Klasse sind ungefähr vierzig Kinder, die mich alle anstarren, weil ich neu bin. Ich setze mich an eines der Holzpulte, die ordentlich nebeneinander aufgereiht in dem viel zu kleinen Klassenzimmer stehen, und starre auf meine Hefte. Die anderen Kinder anzuschauen wage ich nicht. Ich habe Angst vor ihnen. Wenn ich mir trotzdem ein Herz fasse und versuche, mit ihnen zu reden, lachen sie mich aus, denn ich spreche nicht ihre Sprache, sondern rede wie eine Erwachsene. »Das ist absurd«, sage ich etwa, und sie biegen

sich vor Lachen. Aber ich weiß ja nicht, wie man mit richtigen Kindern spricht.
Diese Kinder sind nämlich richtige Kinder und ganz anders als die Kinder in der jüdischen Schule. Sie sind laut und wild. In der Pause spielen sie Spiele, die ich nicht kenne. Ich stehe am Rand, mit meiner Schleife im Haar, und sehe ihnen stumm dabei zu. Sie sind fremde, bedrohliche Wesen, und ich bin ein Wesen von einem anderen Planeten.
Die anderen Kinder finden mich nur komisch. Sie sind arm und ungepflegt, manche haben sogar Läuse. Keines von ihnen trägt eine Schleife im Haar und ein Schürzchen, so wie ich. Nur wenige von ihnen sind so ordentlich gewaschen und gekämmt. Nach und nach finden sie mich nicht mehr nur komisch, sondern sie beginnen, mich dafür zu hassen, dass ich anders bin als sie.
Aber am Anfang finde ich die neue Schule trotz allem aufregend und schön. Endlich wird nicht mehr so viel geweint wie in der jüdischen Schule. Die Lehrerin ist stämmig und hat rote Backen. Sie läuft nicht immer aus dem Zimmer, weil ihre Nerven am Ende sind. Die Normalität gibt mir ein Gefühl der Sicherheit. Endlich bin ich das Jüdische los.
Vor allem in Religion bin ich gut. Das alles interessiert mich sehr. Oft denke ich über Jesus nach und würde so gerne an ihn glauben. Ich kann jede Frage des Priesters beantworten und bin sehr stolz darauf. Meine Mitschüler ärgern sich zunehmend darüber, dass ich so viel weiß. Das merke ich zwar, aber ich habe trotzdem nach und nach das Gefühl, jetzt endlich dazuzugehören.
Doch das ist ein Irrtum.

»Sie ist Jüdin!«, ruft ein Mädchen eines Tages quer über den Pausenhof. »Die Roma ist Jüdin! Sie hat unseren Heiland umgebracht! Die Juden waren es!«
Wie vom Donner gerührt stehe ich da. Wovon redet sie überhaupt? Wen soll ich umgebracht haben? Die Juden sind es doch, die umgebracht wurden ... vollkommen verwirrt will ich die Sache richtig stellen, aber dazu habe ich gar keine Gelegenheit mehr. Die anderen Kinder fallen über mich her, ziehen mich an den Haaren, kratzen und treten mich.
An jenem Tag komme ich weinend nach Hause, mit zerrissener Schleife und von blauen Flecken übersät. Schluchzend und empört berichte ich meiner Mutter, was geschehen ist.
»Sie ... sie ... sie sagen, ich hätte den Heiland umgebracht, Mama!«
Meine Mutter sagt nichts darauf. Sie wäscht mir das Gesicht und macht mir eine frische Schleife ins Haar. Ich starre sie an.
»Ist es etwa wahr?! Haben die Juden tatsächlich den Heiland umgebracht?!«
Sie holt tief Luft. »Nun ja ... das sagen immer die *Gojim*, die Nicht-Juden ...«
Mariechen, die sich am Spülbecken zu schaffen macht, mischt sich ein. »Es stimmt schon«, sagt sie mit rauer Stimme, »die Juden haben unseren Herrn Jesus ans Kreuz geschlagen. Aber das musste so sein.«
Ich bin fassungslos. Und kein Mensch kann oder will mir diese Ungeheuerlichkeit erklären!
Es stimmt also doch: Die Juden sind schuld.
Ich bin schuld ...

Die Schule ist gar nicht mehr schön. Die Kinder finden mich jetzt nämlich nicht mehr komisch, sie behandeln mich, als wäre ich Luft. Oder sie verspotten mich. Ich begreife langsam, dass sie mich hassen, zumindest einige von ihnen. Warum, verstehe ich noch immer nicht richtig, obwohl es jetzt endlich eine Erklärung dafür gibt. Auch der Priester, der Religion unterrichtet und der mich immer so gelobt hatte, ein dicker, bleicher Mann, der nach Schweiß riecht, hat mich verraten. Ich darf zwar weiter am Unterricht teilnehmen, aber er sagt ständig mit spitzer Stimme: »Seht ihr, die Roma ist mosaischen Glaubens und kennt daher das Alte Testament am besten!« Dabei zeigt er mit seinem fetten Finger auf mich, und alle lachen. Ich schäme mich, dass ich Jüdin bin. Am liebsten würde ich mich mit den Kindern prügeln, aber prügeln habe ich nicht gelernt, und ich habe nicht den Mut, es zu lernen.
Auch die rotbackige Lehrerin mag mich nicht, aber sie tut so, als ob sie mich sehr gern hätte. Dauernd stellt sie mich den anderen Kindern als Vorbild hin, was deren Hass noch verschlimmert. »Seht zum Beispiel mal unsere Roma an«, sagt sie in der Biologiestunde, als es um Hygiene geht. »Die Kultur eines Menschen zeigt sich daran, wie man sich pflegt! Komm einmal nach vorne, Roma ...«
Ich stehe vor der Klasse. Die Kinder tuscheln und grinsen. »Schaut nur!«, sagt die Lehrerin mit breitem Lächeln und süßlichem Ton. »Ihre Haare sind frisch gewaschen, ihre Zähne – mach einmal den Mund auf, bitte – werden regelmäßig geputzt, sie trägt eine gebügelte Schürze und eine saubere, weiße Bluse ... sie riecht so gut nach Seife.«

Die Lehrerin schnuppert, tut so, als würde sie meinen Geruch tief einsaugen. Ein Mädchen in der zweiten Reihe kichert, ein anderes bricht in Gelächter aus, die ganze Klasse lacht schallend.
Ich stehe da, mit rotem Kopf, und versuche, mich unsichtbar zu machen, doch ich kann es ja nicht mehr. Ich spüre den Hass der Kinder immer dichter werden. Ich habe Angst. In der Pause werden sie wieder über mich herfallen ...
Und ich habe Recht. Im Pausenhof umringen sie mich und verhöhnen mich. »Du hast den Heiland umgebracht!«, heißt es wieder. Das Mädchen, das zuerst gekichert hat, baut sich vor mir auf.
»Ich werde dir das saubere Gesicht zerkratzen...«, zischt sie.
Dann geht sie auf mich los, und die anderen stehen dabei und lachen nur.

Meine Mutter ist verzweifelt und ratlos. »Vielleicht nützt es etwas, wenn Josef dich zur Schule bringt?«, seufzt sie. Josef kommt nämlich jetzt jeden Morgen zu uns. Er ist Vaters Dienstbote in der Firma gewesen und hatte damals auch zu Hause alle schweren Arbeiten erledigt, das Parkett poliert, Holz gespalten und Ähnliches. Jetzt unterstützt er meine Mutter bei Dingen, die sie allein nicht erledigen kann, auch in der Firma hilft er manchmal aus. Wie Mariechen bekommt er nur wenig Geld dafür. Er ist groß und dünn, hat einen kleinen, gezwirbelten Schnurrbart, eine Mütze auf dem Kopf und stets eine Zigarette im Mundwinkel. Josef sieht immer so aus, als ob ihm seine Kleider zu klein wären.

Er macht Witze mit mir und trägt mich huckepack. Ich habe ihn sehr gern – aber ob es wirklich eine gute Idee ist, wenn er mich in die Schule bringt? Was werden die anderen Kinder dazu sagen?

»Jetzt bringt die Prinzessin auch noch ihren Diener mit!«, spotten sie, als sie Josef sehen. Aber meine Mutter besteht darauf, dass er mich jeden Morgen begleitet. Am schlimmsten sind die Tage, an denen wir Turnen haben. Ich hasse Turnen. Wenn ich nur daran denke, wird mir schon schlecht. Ich bin ja ein Kind, das nie in seinem Leben einen Purzelbaum geschlagen hat. Immer habe ich nur still gesessen, im Bett gelegen oder mich unter dem Tisch versteckt.
»Ligocka, mach einen Purzelbaum!«, befiehlt die Lehrerin. Die ganze Klasse sitzt da und wartet, starrt mich an. Es ist eine gespannte Stille in der Turnhalle. Ich habe Angst, dass meine Muskeln nicht auf mich hören werden, mir ist kalt, aber ich muss gehorchen. Ich lege mich auf die Gummimatte, die nach Schweiß und Füßen riecht, und versuche einen Purzelbaum zu machen. Jedes Mal kippe ich um. Alle röhren vor Lachen.
Die Lehrerin schimpft. »Wie kann man sich nur so ungeschickt anstellen, Kind!«, keift sie. »Wie kann man nur immer so dumm sein!«
Mit mir stimmt etwas nicht, denke ich verzweifelt. Wie kommt es nur, dass ich es nicht schaffe? Warum ist mein Körper so steif und ungelenk? Manchmal übe ich zu Hause, aber der Purzelbaum will mir einfach nicht gelingen. Ich habe Angst, dass meine Wirbelsäule auseinander bricht.

Sooft es geht, versucht meine Mutter mich vom Turnen zu befreien. »Roma hat Kopfschmerzen«, schreibt sie der Lehrerin, »Roma hat Bauchschmerzen, Roma ist heute übel ...«
Es ist noch nicht einmal eine Lüge.

Am Wochenende besuchen wir regelmäßig das Grab meines Vaters auf dem verwilderten jüdischen Friedhof. Ein großer Stein mit seinem Namen und dem Namen seines Vaters steht auf dem Grab, und wie es Brauch ist, lege ich jedes Mal noch ein kleines Steinchen darauf. Meine Mutter weint dann immer. Sobald sie am Grab steht, brechen die Tränen aus ihr heraus, und all der Kummer, über den sie nie spricht, wird mit diesen Tränen für kurze Zeit davongespült. Danach putzt sie sich die Nase, zieht einen kleinen Spiegel aus der Tasche, schminkt sich die Lippen und nimmt mich bei der Hand.
»Komm, lass uns nach Hause gehen«, sagt sie.

Es gibt lange, einsame Stunden, da denke ich darüber nach, wo die vielen Toten jetzt sind. Niemand kann mir eine ausreichende Erklärung dafür geben. Der Priester in der Schule nicht, denn sein Glaube darf ja nicht mein Glaube sein. Und meine Mutter, die sich für Glaubensfragen ohnehin nicht so sehr interessiert, kann es erst recht nicht. Sie nimmt mich zwar manchmal mit in die Synagoge, aber ich weiß, Religion bedeutet ihr nicht mehr viel.
Die Synagoge ist nicht mehr so voll wie nach dem Krieg. Viele Juden sind nach und nach ausgewandert. Ich

finde die Gottesdienste immer sehr bewegend, sie stillen für kurze Zeit eine tiefe Sehnsucht, die ich in mir trage. Jeder zündet eine Kerze für seine Verstorbenen an, und die Synagoge erstrahlt in einem Lichtermeer. Es berührt mich, zu hören, wie wir schluchzend und singend die Gebete für die Verstorbenen aufsagen. Die Namen Majdanek, Auschwitz, Bergen-Belsen wiederholen sich darin wie eine Beschwörungsformel, und ich spüre, dass wir Juden ein Volk geschlagener Kinder sind. Dann empfinde ich für einen Moment, dass ich dazugehöre.

Auf der anderen Seite sehne ich mich immer nach den katholischen Gottesdiensten, in die wir früher zur Tarnung gegangen sind. Krakau ist eine Stadt der Kirchen, in jeder Straße gibt es mindestens drei von ihnen. In Krakau läuten ewig die Glocken.

Die vielen Kirchen sind immer offen, sie sind voller Weihrauch und Blumen und Skulpturen, fast wie Wohnzimmer. Man kann einfach hineingehen, sich in einen der tiefen Sessel in den Seitenschiffen setzen und sich sicher und geborgen fühlen. Ich liebe die Kirchen in Krakau. Ich liebe die Gottesdienste, in denen nicht geweint wird, den Weihrauchduft, den Gesang, die bunten Farben, die Prozessionen und Feste. Zur Sonnenwende werden Kränze mit Kerzen in den Fluß geworfen, die Glocken läuten noch schöner als sonst, und es gibt Sonnwendfeuer an der Weichsel. Auch die erste Kommunion ist ein ganz großes Fest, fast wie eine Hochzeit. Die ärmste Familie kratzt ihr letztes Geld zusammen, um ihrem kleinen Mädchen ein weißes Kleid kaufen zu können.

Aber am schönsten ist es im Mai. Dann finden die feierlichen Prozessionen statt, mit Heiligenbildern und Figuren. Die Menschen gehen in Trachten um die Kirche herum und singen alte Lieder. Und die kleinen Mädchen tragen lange, weiße Kleider, mit Brenneisen gelocktes Haar und Kränze und streuen Blumen.

Einer meiner größten Wünsche ist es, in einem weißen Kleid vor der Kirche Blumen zu streuen. Und ich würde auch so gerne zur Erstkommunion gehen wie die anderen Mädchen in meinem Alter! Aber ich bin nicht getauft. Meine Mutter, die mir sonst alle Wünsche erfüllt, bleibt in diesem Punkt hart. »Nein, das ist für die *Gojim*. Da darfst du nicht hin!«, sagt sie. »Du bist Jüdin und nicht Katholikin!«

Ich kann das nicht verstehen. Ich begreife nicht, dass es für Juden eine Sünde und daher unmöglich ist, sich taufen zu lassen.

Immer habe ich das unauslöschliche Gefühl, nirgends und zu niemandem dazuzugehören. Dieses Gefühl verlässt mich nie, und auch nicht die Sehnsucht nach dem Katholischen, dem Normalen, dem Schönen, der blonden Welt. Alle sind blond und katholisch, nur ich bin eine dunkelhaarige Jüdin.

Wenn ich wieder einmal traurig bin, dass ich keine Blumen streuen darf, setzt meine Mutter sich zu mir aufs Bett und erzählt mir die Geschichte von der Urgroßtante, die mit einem Christen durchgebrannt ist. Von der schrecklichen Schande. Ich habe die Geschichte schon oft gehört.

»Dein Urgroßvater, mein Großvater, hatte drei wunder-

schöne Töchter«, beginnt sie, »und die Eltern waren stolz und glücklich. Doch eines Tages verliebte sich die jüngste Tochter in einen schneidigen jungen Offizier aus dem Nachbardorf. Dieser Offizier war natürlich kein Jude, er war katholisch. Das Mädchen wusste, dass ihre Eltern ihr nie die Erlaubnis geben würden, diesen Mann zu heiraten. Also brannte sie mit ihm durch. Bei Nacht und Nebel ... sie ließ sich sogar taufen und heiratete in der Kirche ...«
Das klingt, als ob das Mädchen ein schweres Verbrechen begangen hätte. Ich verstehe einfach nicht, was an der Taufe so schlimm sein soll. Im Gegenteil, diese Geschichte bestärkt mich eher noch in dem Verdacht, dass hier irgendetwas nicht stimmt, nicht richtig ist, dass irgendwo ein Riesenirrtum besteht ...
»Für den Urgroßvater«, fährt meine Mutter fort, »war das, als wäre seine jüngste Tochter gestorben. Und bei den Juden gibt es eine Sitte: Wenn jemand stirbt, müssen die Verwandten sieben Tage lang sitzen und Buße tun. Auf dem Boden oder auf dem Schemel, ohne sich zu rühren, und Spiegel und Fenster werden verhängt. Der Urgroßvater saß also sieben Tage lang und tat Buße. Seine eigene Tochter war praktisch tot.«
Mir schaudert jedes Mal, wenn sie beim Erzählen an diese Stelle kommt. So war es doch auch, als mein Vater starb.
»Und als er später selbst im Sterben lag, kam seine Tochter und wollte ihn noch sehen und um Verzeihung bitten, und er hat sie nicht zu sich gelassen. Ich selbst habe als kleines Kind gesehen, wie sie da auf dem Tisch stand, um durch ein kleines Fenster von oben in das

Zimmer ihres sterbenden Vaters zu sehen, und weinte und nicht von ihm Abschied nehmen durfte. Daran siehst du, welch große Sünde es war, die Religion zu wechseln ...«

Meine Mutter seufzt.

Ich finde den Urgroßvater sehr grausam.

Mariechen ist natürlich Katholikin. Jeden Sonntag zieht sie ihr Festkleid an und geht in die Kirche. Wenn sie wiederkommt, erzählt sie immer von den Predigten in den verschiedenen Kirchen. Dann sitzt sie den Rest des Tages in der Küche auf einem Stuhl, mit gefalteten Händen.

»Am Sonntag soll man ruhen«, sagt sie.

Mariechen hält auch streng die Fastenzeit ein. Obwohl sie mir unter Androhung schrecklicher Strafen verbietet, am Freitag Fleisch zu essen, weil es den Katholiken verboten ist, kennt sie sich besser als meine Mutter in jüdischen Bräuchen aus. Sie ist immer schon bei jüdischen Familien gewesen und erzählt uns andauernd davon. Ständig korrigiert sie meine Mutter beim Kochen. »Bei den Juden nimmt man die Zwiebeln nur zum Rind und zum Kalbfleisch Knoblauch!«, behauptet sie, oder: »Der gefüllte Fisch wird mit dem Wiegemesser fein geschnitten und nicht durch den Wolf gedreht!« Auch mich korrigiert sie. »Eine Dame hält sich gerade!«, sagt sie vorwurfsvoll. »Bauch rein, Brust raus!« Unerbittlich besteht sie auf bestimmten Regeln, die natürlich nur für meine Mutter und mich gelten, nicht für sie selbst. »Eine intelligente Dame trägt immer Handschuhe!«, mahnt sie mich jedes Mal, bevor ich aus dem

Haus gehe, und so muss ich die lästigen Dinger anziehen, bevor ich sie an der nächsten Straßenecke heimlich in meiner Schultasche verschwinden lassen kann.
Doch nicht nur Mariechen besteht auf guten Manieren, auch meine Mutter versucht zunehmend, mich in eine »intelligente Dame« zu verwandeln. Vor kurzem hat sie sich in den Kopf gesetzt, dass ich Deutsch lernen soll, so wie sie es als Kind getan hat.
Das erste Mal in meinem Leben leiste ich erfolgreich Widerstand.
»Diese schreckliche Sprache lerne ich nicht!«, weigere ich mich standhaft und halte mir die Ohren zu. Ob meine Mutter versteht, warum ich kein Deutsch lernen will, oder ob sie einfach aufgibt, weil sie keine Kraft zum Kämpfen mehr hat?
»Na gut«, seufzt sie, »dann lernst du eben Französisch.«

Einmal in der Woche muss ich in den Französischunterricht zu der alten Gräfin. Sie lebt in einer Altbauwohnung in der Nähe, die von oben bis unten mit alten Möbeln, seltsam gemusterten Teppichen, Gemälden und Büchern voll gestopft ist. Ein Zimmerchen hat sie mit Vorhängen abgeteilt, das ist ihr Salon. Dort sitzen wir auf dem Sofa (sie nennt es *Canapé*) und trinken aus hauchdünnen Porzellantassen den lauwarmen Tee, den uns der alte Diener bringt. Er wirkt dabei wie ein Schlafwandler.
»Merci, Jean«, sagt die alte Gräfin, nachdem der Diener sich lautlos wieder entfernt hat. Mit einem Wink ihrer knochigen, mit Ringen geschmückten blassen Hand fordert sie mich gnädig auf, mir einen von den staubig

schmeckenden uralten Keksen von dem kleinen Silbertablett zu nehmen, das auf dem Tisch steht.

»Jean ist eine treue Seele. Er ist bei uns geblieben, nachdem die Bolschewiki uns aus unserem Schloss vertrieben hatten«, erklärt sie mir dann heiser, während sie die Tasse an die runzligen, aber sorgfältig hellrosa geschminkten Lippen führt. Es ist das einzige Mal, dass sie mir gegenüber ihr früheres Leben erwähnt. Die Gräfin ist sehr stolz und sehr streng. Mit sich selbst vor allem, glaube ich, aber auch mit mir.

Schon in der ersten Stunde wird mir klar, dass es sich hier nicht nur um Französischunterricht handelt, sondern dass die Gräfin mir gute Manieren beibringen soll. Ich lerne, wie man anständig grüßt, einen Knicks macht, brav und gerade mit geschlossenen Beinen im Sessel sitzt und welche Länge mein Rock haben muss. Sie zeigt mir, wie man in kleinen Schlucken Tee trinkt und adrett an seinem Keks knabbert. Alles muss verhalten sein, still, unauffällig, höflich. Laute Worte, herzhaftes Lachen, große Bewegungen oder sichtbarer Appetit dürfen nicht sein. Das ist nicht die feine Art.

Es fällt mir nicht schwer, unauffällig, höflich und still zu sein, und sie ist zufrieden mit mir.

Nach dem Benimmunterricht drückt die Gräfin mir ein französisches Buch in die Hand, starrt mich erwartungsvoll aus ihren wässrigen Augen an und sagt: »Lisez, Mademoiselle!« Ich begreife und schlage das Buch auf. Unsicher stottere ich herum, und sie korrigiert mechanisch meine Aussprache. Irgendwann merke ich, dass ihr die Augenlider schwer werden, ich lese immer leiser und langsamer, bis sie endlich einge-

nickt ist. Und dann schleiche ich mich heimlich aus der Wohnung und laufe nach Hause.
Zum Glück fragt nie jemand nach, weil es der Gräfin natürlich peinlich ist, dass sie immer einschläft. Wenn ich nach Hause komme, fragt meine Mutter: »Wie war's beim Französischunterricht?« – »Gut«, antworte ich leichthin, »ich lerne immer mehr dazu.« Dabei habe ich das saubere Gefühl, die Wahrheit zu sagen.
Meine Mutter nickt zufrieden.

Sie versucht mit aller Kraft, in unserer kleinen, dunklen Wohnung und unter den immer schwierigeren Bedingungen das feine Leben weiterzuführen, das sie vor dem Krieg geführt hat. Im Wohnzimmer steht jetzt eine Glasvitrine, in der sie kleine Kostbarkeiten aus ihrer Jugend aufstellt. Alte Silberlöffel, ein geschliffenes Weinglas mit dem eingravierten Schriftzug ANNA, das ihrer Mutter gehört hat, eine Porzellanvase – lauter Dinge, die sie nach und nach von früheren Nachbarn zurückbekommen oder in Trödelläden zufällig wieder gefunden hat. An das meiste, was die Familie Abrahamer den Nachbarn zur Aufbewahrung gegeben hatte, bevor sie ins Ghetto musste, können diese sich jedoch nicht mehr erinnern. Der Flügel, die Teppiche, die Gemälde – sie sind und bleiben für immer verschwunden.
Eines Tages lässt meine Mutter eine weiße Kommode mit geschnitzten Lilien und grünen Kacheln anschleppen, die sie in irgendeinem Antiquitätenladen aufgetrieben hat. Ich weiß sofort, dass es die Kommode aus dem Schlafzimmer meiner Großeltern ist. So oft hat sie mir davon erzählt ...

Roma mit ihrer Mutter (um 1948).

Sie streichelt die grünen Kacheln, als ob sie einen Menschen streicheln würde.
Die Kommode bekommt einen Ehrenplatz in unserem einzigen Zimmer, unter dem vergitterten Fenster zum Hof.

Unser Leben besteht aus bestimmten Ritualen.
Am Sonntagmorgen gehen wir auf den Friedhof, und danach machen wir einen Spaziergang auf dem Marktplatz, wo »man« sich um die Mittagszeit immer trifft. Anschließend trinken wir Tee in der Konditorei.
Wann immer möglich, nimmt meine Mutter mich mit ins Theater oder ins Konzert. Jeden Freitag poliert sie persönlich die Türklinken aus Messing. Und jeden Montag ist Waschtag, da kocht Mariechen nicht, da wird die Wäsche gewaschen, gestärkt und fein gebügelt, und meine Mutter geht mit mir auswärts essen, so wie es früher üblich war.
Ich fürchte den Waschtag, denn Mariechen findet, dass ich ihr beim Wäscheaufhängen helfen soll. Ich wehre mich mit Händen und Füßen, aber meine Mutter bleibt ausnahmsweise hart.
»Du musst sonst nichts im Haushalt tun, also ist es nur recht und billig, dass du Mariechen ein wenig hilfst«, sagt sie.

Keiner versteht, dass ich mich nicht aus Faulheit wehre, sondern aus Angst. Wäsche aufhängen bedeutet nämlich, dass ich mit Mariechen auf den Dachboden steigen muss.
Und auf dem Dachboden sind die Tauben ...
Mariechen stellt den Wäschekorb ab, öffnet ächzend die schwere Eisentüre. Der Dachboden ist leer, dunkel und staubig, ein schmaler Lichtstreif fällt durch die Dachluke auf den Boden, der mit Schmutz und Federn bedeckt ist, mit Taubenkot. Das Gurren ist überall, es bringt mich fast um den Verstand.
Ich habe das Gurren schon einmal gehört, wo war es nur, ich war noch sehr klein, kann mich nicht erinnern ...
Ich klammere mich an Mariechens mageren Körper.
»Stell dich nicht an!«, knurrt sie, »hilf mir lieber!«
Wir tragen den Korb in die Ecke mit den Wäscheleinen, wo auch der hölzerne Zuber steht. Es kommt mir plötzlich vor, als ob ich durch das unheimliche Gurren hindurch die harten Schritte der Stiefel höre, und die Stimme meiner Mutter ...
»Zyankali!«, zischt die Stimme. »Tu, was ich dir sage!«
Mariechen rüttelt mich an der Schulter.
»Steh doch nicht einfach so rum! Du träumst schon wieder! Los, los, an die Arbeit!«
Ich bücke mich und greife in den Wäschekorb, hole die kalten, nassen Handtücher heraus und hänge sie mit zitternden Fingern auf die Leine.

Am schönsten ist es, wenn wir mit Roman und Ryszard zu Mariechens Familie aufs Land fahren. Roman wohnt jetzt nämlich seit einer Weile wieder bei uns, weil die Blondine und sein Vater ihn mal wieder rausgeschmissen haben.

Auf dem Land ist alles herrlich, nicht grau und eng und dunkel wie in der Stadt. Es gibt dort keine Kinder, die mich auslachen und verprügeln, und niemanden, der mich zwingt, Handschuhe und eine Schleife zu tragen. Es gibt grüne Wiesen und weite Felder und einen Stall mit Kühen, Ziegen und Pferden. Mariechens große Familie lebt in einem kleinen Bauernhaus mit Strohdach und Lehmfußboden und niedrigen Fenstern. Alle sind arm, aber immer herzlich und freundlich.

Mariechens Bruder ist Schuster und sitzt bis zum späten Abend in seiner winzigen Werkstatt. Uns Kindern erzählt er immer schöne Geschichten: Zum Beispiel, wie er vor vielen Jahren, als junger Mann, ein einziges Mal in der Stadt, in Krakau, war. Auch ins Kino ist er damals gegangen.

»Was hast du gesehen?«, fragt Roman neugierig.

»Ben Hur!«, erwidert er, und klopft weiter auf einen Lederabsatz.

»Und? Willst du nicht wieder mal ins Kino gehen?«

Mariechens Bruder zuckt die Schultern. »Wozu? Ben Hur ist so ein schöner Film, das reicht fürs ganze Leben!«

Hier auf dem Dorf lerne ich auch die alten polnischen Bräuche kennen, die es auf dem Land noch gibt. Zum Beispiel das Osterfest mit all den bunt gefärbten Eiern und dem Brauch, die Mädchen am zweiten Feiertag von den Jungen mit Wasser begießen zu lassen. Oder die Brautwerbung, bei welcher der Bräutigam mit seinem

Vater und der ganzen Familie im Haus der Braut zu Besuch kommt. Das ist ein ganz langes Ritual, bei dem man eine Ewigkeit zusammen am Tisch sitzt, trinkt und schweigt.
Wir spielen in der großen Scheune Theater und Film. Roman bringt uns bei, wie man Filme dreht. Im Handumdrehen verwandelt er in unserer Phantasie die Scheune in ein Filmstudio. Er baut Scheinwerfer aus alten Lampen und eine Kamera aus Schrottteilen, und wir tun so, als ob sie tatsächlich funktionieren. Wir binden uns Schals und Tücher um, verwandeln uns in Stars. Ich bin Greta Garbo, und er ist Ramon Navarro. Ryszard darf die Scheinwerfer halten.
»Kamera läuft!«, brüllt Roman, und ich werfe meinen Kopf in den Nacken und blicke verträumt in die Ferne, wie er es mir beschrieben hat.
»Falsch, falsch!«, schreit er, »wie kann man nur so schrecklich unbegabt sein!« Dann macht er mir zum hundertsten Mal vor, wie man richtig verträumt in die Ferne blickt. Roman ist inzwischen ganz sicher, dass er Filmregisseur werden will. Er erklärt mir alles ganz genau. »Film besteht aus vielen kleinen Bildern, die schnell hintereinander her laufen«, sagt er. Ich kann mir das nicht vorstellen. »Theater ist schöner«, meine ich trotzig. »Ich gehe zum Theater, wenn ich groß bin.«
»Unsinn. Theater ist altmodisch. Es gibt nichts Besseres als Film!«, behauptet er mit leuchtenden Augen. Wir streiten dann immer.
Wenn wir uns wieder versöhnt haben, sitzen wir im Stroh, und er liest mir seine selbst verfassten Gedichte vor.

Meine Mutter hat auf dem Flohmarkt einen glitzernden Kasten erstanden, der über und über mit kleinen Spiegelstückchen beklebt ist. »Das ist ein Radio!«, erklärt sie stolz. Andächtig berühre ich die Spiegelstückchen, schalte ein und wieder aus, freue mich über die verschiedenen Stimmen und die Musik, die aus dem Kasten kommen. Es ist und bleibt ein Geheimnis für mich, wie so etwas funktioniert. Nicht einmal eine Schallplatte ist zu sehen wie in Manuelas Salon!
»Das ist doch ganz einfach«, sagt Roman von oben herab und erklärt mir irgendetwas von Wellen, die durch die Luft fliegen. Er behauptet sogar, dass er so was leicht selber bauen könnte. Natürlich begreife ich nichts von dem, was er da redet, aber ich hüte mich, es zuzugeben.
In jeder freien Minute höre ich jetzt Radio. Am liebsten mag ich das Programm, in dem eine Gruppe von Kindern Märchen aufführt. Aber ich liebe auch Sendungen für Erwachsene, Tanzmusik, Klavierkonzerte – egal, was kommt, ich höre zu.
Mariechen hingegen schimpft noch mehr, seit wir das Radio haben. »Teufelszeug!«, knurrt sie, wenn sie sieht, dass ich wieder Radio höre. »Manche Leute haben ja nichts anderes zu tun …« Und sie wirft dem unheimlichen Kasten einen misstrauischen Blick zu.
Mit der modernen Technik steht Mariechen grundsätzlich auf Kriegsfuß. Das Telefon, das wir inzwischen ebenfalls angeschafft haben, ist für sie eine Ausgeburt der Hölle. Jedes Mal, wenn es klingelt, tut sie so, als hätte sie es nicht gehört. Nur wenn meine Mutter ausdrücklich darauf besteht, nimmt sie vorsichtig den

Hörer ab, hält ihn einen Meter weit von sich weg, als wäre er eine Giftschlange, krächzt mit lauter Stimme: »Ja!«, und legt sofort wieder auf. Es ist sinnlos, ihr zu erklären, dass das Telefon ungefährlich ist. Auch wenn es nicht klingelt, macht sie immer einen großen Bogen um den Apparat.

Meine Mutter schimpft mit ihr. »So sei doch vernünftig, Mariechen!«, ruft sie, als sie wieder einmal nicht ans Telefon gegangen ist, obwohl meine Mutter einen wichtigen Anruf erwartet. »Ab jetzt gehst du immer ans Telefon, hörst du?!«

Mariechen nickt. Ihr runzliges Koboldgesicht verzieht sich zu einer schmerzlichen Grimasse.

»Ich kündige«, flüstert sie heiser und legt die Schlüssel auf den Tisch. Dann geht sie in die Küche und packt ihre Sachen.

Es kostet einige Tränen und stundenlange Überredungskünste, bis Mariechen die Schlüssel wieder in ihre Schürzentasche steckt. Seit diesem Tag muss sie nie wieder ans Telefon gehen.

Das Telefon läutet, und ich nehme den Hörer ab. Am anderen Ende ist die Leiterin der Kindertheatergruppe. »Roma Ligocka? Wir haben deinen Brief bekommen, vielen Dank! Du hast dich bei uns als Schauspielerin beworben, und wir würden uns gerne einmal ansehen, was du kannst. Könntest du dich am nächsten Mittwoch bei uns vorstellen?«

»Ja, natürlich!«, flüstere ich. Vor Aufregung bringe ich keinen Ton heraus. Ich lege auf und laufe zu meiner Mutter, die in der Küche mit Mariechen Tee trinkt.

»Ich werde Schauspielerin, Mama! Ich werde endlich Schauspielerin! Darf ich?«
Es dauert eine Weile, bis meine Mutter meinem wirren Gestammel entnommen hat, dass ich mich heimlich bei der Theatergruppe beworben habe.
Sie nickt.
»Natürlich darfst du«, sagt sie lächelnd.
Mariechen brummelt etwas von verrückter Künstlerwelt, aber niemand achtet auf sie.

Die Kindergruppe nimmt mich tatsächlich an, und im nächsten Stück bekomme ich eine kleine Rolle als Gänseblümchen.
Platzend vor Stolz erzähle ich Roman davon.
Er zieht die Augenbrauen hoch.
»Ach ja?«, fragt er gedehnt, »meinst du, sie brauchen vielleicht noch jemand … einen Jungen wie mich, beispielsweise … Nicht, dass ich zum Theater möchte, Film ist natürlich viel besser, aber es kann ja nicht schaden, ein wenig Erfahrung zu sammeln …«
Roman bekommt auf Anhieb die Hauptrolle in dem neuen Stück. Er erobert die Herzen der Theaterleute und der Zuschauer im Sturm und gewinnt im Lauf der Zeit einen Preis nach dem anderen.
Ich fühle mich irgendwie jämmerlich. Manchmal stehen wir zusammen auf der Bühne. Dann spiele ich unbedeutende kleine Heinzelmännchen, auch mal einen Fisch oder ein Eichhörnchen, während Roman vorn an der Rampe sich die Seele aus dem Leib brüllt und donnernden Applaus bekommt.
Langsam beginne ich zu begreifen, dass meine Stärke

nicht in einer lauten Stimme liegt und dass das Leben auf der Bühne vielleicht doch nicht ganz das Richtige für mich ist.

Josefs Tochter will heiraten, und wir sind alle zu der Hochzeit eingeladen!
Obwohl ich mich über die Einladung freue, kommt es mir doch seltsam vor, dass Josef überhaupt so etwas wie eine eigene Familie hat. Für mich war er bisher immer nur unser Josef. Jetzt ist er auf einmal ein Mann, ein Vater sogar, eine eigenständige Person mit einem eigenen Leben.
Die Hochzeit auf dem Land ist eines der schönsten Feste, zu dem ich je eingeladen worden bin. Drei Tage lang feiert das ganze Dorf. Im Feuerwehrschuppen ist eine Tanzfläche aufgebaut worden, und Tag und Nacht spielt die Musik. Nie wieder habe ich solche Essensberge gesehen: ganze Wagenladungen von Schnitzeln, Wurst, Krapfen und Torten. Die Leute essen und trinken, schwatzen, lachen und tanzen, bis sie schließlich vor Erschöpfung irgendwo im Stroh einschlafen. Und kaum sind sie aufgewacht, geht alles wieder von vorne los!
Kurz nach der Hochzeit verschwindet Josef aus unserem Leben.
»Warum ist er fort?«, frage ich meine Mutter bestürzt.
»Ich darf ihn nicht mehr beschäftigen«, sagt sie und streicht das ohnehin glatte Tischtuch noch einmal glatt.

Es fällt niemandem auf, dass Josef mich nicht mehr zur Schule bringt. Nach und nach hatten alle sich an den

Anblick des großen, dünnen Mannes mit den zu kurzen Hosen und dem kleinen Mädchen an der Hand gewöhnt.

Als ich kurz darauf in das Klassenzimmer komme, in dem wir Religionsunterricht haben, nimmt mich der Priester beiseite.

»Ab heute brauchst du nicht mehr zum Religionsunterricht zu kommen, Ligocka«, eröffnet er mir, »es ist dir freigestellt, weil du mosaischen Glaubens bist.«

Ich erstarre. Das bedeutet doch: Ich *darf* es nicht mehr!? Im Hinausgehen glaube ich, einen triumphierenden Blick in seinen Augen wahrzunehmen.

Die anderen Kinder machen in der Pause keinen Hehl daraus, dass mir recht geschieht.

Ich liege todkrank im Bett und habe Fieberträume. Der Arzt diagnostiziert Nieren- und Lungentuberkulose.

Manchmal kommt es mir vor, als wäre ich schon seit Jahren krank. Als würde ich schon immer hier im Bett im dunklen Wohnzimmer liegen, heiß und trocken und so schwach, dass jede Bewegung mich all meine Kraft kostet. Schattenhafte Gestalten bewegen sich im Hintergrund, meine Mutter oder Mariechen, die mir Tee bringen oder Zwieback, die leise tuscheln. Ich fühle die kühle Hand meiner Mutter auf der Stirn, die kalten, nassen Umschläge. Ich höre die besorgte Stimme des Doktors, der hin und wieder nach mir sieht. Ich schmecke die bittere Medizin, die man mir mit einem Löffel in den Mund schiebt.

»Schaff ich es?«, frage ich die Großmutter. Sie nickt.

Und ich schaffe es. Es gibt einen Tag, da wache ich auf, und ich weiß, dass das Schlimmste vorbei ist. Ich setze mich auf und lasse mich sogar dazu überreden, ein Stück Brot zu essen. Nach und nach werde ich wieder kräftiger.
Meine Mutter ist überglücklich. Sie schleppt mir tonnenweise Bücher und Zeitschriften ans Bett, die sie von einem alten jüdischen Antiquar ausgeliehen hat, Herrn Taffet. Sie kennt ihn von früher und hat mich oft in seinen winzigen Laden in der Krakauer Altstadt mitgenommen, der bis unter die Decke mit Büchern vollgestopft ist. Er hat ein langes, blasses Gesicht und weiß mehr über Literatur als alle Menschen, die ich kenne, zusammen. Kein Wunder, seine Familie handelt seit sieben Generationen mit Büchern. Wie und wo er den Krieg überlebt hat, weiß niemand.
»Schönen Gruß und gute Besserung von Herrn Taffet«, sagt meine Mutter und legt einen Stapel Romane und Gedichtbände aufs Bett. Sie handeln alle von Liebe und Schicksal, von Fürsten und armen Mädchen, von schönen Frauen und tapferen Männern.
Ich verschlinge diese Bücher mit Leidenschaft. Stundenlang blättere ich in den Zeitschriften, es sind ganze Jahrgänge von Illustrierten aus der Vorkriegszeit. Immer wieder betrachte ich die Bilder. Sie zeigen elegante Bälle und perfekt gedeckte Tische, Schönheitswettbewerbe und teure Kleider. Sie zeigen die reichen, glücklichen Leute in ihren großen, schönen Häusern und bei ihren Reisen und Abenteuern. Hier finde ich die helle, bunte Welt, nach der ich mich so sehne. Die Wirklichkeit ist rau, schmerzhaft, farblos und einsam. Tag

für Tag wiederholt sie sich in ihrer Trostlosigkeit. Immer das gleiche Brot, immer dieselbe Gummimarmelade, immer nur die gleichen langweiligen, selbst geschneiderten Kleider, und im Winter dieselben warmen Wollsachen, die unter dem Bett im Koffer liegen und nach Mottenpulver riechen.

Tagelang liege ich so alleine im Bett und fliehe in meine glitzernde Wunschwelt; und ohne es zu ahnen, lege ich in dieser Zeit den Grundstein für meinen späteren Beruf.

In die verhasste Schule muss ich nicht mehr gehen, bis das Schuljahr zu Ende ist.

7

Die Welt, vor der ich geflohen bin, hat sich verändert, während ich krank war. Das trostlose Grau hat sich ausgedehnt, ist in jeden Winkel gekrochen und hat eine andere, dunklere Schattierung angenommen. Aus der Lähmung ist eine Bedrohung geworden. Der Religionsunterricht an den Schulen ist nun verboten. Langsam taucht der Name Stalin in meinem Bewusstsein auf und nimmt immer festere Formen an.
Meine Mutter und Mariechen hängen vor dem Radio, aus dem jetzt ständig Militärmusik dröhnt und das Gebrüll von Stimmen. Ich höre nicht mehr gerne Radio. Es ist der gleiche Ton wie damals, der aus dem Lautsprecher kommt, nur ist es nicht die gleiche Sprache. Es ist kein Deutsch, es ist Polnisch.
Wie kann Polnisch nur so klingen?
Mariechen hat ihre rauen, großen Hände gefaltet und bewegt die Lippen. Sie betet stumm.
»Jesusmariamuttergotteshilf ...«
Ich begreife, dass ein Priester vor Gericht steht. Er ist des Hochverrats angeklagt. Warum?
Meine Mutter zuckt hilflos die Achseln. »Weil Religion für die Menschen zu wichtig ist«, sagt sie dann. »Kommunisten haben keine Religion. Diese Banditen ...«

Vor ein paar Tagen haben wir Kierniks wieder einmal besucht. Manuela war nicht da, sie hatte Proben im Theater. Nachdem ich mit der *Babcia,* die sich immer freut, mich zu sehen, eine Weile Karten gespielt hatte, schlenderte ich in die Küche. Die Balkontür stand offen, und das Sonnenlicht flutete herein. Meine Mutter und die Kiernikowa saßen am Küchentisch, tranken Tee und redeten.

Als ich eintrat, verstummten sie plötzlich. Ich begriff mit einem kleinen Schrecken, dass es in dem Gespräch um mich gegangen war.

»Roma ...«, lockte die Kiernikowa mich freundlich, und ich trat zögernd näher. »Wie wäre es, wenn du auf eine neue Schule kommst? Die Schule, in der ich Lehrerin bin, ist wirklich sehr schön! Es würde dir bestimmt gut gefallen ... und wenn du Kummer hast, bin ich ja auch noch da, um mich um dich zu kümmern ... Was hältst du davon?«

Ich erstarrte. Eine neue Schule, ja, alles lieber als zurück zu den schrecklichen Kindern in der Grundschule um die Ecke – aber in die Schule, wo die Kiernikowa ist?

»Wären Sie dann meine Lehrerin?«, fragte ich misstrauisch.

Die Kiernikowa lächelte. »Aber nein. Du würdest in eine ganz andere Klasse kommen ... in die fünfte oder sechste ...«

Meine Mutter räusperte sich. »Ich finde das eine sehr gute Lösung für dich, Roma«, meinte sie entschieden. »Bedank dich bei Frau Kiernikowa für das nette Angebot.«

Ich bedankte mich brav und gab der Kiernikowa die Hand. Dabei bemerkte ich zum ersten Mal ihre Augen.
Sie sind grau und unter all der Strenge voller Kummer.

Die neue Schule ist sehr weit von unserem Haus entfernt, sie liegt am anderen Ende der Stadt. Jeden Tag fahre ich mit der bimmelnden Straßenbahn um den Marktplatz herum. »Pass auf die Straße auf!«, beschwört mich meine Mutter jeden Morgen.
Das Schulgebäude ist hell, groß und hässlich, und es wimmelt vor fremden Kindern.
Alles ist ganz anders als in der katholischen Grundschule.
In der Zwischenzeit sind nämlich alle Schulen verstaatlicht worden. Ich werde jetzt zu einer jungen Kommunistin erzogen. Man erzählt uns stundenlang über das Leben von Lenin und Marx und die Kindheit des süßen kleinen Stalin. Statt Religion gibt es ein neues Fach, eine Art Heimatkunde. Da lernen wir alles über die armen, ausgebeuteten Bauern, deren Kinder nichts zu essen hatten und die ein Streichholz durch vier teilen mussten. Diese Geschichten bewegen mich wie ein böses Märchen.
Wir beten nicht mehr vor dem Unterricht, um für das Licht des Wissens zu danken. Stattdessen sagen wir nur schlicht: »Guten Morgen, Frau Lehrerin.«
»Guten Morgen, Mädchen«, antwortet die Lehrerin dann.
Man führt jetzt in den Schulen Säuberungsaktionen durch, um die Klassenfeinde zu entfernen.

An einem grauen Schultag sitze ich im Klassenzimmer und schaue müde den nassen Zweigen zu, die an die Fensterscheibe klopfen. Ich höre nur mit halbem Ohr zu und fahre erschrocken hoch, als die Tür zum Klassenzimmer geöffnet wird.
Eine hübsche blonde Frau erscheint und noch eine andere. Sie werden von der Direktorin begleitet, begrüßen uns freundlich und verschwinden dann im Konferenzzimmer.
Alle Lehrer sollen sich dort versammeln. Und das mitten im Unterricht!
Dann werden auch wir Schülerinnen ins Konferenzzimmer gerufen, aus allen Klassen die fünf Besten. Das hat es noch nie gegeben ... Da ich die Zweitbeste bin, darf ich auch mitgehen. Mein Herz klopft vor Aufregung. Und vor Freude – denn alles ist besser als die Mathestunde!
Die Lehrer sitzen an dem langen Konferenztisch. Wir sollen uns in unseren dunkelblauen Schulkitteln dahinter in Reihen aufstellen.
Es scheint, als wäre der Raum auf einmal dunkler geworden. Der Regen trommelt gegen die Fensterscheiben.
Die blonde, hübsche Frau übernimmt die Führung. Sie hat eine feste, schöne, klangvolle Stimme. Ich finde sie sofort sympathisch. Sie hat eine schicke grüne Jacke an und leuchtend grüne Augen.
Die andere ist noch jünger als sie, wirkt abgemagert. Sie trägt ein olivfarbenes Hemd und ein rotes Halstuch. Ich weiß, das ist die Uniform des sozialistischen Jugendverbands.
Unsere Schulleiterin sitzt irgendwo hinten in einer Ecke.

Die hübsche Frau redet mit uns, aber es dauert eine Weile, bis ich begreife, was sie sagt.
»… Frau Nowakowa hat als Direktorin dieser Schule versagt. Sie hat es nicht geschafft, diese Schule in eine der neuen Ordnung angemessene sozialistische Lehranstalt zu verwandeln. Außerdem hat sie sich kritisch über unseren Arbeiter- und Bauernstaat geäußert. Das können und werden wir nicht dulden. Deswegen ist sie mit sofortiger Wirkung vom Dienst suspendiert. Frau Anna Nowakowa, bitte packen Sie Ihre Sachen, und verlassen Sie sofort die Schule!«
Fassungslos sehen wir zu, wie unsere strenge, alte Direktorin mit Tränen in den Augen ihre Sachen packt. Sie, die jedes kleine Vergehen, jedes Zuspätkommen, jede vergessene Schulmütze in ihrem kleinen schwarzen Buch notierte … Wie fürchteten wir dieses kleine schwarze Buch, wie fürchteten wir sie! Und nun …
Schweigend sehen alle zu, wie sie ihre Akten in die Tasche stopft, ein paar Blätter verliert, sich bückt, um sie aufzuheben. Niemand hilft ihr. Ihre Hände zittern. Sie nimmt ihren Schal vom Haken, den Mantel.
An der Tür dreht sie sich um, versucht noch etwas zu sagen. »Aber ich habe doch nie … ich habe doch nur …« Ihre Stimme versagt, sie bricht ab, verlässt den Raum, schließt langsam die Tür hinter sich. Es ist totenstill.
Die hübsche, blonde Frau spricht weiter. »Es ist uns auch zu Ohren gekommen, dass es in dieser Schule eine Lehrerin gibt, die als Klassenfeind anzusehen ist. Sie hat sich mehrfach kritisch gegenüber unserer neuen sozialistischen Ordnung geäußert. Sie hat staatsfeindliche Hetze verbreitet. Sie hat unter anderem Schülern

erzählt, dass es den Menschen im kapitalistischen Polen vor dem Krieg besser ging und dass die Arbeiterklasse damals wesentlich mehr verdient habe als heute. Solche Lügen sind in einer sozialistischen Schule unter keinen Umständen zu dulden! Deswegen: Frau Helene-Janina Kiernikowa, bitte nehmen Sie Ihre Sachen, und verlassen Sie sofort die Schule!«

Wieder ist es totenstill. Nur der Regen prasselt nach wie vor gegen die Scheiben.

Ich stehe da und weiß, dass ich etwas tun, etwas sagen muss. Ich müsste sie jetzt verteidigen, ihr beistehen. Ich müsste laut rufen, dass sie ein guter Mensch ist, das hat meine Mutter doch so oft gesagt. Dass sie gewiss eine gute Lehrerin ist und dass sie das Schlimme, was sie getan hat, nie wieder tun wird. Ich müsste sie bitten, ihr zu verzeihen! Aber ich sage nichts. Ich presse die Lippen aufeinander, wie meine Mutter, und sage nichts. Ich bleibe ganz still stehen und sehe erstarrt zu, wie die Kiernikowa ihre Sachen packt. Sie ist ganz grau im Gesicht geworden, aschfahl.

Sie packt alles in die schäbige, alte Aktentasche, die ich so oft in den Händen gehalten habe. Dann zieht sie ihren grauen Wintermantel mit dem abgewetzten Pelzkragen an und geht hinaus, ohne zurückzublicken.

»Ab heute übernehme ich die Leitung der Schule«, sagt die blonde Frau, als wäre es die selbstverständlichste Sache der Welt. »Mein Name ist Irene Ratan. In Sachen sozialistischer Erziehung wird mich Genossin Maja« – sie deutet auf ihre knochige Begleiterin – »unterstützen. Ihr könnt euch mit allen Fragen vertrauensvoll an sie wenden. Gemeinsam wollen wir diese Schule in eine moderne, fortschrittliche Lehranstalt verwandeln – nach dem Vorbild des hervorragenden sozialistischen Schulwesens der großen Sowjetunion!«

Sie macht eine kurze Pause, in der ihre grünen Augen auf uns ruhen. Dann fügt sie hinzu: »Ihr solltet jetzt wieder in eure Klassenzimmer gehen, und die jeweils Klassenbeste soll den Mitschülerinnen das Geschehene erklären.«

Da bei uns die Klassenbeste an diesem Tag fehlt, muss ich es also tun.

Ich gehe die Treppe hinauf, ins Klassenzimmer. Sie ist endlos lang, jede Stufe erscheint mir meterhoch.

Am Korridorfenster bleibe ich stehen. Ich presse mein glühendes Gesicht ans kalte Glas. Die Kiernikowa geht über den Schulhof. Mit ihren viel zu dünnen Schuhen watet sie durch die Pfützen. Ihr Rücken ist gebeugt, den Kopf hält sie tief gesenkt, der Regen peitscht auf ihre Schultern. Wo hat sie ihren Schirm?, denke ich. Wahrscheinlich hat sie ihn in der Schule vergessen. Ich sollte laufen, ihn ihr bringen ...

Auf einmal spüre ich die Gegenwart meiner Großmutter hinter mir. Als ob sie mir eine kalte Hand auf die Schultern legte.

»Schämst du dich nicht?«, fragt sie nur.

Ich will das Fenster aufreißen, schreien: »Bitte, bitte, bleiben Sie da! Bitte gehen Sie nicht, Frau Kiernikowa, gehen Sie nicht, ich habe einen Fehler gemacht, nehmen Sie mich mit, bitte!«

Aber ich rühre mich nicht. Die Kiernikowa verschwindet hinter dem Gartentor und lässt mich allein mit meiner Scham und meiner Schande.

Später trete ich vor die Klasse. Mit heiserer Stimme fange ich an. »Heute haben wir zwei Klassenfeinde aus unserer Gemeinschaft entfernt. Damit unsere Schule noch größer wird, so groß wie die großen Schulen in der großen Sowjetunion!«
Meine Stimme wird fester, fast schreie ich. Und während ich rede, beginne ich schon die Kiernikowa zu hassen.
Dann setze ich mich wieder auf den Platz.
Mein Gesicht glüht noch. Aber in meiner Brust breitet sich eine seltsame kalte Zufriedenheit aus.

Der Kommunismus ist einleuchtend und einfach. Er begeistert mich, denn im Kommunismus gibt es für jeden einen Platz. Auch für mich mit meinen dunklen Augen. Auch für mich, die kleine Jüdin.
Es ist, als wäre auf einmal ein Sonnenstrahl in mein graues Leben gefallen. Lustige neue Lehrerinnen kommen zu uns in die Schule. Sie singen mit uns, sind immer freundlich und kumpelhaft, verbreiten eine begeisterte Aufbruchsstimmung und erzählen uns von einer großartigen Zukunft, in der nur noch die Sonne scheint und wir alle reich und glücklich sind.
Zum ersten Mal im Leben fühle ich mich als Person sofort akzeptiert.
Ich bin jetzt bei den jungen Pionieren und trage Zöpfe, eine weiße Bluse, ein blaues Faltenröckchen, weiße Kniestrümpfe und ein rotes Halstuch. Ich bin stolz. Bei den Veranstaltungen und Feierlichkeiten gehöre ich zu den drei auserwählten Kindern, die ganz vorne in der ersten Reihe marschieren dürfen. Ich habe eine Trommel, ein anderes Mädchen eine Trompete, ein drittes eine rote Fahne.

Die anderen sind neidisch auf mich. Ich spüre die alte Fremdheit, die mich von ihnen trennt. Ich bin eine Außenseiterin, aber ich versuche nicht mehr, es zu ändern, aus meiner Rolle auszubrechen. Es tut mir nicht mehr weh, ich habe mich damit abgefunden. Seit meinen Erlebnissen in der katholischen Schule ist mir klar, dass ich nie irgendwo dazugehören werde.

Meine Mutter sagt nichts zu meiner Begeisterung für den Kommunismus. Sie schweigt, wenn ich ihr aufgeregt und empört berichte, was wir über Klassenfeinde und Spione in der Schule gelernt haben. Sie beißt sich auf die Lippen, wenn ich ihr stolz berichte, dass ich eine besondere Auszeichnung von der blonden Lehrerin bekommen habe. Ihr Schweigen geht mir auf die Nerven. In der Schule haben sie uns erzählt, dass auch Eltern Klassenfeinde sein könnten. Wir Kinder sollen sie beobachten, hat man uns eingeschärft.
Aber an so etwas will ich nicht denken.
Meine Mutter arbeitet jetzt sehr viel, auch am Wochenende, weil sie Angst hat, ihre Stellung in der Firma zu verlieren. Ständig gibt es staatliche Kontrollen, hat sie gesagt. Sie muss tausend Sachen prüfen und die Buchhaltung kontrollieren, ob auch alles hundertprozentig stimmt.
Ansonsten versucht sie, sich mit ein paar Freunden von dem System fern zu halten und ihr kapitalistisches Leben so gut es geht weiterzuführen. Sie kennt inzwischen einige Juden, die überlebt haben, und versucht, privat ein bisschen Wärme zu bekommen. Selbst ich erfahre von einigen ihrer Freunde erst viel

später, dass sie Juden sind. Man spricht nicht mehr über diese Dinge.
Die Synagoge wird immer leerer.
Einigen Bekannten ist es gelungen zu emigrieren. Auch meine Mutter stellt nun einen Antrag auf Ausreise nach Israel, aber er wird nicht genehmigt. Keiner kann je sagen, woran es liegt. Der eine hat Glück, der andere eben nicht. Es ist reine Willkür, sagt meine Mutter, der Erfolg eines Antrags hängt von der Laune des Beamten ab.
Es kommt Besuch, wir gehen zu Besuch. Roman ist inzwischen wieder zu seinem Vater gezogen, taucht aber hin und wieder bei uns auf. Meine Mutter bringt mir in letzter Zeit oft wunderschöne Kunstbücher mit, die ich mit Begeisterung anschaue. In den Bildern erahne ich etwas ganz Wichtiges, das ich nicht in Worte fassen kann.
Trotzdem wäre das Leben ziemlich langweilig, wenn es nicht das Theater gäbe.

Es gibt zwei Theater in Krakau. Das eine ist ein Jugendstilbau. Das andere sieht aus wie ein rundes, barockes Schmuckkästchen mit rotem Plüsch. Die Logen werden von Gipsfiguren gehalten, von der Decke hängen riesige kristallene Lüster, man fühlt sich ein bisschen wie in einer Bonbonniere. Der Vorhang, den ein berühmter polnischer Maler mit einer Szene aus der Antike bemalt hat, wird nur in der Pause feierlich heruntergelassen. In diesem Theater werden Konzerte und Opern aufgeführt.
Wir gehen regelmäßig ins Theater und sitzen immer in

der Loge. Trotz meiner Begeisterung für den Klassenkampf genieße ich den Luxus. Ich liebe es, mich schön anzuziehen, und akzeptiere für diesen Zweck sogar die verhassten Handschuhe.

Nach der Vorstellung gehen wir oft im besten Lokal in Krakau essen. Es heißt »Wierzynek« und liegt direkt am Marktplatz. Wie das Theater erhalten die neuen Machthaber es aufrecht, um es ausländischen Gästen vorzuführen. Das Lokal stammt aus der Renaissancezeit. Es ist der einzige Ort, an dem ich meinen Ekel überwinde und so etwas wie Appetit entwickle, denn das Essen wird dort so fein und elegant serviert. Ich esse am liebsten pochierten Lachs. Meine Mutter, die mich immer besorgt beobachtet, ist glücklich, wenn ich ein paar Happen zu mir nehme.

Im Theater treffen wir natürlich auch Manuela, Tadeusz und ihre Schauspielerfreunde, von denen einige schon sehr berühmt geworden sind. Ich bin stolz und glücklich, mit ihnen befreundet zu sein, und träume nach wie vor von einer Karriere als Schauspielerin.

Das Theater ist immer bis auf den letzten Platz besetzt. In Polen liebt man das Theater. Es gibt wunderbare Schauspieler, und der Nachholbedarf an Kultur ist nach dem Krieg besonders groß.

Erst später begreife ich: Das Theater ist auch die Antwort auf das kommunistische Regime, hat auch etwas mit der polnischen Identität zu tun. Man konnte es nicht verbieten. Auf der Bühne wird in verschlüsselter Form das ausgesprochen, was die Menschen denken und fühlen. Das Theater ist oft ein Ort des Widerstands. Auch die Kirchen sind ein Ort des Widerstands. Das war schon immer so. Der Kommunismus konnte die Religion nicht ausrotten. Man machte den Priestern zwar den Prozess, aber die Kirchen blieben immer offen.

Den Menschen geht es immer schlechter. Die Versorgungslage hat sich verschlimmert, es gibt fast nichts mehr zu kaufen. Mariechen muss oft stundenlang anstehen, um etwas Fleisch zu ergattern. Nur am ersten Mai gibt es auf einmal Wurst. Der erste Mai ist ja auch ein großer kommunistischer Feiertag! Ich darf in meiner schicken Uniform mit den anderen Kindern aufmarschieren und die Trommel rühren.

Ich bin jetzt elf Jahre alt, und Irene Ratan, unsere neue, junge Direktorin, ist mein großes Vorbild. Sie sieht gut aus mit ihrem leuchtenden Haar und den hellen grünen Augen. Aber vor allem imponieren mir ihr draufgängerisches Auftreten und ihre schicken, gut geschnittenen Kleider. Ich bin nicht das einzige Mädchen, für das sie im Handumdrehen eine Heldin geworden ist. Wir alle himmeln sie an. Sie schimpft nicht, sondern lobt uns, und wenn man ein schönes Gedicht über Stalin aufsagt, bekommt man gleich zwei gute Noten. Sie ist fröhlich und unbeschwert, nicht immer so still und ernst wie meine Mutter. Und sie behandelt uns Kinder wie Erwachsene.
Ich tue alles, um ihr Interesse zu wecken, um ihr zu gefallen. Mit Feuereifer mache ich inzwischen jeden Tag die Wandzeitung für die Klasse, auf der die Helden der Arbeiterklasse gefeiert werden. Dafür muss ich kein Mathe lernen und bin auch noch selbst eine Heldin! Der Kommunismus bringt mir nur Vorteile.

Man findet mich süß mit meinen langen Zöpfen, den großen Augen und der Trommel. Ich gehöre zu den Kindern, die Spalier stehen dürfen, wenn Funktionäre aus dem Ausland kommen. Dann habe ich unterrichtsfrei, darf Blumensträuße überreichen und Küsschen bekommen. Und die Gäste machen mir Geschenke: einen Füller, manchmal ausländische Schokolade. Dinge, die man nirgends kaufen kann.
Mit Feuereifer rühre ich meine Trommel. Für die neue Ordnung! Oder nur für mich selbst? Ich habe es geschafft, mir und den anderen zu beweisen, dass ich etwas Besonderes bin, dass ich liebenswert bin.
Einmal kommt Nehru, der indische Ministerpräsident, zu Besuch. In seinem seidenen, rosafarbenen Gewand ist er ein Prinz aus dem Morgenland, aus einer bunten, einer anderen Welt. In seinem offenen Auto fährt er ganz langsam vorbei. Er beugt sich hinunter zu mir und schenkt mir einen riesigen, rosafarbenen Rosenstrauß. Taumelnd vor Glück komme ich nach Hause und überreiche den Strauß voller Stolz meiner Mutter: »Für dich, Mama! Von Nehru persönlich!«
Warum freut sie sich nicht, obwohl ich doch weiß, dass sie Rosen so liebt? Sie schnuppert daran, behutsam, andächtig, stellt sie in einer großen Vase mitten auf den Tisch. Die ganze Wohnung duftet, selbst Mariechen ist von der Pracht beeindruckt, als sie mit dem fast leeren Einkaufskorb nach Hause kommt.
Meine Mutter streicht mir über das Haar. »Danke«, sagt sie leise. Aber ich spüre genau, dass sie nicht sehr stolz auf mich ist.

Jeden Tag dröhnt es nun aus dem Radio, ununterbrochen wird von Prozessen und Verhaftungen berichtet. Ich tue so, als ob ich es nicht höre, aber ich bekomme davon immer eine Gänsehaut. Meine Mutter und Mariechen sitzen vor dem Radio. Mariechen, die ja eine glühende Katholikin ist, heult, denn es gibt viele Schauprozesse gegen Geistliche und andere Männer, die sich immer heldenhaft gegen die deutsche Besatzung gewehrt und im Untergrund gekämpft hatten. Für die Kommunisten sind sie Feinde. Auch die Untergrundkämpfer der polnischen Widerstandsbewegung AK stehen vor Gericht. Ob wohl Dudek unter ihnen ist?
In den Wäldern gibt es seit dem Kriegsende immer noch angebliche Räuberbanden, doch eigentlich weiß jeder, dass es sich um Freiheitskämpfer der Untergrundarmee handelt. Auch ich weiß das. Alle wissen, dass diese Männer Helden sind. Die meisten Untergrundkämpfer werden ohne Gerichtsverfahren in ihrer Zelle erschossen. Nachts werden sie heimlich hingerichtet, die Familien erfahren oft erst viel später davon. Auch Schriftsteller, Künstler und Dichter, die ihre Stimme erheben, werden öffentlich als Verräter gebrandmarkt und bekommen keine Arbeit mehr.
Die Schauprozesse verbreiten Terror. Man hört an den Stimmen der Angeklagten, dass sie gefoltert wurden. Sie werden mit heiserem Gebrüll beschuldigt, Feinde des Volkes zu sein, Umstürze zu planen, zu spionieren, mit amerikanischen Agenten zusammenzuarbeiten, für Geld das Vaterland verkauft zu haben, für schmutzige Dollars. Den Priestern wird vorgeworfen,

sie hätten ihre Stellung als Geistliche ausgenützt, um Geheimnisse zu erfahren, sich persönlich zu bereichern, den dritten Weltkrieg heraufzubeschwören. Die Hetze macht vor keiner Lüge Halt. Sogar Kindesmisshandlung wird den Geistlichen vorgeworfen.

Auch ein Freund meiner Mutter ist verhaftet und im Schnellgericht zu zehn Jahren Zuchthaus verurteilt worden, weil er in der Kneipe einen politischen Witz erzählt hat.

Das dröhnt und dröhnt im Radio. Mariechen schluchzt laut. Meine Mutter sitzt still im Hintergrund. »Diese Banditen«, sagt sie, und ich weiß, dass sie nicht von den Angeklagten spricht.

Ich wende mich ab. Sie sollen endlich aufhören!, denke ich, ich will das, ich kann das nicht mehr hören ... Taub und gefühllos bin ich geworden, die Kälte in meiner Brust hat sich ausgebreitet, und ich habe kein Mitleid, obwohl auch Bekannte unter den Angeklagten sind. Ich will nichts von diesen Dingen wissen.

Nicht einmal schockiert bin ich über das, was um mich herum geschieht. Es gehört dazu. So ist das Leben. Ich kenne das ja alles, die Angst vor den Uniformierten, das Verschwinden von bekannten Gesichtern, die Angst, den Terror ... Ich fühle mich nur traurig, alt und mutlos. Wie kann ich stolz sein als junge Kommunistin, wo ich doch weiß, was der Terror bedeutet? Ich führe ein Doppelleben. Scham und Stolz zerreißen mich.

Heute weiß ich, dass die Perversion der kommunistischen Machthaber darin bestand, die Verbrechen, die sie selber täglich begingen, den anderen zum Vorwurf zu machen. Sie warfen das Land den Russen vor und beschuldigten diejenigen, die sich zur Wehr setzten, des Verrats am Vaterland.

Von unserer Familie gibt es jetzt nur noch meine Mutter und mich, Roman und Onkel Polanski. Onkel Mittelmann, Tante Berta und ihre Tochter sind nach Israel ausgewandert. Von der Seite meiner Mutter gibt es niemanden mehr, seit ihr letzter überlebender Vetter nach dem Krieg bei dem Pogrom in Kielce erschlagen worden ist.

Doch eines Tages trifft meine Mutter zufällig eine entfernte Cousine, Malwina. Sie ist etwa so alt wie sie, hat große schwarze Augen und ist mit einem Kommunisten verheiratet, der schon vor dem Krieg in der Partei war. Die beiden Frauen fallen sich um den Hals und freuen sich riesig, denn auf einmal ist wieder ein Hauch von Familie da. »Ihr müsst uns besuchen, Tosia, kommt doch am Wochenende!«, ruft Malwina wieder und wieder. Meine Mutter zögert: »Ich weiß nicht ...« Aber Malwina bestürmt sie so lange, bis sie schließlich nachgibt. »Wenn du es möchtest, Malwina, dann kommen wir gerne«, sagt sie mit einem Seufzer.

Malwinas Mann ist heute ein ganz hohes Tier in der Regierung. Man holt uns mit einem schicken, schwarzen Auto von zu Hause ab, und wir fahren in Begleitung von zwei uniformierten Soldaten endlos durch Wiesen und Wälder. Schließlich halten wir bei einem alten Forsthaus mitten im Wald.

Dienstboten öffnen uns die Tür, nehmen uns das Gepäck ab, begleiten uns aufs Zimmer. Es sind alles Militärs. Sie reden kein Wort, doch sie sind überall, wie

Schatten. In der Villa herrscht gespenstische Stille. Mir ist beklommen zumute, ich friere, und ich spüre, dass es meiner Mutter nicht anders geht. Es ist, als wären wir in der Höhle des Löwen zu Besuch.
Das Haus ist teuer und elegant eingerichtet, überall Teppiche, Möbel, Silber. Obwohl es lauter schöne Sachen sind, ist es nicht wirklich schön dort, es ist viel zu voll gestopft. Malwina führt uns herum. Sie sieht bleich und gespannt aus, redet ein bisschen zu viel, lacht ein wenig zu laut.
Am Abend ziehen wir uns feine Kleider an und nehmen mit Malwina, ihrem Mann und lauter fremden Herren in grauen Anzügen und bunten Krawatten an einem langen Tisch das Abendessen ein. Die Tafel biegt sich vor Köstlichkeiten: Es gibt russischen Kaviar in riesigen silbernen Bechern, den die Gäste löffeln wie Kartoffelbrei, es gibt Orangen, Schinken, funkelnden Champagner in hohen Kristallgläsern und jede Menge Cognac und Liköre. Mir fallen fast die Augen aus dem Kopf. So viel gutes Essen auf einmal habe ich noch nie gesehen! Wo sie es nur alles herhaben? Es gibt doch nichts zu kaufen auf dem Markt ...
Drei Tage lang wird fast nur getafelt, die Uniformierten bedienen uns. Dazwischen spielt man Karten, grölt, raucht und trinkt. Meine Mutter wird in dieser Zeit immer stiller. Wenn ich sie frage, wo all das Essen her kommt, blickt sie sich ängstlich um und legt mir den Finger auf den Mund. Ich fühle mich gefangen, wie in einer Räuberhöhle. Wenn es kein Essen gibt, laufe ich alleine im Wald herum, sehe Hasen und Rehe, setze mich ins Gras und atme tief durch. Ich genieße das

kurze Gefühl der Freiheit, und ich stelle fest, dass ich solche Menschen noch nie kennen gelernt habe, Männer, die von ihrer Macht besessen sind.
Am dritten Abend, nach Sonnenuntergang, holt das schwarze Auto uns wieder ab. Meine Mutter redet leise mit Malwina, sie stehen an dem Zaun, der die Villa umgibt. Auf einmal beginnen beide ganz fürchterlich zu weinen, sie umarmen sich schluchzend. Schließlich löst sich meine Mutter von Malwina, und wir steigen ins Auto. Malwina ruft uns noch etwas hinterher, das ich nicht verstehe. Wir sehen sie nie mehr wieder.

Wenn ich mich einsam und traurig fühle, gehe ich jetzt ins Konzert. Alleine. Meine Mutter hat keine Zeit, aber sie gibt mir gerne Geld dafür. Für mich ist immer Geld da, lieber schränkt sie sich selber noch mehr ein. Sie möchte nicht zugeben, dass das Geld knapp ist. Und sie freut sich, dass ich die Musik entdeckt habe.
Stundenlang sitze ich in der Philharmonie und höre Chopin, *Stabat Mater* von Szymanowski, Mozart. Es ist mein Geheimnis, kein Mensch in der Schule weiß davon. Ich spüre, dass es nicht zur neuen Ordnung passen würde. Schönheit passt nicht zum Kommunismus ...
Wenn ich Musik höre, ist meine Unruhe leichter zu ertragen. Meine Zerrissenheit löst sich auf, und ich bin in der anderen Welt, von der ich immer träume.
Ich sehne mich so sehr nach Geborgenheit.
Einmal, als ich mit meiner Mutter unterwegs bin, entdecke ich in einem Schaufenster ein altes Puppenhaus. Es ist zwei Stockwerk hoch und hat zwei Schlafzimmer, eine Küche und ein Wohnzimmer

mit besticktem Sofa und Samtdecken auf den Tischchen. Es erinnert mich an das Haus meines Großvaters, in dem ich nie gewesen bin. »Das wünsche ich mir zum Geburtstag!«, bestürme ich meine Mutter.
Sie seufzt. Das Puppenhaus ist unerschwinglich. Eines Tages ist es aus dem Schaufenster verschwunden.

Als Teenager (um 1952/53).

In den großen Ferien dürfen einige ausgewählte Kinder ins Sommerlager der Jungen Sozialisten fahren. Ich gehöre auch dazu, und ich freue mich riesig. Drei Wochen draußen in der Natur, mitten im Wald, an einem See, weit weg von der Stadt, von zu Hause! Das Sommerlager gehört zu den Privilegien der aktiven Kommunistenkinder. Es gibt dort genug zu essen, man zeltet und macht tolle Spiele.
Aber sobald ich im Ferienlager bin, bekomme ich schreckliches Heimweh. Jeden Tag schreibe ich lange Briefe an meine Mutter. Nur die Abende sind schön. Da sitzen wir am Lagerfeuer unter dem Sternenhimmel, braten Würstchen und singen kommunistische Lieder. Kinder aus ganz Polen sind hier versammelt, Arbeiterkinder, Bauernkinder und Aktive wie ich.

Doch dann geschieht etwas, das mein neues Weltbild ernsthaft erschüttert. Wir sitzen wieder einmal am Feuer und schmettern ein revolutionäres Lied. Es hat den Refrain: Wir verachten den Tod, wir verachten euren Gott, unser Gott ist das Volk, die Arbeiterklasse. Und auf einmal steht so ein kleines Mädchen auf, ein Gebirgsbauernkind aus dem Tatra-Gebirge. Sie hat lange blonde Zöpfe und trägt eine bunte Tracht mit Blumen und Bändern. Sie steht da wie versteinert, und der Feuerschein erleuchtet ihr ernstes, kleines Gesicht, während sie schweigt und nicht mitsingt.

»Warum hast du nicht mitgesungen?«, fragt unser Jugendleiter, als wir mit dem Lied fertig sind.

Ich sehe, dass sie Tränen in den Augen hat.

»Ich singe nicht gegen Gott!«, antwortet sie mit dünner, fester Stimme.

Totenstille breitet sich aus, dann geht der Leiter schnell zur Tagesordnung über und stimmt ein neues Lied an. In den nächsten Tagen redet niemand mehr darüber. Doch ich habe an jenem Abend begriffen, dass hier etwas geschehen ist, das über meinen Horizont hinausgeht; dass es Menschen gibt, die den Mut haben, aufzustehen und Nein zu sagen.

Ich freunde mich ein wenig mit dem Mädchen an, das seither von allen gemieden wird, und lerne viel von ihr. Sie erzählt mir Heldensagen und Räubergeschichten aus ihrer Heimat. Die Bergbauern sind ein stolzes, religiöses Volk mit einer sehr alten Kultur. Keine Regierung hat sie je korrumpieren können.

Als ich aus dem Sommerlager zurückkehre, habe ich begriffen, dass es außer mir auch noch andere

Menschen gibt, die nicht dazugehören. Und dass viele von ihnen sogar stolz darauf sind, anstatt sich zu schämen.

Warum hat meine Mutter nie mit mir darüber gesprochen? Ich spüre doch, dass sie mein Trommlermädchen-Dasein nicht gutheißt, dass es so vieles gibt, was sie mir sagen möchte! Aber sie schweigt nur, lässt mich machen und verbietet mir nur wenig. Unaufhaltsam entfernen wir uns voneinander, ich fühle mich schuldig dabei.

Ihre Enttäuschung und meine Schuldgefühle werden in unserem Kampf um das Essen ausgetragen. Ich verweigere mich, nehme manchmal kaum noch etwas zu mir, verhärte mich und gerate in eine Trotzhaltung. Dadurch nabele ich mich innerlich immer mehr von meiner Mutter ab. Aus einer Person werden zwei.

Wenn wir uns im Theater mit Manuela treffen, wenn sie mich umarmt und küsst, mit mir flüstert und mich mit in die Garderobe nimmt, sehe ich den Schmerz in den Augen meiner Mutter. Es ist mehr als Eifersucht, es ist die bittere Erkenntnis, dass ich ihr entgleite.

Ich spüre, dass sie leidet, unter mir, aber auch unter der fehlenden Familie. Doch ich will kein Familienersatz für meine Mutter sein, und je mehr ich ihren Kummer spüre, desto verzweifelter wende ich mich von ihr ab.

Wenn sie nur über ihre Gefühle sprechen könnte, nur einmal gesagt hätte, du tust mir weh! Wie viel leichter wäre es damals für uns beide gewesen. Vielleicht hätte

ich später auch nicht so grausam zu ihr sein müssen … Aber sie leidet stumm, still und widerstandslos. Das verstärkt mein schlechtes Gewissen, und ich betäube es, indem ich hart und trotzig bin.
»Komm, *Poziomka*«, sagt Manuela nach der Vorstellung zu mir, »ich lese dir noch ein wenig vor, wenn du willst, und bringe dich später nach Hause. Magst du?« Sie sieht meine Mutter und mich fragend an.
Ich nicke begeistert. Meine Mutter sagt widerstrebend: »Wenn es nicht zu spät wird …«

Sie ist gegangen, und Manuela und ich sitzen allein in der Theatergarderobe. Draußen ist es schon dunkel. Ich komme mir ganz erwachsen vor, weil ich noch so spät auf bin, weil ich hier in der Theatergarderobe sein darf und weil Manuela mir vorliest.
Ich liebe es, bei Manuela in der Garderobe zu sein. Hier ist es aufregend und gemütlich zugleich. Es gibt zwei Plüschsessel, von denen der eine für Besucher in der Ecke, der andere unter dem großen Spiegel mit dem Schminktisch steht. An den Spiegel hat Manuela Fotos von ihren Lieblingsstars und Karten von Bewunderern geheftet. Es sind viele, denn Manuela hat eine Menge Verehrer. Sie schicken ihr Blumen und Pralinen, und alle wollen sie heiraten. Oft erzählt sie mir davon, dramatische, romantische Geschichten, und ich hänge an ihren Lippen, lausche mit weit aufgerissenen Augen.
»Würdest du mit Stefan ausgehen oder mit Jerzy?«, fragt sie kokett, während sie sich mit einem Wattebausch und Creme die Schminke vom Gesicht wischt.
»Mit Stefan!«, antworte ich ohne Zögern, denn der hat

ihr gerade eine Riesenschachtel Konfekt geschickt. Manuela lacht, bietet mir davon an und steckt sich selber eine Praline in den Mund. Sie bittet mich, ihr mit dem Reißverschluss ihres Kleides zu helfen, und schlüpft in den seidenen Morgenmantel, der mit den Kostümen auf einem Ständer hängt. Dann lässt sie sich wieder in den Sessel fallen und greift nach dem Buch.
»Lesen wir?« Sie genießt es, ihrer eigenen Stimme zuzuhören, wenn sie mir vorliest. Ich genieße es auch. Natürlich könnte ich das Buch auch selbst lesen. Aber das ist nicht dasselbe. Wenn Manuela liest, ist es wie eine Vorstellung. Sie ist eine wunderbare Vorleserin, und meine Mutter liest mir nie vor. Oft sitzen wir stundenlang so da, versunken in die Welt der Romantik und der tragischen Liebe.
Tristan und Isolde heißt das Buch. Die Geschichte hat ein dunkles Geheimnis, das mich tief innen berührt. Sie sterben aus Liebe …, ist es nicht das Schönste, aus Liebe zu sterben?

Und dann passiert die Sache mit den Briefen.
Wir sind über das Wochenende weggefahren, in die Berge, sitzen in unserem Hotelzimmer und trinken Tee. Auf einmal wird meine Mutter am Telefon verlangt. Sie springt auf, um an den Apparat im Flur zu gehen. Dabei fällt ihre Tasche herunter, eine kleine, braune Handtasche mit einem goldenen Bügel. Ich sehe, wie die Tasche auf dem Teppich liegt, sie ist offen, sie ist voller Briefe. Überrascht hebe ich die Tasche auf, nehme die Briefe heraus. Sie tragen alle die gleiche Handschrift, in schwarzer Tinte, schwungvoll und

kräftig. Eine Handschrift, die ich nicht kenne ... Wer hat meiner Mutter diese vielen Briefe geschrieben? Obwohl ich weiß, dass ich es nicht darf, siegt meine Neugier. Ich nehme einen Brief aus dem Umschlag. Er ist von einem Bekannten, den ich gut kenne, einem netten, älteren Mann. Alle Briefe sind von ihm. Was hat er ihr zu sagen? Sie sehen sich doch hin und wieder, er könnte ihr also eigentlich alles erzählen, was er ihr zu sagen hat ...
Ich beginne zu lesen.

Heiß geliebte Tosia ...

Erschrocken halte ich inne, mir wird ganz heiß im Gesicht. Und mein Mund ist auf einmal so trocken. Ich sollte das nicht lesen, denke ich.

Heiß geliebte Tosia,
jede Nacht liege ich wach und sehe Dich vor mir. Wie Du lachst, wie Du sprichst, wie Du Dich bewegst ... Mein Herz, mein Körper verzehren sich nach Dir, nach Deinem Herz, nach Deinem Körper, Nacht für Nacht, Tag für Tag. Ich kann nicht leben ohne Dich und Deine Liebe! Ein Leben ohne Dich ist sinnlos, und ich hoffe voller Sehnsucht, dass das Schicksal uns in einen sicheren Hafen ...

Mein Herz rast, die Trockenheit in meinem Mund ist unerträglich, Übelkeit steigt in mir hoch, aber ich lese weiter, ich muss weiterlesen, ich muss alles wis-

Die Reise

Einsamkeit

sen! Halb betäubt vor Schock und Schmerz lese ich alle Briefe.
Es sind glühende Liebesbriefe, und sie sind voller körperlicher Sehnsucht. Zum ersten Mal in meinem Leben spüre ich, dass es so etwas wie sexuelles Verlangen gibt, und es verwirrt mich und erschreckt mich zutiefst. Bis zu diesem Augenblick hatte ich meine Mutter nie als Frau wahrgenommen, immer nur als Mutter, als Teil von mir. Von »Ankern im Leben« und »gezählten Stunden« lese ich, »was wäre mein Leben ohne Dich«. Ich lese und denke an meinen toten Vater, und mir wird übel angesichts dieses Verrats an uns beiden. Mir wird schlecht von der Ahnung, dass Liebe mehr bedeutet als nur ein Wort ...
Von fern nähern sich die Schritte meiner Mutter. Hastig stopfe ich die Briefe wieder in die Handtasche, lege sie zurück auf den Tisch, schlage die Beine übereinander und versuche so auszusehen, als wäre nichts geschehen.
»Ist was?«, fragt meine Mutter besorgt, als sie mich so sieht. »Du siehst ja ganz blass aus, Kind ... hoffentlich wirst du nicht wieder krank!«
Sie legt mir die Hand auf die Stirn, um zu fühlen, ob ich Fieber habe. Ich möchte diese Hand wegstoßen von mir, diese Hand, die den Körper eines Mannes berührt hat, diese fremde, kühle Hand, die nicht mehr zu mir gehört ... mir ist so schrecklich übel ...
Aber ich lasse es geschehen. Niemand soll je davon wissen. Nie soll meine Mutter erfahren, dass ich ihr Geheimnis entdeckt habe. Und dass ich nun weiß, dass sie mich verraten hat.

8

Stalin ist tot. Es ist ein kalter Märztag im Jahr 1953. Aus dem Lautsprecher des Klassenzimmers schallt schwere, feierliche Musik, ab und zu durch einen ernsten Kommentar unterbrochen. Die Stimmen der Radiosprecher beben vor Tragik. Es ist wie im Theater. Wir sitzen in den Bänken, still und regungslos. Wir müssen trauern.

Ich gehe seit einem guten halben Jahr ins Gymnasium. Es ist ein dunkles, altes Vorkriegsgebäude schräg gegenüber von der alten Krakauer Synagoge. Ich trage eine Schuluniform wie die anderen Mädchen: blaue Baskenmütze mit der Nummer der Schule, blauer Kittel mit weißem Kragen und Emblem der Schule.

Vergessen ist Irene Ratan, vorbei meine Zeit als Trommlermädchen. Mein kommunistisches Ideal hat längst Risse bekommen.

Hier sitze ich nun und soll um Stalin trauern. Um den süßen kleinen Stalin, um den mächtigen großen Stalin, um Stalin, den Gott, dessen Bild überall hängt. Können Götter denn sterben? Es ist unvorstellbar, dass Stalin sterben könnte.

Ich weiß, dass ich ihn hätte lieben müssen, aber ich habe ihn nie lieben können. Das heimliche Wissen um

den Terror, der mit der Anbetung Stalins verbunden ist, hat mich daran gehindert. Ich empfinde keine Trauer über seinen Tod. Aber ich bin eine gute Schauspielerin. Ich senke den Kopf.
Mein Kopf wird schwerer und schwerer. Die Musik lastet wie Blei auf meinem Rücken, macht mich müde. Die Stunden vergehen, es ist später Nachmittag, es wird dunkel. Die tragischen Reden wiederholen sich, immer und immer wieder dieselben Sätze, dieselben Worte: Stalin ist tot. Tot, tot, tot ...
Mein Kopf sackt langsam herunter, auf meine Arme. Ich bin eingeschlafen.
Ein Mädchen bekommt plötzlich einen Lachkrampf, zwei oder drei andere lachen mit. Die Musik, die Spannung, das lange Sitzen, das Trauern sind einfach unerträglich geworden. Das Lachen ist eine Befreiung für uns. Aber es ist ein schweres Verbrechen. Unsere Namen werden aufgeschrieben. Man droht uns mit Konsequenzen, wir werden nach Hause geschickt.
Die ganze Stadt trauert. Menschen tragen große Bilder von Stalin durch die Straßen, auf dem Marktplatz sind Lautsprecher aufgestellt, aus denen dröhnt dasselbe Radioprogramm wie in der Schule. Niemand wagt es zu sprechen.
Als ich in unsere Straße einbiege, sehe ich schon von weitem, dass vor unserem Haus ein Polizist steht.
Jetzt kommen sie und wollen mich holen ...
Ich komme zitternd näher, versuche, mich an ihm vorbeizudrücken.
»Stalin ist gestorben!«, sagt er barsch und mustert mich aufmerksam.

»Nein, nein, ich sage nichts dazu!«, stottere ich. Sicherlich will er mich aushorchen, will wissen, ob ich Stalin wirklich geliebt habe …

Aber er lässt mich gehen.

In der Schule gibt es dann ein Disziplinarverfahren gegen mich und das Mädchen, das gelacht hat. Man droht, uns von der Schule zu werfen. Meine Mutter zieht sich ihren guten Mantel an und geht zur Direktorin.

»Was hat sie gesagt?«, bestürme ich sie, als sie lange darauf nach Hause kommt und ihren Mantel wieder an den Haken hängt.

»Du darfst bleiben«, antwortet sie. »Ich habe sie erweichen können, dich zu verschonen. Ich habe ihr erzählt, dass du keinen Vater mehr hast und eine schwache Gesundheit.«

Ich stehe da und schaue sie verwundert an. Anscheinend ist meine Mutter ja doch keine so schlechte Schauspielerin …?

»Und außerdem«, sagt meine Mutter trocken, »sie nimmt …«

Ich habe jetzt Freundinnen, die auch anders sind, so wie ich. Man kann mit ihnen reden wie mit Erwachsenen. Das ist, weil sie aus intellektuellen Elternhäusern kommen, sagt meine Mutter. All das ist völlig neu für mich. Zaghaft entdecke ich, was Freundschaft ist. Es ist, als ob ich ein wunderschönes, fremdes, warmes Land kennen lerne. Ich genieße es, Freundinnen zu haben. Ich staune. Es gibt tatsächlich Menschen, die Wert auf mich legen! Sie heißen Marysia, Renata, Bogusia und Barbara.

Barbara ist mir die liebste von allen.

Sie ist sehr still und hat ein ruhiges, sanftes, verständnisvolles Wesen. Endlich habe ich einen Menschen getroffen, der mir keine Angst macht und mich nicht unterdrückt. Barbara kommt aus einem Professorenhaushalt, die Mutter ist Bibliothekarin. Sie hat eine ältere Schwester, eine stadtbekannte Schönheit, die so hübsch ist, dass sie immer die gesamte Aufmerksamkeit auf sich zieht. Barbara selbst hat ein nettes, freundliches Gesicht mit leicht schräg gestellten Augen und ist sehr schüchtern. Aber sie ist hoch begabt, immer die Klassenbeste. Es gibt keine Frage, auf die sie nicht eine Antwort wüsste.

Ihre Familie lebt in einer wunderschönen, altmodischen Sechszimmerwohnung, die sie schon vor dem Krieg besaß und die fortan für lange Zeit meine Zuflucht ist. Weil die Mutter wenig Geld verdient, vermietet sie Zimmer an Künstler, und dadurch entsteht eine eigenartige Atmosphäre, die mich sofort magisch anzieht.

Oft gehe ich nach der Schule mit zu Barbara und bin froh, nicht in der dunklen, engen Wohnung bei dem schimpfenden Mariechen und meiner wortkargen Mutter sein zu müssen. Wir reden über alles. Nur über den Krieg und den Holocaust und über ihren Vater, den sie nie gesehen hat, sprechen wir kein einziges Mal. Auch die Bedrückung des Kommunismus, unseren grauen, beängstigenden Alltag, können wir vergessen. Man hat uns schließlich jahrelang eingehämmert, aus Angst vor Spitzeln mit niemandem über Politik zu reden und niemandem zu vertrauen. Stattdessen trage ich ihr meine Gedichte vor, wir lesen gemeinsam Bücher, wandern in Krakau herum, gehen in die Kirchen, fahren aufs Land.

Es gibt jetzt einen Menschen in meinem Leben, mit dem ich meine Traumwelt teilen kann, mit dem zusammen ich mir so etwas wie einen geheimen Garten anlege. Endlich bin ich nicht mehr so allein.
Nie gehen wir bei unseren Spaziergängen über die Brücke, auf die andere Seite der Weichsel, dorthin, wo das Ghetto war. Jeder weiß, dass ich Jüdin bin, schließlich sieht man mich auch ein paarmal im Jahr mit meiner Mutter in die Synagoge gehen. Im Gymnasium habe ich zu meiner Überraschung auch Janina wieder getroffen, das kleine Mädchen aus der jüdischen Schule, das von seiner Mutter nichts wissen wollte. Aber wir reden nicht mehr darüber. All das spielt zu meiner Erleichterung jetzt anscheinend keine Rolle mehr.

Das Leben ändert sich nach Stalins Tod zunächst nur wenig. Tagaus, tagein ist alles grau. Aus dem Radio tönt dieselbe verhasste Musik, im Kino laufen dieselben Kriegsfilme, in denen Soldaten marschieren, schießen und gewinnen. Dann kommt der General und heftet ihnen einen Orden an die Brust, und der Film ist zu Ende. Wir müssen diese Filme oft mit der Schule ansehen. Liebe kommt in ihnen auch vor, aber es ist eine andere Liebe: sauber und unpersönlich. Die Liebe zum Vaterland ist immer wichtiger.
Auch Roman hält nicht viel von diesen Filmen, aber das darf er natürlich niemandem erzählen. Er schwärmt vom amerikanischen Kino, das wir hier so gut wie nie zu sehen bekommen. Ich frage mich immer, woher er das alles weiß. Amerikanisches Kino ist kapitalistisches Kino. Wir wissen so gut wie nichts über den Westen, die

Zensur hat uns im Griff. Manchmal läuft ausnahmsweise ein italienischer oder französischer Film über die Arbeiterklasse. Dann stehen lange Schlangen vor dem Kino.
»In den Filmen kommen wenigstens hübsche Frauen vor!«, seufzt Roman sehnsüchtig. Er hat inzwischen ein eigenes Zimmer in der Stadt und kommt oft zum Essen zu uns. In der Schule ist er immer noch miserabel, es ist nicht sicher, ob er das Abitur überhaupt schaffen wird.
»Vielleicht gehe ich zum Zirkus!«, vertraut er mir einmal an. »Die haben eine eigene Schule da, die sicher nicht so öde ist wie meine. Ich könnte als Clown arbeiten ...«
Ich pflichte ihm bei. Dafür eignet sich Roman sicher sehr gut, er hat schließlich schon immer alle mit seinen Clownerien genervt.
Im Gymnasium mache ich noch eine Weile die Wandzeitung mit der kommunistischen Propaganda, obwohl ich selbst nicht mehr richtig daran glaube. Es ist immer noch eine gute Ausrede, um den verhassten Mathestunden zu entgehen. Ich weiß, dass die eingeschüchterten Lehrer mir dann eine gute Note geben müssen, es würde sonst so aussehen, als ob sie die Zeitung nicht respektieren. In den humanistischen Fächern bin ich gut und schreibe meinen Freundinnen oft ihre Aufsätze. Aber am besten bin ich in Kunst und in Literatur, nicht zuletzt dank meiner Freundschaft mit dem alten jüdischen Antiquar Herrn Taffet, der mir jedes gewünschte Buch besorgen kann.
Mehr als alles andere wünsche ich mir inzwischen ein Haustier, das ich lieb haben und mit dem ich schmusen kann. Aber unsere Wohnung ist zu klein dafür. Nur ein Parteimitglied kann Hoffnung auf eine größere Wohnung

haben, nicht jemand wie meine Mutter, die bei einer privaten Firma arbeitet. Solche Firmen gelten als »Blutegel der Nation«. Sie arbeitet deshalb manchmal Tag und Nacht, aus Angst, dass sonst die Firma geschlossen wird. Auch am Wochenende ist sie oft nicht da.
Ich bin froh darüber. Seit der Sache mit den Briefen weiche ich ihr aus. Ich versuche, nicht mehr daran zu denken, denn immer, wenn ich es doch tue, wird mir übel.

Langsam werde ich ein ganz normales Mädchen.
Das glaube ich jedenfalls tagsüber. Nachts habe ich seltsame Träume ...

> Ich bin auf meinem gewohnten Schulweg, mit dem Schulranzen auf dem Rücken. Ich hasse den Schulranzen – er ist so schwer. Bald bin ich vierzehn, denke ich und bin auf einmal ganz stolz und froh.
> Plötzlich sehe ich eine Menge Menschen auf der Straße. Es soll gleich eine Theateraufführung geben. Eine Art Krippenspiel oder Passionsspiel. Es soll aber nicht auf der Straße gespielt werden, sondern auf den Dächern der Häuser. Die Häuser sind hier niedrig – nur zwei oder drei Stockwerk hoch – also kann man alles gut sehen. Die Menschen recken die Hälse und starren auf die Dächer. Ich stelle mich dazu. »Du musst doch zur Schule«, sagt jemand aus der Menge. Aber ich bin bald vierzehn – also darf ich bleiben! Ich bleibe.
> Und schon fängt die Vorstellung an. Die Schauspieler fliegen von oben auf die Dächer. Sie sind groß – größer als wir. Sie sind grell und bunt angezogen. Sie

haben bunte Haare und auf den Hüten bunte Federn. Ihre farbigen, weiten Gewänder wehen im Wind.
Es ist so schön – ich habe noch nie etwas Schöneres gesehen! Mit ihren bunt bemalten Gesichtern grinsen sie uns an.
Langsam beginnen sie sich zu bewegen, zu singen, zu tanzen.
Ich sehe meine Mutter unter den Tanzenden, auch mein Vater ist da, die Großeltern, auch Sabine – oder ist das die Großmutter? Ich kann es nicht genau erkennen.
Mein Vater beginnt mir Zeichen zu geben. Er will mir etwas mitteilen, mich vor etwas warnen. Aber ich verstehe nicht, was er meint, ich bin ganz verzweifelt, weil ich nicht weiß, was er mir sagen will.
Und da fallen aus den gegenüberliegenden Fenstern die Schüsse. Dieses Geräusch kenne ich: peng, peng, peng, peng!
Die Gestalten auf dem Dach erstarren. Dann treffen die Kugeln sie – und sie fallen herunter – einer nach dem anderen.
Wie große, bunte Vögel fliegen sie, drehen sich im Wind. Dann fallen sie auf den Boden und sind nur noch grau.
Ich sinke neben ihnen auf die Knie – versuche, ihre Gesichter zu erkennen.
»Du kommst zu spät in die Schule«, sagt wieder jemand. Ich fange an die grauen, zerzausten Haare meiner Mutter mit den Fingern zu kämmen. »Du musst zur Schule, Roma«, sagt meine Mutter. »Es ist schon spät ...«

»Du musst zur Schule, Roma!«, sagt meine Mutter und rüttelt mich. Der Traum versinkt in der Tiefe. Ich reibe mir die Augen und springe aus dem Bett.

»Weißt du eigentlich, dass deine Mutter ein Verhältnis mit einem verheirateten Mann hat?«, fragt mich ein Mädchen eines Tages auf dem Schulhof spitz.
Sie kichert und lässt mich stehen.
Ein Donnerschlag hat mich getroffen. Halb betäubt lasse ich mich auf eine steinerne Bank sinken.
Alle wissen es. Die Mädchen in der Schule, die Leute in der Stadt sprechen davon. Von der Schande, mit einem verheirateten Mann eine Liebschaft zu haben, der noch dazu zwei Kinder hat ...
Meine Mutter! Meine stille, gutmütige Mutter! Eine lustvolle Geliebte? Ein Körper, ein Stück Fleisch?
Mein Herz, mein Körper, verzehren sich nach Dir, nach Deinem Herz, nach Deinem Körper ...
Erst jetzt, auf dem Pausenhof, dringt mir die ganze Bedeutung der Briefe ins Bewusstsein, die Bedeutung der einzelnen Wörter und Sätze, die mich bisher verfolgt haben wie ein böser Spuk. Aber immer waren es nur Wörter ... jetzt werden sie auf einmal wirklich, verdichten sich zur Materie, werden körperlich.
Es kommt mir vor, als hätte ich meine Mutter und ihren Freund zusammen im Bett erwischt.
Eine Erinnerung steigt plötzlich in mir hoch, würgt mich, verursacht Übelkeit. Ich möchte mich erbrechen.
Bilder, Geräusche, Szenen aus dem Ghetto überfluten mich: stinkende, schmatzende, stöhnende, schreiende Menschenleiber ...

Alles Körperliche ekelt mich an.
Meine Mutter ekelt mich an.
Ich selbst ekle mich an, denn auch mein Körper hat begonnen, sich zu verändern ...

Ich esse jetzt immer weniger. Wenn meine Mutter mich berührt, wird mir schlecht. Sie hat keine Ahnung, was mit mir los ist, denn ich rede nicht darüber.

Barbara weiß Bescheid. Sie versucht mich zu trösten, ohne das Thema direkt anzusprechen.
»Roma«, sagt sie, »kein Mensch hat seine Gefühle immer im Griff. Hast du mir nicht erst vor kurzem die Gedichte von Leśmian vorgelesen? Du weißt doch, wie das mit der Liebe ist ...«
Aber ich weiß es nicht. Die Liebe ist mir unheimlich geworden, ich habe Angst vor ihr.
Ich bin davon überzeugt, dass ich schwanger werde. Nachts träume ich davon und wache schweißgebadet auf, mit dem Gefühl, schwanger zu sein, ohne dass mich je ein Mann berührt hat. Ich habe nämlich nur verschwommene Vorstellungen darüber, wie man schwanger wird, und kein Mensch spricht über so etwas, auch meine Freundinnen nicht. Alles Körperliche ist Sünde. Es ist sogar eine Sünde, Hosen zu tragen. Die Rektorin des Gymnasiums steht im eiskalten Winter vor der Schule und prüft, ob jemand Hosen trägt. Und wenn eine von uns in einer Hose kommt, wird sie nach Hause geschickt.
Mädchen, die schon weibliche Formen entwickelt haben, werden schikaniert und bekommen schlechte Noten.

Einmal wird eine meiner Freundinnen mit großem Geschrei nach Hause geschickt, weil sie Ohrringe trägt. Die Lehrerin bezeichnet sie als Nutte. Ohrringe sind unmoralisch, alles ist unmoralisch.
Trotzdem, oder gerade deswegen, zieht mich das Geheimnis der Liebe an, und gleichzeitig stößt es mich ab.
»Iss!«, sagt meine Mutter und stellt den vollen Teller vor mich hin. Doch ich schüttele nur den Kopf, ich kann nicht, ich will nicht essen. Mariechen schimpft. »Das Essen ist doch so schwer zu bekommen! Es ist eine Sünde, nicht zu essen!«, wettert sie.
Alles ist eine Sünde.
Aber Mariechen hat natürlich Recht: Das Essen, vor allem Fleisch, Wurst und Schinken, ist schwer zu bekommen. Doch meine Mutter hat jetzt eine Bekannte, die heimlich Wurst vom Lande schmuggelt und verkauft. Sie arbeitet in einer städtischen Badeanstalt. Wir gehen deshalb regelmäßig ins Bad, ziehen uns nackt aus, gehen durch das Dampfbad hindurch zu einem kleinen Hinterzimmer und kaufen die Wurst, die sie dort versteckt hat. Dann arbeiten wir uns zurück durch die dicken Dampfschwaden, unsere kostbaren Pakete in der Hand, und ziehen uns wieder an. Die Prozedur ist zwar im Winter etwas lästig, aber wir verlassen mit unserer Beute zufrieden das Bad.
Essen kann ich die fette Wurst trotzdem nicht.
Wenn ich nichts esse, kann ich vergessen, dass ich einen Körper habe ...
Meine Mutter macht sich Sorgen um mich, aber ich kann ihr nicht helfen. Und außerdem geschieht es ihr recht.

In der Gruppe meiner Freundinnen spiele ich, wie Roman, den Clown. Und meine Freizeit verbringe ich fast nur noch mit Malen und Zeichnen. In der Kunst finde ich endlich die Welt, nach der ich mich sehne, die weder mit dem sozialistischen Alltag noch mit Körpern etwas zu tun hat. Allerdings habe ich wenig Freizeit, denn wir haben sowohl samstags als auch nachmittags Unterricht, und über das Wochenende gibt es tonnenweise Hausaufgaben.

Ich bin nicht gerade gut in der Schule.

Nur in Literatur habe ich immer glänzende Leistungen. Von Literatur weiß ich nämlich manchmal mehr als die Lehrerin. Ich lese und lese und lese. Kunst ist nach wie vor mein Lieblingsfach.

Wir lernen Russisch, später auch Französisch in der Schule. Englisch gibt es nicht, es ist eine Kapitalistensprache, aber manche Mädchen bringen es sich heimlich selber bei.

Die naturwissenschaftlichen Fächer sind mir absolut fremd und ziemlich verhasst. Zum Glück habe ich Barbara! Immer zieht sie mich mit, sagt mir, was ich lernen muss, und fragt mich ab. Alles, was man nicht auswendig lernen muss, schreibt sie sowieso für mich. Ich glaube, sie hat mir Mathe mindestens tausend Mal erklärt. Sie unterstützt mich, nimmt mir meine Versagensängste und hilft mir durch meine heimlichen Depressionen, unter denen ich immer wieder leide. Und ich kann ihr helfen, wenn sie unter ihrer Schüchternheit leidet.

Wenn ich jemandem helfe, kann ich mich selbst vergessen.

Mit meinem Physiklehrer unterhalte ich mich über

Malerei. So etwas gibt es nur in Polen – das Verständnis für Künstlernaturen! Wie durch ein Wunder werden meine Noten jedes Mal besser, wenn mir in Physik eine dicke Sechs droht. Diese Toleranz hat meine Schullaufbahn gerettet. Man hätte mir leicht die Zukunft verbauen können.

Am meisten liebe ich noch immer Theater. Ich schreibe und inszeniere jetzt sogar Stücke für das Schultheater und komme damit wieder einmal um die Mathestunden herum.

Meine Freundinnen schleppe ich ständig in Ausstellungen und ins Theater. Sie lernen Manuela und ihre Freunde kennen und sind natürlich sehr von ihnen beeindruckt. Manuela ist und bleibt mein großes Vorbild. Ich sehe sie auf der Bühne, in Salonstücken, polnischer Romantik, Shakespeare. Die Stücke handeln von den Dingen, die zwischen Männern und Frauen passieren, aber das ist Kunst und keine Wirklichkeit.

Ich sitze im Theater und spreche Manuelas Text still mit. Noch heute kann ich ganze Passagen aus den Stücken auswendig. Ich stelle mir vor, wie ich selbst eines Tages auf der Bühne stehe, als Ophelia, als Julia, als Natascha in Tolstois *Krieg und Frieden* …

Für Manuela bin ich so etwas wie ein Ersatzkind, ein Maskottchen. Sie genießt meine Bewunderung, erzählt mir alles von ihren großen und kleinen privaten Liebesdramen.

Und meine Mutter leidet stumm.

»Du bist ja verrückt nach Mode!«, sagt sie.
Es stimmt. Mein Aussehen wird mir immer wichtiger. Meinen neuen Schulkittel habe ich selbst entworfen und von einer Schneiderin nähen lassen. Dann habe ich ihn dunkelblaugrau gefärbt, eine Schattierung heller, als die Schulordnung es vorschreibt. Aber dagegen kann niemand etwas sagen.
Nach wie vor gibt es so gut wie nichts zu kaufen. Barbara und ich durchkämmen jetzt regelmäßig den Flohmarkt auf der Suche nach etwas Farbe. Hin und wieder bekommt ein Mädchen in der Schule ein Paket aus dem Westen. Das ist jedes Mal eine Sensation. Eine bunte Kette, ein Spitzenunterrock, ein hübsches Tuch sind wahre Schätze, um die sie glühend beneidet werden. Einmal wird einem Mädchen aus meiner Klasse sogar genehmigt, zu ihrer Familie nach Paris zu fahren. Als sie zurückkommt, pilgert die ganze Klasse zu ihr, um zu sehen, ob sie jetzt blaue oder grüne Haare hat, ob sie überhaupt noch dieselbe ist.
Einige Zeit darauf reist auch Roman nach Paris. Er hat nach der Zirkusschule das Abitur bestanden und will jetzt in Łódź an die Filmhochschule gehen. Nun hat er eine Einladung von seiner Halbschwester aus Paris bekommen. Fünf Dollar darf man offiziell nur mitnehmen, aber alle schaffen es, heimlich verstecktes Geld hinauszuschmuggeln. Nach seiner Rückkehr wird Roman überall bestaunt. Er freut sich, wenn die Leute seine roten Socken bewundern, die er sich in Paris gekauft hat.
Bei uns in Polen sind alle Socken grau. Der Hunger der Menschen nach Farbe ist unvorstellbar. Vielleicht

kommt meine Sehnsucht nach Mode auch daher, aus diesem Mangel. Während mein Körper nur wenig Essen braucht, verzehrt sich mein Geist nach Schönheit und Farbe. Schon in teuren Hotels kann man das spüren, ein hübsches Mädchen wie ich kann an der Hotelbar Kaffee trinken, und am Kiosk dort gibt es duftende Zigaretten und ausländische Zeitschriften. Eine Zeitschrift anzuschauen ist ein Hauch von Freiheit für mich. Ich bekomme manchmal den Mund nicht zu, wenn ich die Bilder betrachte! Bei uns sind alle Frauen dick und abgearbeitet, und auf diesen Fotos sind auch ältere, schlanke, gut aussehende Frauen mit gefärbten Haaren und schicken Frisuren zu sehen.

Hin und wieder ergattere ich mit Barbara auf dem Schwarzmarkt einen bunten Rock oder Schuhe und Modeschmuck. Mit den anderen Mädchen sitzen wir stundenlang vor dem Spiegel. Wir malen uns mit einem schwarzen Stift dicke Balken über die Augen. Wir las-

Vor dem Spiegel (1958).

sen uns die Haare so schneiden, wie sie die Schauspielerinnen aus den französischen und italienischen Filmen tragen, und versuchen, uns in unserer Freizeit wie sie zu kleiden. Ich verwandele jetzt meine billigen Turnschuhe mit schwarzer Tusche in Ballerinas und nähe mir Röcke aus farbigen Vorhangstoffen. Das ist für uns Westen.
»Du siehst aus wie ein Papagei!«, sagt meine Mutter missbilligend, und Mariechen nickt heftig. Sie findet meine Kleidung schamlos und sündig – und das Dekolleté viel zu tief!

Ich fühle jetzt oft, wie die Blicke der Männer bewundernd auf mir ruhen, und genieße es, schamlos und sündig auszusehen. Das reicht aus, um mein Selbstbewusstsein für einen Augenblick anzuheben. Ich will gar nicht unbedingt näheren Kontakt zu ihnen haben, kenne auch keine Jungen in meinem Alter. Ich möchte nur bewundert werden.
Die Bewunderung hilft mir, alles zu vergessen.
Ich will alles vergessen ...
Manchmal schaue ich mich im Spiegel an und frage mich, ob ich eigentlich Jüdin bin. Ich sehe ein hübsches, junges Mädchen mit schwarzen, ratlosen Augen. Ich will die Frage nicht beantworten.
Am Freitagabend bei Sonnenuntergang zündet meine Mutter wie immer zwei Kerzen an und spricht den Segen: »Schabbat schalom ...« Doch all das geschieht fast nebenbei, verschämt, ohne Selbstbewusstsein. Die Vergangenheit ist für uns beide etwas Unaussprechliches.

Auch die unsichtbare Gegenwart meiner Großmutter scheint sich für immer verflüchtigt zu haben.

Inzwischen nütze ich es schamlos aus, dass ich so klein und durchsichtig wirke. Meine Freundinnen sehen immer gut und gesund aus. Sie werden von den Lehrerinnen, die allesamt alte Jungfern sind, ständig verdächtigt, abends zum Tanzen zu gehen, Jungs im Kopf zu haben, nicht zu lernen. Bei mir dagegen heißt es: Seht her, die Ligocka, die lernt, das sieht man ihr an, sie ist so blass und hat solche Schatten unter den Augen! Die Schatten habe ich mir angemalt, mit verdünnter Tinte, und mein Gesicht weiß gepudert.

In Wirklichkeit habe ich, neben der Kunst, natürlich auch nur die Liebe im Kopf. Es gibt eine wachsende Schar von Männern, die sich für mich interessieren, vor allem Künstler, Maler, Schauspieler oder Dichter, die ich bewundere; aber meine Gefühle sind nur Schwärmerei. Abends gehe ich oft aus, sitze in Kaffeehäusern, gehe ins Theater, ins Konzert, treffe mich mit meinen Freundinnen. Manchmal schwänze ich auch die Schule. Dann schleiche ich mich in eine der vielen Kirchen und verstecke mich in einem der tiefen Sessel des Seitenschiffs. Ich wiederhole dort Vokabeln oder genieße ganz einfach die feierliche Stille. Meinen ersten Wodka habe ich in der Kirche getrunken, und in der Kirchenbank habe ich auch zum ersten Mal einen Mann geküsst.

Er heißt Piotr und ist meine erste Liebe.

Ich habe Piotr bei einem Schulausflug im Museum kennen gelernt. Er war damals ein junger Kunststudent, der Führungen machte, und sah mit seinem lockigen, wilden Haar und seinen wunderschönen großen Augen wie ein Zigeuner aus. Auch seine sanfte Stimme gefiel mir. Es war faszinierend, wie er von den Gemälden erzählte: wie man Licht malt, wie man ein Bild zum Leuchten bringt, von dem Geheimnis der Komposition. Ich war hingerissen und schwebte förmlich, als wir das Museum verließen. So einen Mann hatte ich noch nie getroffen ...

Am nächsten Tag in der Mathestunde erzählte ich meiner Freundin Barbara, die an jenem Tag krank gewesen war, von unserem Ausflug. Mit Begeisterung schilderte ich ihr, dass ich mich verliebt hatte in einen tollen Mann mit lockigem Haar und sanften, dunklen Augen, der so viel von Malerei verstand wie niemand sonst auf der Welt. Ich redete und redete, und Barbara hörte schweigend zu, bis die Lehrerin mir einen bitterbösen Blick zuwarf.

Als sie sich endlich wieder zur Tafel drehte, flüsterte Barbara mit einem kleinen Lächeln: »Das ist ja fein, dass du Piotr kennen gelernt hast. Der wohnt nämlich jetzt bei mir.«

Ich schnappte nach Luft. Die ganze Nacht über hatte ich wach gelegen und überlegt, wie ich diesen Mann kennen lernen könnte – und nun hatte er vor einigen Tagen bei Barbaras Mutter ein Zimmer gemietet! Fortan besuchte ich meine Freundin natürlich noch häufiger.

Zwischen Piotr und mir entwickelt sich nach und nach eine wunderschöne, zarte Liebe. Ich schreibe ihm

Gedichte, er mir romantische Briefe. Zu seinem Geburtstag dekorieren Barbara und ich sein Bett über und über mit bunten Wicken. Er mag mich zwar sehr, betont aber immer, dass er eine Frau im Ausland hat und sich nicht binden darf. Wir wissen beide, dass das nur eine Ausrede ist. Er ist ein anständiger Mann und will ein unschuldiges, sechzehnjähriges Mädchen nicht in Versuchung führen. Piotr ist sehr zärtlich und liebevoll zu mir, aber unsere Liebe bleibt rein platonisch.

Ich bin einerseits erleichtert darüber, andererseits ein wenig enttäuscht. Doch ich verstehe natürlich, dass er ein echter Künstler ist, ein Mann, der über alle geschlechtlichen Anfechtungen erhaben ist. Und er versteht mich: Wir teilen die Welt der Poesie.

Heimlich treffen wir uns in der Kirche. Ich habe ein Weidenkörbchen mit einer kleinen Flasche Wodka dabei, und wir sitzen in der Bank, trinken Schnaps und küssen uns. Es ist wundervoll und sündenhaft – etwas, was »man« nicht macht ...

Piotr hat nie Geld. Ich sehe uns noch, wie wir einmal alle im Café sitzen, hungrig und durstig, und keiner von uns hat einen Groschen in der Tasche. »Wartet einen Augenblick«, sagt Piotr, »ich bin gleich wieder da.« Und er geht weg, in den dunklen, windigen, feuchten Herbsttag, und kommt wieder, die Tasche voller Geld. Er hatte den Futterstoff seines Mantels verkauft.

Barbara nimmt an meiner Liebe zu diesem Mann teil und ist froh darüber. Sie ist ein Mensch, der besser das Leben eines anderen leben kann als sein eigenes.

Meine Mutter leidet.
Ich kann ihre übertriebene Sorge um mich überhaupt nicht verstehen. Wie kommt sie auf einmal dazu, mir etwas verbieten zu wollen, wo sie mich doch immer wie eine Erwachsene behandelt hat? Nun bin ich endlich erwachsen geworden, und auf einmal fängt sie an, mir Vorschriften zu machen! Doch dafür ist es jetzt zu spät.
Wenn ich abends manchmal spät nach Hause komme, steht sie im Nachthemd in der Tür und schweigt. Ich spüre ihre Angst wie früher, nur geht es diesmal um mich. Sie hat Angst, mich zu verlieren, das Einzige, das sie aus dem Krieg gerettet hat, das Kostbarste, was sie besitzt. Aber ich will nicht besessen werden! Ich bin zwar nie aggressiv, denn das habe ich ja nicht gelernt. Ich versuche ihr nur zu erklären, dass ich nichts Schlimmes tue. Doch sie glaubt mir nicht.
Wenn ich trotz Versprechen wieder mal zu spät nach Hause komme – man kann ja auch nicht überall telefonieren –, platzt ihr manchmal kurz der Kragen, und dann schweigt sie wieder. Das macht mir schreckliche Schuldgefühle, ich komme mir oft vor wie die letzte Nutte, die sich am Bahnhof herumgetrieben hat. Dann gehe ich ins Bett und drücke meine Puppe an mich. Ich glaube zu ersticken, und wenn ich es nicht mehr aushalte, werde ich krank. Das ist für uns beide der Ausstieg aus diesem Konflikt. Sie ist dann endlich entlassen aus ihrem Schweigen und kann sich um mich kümmern.
Ich bin oft krank in dieser Zeit.

Mariechen spricht offen aus, was meine Mutter denkt. Sie poltert wie immer in der Früh laut mit der Ofentür herum und schimpft: »Manche können ausschlafen, und auf ihre Mutter nehmen sie keine Rücksicht. Solche gibt's! Die Mutter geht jetzt arbeiten, und die ganze Nacht hat sie nicht geschlafen. Aber manche, die denken ja nur an sich!«
Dann vergrabe ich meinen Kopf in den Kissen und ersticke die Schuldgefühle, aber ein Fünkchen Mitgefühl für meine Mutter bleibt doch tief innen übrig.

Noch immer ist es für mich unvorstellbar, dass sie einen Geliebten hat. Kein Wort zu diesem Thema kommt über ihre Lippen, obwohl sie weiß, dass ich es weiß und dass man in der ganzen Stadt darüber spricht. Auch seine Frau und seine Kinder wissen davon, man bewegt sich ja in denselben Kreisen, er ist Jude wie wir. Ich fühle mich gebrandmarkt von dem Skandal, wir leiden alle darunter. Aber es gibt keine Chance, sich scheiden zu lassen, und wegen der Kinder bleibt er bei seiner Familie.
Manchmal versucht meine Mutter, das Verhältnis zu beenden, aber es gelingt ihr nie. Ab und zu, wenn es zu eng wird und die Ehefrau ihres Geliebten ihm wieder eine Szene gemacht hat, packt sie ihren Koffer und verlässt mit mir für zwei oder drei Tage die Stadt, damit sich die Situation wieder beruhigt. Ich finde das immer ganz schön, diese unverhofften kurzen Ferien, für die meine Mutter der Schule eine Entschuldigung schreibt. Der Freund meiner Mutter ist ein netter, sympathischer Mann, den ich sehr gerne habe. Mein Ekel und meine

Enttäuschung richten sich nicht gegen ihn, nur gegen meine Mutter. Er hat immer viel Verständnis für mich, findet stets eine Entschuldigung für mein Verhalten, unterstützt mich rückhaltlos, auch in meiner künstlerischen Entwicklung. Er versucht auf meine Mutter einzuwirken, nicht so streng mit mir zu sein, die Dinge positiver zu nehmen, meine bunten Kleider nicht ständig zu kritisieren. Allerdings hat er in diesem Punkt wenig Erfolg.
Über Jahre bemüht er sich, ein Doppel-Familienleben zu führen. Er kann einfach nicht anders. Er liebt meine Mutter zu sehr.
So gibt keiner der drei Beteiligten auf, und er verbringt alle Feiertage, auch Silvester, regelmäßig erst bei der einen, dann bei der anderen Familie.

»Komm doch einfach mit!«, sagt das Mädchen zu mir. Ich kenne sie flüchtig aus der Schule. Sie ist etwas jünger als ich, hat aber schon Erfahrung mit Männern. Es ist früher Nachmittag. Wir treffen ein paar Männer, die sie kennt, und gehen in eine Kneipe. Ich trinke ein paar Wodkas hintereinander, ohne so recht zu wissen, was das bewirkt. Als ich dann aufstehen will, werde ich auf einmal ohnmächtig.
Ich erwache in einer Villa am Stadtrand. Um mich herum sind fremde Männer und Frauen. Sie sind alle sehr betrunken. Einer der Männer versucht mich auszuziehen. Ich bekomme panische Angst, wehre seine Versuche verzweifelt ab. Er versteht nicht, warum ich mich so anstelle, ist aber zu besoffen, um zu schimpfen oder mich festzuhalten. In meinem Kopf dröhnt es. Ich

weiß nur noch zwei Dinge: Erstens muss ich da sofort raus. Und zweitens wird mir so etwas nie wieder passieren ...

Ich laufe weg, es ist schon Abend und dunkel, laufe einfach davon, barfuß die Treppe hinunter, auf die Straße. Niemand hält mich zurück. Ich irre durch die Stadt, komme endlich nach Hause. Zum Glück ist meine Mutter nicht da. Ich fühle mich schrecklich, muss mich übergeben: wegen des Alkohols, wegen der Angst, wegen der Erinnerungen. Es sind wieder die Bilder aus dem Ghetto, es ist dieselbe Angst vor Menschen, vor Körpern, davor, festgehalten und angefasst zu werden. Und dasselbe Gefühl, ich muss mich retten. Du hast kurze Zeit nicht auf dich aufgepasst, denke ich und fühle mich schuldig. Aber du hast wieder einmal Glück gehabt ...

Ich nähe mir neue bunte Röcke, schneide Dekolletés in T-Shirts und trage riesige Ohrringe. Meine Kleidung ist auch mein Schutz, dadurch bin ich nicht so angreifbar. Ich sehe aus wie eine Zigeunerin und spiele meine Rolle perfekt – die Rolle des lustigen, extravaganten jungen Mädchens.

Wenn ich nicht ausgehe, schreibe und male ich wie eine Besessene. Meine Themen sind Gesichter, ängstliche Augen, zerbrechliche Körper, ein geschlossener Raum mit kleinen Fenstern, in dem jemand sitzt. Oder ich male die Pieta, in allen Variationen. Nach wie vor fühle ich mich nämlich zu der katholischen Religion hingezogen; das Dramatische, das Leiden faszinieren mich. Ich erlebe es fast körperlich, diese Einsamkeit, die Trauer und den Schmerz.

Immer noch lebe ich in zwei Welten.

Wenn ich ausgehe und flirte, dann mit einem einsamen, unglücklichen Dichter, der mir seine Werke vorliest. Meine Jugend ist keine Zeit der wilden Partys, bei denen man sich gehen lässt, bis zur Erschöpfung tanzt oder trinkt. Ich kann nicht loslassen, nie die Kontrolle über mich verlieren. Ich will nur flirten, mich nicht fallen lassen, mich nicht hingeben, mich auf nichts einlassen.

Eines Tages sitze ich in einem Café und lese. Ein unscheinbarer, blonder Mann mit Brille zwei Tische weiter beobachtet mich ununterbochen. Das bin ich gewöhnt, ich beachte ihn nicht weiter.

Plötzlich steht der Mann auf, kommt an meinen Tisch und verbeugt sich.

»Möchten Sie mich heiraten?«, fragt er höflich.

Ich schaue von meinem Buch auf. »Sie?«, frage ich. »Wieso? Ich sehe keinen Grund!«

Er verbeugt sich noch einmal, entschuldigt sich und setzt sich still wieder an seinen Platz.

Das war der berühmte Stanislaw Lem, wie ich später erfuhr.

Dichter und Schriftsteller wurden damals in Krakau in gewisser Weise wie Stars verehrt. Man traf sie privat bei Freunden. Wir hörten heimlich Jazz, schöne westliche Musik, die man mit ein bisschen Glück für einen hohen Preis auf dem Schwarzmarkt ergattern konnte. Hin und wieder traten auch polnische Jazzmusiker in kleinen Clubs und Bars auf. Aber meine Welt waren immer die Dichter. Sie hatten oft scharenweise hübsche junge Frauen um sich, Fans wie mich. Diese Männer waren meine Universitäten. Ich habe sehr viel aus den Gesprächen mit ihnen gelernt. Sie eröffneten mir eine Welt, die ich noch heute in mir trage.

Krakau ist eine Insel in Polen.

Wir sind immer noch eingesperrt in einem sozialistischen Lager. Man darf nicht reisen, die Ausreiseanträge meiner Mutter werden stets aufs Neue abgelehnt. Aber in Krakau haben die Künstler sich eine eigene Welt aufgebaut, zu der auch ich nun gehöre. Der Kampf gegen das Regime wird versteckt in unseren Kreisen ausgetragen, im Theater, im Cabaret. Dichter lesen im privaten Kreis aus ihren Werken, wovon die Zensur nichts wissen darf. Sie sprechen eine verschlüsselte Sprache, üben Kritik an den politischen Verhältnissen, ohne dass man sie dafür zur Rechenschaft ziehen kann. Es ist eine Art Geheimsprache.

Ganz ohne Begründung kann die Polizei inzwischen zwar nicht mehr einfach Leute abschleppen und einsperren, aber es gibt noch den Paragraphen »Verleumdung des Staates«, den man auf alles Mögliche anwenden kann. Auch den Job zu verlieren ist an der Tagesordnung. Aber immerhin muss man nicht mehr direkt um sein Leben fürchten.

Was auch immer sie tun, die Regierenden können den künstlerischen Freiheitsgeist in Krakau nicht ersticken. Über Jahre versuchen sie, vor den Toren der Stadt eine riesige Industriestadt zu errichten, damit endlich eine richtige Arbeiterklasse entsteht neben all den Adligen, Professoren, Literaten und Künstlern. Doch das Projekt entwickelt sich ganz anders als geplant. Als Erstes wird in dieser Trabantenstadt nämlich ein Theater gegrün-

det, in dem genau die Künstler auftreten, die man loswerden wollte, und als Zweites erkämpfen sich die Arbeiter gegen großen Widerstand eine Kirche. Dann kommen sie scharenweise in die Stadt, um sich das Leben der Künstler anzuschauen.
Das wunderschöne jüdische Viertel, in dem auch meine Schule, die Synagoge und der alte Friedhof liegen, lassen die Machthaber dagegen verkommen. Asoziale und Kriminelle siedeln sich dort an, und die Stadtverwaltung greift nicht ein. Stattdessen werden nun hässliche Plattenbauten am Stadtrand hochgezogen.

In der Abiturklasse lerne ich meine zweite Lektion in Zivilcourage.
Es geschieht im Biologieunterricht. Wir behandeln gerade die Evolutionslehre, und da man alles unter dem marxistischen Gesichtspunkt sieht, wird uns irgendetwas erzählt, das die sowjetischen Wissenschaftler angeblich herausgefunden haben. Ich döse verschlafen in meiner Bank.
Doch da steht auf einmal meine Freundin Renata auf, deren Vater Naturwissenschaftler ist.
»Das ist alles Quatsch«, sagt sie mit fester Stimme. »Das ist alles nicht wahr.«
Stille tritt ein, dieselbe Stille wie damals am Lagerfeuer, als das kleine Mädchen sich weigerte, gegen Gott zu singen.
Die Lehrerin ist blass geworden. »Bitte, Renata!«, sagt sie beschwörend, »bitte, sag so etwas nie wieder! Du verbaust dir die Zukunft, du wirst dein Abitur nicht bekommen ... Ich habe nichts gehört.«

Wir schweigen. Alle wissen, wie mutig das von Renata, aber auch von der Lehrerin war. Und ich begreife plötzlich, mit den Augen einer Erwachsenen, was Zivilcourage heißt. Ich, die nie auffallen wollte, sehe, dass man auffallen kann und dass es gut so ist. Mir wird klar, dass die Wahrheit wichtiger sein kann als die eigene Person.

Piotr erzählt Barbara und mir eines Tages ganz aufgeregt, er habe einen tollen Keller in der Stadt entdeckt und werde dort ein Cabaret eröffnen. Ob wir ihm helfen wollen, den Keller herzurichten?
Natürlich wollen wir! Es ist ein ehemaliger Weinkeller, ein wunderschönes altes Gewölbe in einem Palais, das früher der Fürstenfamilie Potocki gehört hat und direkt am Marktplatz liegt. Der Keller ist voller Schutt und Steine, aber am Abend haben wir es mit vereinten Kräften geschafft, ihn leer zu schaufeln. Ein paar Freunde schleppen ein Klavier hinunter, Barbara und ich stecken Kerzen in leere Weinflaschen, Piotr zimmert im Handumdrehen eine kleine Bühne, und schon findet eine Vorstellung statt. Irgendjemand macht Musik, singt, liest vor.
»Wie soll dein Cabaret heißen?«, frage ich Piotr.
»Unter den Widdern!«, erwidert er strahlend und gibt mir einen Kuss.
Das Cabaret »Unter den Widdern« wird zur Institution in Krakau. Es ist Piotrs Leben. Vierzig Jahre lang tritt dort alles auf, was Rang und Namen hat; und auf eine leise und skurrile, surrealistische und persönliche, lyrische Art wird auf der kleinen Bühne in dem engen, stickigen Keller Großes bewirkt. Ich selbst trete nicht auf,

gehöre aber in den ersten Jahren des Cabarets zum Team.

Ich bin jetzt manchmal nächtelang weg, und meine Mutter steht nicht mehr im Nachthemd in der Tür, wenn ich nach Hause komme. Aber ihre Angst ist geblieben. Ich versuche, sie nicht mehr zu spüren, mir meine Mutter aus dem Herzen zu reißen. Sie hat zugenommen in letzter Zeit, in ihrem Kummer isst sie zu viele Süßigkeiten und zu viel Kuchen. Das Backen ist immer noch ihre Leidenschaft. Wir leben aneinander vorbei. Es ist fast, als ob wir einander nicht kennen würden, und dabei kennen wir uns doch so gut.
Zu meinem achtzehnten Geburtstag schenkt sie mir, fein in buntes Papier gewickelt, einen großen Hausschlüssel. Ich weiß, dass dieser Schlüssel ein Symbol für mein Erwachsensein, für meine Freiheit sein soll. Bis dahin musste ich nachts immer die Hausmeisterin mit den vielen Röcken bitten, mir aufzuschließen; das machte Ärger und kostete mich jedes Mal ein Trinkgeld extra.
»Tu, was du nicht lassen kannst«, sagt meine Mutter. Wir umarmen uns flüchtig. Wie zerbrechlich sie ist, denke ich und schiebe den Gedanken ganz schnell wieder fort.

Barbara und ich sitzen bei ihr in der Wohnung und brüten über unseren Büchern. Es ist heiß draußen, und wir schwitzen – Barbara vor Hitze, ich vor Angst. Das Abitur rückt nämlich immer näher, und je näher es

rückt, desto mehr bin ich davon überzeugt, dass ich es nicht schaffen werde.
»Du schaffst es«, sagt Barbara zum hundertsten Mal, »wenn du dich endlich richtig mit dem Mathestoff befasst!«
Aber ich will mich nicht damit befassen. Ich will nur malen, zeichnen und Gedichte schreiben. Einige Gedichte sind sogar schon in den Zeitungen veröffentlicht worden, und meine Mappe für die Kunstakademie ist fast fertig.
»Du musst!«, mahnt Barbara und erklärt mir mit rührender Geduld die Dinge, die ich nicht verstehe und nie verstehen werde. Sie fragt mich ab, sie paukt mit mir, sie ist entschlossen, mich durchs Abitur zu boxen.
Ich weiß, dass ich es schaffen muss. Alle in unserer Familie haben bisher das Abitur geschafft, wie meine Mutter immer wieder in einem Nebensatz betont. Am liebsten würde ich weglaufen, ausreißen, mich unsichtbar machen ...
Aber ich laufe nicht weg. Ich gehe auf den jüdischen Friedhof, kämpfe mich durchs Gestrüpp, steige über die moosbewachsenen, umgekippten, uralten Grabsteine. Ich suche das Grab des legendären Rabbi Remu, von dem man sagt, dass er Wunder bewirken kann.
Endlich finde ich es. Ich ziehe den Zettel aus der Tasche, auf den ich meinen Wunsch gekritzelt habe, und lege ihn andächtig auf sein Grab.
»Lieber, verehrter, hochwürdiger Rabbi, bitte hilf, dass mein Wunsch in Erfüllung geht«, murmele ich leise. Und fast habe ich das Gefühl, als ob ein Windhauch wie eine Antwort durch die Blätter geht.

Nach der letzten Abiturprüfung verlasse ich das Schulgebäude mit dem sicheren Gefühl im Bauch, es nicht geschafft zu haben.
Müde und erhitzt schleppe ich mich nach Hause.
Ich habe versagt. Wie könnte es anders sein?
Ich lege mich in die Badewanne, tauche den Kopf ins Wasser und fühle, wie die Wärme meinen Körper langsam entspannt. Aber das dumpfe Gefühl des Versagens bleibt.
Am liebsten würde ich mich umbringen ... aber wie?
»Du hast bestanden! Roma, du hast bestanden!«
In diesem Moment stürmen meine Freundinnen herein, um mir die gute Nachricht zu überbringen.
»Ich? Das ist nicht möglich!!!«
Es ist nicht zu fassen, aber es stimmt: Ich habe das Abitur bestanden! Mein Wunsch ist in Erfüllung gegangen ...
Mit tropfnassen Haaren nehme ich die Urkunde entgegen.
Ich habe es geschafft.

9

DAS FESTLAND LIEGT WEIT ZURÜCK. Ich stehe an der Reling eines Ozeandampfers und schaue hinunter auf die grünblauen Wogen des Meeres. Ich bin auf dem Weg nach Israel.

Nach dem Abitur hat mich meine Mutter auf Reisen geschickt. Sie musste mir eine Einladung besorgen und heimlich Dollars auf dem Schwarzmarkt auftreiben, weil man ja offiziell nur fünf Dollar mitnehmen darf. Die Dollars sind in einer Zahnpastatube und im Absatz meines Schuhs versteckt. Und schließlich hat sie sogar ein Visum für mich erbetteln können. Auf dem Bahnhof bestaunen mich meine Freundinnen wie ein Wesen von einem anderen Planeten. Niemand bekommt nach dem Abitur eine Reise in den Westen geschenkt. »Kommst du auch bestimmt wieder?«, fragen sie. Ihre Aufgeregtheit überträgt sich auf mich. Am liebsten würde ich zu Hause bleiben, in Sicherheit.

Ja, ja, ich komme wieder. Bestimmt.

Von Venedig aus fahre ich weiter mit dem Schiff nach Haifa. Auf der Überfahrt treffe ich überraschend jemanden wieder …

Ich schließe die Tür zu meiner Kabine auf. Es ist eine Doppelkabine. Die Vorhänge sind schon zugezogen, es ist fast dunkel. Erst jetzt sehe ich, dass ich nicht allein bin, dass auf dem einen Bett eine unförmige Gestalt liegt und schläft – oder zumindest schlafen will. Ich trete näher und stelle den Koffer ab, entschuldige mich höflich für die Störung. Die Gestalt hat mir ihren dicken Hintern zugedreht, richtet sich nun aber auf, um mich in Augenschein zu nehmen.

Ich staune. Die fremde Frau hat zwei Haarfarben, dunkel und hell, sie sind in der Mitte gescheitelt. So etwas habe ich doch schon einmal gesehen? Sie schaut mich so böse an unter ihren dichten, schwarzen Augenbrauen, dass mir die Stimme im Hals stecken bleibt.

»Was? Auch noch ein Kind?«

Das hat sie doch damals schon gesagt, ich erinnere mich genau.

Frau Professor!, will ich rufen, Sie hier?

Aber ich habe nichts gesagt, nur eine Entschuldigung gemurmelt für die Störung. Sie hat mich nicht erkannt. Es ist ja auch lange her, seit wir uns getroffen haben, damals in dem schmutzigen Zimmer mit den Wanzen. Damals, als ich noch klein war.

Das helle Licht in Venedig, das Blau – ein Farbenrausch, wie eine Droge. Ich war wie im Taumel, in einem Schwebezustand und schlief fast gar nicht in diesen Tagen.

Stundenlang lief ich durch die schmalen Gassen, genoss das Licht, die Wärme der Sonne, den Geruch, eine Mischung aus warmem Brot und modrigem Wasser,

Kaffee und teuren Parfüms. Ich hatte ganz wenig Geld, konnte mir gerade so ein rundes, duftendes Plätzchen leisten. »Pizza«, sagte die Verkäuferin, und ich biss genüsslich hinein.
Natürlich entdeckte ich sofort ein paar Schuhe, die ich unbedingt haben musste – ein wahrer Traum von Schuhen! Sie sind schwarz-weiß, mit hohen Pfennigabsätzen ... Mein gesamtes Venedig-Geld ging dafür drauf. Abends kam ich mit leerem Magen und neuen Schuhen ins Hotel. Ich setzte mich in den Speisesaal und bestellte von meinem letzten Geld ein Mineralwasser. Der Kellner bemerkte meine neuen Schuhe. *»Principessa«,* sagte er bewundernd. *»Mangiare?«* Ich schüttelte den Kopf. Mein Magen zog sich zusammen, ich konnte den Blick nicht von den vollen Tellern wenden. Der Speisesaal leerte sich. Aber der Kellner musste meine gierigen Blicke bemerkt haben, denn auf einmal stand er mit einem Tablett und einer Schüssel Spaghetti vor mir. *»Mangi, Signorina«,* sagte er freundlich, *»costa niente! Caffè?«* Selten im Leben hat es mir so gut geschmeckt!

Hier auf dem Schiff nach Israel gibt es junge und reiche Männer, die mir den Hof machen. Aber sie interessieren mich nicht, sie sind so weit weg von meinem normalen Leben. Ein Amerikaner möchte mich sogar heiraten. Ich denke an Roman und seine Sehnsucht nach Amerika. Vielleicht sollte ich die Gelegenheit beim Schopf packen ... Ich schaue ihn mir genau an. Er ist jung, gesund und sportlich. Aber was weiß er schon von mir? »Ich will mindestens fünf Kinder haben!«, eröffnet mir mein Verehrer strahlend. Das reicht. Auf keinen Fall möchte ich fünf Kinder haben – ich bin doch selber ein Kind!

In Israel riecht es nach Orangen, heißem Staub und Sachen, die ich gar nicht kenne. Onkel Mittelmann und Tante Berta holen mich in Haifa ab. Sie schimpft noch immer so viel wie früher, aber der Onkel hat sich verändert. Er ist alt und müde geworden, lernt nun mühsam Hebräisch. Nur manchmal ist er noch der lustige Mann von damals. Sie wohnen jetzt im sechsten Stock eines Hochhauses am Rand der Wüste. Einen Garten haben sie nicht mehr.
Die Wüste beginnt in Tel Aviv direkt hinter der Innenstadt, die ganze Stadt ist wie eine Oase. Ich sehe, wie bescheiden und in welch schwierigen Verhältnissen meine Tante und mein Onkel leben und wie sie sich anstrengen, um ihr Leben zu meistern. Mit seinen fünfundsechzig Jahren ist Onkel Mittelmann Notarzt geworden. Jeden Tag stapft er bei sengender Hitze mit dem schweren Arztkoffer durch den Sand zur Bushaltestelle. »Der alte Mann muss arbeiten!«, sagt er und zwinkert mir zu.
Tel Aviv ist voller Leben, überall geschäftige Menschen. Ich kann einfach nicht fassen, dass alle Leute hier Juden sind! Die Juden, die ich kenne, sehen ganz anders aus: unsicher, ernst und scheu.
Meine Tante hat für mich eine Rundreise mit drei älteren Damen aus England organisiert, denn es gibt fast noch keinen Tourismus in Israel. In dem alten Taxi ist es heiß und eng. Die Engländerinnen knipsen alles, was ihnen vor die Linse kommt, sie schnattern und trinken

ständig Tee, sie gehen mir nach einer Weile ungeheuer auf die Nerven.
Als wir frühmorgens durch Beerscheba fahren und meine Begleiterinnen aussteigen, um ihren Tee zu trinken, verschwinde ich um die nächste Ecke und komme einfach nicht wieder.
Da stehe ich nun mit meinem Köfferchen in der Wüste! Gleich mache ich mich auf die Suche nach Josi, einem entfernten Verwandten und ehemaligen israelischen Soldaten, der hier irgendwo wohnt. Josi ist entzückt und entsetzt zugleich. Was soll er mit mir machen? In dieser Stadt, die gerade gebaut wird, leben nur Männer. Sie schlafen alle in einem Haus.
So packt er mich zunächst einmal in seinen Jeep und zeigt mir die Negev-Wüste. Wir besuchen die Nomaden in ihren Zelten, hocken auf einem riesigen Teppich und trinken mit dem Scheich und seinen Söhnen Limonade. Ich bin ganz begeistert von meinem Abenteuer! Da lacht mein Begleiter plötzlich und wird rot.
»Was ist los?«, frage ich ihn erstaunt.
»Der Scheich hat mir eben angeboten, dich für zweitausend Dollar zu kaufen!«, flüstert er. »Möchtest du?«
Ich sehe mir den Scheich genauer an. Er hat einen verfilzten, schwarzen Bart, wachsame kleine Augen und einen runden Bauch. Abgesehen davon hat er schon einige Frauen, die am Eingang des Zeltes stehen und alle nicht besonders glücklich aussehen.
»Nein, danke!«, sage ich entschieden.
Zum Abschluss serviert man uns Kaffee mit seltsamen kleinen Früchten darin. Mir wird auf einmal ganz komisch zumute, ein Gefühl, als würde ich schweben,

ich möchte singen und tanzen. Mein Begleiter hat große Mühe, mich zu beruhigen. Er ist ratlos. Wohin jetzt mit mir? Da fällt ihm ein, dass es in der Nähe eine neue, noch unbewohnte Siedlung gibt. Kurz entschlossen bringt er mich in eines der leeren Häuser, lässt mir eine Kerze, eine Decke und Wasser da, wünscht mir eine gute Nacht, verspricht, mich am nächsten Morgen abzuholen, sperrt ab und geht erleichtert weg.

Es ist stockdunkel in dem leeren Haus, nur meine Kerze flackert unruhig. Aus der Wüste höre ich ein Bellen und Heulen, ein ersticktes, kläffendes Husten. Schakale? Hyänen? Jetzt bilde ich mir auch noch ein, Schritte und Stimmen zu hören. Es ist nicht die reale Angst, die ich so gut kenne, alles erscheint mir unwirklich und absurd wie im Film. Lange stehe ich am Fenster und starre hinaus in die dunkle Wüste. Hin und wieder glaube ich, schwarze Schatten zu erkennen, die sich bewegen. Fast kommt es mir vor, als würde ich ein Lachen hören! Sind es Männer, die sich hierher verirrt haben? Was wenn sie mich hier finden? Sicher werden sie die Tür aufbrechen und mich vergewaltigen ...

Ich krieche unter die Decke und schließe die Augen. Die ganze Nacht verbringe ich zwischen Wachen und Träumen. Aber nichts geschieht. Wieder bin ich gerettet worden.

Josi holt mich, wie versprochen, am nächsten Morgen ab. Er ist erleichtert, mich wohlbehalten vorzufinden, will mich aber so schnell wie möglich loswerden. »Am besten, du nimmst den Bus nach Tel Aviv«, meint er. Aus dem Bus, der gerade ankommt, steigen etwa zwanzig Frauen, wahre Furien in greller Kleidung, bunt und

verschwitzt, mit riesigen Ohrringen und wilden Haarmähnen.
»Ich denke, hier leben nur Männer?«, frage ich meinen Begleiter. Der wird wieder ganz rot. »Es sind Prostituierte, Nutten«, erklärt er verlegen. »Sie leisten den Männern am Wochenende Gesellschaft.« Ich hatte keine Ahnung, dass es auf der Welt so viele Nutten gibt! Sie faszinieren mich. Nur zu gerne hätte ich sie berührt, aber er hält mich zurück.
»Sie bringen dich um!«, sagt er entsetzt.
Ich klettere in den Bus. Aus dem Rückfenster sehe ich, wie die Männer langsam auf die Frauen zugehen. Dann ist die staubige Straße auf einmal wie leer gefegt.

Den Rest der Reise entdeckte ich Israel auf eigene Faust. Das Leben hier gefällt mir gut. Ich lerne wunderbare Menschen kennen, französische, russische, polnische Emigranten, Pioniere und Idealisten.
Eines Tages drückt mir ein alter Mann ein Buch in die Hand: »Die Geschichte der Juden«. Nächtelang lese ich es. Ich wusste gar nicht, dass Juden eine Geschichte hatten.
»Wir waren ein mutiges, kriegerisches, stolzes Volk«, hat der Mann gesagt. »Jetzt schämen sich die Jungen, dass wir uns nicht gewehrt haben. Und die ältere Generation, die will bloß alles vergessen.«
Für einen Moment überlege ich, ob ich nicht in Israel bleiben soll. Doch tief in meinem Innern weiß ich, all das hier hat mit meinem Leben nichts zu tun. Auch in Israel habe ich wieder das Gefühl: Ich gehöre nicht dazu. Diese Welt ist so weit weg von meinem kleinen,

ärmlichen, polnischen Schtetl. Sie ist anders als diese schmerzerfüllte, zerschundene, tragische jüdisch-europäische Kultur, die mein Zuhause ist.
Es gibt kein anderes.

Paris. Hier mache ich auf der Rückfahrt kurz Station. Die Stadt reißt mich mit, sie erweckt meine ungestillte, fast metaphysische Sehnsucht nach Eleganz und schönen Dingen. Ich verbringe die Nächte bei Partys und Konzerten. Als hübsches junges Mädchen werde ich überall eingeladen, weiter herumgereicht. Die Mode fasziniert mich, die Farben, die Menschen, die Schaufenster, der Reichtum, der Westen. Statt zu essen, kaufe ich mir schöne Sachen, ein schwarzes Samtkleid mit weißen Punkten, einen Petticoat, Schuhe. Ich bin fest entschlossen, eines Tages hierher zurückzukehren.
Aber jetzt gibt es nichts und niemanden, der mich hier hält. Und in Krakau wartet meine Mutter.
Ich bleibe nur ein paar Tage länger.

Weihnachten werde ich wieder zu Hause sein ...
Von Rom aus soll ich über Wien zurück nach Krakau fliegen. Ich stehe am Flughafen an der Passkontrolle.
»Kennkarte?«
Ich zeige meinen Pass mit dem italienischen Visum vor.
»Kennkarte nicht gültig.«
Auf einmal ist da die Polizei, und ich darf nicht weiterreisen. Langsam begreife ich, dass mein Visum abgelaufen ist und dass ich nicht nach Hause fliegen kann.

Die Polizisten rufen die polnische Botschaft an, aber niemand ist da. Sie feiern Weihnachten.
So muss ich Heiligabend am Flughafen verbringen. In der Halle steht ein großer Weihnachtsbaum. Mir ist ängstlich und einsam zumute, obwohl alle sehr nett zu mir sind. Eine italienische Stewardess wird abkommandiert, die nur für mich zuständig ist. Den ganzen Tag beschäftigt sie sich mit mir. Zwei Polizisten bewachen uns. Wir gehen im Flughafenrestaurant essen, und man stellt mir in einem Büro ein Feldbett auf. Wenn ich mich waschen gehe, begleiten mich die Uniformierten bis vor die Tür.
Am zweiten Feiertag treiben sie dann einen Dolmetscher auf, der für die polnische Botschaft arbeitet. Signor Grigio ist ein etwas verstaubter Herr unbestimmten Alters und polnischer Abstammung. Er ist so grau wie sein Name und erscheint mir etwas lächerlich und altmodisch: Ständig redet er mich mit »Hochverehrtes Fräulein« an und küsst mir die Hand!
Nach Weihnachten organisiert er dann endlich alles mit dem Visum. Zum Abschied schenkt mir die nette Stewardess eine kleine, goldene Spieluhr, die Mozart spielt. Und die Fluggesellschaft spendiert mir sogar noch zwei Tage in Rom, Signor Grigio soll mein Fremdenführer sein.
Auf der Spanischen Treppe kniet er sich plötzlich hin und macht mir einen Heiratsantrag. Das finde ich zwar lustig, aber nicht lustig genug ... Am nächsten Tag klettere ich aus dem Fenster und stehle mich heimlich aus dem Hotel. Er sitzt nämlich stundenlang in der Halle und wartet auf mich.

Signor Grigio tut mir leid, aber so weit, dass ich ihn hätte heiraten können, geht mein Mitleid nun doch nicht. Ich bringe es jedoch nicht übers Herz, ihm eine Abfuhr zu erteilen. Zum Abschied verspreche ich ihm hoch und heilig, mir seinen Antrag noch zu überlegen und in einem Jahr wiederzukommen.

Erst nach meiner Rückkehr wird mir nach und nach klar, dass meine Mutter sich den Zweck meiner Reise ganz anders vorgestellt hatte. Sie hatte sie jahrelang geplant, hat gespart, jede Einschränkung auf sich genommen, um die nötigen Dollars kaufen zu können. Insgeheim hoffte sie, dass ich in Israel einen netten, gut situierten Juden kennen lerne und heirate, denn sie wünschte sich natürlich wie alle Mütter einen guten, jüdischen Mann für mich, eine sorglose Zukunft und kein schwieriges Leben in kaputten Künstlerkreisen im armen, kommunistischen Polen.
Meine Mutter hatte bloß einen Fehler gemacht – sie hatte mir nie gesagt, dass ich sozusagen auf Bräutigamsschau geschickt worden war. Vielleicht hätte ich sonst wenigstens mit dem Gedanken an Heirat gespielt und ernsthaft nach einem Mann Ausschau gehalten. Es gab ja genug davon. Doch all diese gesunden, strahlenden Männer, die mich heiraten wollten, mit ihrem Geld, ihren Autos und Häusern, sie interessierten mich nicht. Ich sehnte mich nach jemandem, der meine Hilfe braucht, damit ich mich selbst liebenswert fühlen und selbst lieben konnte.
Weder meine Mutter noch ich ahnten damals, dass ich wenige Monate später tatsächlich heiraten würde.

Wie ein Nebel liegt der graue, sozialistische Schleier über der Stadt, aber sobald die Sonne durchbricht, ist Krakau wunderschön, wenn man auf einer Brücke über der Weichsel steht und das warme, goldene Licht auf die unzähligen Kirchtürme und die alten Häuser fällt. Dann löst sich der Schleier langsam auf. Das Licht erinnert mich an Venedig. Nur die Gerüche sind anders in Polen: Im Sommer duftet es nach Walderdbeeren, im Herbst nach Pilzen und Äpfeln.

Ich studiere jetzt an der Kunstakademie und darf endlich nur das tun, was ich am liebsten mache: Malen und Zeichnen.
Zur Aufnahmeprüfung bin ich mit einer dicken Mappe gekommen, in der sich Hunderte von kleinen Zeichnungen befanden. Die Prüfung dauerte eine Woche, es gab nur dreißig Plätze und ungefähr fünfhundert Kandidaten. Am Abend des letzten Tages hingen die Listen derer, die bestanden hatten, in der großen Halle aus. Ich fing mit dem Lesen ganz unten an und fand meinen Namen nicht. Natürlich, dachte ich, sie haben mich nicht genommen, und wollte gehen.
Barbara hielt mich auf, zog mich am Ärmel: »Schau doch erst einmal richtig nach!« Ich stand an dritter Stelle. Man fand meine Sachen erfrischend anders, originell.
Neue Welten tun sich vor mir auf. Ich entdecke Picasso und Chagall, darf endlich das fühlen und das denken, was nicht dem sozialistischen Realismus entspricht, Werke wie »Lenin spricht« oder »Arbeiter auf der Werft« sind vergessen. Ich bin wie berauscht von der Freiheit der Wahl, die ich plötzlich habe. In den ersten

drei Jahren des Studiums lernt man erst einmal alles kennen, Bildhauern, Zeichnen, Malen, Bühnenbild, Kostümgestaltung, Grafik. In den letzten beiden Jahren entscheidet man sich dann für eine Richtung
Wofür ich mich entscheiden werde, weiß ich noch nicht. Aber ich weiß, dass die Akademie endlich ein Ort ist, an dem ich richtig bin.

Wir haben viele interessante Professoren, mit denen man oft und lange sprechen kann. Einer von ihnen ist mir etwas unheimlich, obwohl er mich gleichzeitig auch anzieht. Er heißt Jonas Stern und ist ein bekannter Maler, ein stiller, schweigsamer Mann. Mit seinem langen, grauen Bart kommt er mir uralt vor, obwohl er sicher noch keine Fünfzig ist. Seine schwarzen, dunkel umrahmten Augen erinnern mich an etwas ... Er gibt uns Zeichenunterricht.
Eines Tages, als er meine Zeichnungen ansieht, sagt er zu mir: »Weißt du, Roma, Zeichnen kannst du nicht. Aber versuch nicht, es zu lernen, bleib einfach so, wie du bist. Deine Bilder können sprechen.«
Später erfuhr ich, dass er aus einer kleinen jüdischen Stadt stammte, in der alle erschossen worden waren. Nur er hatte überlebt, der Schuss, der ihn in den Rücken getroffen hatte, war nicht tödlich. Er lag tagelang unter Leichen, bevor er fliehen konnte. Aber nie kam es mir in den Sinn, ihn danach zu fragen.

Kurz nach der bestandenen Aufnahmeprüfung stelle ich in Piotrs Cabaret »Unter den Widdern« zum ersten Mal meine Bilder aus. Die Vernissage ist ein großer Erfolg.

Am nächsten Tag in aller Herrgottsfrühe kommt Barbara mit einer Zeitung in der Hand angelaufen. Noch im Flur liest sie mir vor:

»Die Heldin der gestrigen großen Vernissage ist die jugendliche Roma Ligocka mit Zopf! ... Die Vernissage war ein Ereignis, das allgemein ein großes Echo gefunden hat – vor allem wegen des Alters und der schönen Augen der jungen Malerin ...«

Barbara kichert. Ich reiße ihr die Zeitung aus der Hand.

»... Die zauberhafte Erscheinung, im schwarzweiß gepunkteten Samtkleid mit gelbem Blumenstrauss in der Hand, wurde von unserem bewährten Geniesucher für die Öffentlichkeit entdeckt ...«

Der Artikel ist in dem für Krakau typischen ironischen Ton geschrieben.

»Das zahlreich erschienene Publikum bereitete der jungen Künstlerin einen enthusiastischen Empfang ... unter den Gästen auch die Mama der Malerin ...«

Zum ersten Mal steht etwas über mich in der Zeitung!

»... sowie viele bekannte Professoren, Künstler, Journalisten, Schriftsteller und

Schulfreundinnen der jungen Dame ... Nach den vielen Reden und noch während die letzten Bilder aufgehängt wurden, stimmte das Publikum ein Lied an. Es trug den Titel: Keine Nacht ohne Roma ...«

Es gefällt mir, in der Zeitung zu stehen. Es gefällt mir sehr!

Noch heute zehre ich von den Erlebnissen dieser Jahre, in denen ich alles Schöne, Wichtige und Wahre in mich aufzusaugen versuche. Ich treffe Künstler wie Tadeusz Kantor, Maler und einer der bedeutendsten Theaterregisseure; den Schriftsteller Marek Hłasko; Andrzej Wajda, Dichter, Dramatiker, Schauspieler und Musiker; mein Cousin Roman und Ryszard Horowitz, der inzwischen ebenfalls Kunst studiert und Jazz spielt, sind auch dabei. Auf diesem kleinen Fleckchen Erde, hier in Krakau, sammeln sich viele bunte Persönlichkeiten, die Stadt ist für Künstler geradezu ein Mekka, vergleichbar mit Rom, Paris oder London. Man trifft sich und kommt immer wieder.
Ich schaue ihre Bilder an, sehe ihre Stücke, lese ihre Bücher, höre ihre Musik. Die Krakauer Straßen werden erobert vom Jazz. Aus jedem Keller dringen die neuen Rhythmen. Inzwischen habe ich mich in eine kleine Muse verwandelt, man malt mich oft, man liest mir vor. Ich bin mit vielen Künstlern befreundet und führe ein buntes Leben, wie zur Jahrhundertwende auf dem Montmartre. Es gibt ja auch nicht viel anderes, kein schickes Essen, keine Urlaubsreisen, keine eleganten

Kleider. Niemand hat Geld. Doch das kann ich alles vergessen an diesen langen Abenden, die ich im schwarzen Pullover mit meinen Freunden verbringe, bei Kerzenlicht und billigem Wein, vertieft in Gespräche über Leben und Tod, Liebe und Einsamkeit.
In der Sprache der Kunst, der Literatur, kann ich diese Gefühle vertragen, sie sind nicht mehr mein eigenes Schicksal, nicht meine ganz private Schande, werden gleichsam angehoben, verwandeln sich in sanften Weltschmerz. Und dieser Weltschmerz wird zur Quelle meiner Inspiration.
Wenn ich nicht male, schreibe ich Gedichte.
Oft sitzen wir nächtelang einfach nur bei jemandem in der Wohnung, hören Jazz, trinken Wodka, reden. Wenn die Stimmung zu intim wird, wenn die Leute anfangen, sich zu küssen, sich zu umarmen, wenn es eng wird, laufe ich einfach weg. Sonst fürchte ich jedes Mal wieder zu ersticken.
Diese seltsame Mischung aus der Sehnsucht, mondän und verwegen, eine Femme fatale zu sein, und aus der Angst und dem Elend, das ich in mir trage, reißt mich manchmal geradezu in zwei Hälften.

Nachts spazieren wir stundenlang durch die Stadt und bringen einander heim. Wir erfinden Witze und Anekdoten, und ein Teil unserer Kunst besteht darin, den Witz zu erzählen, sich selbst zu inszenieren und dann einfach wegzugehen. Jeder spielt eine Rolle, wie in einem Theaterstück.
Ein junger Dichter aus dem Cabaret, mit dem ich befreundet bin, begeht unter mysteriösen Umständen

Selbstmord. Kurz darauf nimmt sich ein Schauspieler mit seiner Freundin das Leben. Es heißt, sie hätten Drogen genommen, aber vielleicht war es nur der Alkohol. Der Vater des Mädchens ist ein bekannter Arzt in Krakau, der sich fast fanatisch der Bekämpfung des Alkohols verschrieben hat. Seine eigene Tochter konnte er nicht retten.

Unter den Studenten herrscht eine seltsame Stimmung, fast eine Todessehnsucht. Manche von ihnen werden mit dem System nicht fertig, einige nicht mit ihrem eigenen Leben.

Eine morbide Atmosphäre liegt in der Luft, wie sie in alten Städten oft zu finden ist. Man wird dort leicht dazu verleitet, schwermütig zu werden. Ich kann die Todessehnsucht nachvollziehen, fühle mich auf seltsame Weise dazu hingezogen, auch wenn ich tief in mir wie eingemeißelt weiß, dass ich mein eigenes Leben schützen muss.

Das Begräbnis des jungen Paares ist ein gesellschaftliches Ereignis, alle Freunde sind da, man spielt Jazzmusik. Als ich dann aus dem Friedhof hinaus in die Sonne trete, sehe ich Kinder am Straßenrand Walderdbeeren verkaufen. Wie kann man sein Leben beenden wollen, solange es Walderdbeeren gibt?

»Wo warst du?«

Immer, wenn ich heimkomme, lese ich die stumme Frage in den Augen meiner Mutter, und sie schnürt mir jedes Mal die Kehle zu. Ich spüre ihre Angst, und in ihren Augen sehe ich meine eigene Angst. Ich verstehe sie ja, ich verstehe sie gut, viel zu gut! Es sind meine eigenen Schuldgefühle, die mich würgen. Die Schuld, sie allein

gelassen zu haben. Die Schuld, ihr Kummer und Sorgen zu machen. Die Schuld, meinen eigenen Weg zu gehen. Ich weiche ihren Blicken aus. Zwischen uns steht eine Mauer des Vorwurfs, und keiner von uns ist fähig, sie zu durchbrechen.
Ich will fliehen, weg von der Vergangenheit, weg von meiner Mutter.
Und dann lerne ich eines Abends einen Mann kennen, der mich braucht.

Er heißt Wiesław und sieht genau so aus, wie ich mir einen jungen englischen Lord vorstelle: schneeweißes Hemd, Tweedsakko, Krawatte, tadellose Manieren. Ganz anders als die existenzialistischen Künstler mit ihren alten Rollkragenpullis. Sein kastanienbraunes lockiges Haar ist immer gut frisiert, er ist schlank, mittelgroß und hat sanfte Mandelaugen. Wiesław ist Mitte zwanzig. Er entstammt einem alten polnischen Adelsgeschlecht und studiert Kunstgeschichte. Einfach alles an ihm stimmt! Ich finde ihn schön, intelligent und rundherum wundervoll.
Es war Roman, der mich mit ihm bekannt gemacht hat. Roman kennt immer alle wichtigen Leute, und Wiesław ist eine Persönlichkeit in Krakau. Er sieht mir tief in die Augen, küßt mir die Hand und nennt mich *ma Chère*. Das reicht aus, damit mir die Knie weich werden.
Wir sitzen zusammen im Restaurant, bei Kerzenlicht, und unterhalten uns. Das rote Kleid mit dem raffinierten Ausschnitt habe ich mir aus einem alten Futterstoff selbst genäht. Hin und wieder schielt er verstohlen auf mein Dekolleté. Ich aber habe das Dekolleté längst vergessen, denn das Gespräch mit ihm verschlägt mir

geradezu die Sprache. Er ist witzig, klug und gebildet! Das gefällt mir. Es gefällt mir auch, dass er so distanziert ist. Nicht wie all die anderen, die mich anbetteln, angrapschen, anfassen wollen, um dann zu sagen, dass sie ohne mich nicht leben können. Diese Männer erfahren ganz schnell, dass sie ohne mich leben müssen!
Vielleicht hat er sich auch einfach nicht so viel aus mir gemacht. Auf jeden Fall war seine Distanz die beste Methode, mich zu erobern. Sonst wäre ich vielleicht wieder weggelaufen. Ich habe gelernt, dass niemand mich so richtig gern haben kann, außer meiner Mutter. Ich habe gelernt, immer auf der Hut zu sein, stets aufzupassen, niemandem gänzlich zu verfallen. Die Enge hätte ja gefährlich für mich werden können.
Ich weiß zwar nicht, warum, aber ich spüre, dass dieser Mann trotz seines gewandten Auftretens einsam und verloren ist.
Und genau deshalb verliebe ich mich in ihn.

Wir treffen uns am Marktplatz, unter dem Denkmal des Dichters Mickiewicz. Er kommt mir lustig und munter entgegen, mit einer Blume in der Hand und einem Witz auf den Lippen, er küsst mir die Hand.
»*Bonjour,* Michelle!«, lächelt er, und ich schmelze dahin. Er nennt mich immer Michelle. Der Name ist neu und viel schöner als Roma.
Eines Abends vertraut er mir an, dass er ein Buch schreiben will.
»Nur ein kleines, schmales Buch«, sagt er. »Ich werde dafür den Nobelpreis bekommen, das steht schon fest!«
Ich glaube ihm aufs Wort.

Inzwischen habe ich ihn auch mit nach Hause genommen, ein wenig verlegen wegen unserer dunklen, engen Wohnung. Er hat meiner Mutter die Hand geküsst und Blumen mitgebracht. Wie mein Vater damals, bei meiner Großmutter.
Wir trinken Tee zusammen.
Mariechen ist ganz beeindruckt von ihm. »Endlich ein Mann mit Manieren!«, ruft sie, nachdem er gegangen ist. »Ganz anders als diese schäbigen, unrasierten Künstler, die hinter dir her sind!«
Meine Mutter schweigt.
»Wie findest du ihn?«, bestürme ich sie. Ich war ganz sicher gewesen, dass er ihr gefallen würde. Aber nun weicht sie meinen Blicken aus.

»Dieser Mann ist nichts für dich!«, erklärt sie mir ein paar Tage später. Fassungslos starre ich sie an.
»Warum?! Er stammt aus einer alten, aristokratischen Familie, sein Großvator war ein bekannter Krakauer Architekt, sie hatten ein Schloss ...«
»... das der Urgroßvater mit seiner Trunksucht durchgebracht hat, genau wie das gesamte Vermögen der Familie. Und was die Großmutter betrifft, sie hat auch getrunken!«
»Na und? Ich habe Wiesław noch nie betrunken gesehen! Wie kannst du nur so über ihn urteilen!«
»Er studiert seit Jahren, ohne einen Abschluss zu machen ...«
»Er lässt sich eben Zeit! Warum auch nicht? Er schreibt ein Buch ...«
Plötzlich kommt mir ein Gedanke.
»Ist es, weil er ein *Goi* ist?!«

Meine Mutter seufzt, schüttelt den Kopf.
»Nein«, sagt sie müde. »Das ist es nicht. Er hat einen ... wie soll ich sagen ... zweifelhaften Ruf.«

Jetzt will ich Wiesław erst recht.
Wie kann meine Mutter nur so engstirnig sein! Aber ich werde es ihr zeigen. Allen werde ich es zeigen. Auch meinen Freundinnen, die hinter meinem Rücken tuscheln.
»Lass dir Zeit!«, mahnt Barbara sanft.
Aber ich will mir keine Zeit lassen. Ich bin neunzehn Jahre alt und will heraus aus der dunklen Wohnung, endlich mein eigenes Leben führen! Ich will mit ihm in dem kleinen, romantischen Dachstübchen leben, in dem Turm des Hauses, das sein Großvater gebaut hat ...
Alle sagen immer nur, er wäre nicht gut für mich. Das ist mir völlig egal. Ich bin ja gut für *ihn!* Ich muss ihn retten, und dabei werden meine Sorgen, Ängste, Unzulänglichkeiten sich irgendwie in ihm auflösen.
Keiner sagte mir jemals, dass es für mich wichtig ist, jemanden zu finden, der für *mich* da ist, der für *mich* gut ist! Das kommt mir gar nicht in den Sinn.
Ein Zusammenleben ohne Trauschein wird nicht akzeptiert. Also werde ich ihn heiraten.

Meiner Mutter sieht man an, dass sie viel geweint hat in der letzten Zeit. Sie trägt ein schönes rosa Kostüm und wirkt sehr jung und verlegen, fast, als hätte sie selbst geheiratet. Bis zuletzt hat sie gehofft, dass ich es mir anders überlege.
Die Hochzeit findet im engsten Familienkreis statt, nur Wiesław und ich, seine Mutter, seine Schwester, meine

Mutter, ihr Freund. Mein Mann ist sehr großspurig, an andere Dimensionen gewöhnt, für ihn kommt nur ein Ball im Schloss oder ein kleiner Kreis in Frage, und da es das Schloss nicht mehr gibt, feiern wir eben hier, im »Wierzynek«, und essen pochierten Lachs, wie früher. Ich trage ein weißes Kleid, das ich selbst entworfen habe, darunter den Petticoat aus Paris. Ich sehe aus wie Audrey Hepburn. Oder wie die kleinen Mädchen, die bei den Prozessionen Blumen streuen ... Blumen im Haar habe ich auch, wie sie.

Meine Mutter schenkt uns eine kleine Reise aufs Land. Wenn wir nach ein paar Tagen zurückkommen, wird unsere Heirat kein Gesprächsthema mehr sein.

Mariechen ist vielleicht am glücklichsten über meine Heirat. Sie nennt mich jetzt »gnädige Frau«.

Wir fahren ins Tatra-Gebirge in ein mittelalterliches Schloss, ein Künstlerhotel.

Es ist schön in dem Schloss, und wir werden »standesgemäß« bedient. In dieser Umgebung muss ich an die alte Gräfin denken, die mir Französischunterricht gegeben hat. Es erstaunt mich, wie sehr die Adligen nach innen zusammenhalten, obwohl sie nach außen hin ihre Titel ablegen mussten; oft sind sie auch untereinander verwandt. Der Verwalter des Schlosses ist selbst ein ehemaliger Adliger. Er kennt meinen Mann von klein auf und gibt sich alle Mühe, uns ein paar schöne Tage zu machen. Wir schlafen in einem alten, geschnitzten Himmelbett, und er führt uns seine Kochkünste vor.

Ich gefalle mir als Braut.

In der Nacht habe ich einen seltsamen Traum.

Wir gehen über eine grüne, bunte Sommerwiese. Der Himmel ist leuchtend blau. Wir versinken fast bis zu den Knien in Gras und bunten Blumen. Es ist heiß. Die Sonne brennt. »Schneller!«, schreit jemand. Am Horizont zeichnet sich ein dunkler Wald ab. Wir gehen darauf zu.
Am Waldesrand sehen wir eng umschlungen ein sich liebendes junges Paar.
Hinter ihnen stehen Männer in Uniform. Sie beobachten die zwei, lachen laut. Sie lachen und lachen, grunzen fast vor Lachen. Die Liebenden scheinen es nicht zu bemerken. Dann nimmt einer der Soldaten seine Waffe in die Hand. Die Waffe glänzt in der Sonne. Der Mann putzt sie sorgfältig mit einem Lappen. Wir stehen da und warten.
Dann schießt der Mann. Erst auf das Mädchen. Dann auf den Mann. Die beiden sind tot.
»Wer will der Nächste sein? Soll vortreten«, sagt der Soldat.
Wir stehen ganz still da, bis uns die Schreie der Soldaten weitertreiben. »Los! Schnell! Vorwärts! Marsch! Schneller!«, schreien sie. Ich habe Angst. Ich spüre sie im ganzen Körper. Meine Hände sind steif und kalt. Ich versuche, meinen Koffer zu heben – aber er ist so schwer. Ich schleppe ihn hinter mir her.
Und jetzt weiß ich, dass ich das Mädchen bin, das erschossen da liegt. Und dass ich gleichzeitig weitergehen muss.
Wir gehen weiter. Immer weiter, in der sengenden Hitze.

Mein Mann und ich reden nicht über diesen Traum, und auch nicht über die Vergangenheit. Auch nicht über unsere Zukunft. Für uns gibt es nur das Heute.
Nach unserer Rückkehr bin ich zu ihm in sein Turmzimmerchen gezogen. Es ist von oben bis unten mit Büchern voll gestopft. Alles ist sehr romantisch.
Tagsüber gehe ich in die Akademie und male. Wenn ich abends nach Hause komme, sitzt Wiesław am Schreibtisch. Der Papierkorb ist voller zerknüllter Blätter.
»Kommst du weiter mit deinem Buch?«, frage ich und gebe ihm einen Kuss.
Er ist erhitzt und riecht nach Wodka.
»Es geht . . .«, brummt er. »Komm, lass uns ausgehen!«
Wir zählen unser Geld zusammen und versuchen etwas zum Essen zu kaufen. Wenn es nicht reicht, gibt es nur Wodka. Wiesław macht Witze, spricht viel Französisch, wie immer. Lustig finde ich es längst nicht mehr. Ich sehe, dass er ein paar Gläser zu viel trinkt. Das aber tut fast jeder – oder?

Er trinkt.
Es hat lange gedauert, bis ich es mir eingestanden habe. Ich wollte es einfach nicht wahrhaben, und er hat verzweifelt versucht, es mir zu verheimlichen. Aber irgendwann, als ich ihn wieder einmal betrunken, fast bewusstlos in der Wohnung vorfand, gab es keine Illusionen mehr.
»Es tut mir Leid«, sagt er, »ich werde damit aufhören, ganz sicher, ich verspreche es dir.«
Aber er kann sein Versprechen nicht halten. Kaum ist ein Tag vergangen, finde ich schon wieder leere Wodkaflaschen in seinen Manteltaschen.

Es liegt an mir, denke ich. Ich muss ihn davon abbringen, ich muss mir nur genug Mühe geben!
Doch das Trinken wird zu einer dritten Person, die mit uns lebt, die uns ständig zu trennen versucht. Wir haben kein Geld, denn er arbeitet ja nicht, und ich bekomme nur ein kleines Stipendium. Er verkauft ein Buch nach dem anderen aus seiner geerbten Bibliothek an irgendwelche Klöster, davon leben wir. Trotzdem fahren wir manchmal in die Ferien, er kennt überall jemanden, bei dem wir wohnen können. Vielleicht trinkt er da weniger, denke ich.
Warum hat er mich überhaupt geheiratet?
Diese Frage stelle ich mir jetzt immer öfter.
Natürlich hat er mich gern, nur kann er es nicht so zeigen. Es ist die lyrische Zuneigung eines Mannes, der schon viele Abenteuer gehabt hat, zu einem jungen Mädchen, das ganz anders und unverdorben ist. Stets hat er sehr viel Respekt vor mir, nie sagt er mir ein böses Wort, auch später nicht, als es schlimm für uns wird.
Wieder führe ich ein Doppelleben. Tagsüber bin ich glücklich an der Akademie, und abends finde ich meinen Mann zu Hause betrunken vor, oder ich laufe durch die Stadt und suche ihn in Kneipen und Lokalen. Oft hat er ein zerrissenes Hemd oder ein blaues Auge. Doch noch immer habe ich keine Ahnung, dass Trunksucht eine Krankheit ist.

Bei meiner Mutter bin ich jetzt fast öfter als bei meinem Mann. Sie, vor der ich fliehen wollte, ahnt schon, was ich durchmache, sagt nichts, kocht mir Suppe, ist für mich da. Aber helfen kann sie mir nicht.

Heute weiß ich, dass mein Wunsch, Wiesław zu retten, sich ins Gegenteil verkehrt hat. Er will mich nicht verlieren, und die Last, vor mir bestehen zu müssen, treibt ihn noch mehr in die Verzweiflung. Das alles sehe ich nicht. Ich bin überzeugt davon, dass er das Trinken einfach ablegen kann wie eine Marotte, wenn er nur jemanden hat wie mich, der sich um ihn kümmert und für ihn sorgt. Eines schönen Tages wird er es einfach tun. Er wird es für mich tun.
Im nächtlichen Krakau irre ich von Kneipe zu Kneipe, um meinen Mann zu suchen. Es kommt mir alles so falsch vor und doch gleichzeitig so richtig. So war es in meiner Kindheit, so ist es heute. Und ich glaube, so muss es sein, es ist gar nicht anders möglich. Auch damals im Ghetto habe ich nie gedacht, dass die anderen, die Deutschen, die Gestapo, an unserem Unglück schuld waren. Sie waren gut, blond, schön, mit geputzten Stiefeln – schuld war eigentlich ich. Ich bin schuld, dass es Wiesław nicht gut geht, davon bin ich fest überzeugt. Ich muss mit seiner Trunksucht, muss mit allem fertig werden. Auf die Idee, dass es hier auch um mich geht, komme ich gar nicht.

Unser Leben wird immer dramatischer, und ich beginne meine physischen Grenzen zu spüren. An Schlaf ist kaum noch zu denken, denn ich bin jede Nacht unterwegs, um ihn zu suchen. Ich kenne inzwischen jede Kneipe, jede noch so verruchte Bar. Die ekligen Gestalten, vor denen ich mich sonst gefürchtet hätte, werden zu meinen Verbündeten. »Du suchst deinen Wiesław, Mädchen?«, fragte ein schmuddeliger Typ und lacht mich aus seinem zahnlosen Mund an. »Er sitzt mit jemand im Bahnhofsrestaurant.

Ich würde da lieber nicht hingehen.« Ich gehe hin, und mein Mann lässt sich widerstandslos von mir abholen.
So geht es fast jede Nacht. Auf das Studium kann ich mich gar nicht mehr konzentrieren. In den langen Stunden, in denen ich auf ihn warte, schreibe ich Gedichte. Sie sind traurig und leidenschaftlich, fast wie Gebete. Wenn er nicht zu betrunken ist, liest er sie sogar. Sie gefallen ihm.
Wiesław ist bärenstark und verwickelt sich ständig in Schlägereien, um seine Ehre als Adliger zu verteidigen. Manchmal wird er von der Polizei aufgegriffen, dann muss ich ihn auf dem Revier herausreißen. In hellen Augenblicken fleht er mich an, ihm zu helfen, will, dass wir uns einsperren und dass ich auf ihn aufpasse, aber sobald ich für einen kurzen Moment nicht hinschaue, reißt er aus. Einmal rasiert er sich die Hälfte seiner Haare ab, um nicht mehr auf die Straße gehen zu können, aber irgendwann ist der Alkohol doch stärker.
Bald muss ich auch Geld für uns besorgen, denn er braucht seinen Stoff.
Mittlerweile bin ich so fertig, dass ich wieder nichts essen kann. Ich habe ständig Bauchschmerzen, mein Magen fühlt sich an wie eine offene Wunde. Ich gehe zum Arzt. Der stellt mir ein paar Fragen. Dann schaut er mich lange und nachdenklich an.
»Was Sie sich hier eingerichtet haben, ist die Hölle auf Erden«, sagt er. »Haben Sie so ein Leben verdient? Das ist ein kleines privates Auschwitz!« Ich zucke zusammen. Auschwitz!? Vielleicht hat er Recht ... Aber egal, ich muss weitermachen, ich muss Wiesław retten!
Es vergehen fast zwei Jahre bis zu jener Nacht, in der ich ihn wieder einmal suche. Es regnet, ich bin voll-

kommen durchnässt und durchgefroren, aber ich finde Wiesław nicht. Zitternd vor Kälte komme ich zu meiner Mutter, die längst keine Fragen mehr stellt, und schlafe bei ihr, in meinem alten Bett. Am nächsten Tag habe ich vierzig Grad Fieber. Lungenentzündung.

Die schwachen Antibiotika, die man in Polen bekommen kann, greifen nicht. Wochenlang bin ich schwer krank und bekomme noch dazu wieder Tuberkulose.
»Sie muss wahrscheinlich für Jahre ins Sanatorium«, flüstert der Arzt meiner Mutter zu, »wenn sie überhaupt am Leben bleibt.« Meine Mutter senkt den Kopf. Sie versucht, mich von meinem Mann abzuschirmen, der mich besuchen will. Wahrscheinlich trinkt er hemmungslos, während ich so krank bin, denke ich. Aber es ist mir egal. Ich bin so schwach, und mir ist so heiß ... Wem soll ich glauben? Meiner Großmutter, die zurück ist und mir ihre Hand auf die Stirn legt, dem Hauch ihrer Stimme, die mich beschwört, am Leben zu bleiben – oder meiner Müdigkeit, meinem Bedürfnis, mit dem Kämpfen aufzuhören, mich endlich wieder aufzulösen?
Ich weiß es nicht. Aber eins weiß ich: Jetzt, wo es um Leben und Tod geht, ist meine Sorge um Wiesław schlagartig zu Ende. Ich entscheide mich für mich selbst.

Meine Mutter hat einen Lungenspezialisten aufgetrieben, der ein bisschen verrückt ist. Er nimmt nie Geld von seinen Patienten und behandelt nur arme Leute. Abgerissen und schäbig, einen dicken, wollenen Schal um den Hals gebunden, steht er irgendwann vor dem Bett und untersucht mich. »Sie wird überleben«, brummt

»Die schönsten Mädchen auf die Leinwand!« – Die zwanzigjährige Roma als Model für einen Wettbewerb des polnischen Autorenfilmverbands und der Zeitschrift »Film« (1958).

er in seinen grauen Schal und gibt meiner Mutter ein Medikament. Ein paar Wochen später wissen wir, ich werde wieder gesund. »Du machst jetzt erst einmal Ferien!«, sagt meine Mutter entschieden. »In Zakopane!«

In Zakopane gibt es viele interessante Leute, und ich schöpfe allmählich neuen Lebensmut. Ein befreundeter Filmfotograf macht dort viele Fotos von mir. Auf einmal bin ich ein richtiges Fotomodell! Mein Bild erscheint in einer der vielen Zeitschriften, auch in der Reihe »Die schönsten Frauen Polens«.
Auf den Bildern trage ich einen weiten Rock, einen Pferdeschwanz und große Ohrringe. Ich versuche sinnlich in die Kamera zu blicken.
Wiesław? Ich will nicht an ihn denken.

Ich wohne wieder bei meiner Mutter. Ihr Freund, der mir wie immer in schwierigen Situationen wie selbstverständlich hilft, ist mit mir zu einem Anwalt gegangen. Ich bin einundzwanzig und geschieden. Frei.

10

Ich habe mich entschieden: für die bunte, schöne, andere Welt. Das Studium an der Kunstakademie ist so gut wie beendet, und ich habe mich für Kostüm- und Bühnenbild entschlossen. Das ist eine Mischung aus dem, was mich schon immer fasziniert hat: das Theater und die Mode.

Meine Mutter ist nach Wien gezogen. Nach all den Jahren wurde ihr Ausreiseantrag endlich genehmigt. In Wien hofft sie, einen kleinen Teil des Familienvermögens zurückerstattet zu bekommen, denn mein Großvater besaß dort einige Immobilien. Der wahre Grund aber, weshalb sie mich und ihre Heimatstadt verlassen hat, liegt darin, dass sie der schwierigen privaten Situation in Krakau entkommen möchte. Das ist ihr jedoch nicht gelungen. »Ich kann ohne deine Mutter nicht leben!«, erklärte mir ihr Freund und reiste ihr hinterher.

Sie fehlt mir oft. Hin und wieder schickt sie ein wunderschönes Paket mit einer bunten Bluse, Kakao, Kaffee und grünen, kalifornischen Äpfeln. Sie selbst wartet auf ihr Geld, lebt sparsam wie immer, verdient sich mit Babysitting ein wenig hinzu, ernährt sich an manchen Tagen nur von Proben aus Warenhäusern. Wir schreiben uns lange Briefe. »In Wien gibt es herrliche Konditoreien«, schreibt

sie, »nur leider darf ich nun, da ich auf mein Gewicht achten muss, nicht viel von all den guten Sachen essen ...«
Manuela sehe ich nur noch selten. Die *Babcia* ist gestorben, und wir haben uns nicht mehr viel zu sagen, seit ich erwachsen geworden bin. Sie geht ihren Weg und ich den meinen.
Ich lebe allein mit Mariechen in der Kellerwohnung. Mariechen macht die Wäsche, kocht, putzt und sorgt für mich. Aber ich bin eben nicht meine Mutter, nicht die »richtige gnädige Frau«, und darunter leidet sie oft. Am Abend braucht sie Ansprache und will mit jemandem reden, so wie sie es früher mit ihr getan hat. Doch ich verfalle immer öfter in Zustände, in denen ich nur so dasitzen und mit niemandem reden kann – nicht einmal mit Mariechen. Manchmal nehme ich daher eine von den neuen Tabletten, die es jetzt gibt. Damit kann ich nicht nur besser schlafen, sondern bin ganz aufgekratzt und offen und kann lange Gespräche führen, bevor ich müde werde. Die Tabletten sind wie geschaffen für mich.

Auch Roman ist im Westen. Er lebt in Paris. Sein erster Film, »Das Messer im Wasser«, den er aus Polen mitgebracht hatte, hat ihn in Frankreich bekannt gemacht. Als ich ihn das letzte Mal sah, hat er mir von einem neuen Film erzählt.
Er handelt von Angst, Ekel, der Flucht vor dem Körperlichen, der Einsamkeit einer jungen Frau. Bis heute denke ich, dass ich Roman zu diesem Film inspiriert habe.
Ryszard ist auch nicht mehr da. Er lebt nun tatsächlich in Amerika. Er hatte Glück: Weil er Verwandte dort hat, bekam er kurz nach dem Abitur eine Ausreisegeneh-

Eine über fünfzigjährige Freundschaft: »Rysio« und Roma 1947 in Krakau, Ryszard Horowitz und Roma Ligocka 1997 in New York.

migung. Ich würde ihn gerne einmal besuchen, aber ich komme aus Polen nicht heraus.

Es ist nach wie vor ein Polizeistaat, auch wenn das Leben in den letzten Jahren etwas lockerer geworden ist. Noch immer klopft es im Morgengrauen an der Tür und Menschen werden kommentarlos abgeholt. Jederzeit kann irgendeine kritische Äußerung oder auch nur die Tatsache, dass man Freunde im Ausland hat, zu stundenlangen Verhören führen. Das gehört zum Alltag, und man muss ständig aufpassen, mit wem und worüber man sich unterhält. Und natürlich wird die Post bei Verdacht abgefangen. Ein alter Schriftsteller, den ich oft lese, wurde erst kürzlich ins Gefängnis gesteckt, weil seine Tochter sich in privaten Briefen aus dem Ausland kritisch über den Staat geäußert hatte.

Ich habe eine Novelle geschrieben, sie heißt: »Obok« – »Nebenan«, und handelt von einer jungen Frau, die keinen Platz im Leben finden kann:

Sie wurde mitten im Streit geboren. Der Vater und die Hebamme stritten laut und ausgiebig. Zu Hause stand ihr Kinderbett an der Wand. Hinter der Wand stritten sich laut die Eltern. Jeden Abend. Und dann liebten sie sich. Beide Geräusche verursachten ihr Übelkeit. Oft musste sie sich mitten in der Nacht übergeben.
»Sie spuckt schon wieder«, sagte die Mutter vorwurfsvoll.
»Weil du sie immer so verziehst«, sagte der Vater.

Wo auch immer die junge Frau ist, sind Menschen um sie herum. Nie kann sie für sich sein. Zum Schluss findet sie endlich eine eigene Wohnung. Aber auch dort ist sie nicht allein:

Nach dreißig Jahren Arbeit in der Bibliothek bekam sie endlich eine eigene kleine Wohnung. Den ganzen Tag richtete sie sich ein. Abends machte sie eine Flasche Rotwein auf. Das Radio spielte leise Musik. Sie prostete sich zu. Dann ging sie ins Bett.
Mitten in der Nacht wurde sie wach. Durch die Wand hörte sie, wie sich die Nachbarn laut stritten, sie hörte ihre Schreie, sie hörte ihren Atem. Im Morgengrauen starb sie.

Die Novelle erscheint in einer literarischen Zeitschrift. Erst später wird mir klar, dass sie auch von mir selber handelt.

»Was tust du da?«, fragt meine Großmutter.
Es ist Spätsommer, und durch das geöffnete Fenster dringt der Geruch von erhitztem Kopfsteinpflaster und Apfelbäumen. Ich sitze auf dem Boden und hämmere in die Tasten meiner alten Schreibmaschine.
»Ich schreibe ein Theaterstück«, antworte ich stolz und tippe weiter. Sie nickt. Das ist in Ordnung. »Hauptsache, du isst genug und bist warm angezogen!«
Ein Freund von mir schreibt Theaterstücke und verdient damit viel Geld. »Ein Theaterstück schreiben ist doch leicht!«, hatte ich eines Abends, als wir zusammensaßen, aus einer Laune heraus verkündet. Schließlich kenne ich das Theater seit meiner Kindheit, und die Dialoge aus der Schauspielschule klingen mir noch im Ohr. Sich hinzusetzen und das niederzuschreiben dürfte nicht so schwierig sein, dachte ich mir. Mein Selbstbewusstsein ist nämlich durch die Veröffentlichung der Novelle und einiger Gedichte in letzter Zeit etwas angestiegen.
Mein Freund hat nur gelacht. »Das schaffst du nie!«

Während ich noch darüber nachdachte, worüber ich schreiben sollte, kam auf einmal die Nachricht vom Tod Hemingways. Und mit einem Schlag war ich wieder bei meinem Thema – der Einsamkeit und dem Tod. Wie konnte ein Mann wie er, der alles hatte – Frauen, Geld, Erfolg –, sich umbringen? Warum war ihm sein Leben so wenig wert?
Mein Theaterstück trägt den Titel »Übrigens, Papa muss beseitigt werden!« und handelt von Hemingway und seinen Kindern. Es ist ein ironisches Stück, auch

wenn es um Selbstmord geht. Ironie ist die literarische Sprache meiner Generation.
Drei Wochen lang schreibe ich wie im Wahn, gehe nicht aus, nehme kaum etwas zu mir. Nur Mariechen ist da und bringt mir hin und wieder einen Tee.
Ich gebe das Manuskript der Sekretärin vom Stadttheater, die sich mit Abtippen ein bisschen Geld dazuverdient. Schon beim ersten Lesen sieht sie, dass mein Stück etwas Außergewöhnliches ist, und reicht es weiter an den Intendanten.
Ein paar Tage darauf bekomme ich einen Anruf aus dem Theater.
»Frau Ligocka? Der Intendant möchte Sie sprechen!«
In Windeseile ziehe ich mich hübsch an, toupiere mir das Haar, schminke mir die Lippen. Der Intendant, ein massiger Mann von Mitte fünfzig, empfängt mich bereits an der Tür.
»Na, Mädchen? Wer von Ihren Liebhabern hat das Stück geschrieben?«, dröhnt er mit breitem Grinsen.
»Glauben Sie etwa nicht, dass ich es selber geschrieben habe?«, entgegne ich empört.
»Das haben Sie ja gar nicht nötig!«, röhrt er. »Sie haben sicher andere Talente ...!« Und er schenkt mir ein lüsternes Lächeln.
Ich fühle, wie mir Tränen in die Augen steigen. Mein Gesicht brennt. Auf seinem Schreibtisch liegt das Manuskript. Ich reiße es an mich, laufe die Treppe hinunter, auf die Straße.
»Warten Sie!« Die Sekretärin ist mir hinterhergelaufen. »So warten Sie doch!«, keucht sie. »Er will das Stück doch spielen!«

Aber ich glaube ihr nicht. Ich will es auch nicht mehr. Das Stück ist nicht gut. Ich habe mich nur lächerlich gemacht.
Ein paar Tage darauf klingelt das Telefon noch einmal. »Sind Sie mit dem dritten März einverstanden?« Der Intendant ist selber am Apparat. »Wir wollen das Stück spielen«, sagt er heiser.
Ich kann es kaum glauben. Mein Stück soll aufgeführt werden! Ich packe Mariechen und vollführe mit ihr einen Freudentanz. Dann rufe ich meine Mutter in Wien an. Sie freut sich mit mir, und ich höre aus ihrer Stimme, dass sie endlich stolz auf mich ist.
Man schlägt vor, einen jungen, begabten Regisseur für das Stück zu engagieren, der schon Aufsehen erregt hat – Jan Biczycki. Ich habe schon viel von ihm gehört. Er leitet in Warschau ein kritisches Studentencabaret und ist schon eine Berühmtheit.
Ein paar Wochen darauf kommt er nach Krakau. Wir treffen uns in einem Café.

Durch die Glastür sehe ich ihn im Halbdunkel an einem der hinteren Tische sitzen. Er hat eine Zigarette im Mundwinkel hängen und liest.
Ich betrete das Café und komme langsam näher. Er blickt nicht einmal auf, so versunken ist er in seine Lektüre – in mein Stück.
Der da vor mir sitzt, erinnert mich an James Dean. Er trägt eine karierte Jacke, sein blondes Haar hängt ihm wirr ins Gesicht, als ob er drei Nächte nicht geschlafen hätte. Hat einen schönen Mund ... Mein Herz beginnt ein wenig schneller zu klopfen.

Er blickt auf. »Du bist also Roma?«, fragt er geistesabwesend und drückt seine Zigarette aus. »Dein Stück ist nicht schlecht. Aber ich habe leider keine Zeit, es zu machen.«
Etwas verärgert spüre ich, wie ich erröte.
Jan Biczycki ist hoffnungslos romantisch und der liebenswerteste Chaot, den man sich vorstellen kann. Er hat überhaupt kein Gefühl für Zeit und Raum und erst recht kein Gefühl für Geld. Sein gesamter Besitz besteht aus einer Lederkrawatte aus Paris, einem grauen Pullover, der karierten James-Dean-Jacke, ein paar Hosen und den Schuhen, die er an den Füßen trägt.
Ich bestelle mir einen Tee und setze mich zu ihm. Das ganze Gespräch ist ein einziger, unbeholfener Versuch, ihn dazu zu überreden, mein Stück zu inszenieren, obwohl er gar keine Zeit dazu hat.
Beim Abschied schaut er mich lange an und fährt sich mit dem Finger über die Lippen. »In Ordnung«, seufzt er schließlich. »Ich mach's.«
Ich habe das deutliche Gefühl, dass seine Zusage mehr mit mir als mit dem Stück zu tun hat.

Liebe Mama,
stell Dir vor, ich habe mich in den Regisseur meines Stückes verliebt! Er heißt Jan und ist blond, klug und lustig. Ich glaube, er würde Dir gefallen! Obwohl er kein Jude ist! Hoffentlich klappt es bald mit meinem Pass, damit ich Dich endlich besuchen und Dir alles erzählen kann. Hier in Krakau ist es bitterkalt, es scheint der Winter des

Jahrhunderts zu sein, oft hat es fast vierzig Grad minus. Aber mach Dir keine Sorgen, ich bin gesund und ziehe die schönen, warmen Sachen an, die Du mir geschickt hast.
Tausend Küsse, Deine Roma

Wir treffen uns in dem winzigen, eiskalten Gästezimmerchen, das das Theater für Jan gemietet hat. Bei mir in der Wohnung können wir nämlich nicht zusammen sein, weil es bei Mariechen keine Sünde geben darf.
Es gibt hier keine Heizung. Das Wasser im Waschbecken ist eingefroren. Ich will schön sein, trage dünne Kleider und Petticoats und versuche die Kälte nicht zu spüren.

Jan fasziniert mich.
Einerseits ist er leicht und heiter, andererseits so melancholisch und einsam in dieser Welt. Er rührt etwas in mir an, das mir zutiefst vertraut ist. Ich habe das instinktive Bedürfnis, mich um ihn zu kümmern, so wie man sich um einen kleinen, verlorenen Jungen kümmern möchte.
Sein Leben ist ein einziges Durcheinander. Er pendelt ständig zwischen seinen drei Wohnungen in drei Städten hin und her. Nie weiß er, wo etwas ist, er verliert ständig alles, seine Fahrkarten, seine Schlüssel, sein Geld. Sein Charme ist überwältigend, sein Lachen steckt mich an. Er hat eine schöne Stimme, er singt und tanzt bei jeder Gelegenheit.
»Schon wieder so einer, der nichts hat«, knurrt Mariechen grimmig. Sie nimmt mir immer noch übel, dass

ich geschieden bin. Aber Jan nimmt sie dann doch ganz schnell für sich ein, weil er so schön mit ihr in der Küche Kirchenlieder und Zigeunerromanzen singt und weil er kochen kann.
Bei aller Verliebtheit denken wir nicht im Traum ans Heiraten. Jan findet mit Recht, er tauge nicht zum Ehemann. Und mir ist erst einmal wichtig, dass in all dem Chaos und der Verliebtheit die Premiere stattfinden kann. Jan hatte die Idee, dass ich Bühnenbild und Kostüme zu dem Stück machen soll. Nun sitze ich oft bis spät in die Nacht an meinen Entwürfen, während er mit Mariechen in der Küche steht und Knödel macht.
Am 3. März 1963 ist es dann so weit: Mein Theaterstück wird aufgeführt. Es schlägt ein wie eine Bombe. Die gesamte Presse ist voll davon. Über Nacht bin ich zu einer Berühmtheit geworden, man nennt mich die polnische Françoise Sagan. Schreibende Mädchen sind jetzt große Mode! Die Kritiker reagieren zwar gemischt auf das westliche Stück, doch ich bekomme viele Angebote zum Schreiben, auch von dem gerade neu entstandenen Fernsehen, und ich stelle mir vor, in Zukunft zwischen der Welt der Malerei und der Welt des Schreibens zu wandern.

Wenige Monate nach der Premiere bekomme ich überraschend die Erlaubnis, meine Mutter in Wien zu besuchen. Sie wohnt in einer netten, möblierten kleinen Wohnung mit einem rosafarbenen Bett, Nierentischen, rosa Plüschsesseln und einem kleinen Balkon. Wien ist bunt, altmodisch und voller Versuchungen. Aber wir

Mit der Mutter in Rom (1963).

bleiben nicht lange dort, denn meine Mutter erfüllt sich endlich den Wunsch ihres Lebens und fährt mit mir nach Italien.
Rom, Neapel, Capri. Es gibt noch ein Foto von dieser Reise, darauf stehen wir Arm in Arm vor der Fontana di Trevi in Rom. Meine Mutter ist ein wenig rundlich geworden und älter, aber sie sieht glücklich aus. Ich zeige mein Audrey-Hepburn-Lächeln in die Kamera, habe lange Haare, dunkle Balken über den Augen, Wespentaille – wie ein typisches Fotomodell aus der Zeit.
Einmal, an der Spanischen Treppe, glaubte ich kurz, ein graues Gesicht in der Menge erkannt zu haben, gleich darauf ist es verschwunden. War es Signor Grigio?
Am Ende unserer Reise will ich eigentlich zurück nach Krakau fahren. Jan hat jedoch inzwischen ein dreimonatiges Stipendium nach Wien zu Karajan bekommen. Er hat beschlossen, der größte Musiktheater-Regisseur der Welt zu werden.
Kurz darauf trifft er in Wien ein.

Jan und meine Mutter verstehen sich auf Anhieb prächtig. Er singt die sentimentalsten Schlager aus der Vorkriegszeit für sie und erobert ihr Herz damit im Sturm. Außerdem sieht auch sie sofort den kleinen Jungen in ihm, den man bemuttern muss. Und sie, die immer noch mehr Kinder haben wollte, liebt es, Menschen zu bemuttern.
Wir schlafen auf der Couch im Wohnzimmer. Die meiste Zeit verschwendet Jan auf der Jagd nach Karajan.
Er bekommt den berühmten Dirigenten nämlich fast nie zu sehen, geschweige denn zu sprechen. Der große Maestro läuft nur mit wehendem Haar im Eilschritt durch die Wiener Oper, hinter ihm eine Traube von Menschen, die ihn von der Außenwelt abschirmen sollen. Einige Male nimmt mich Jan als Köder mit, aber wir erwischen ihn nie. Manchmal dürfen wir bei den Proben dabei sein, aber meistens heißt es, der Maestro sei schlechter Laune und alle fremden Gesichter müssten verschwinden.
Doch immerhin bekommen wir Opernkarten für alle Aufführungen in Wien, und Jan macht eine Menge Kontakte. Er kann fabelhaft Deutsch, weil er den Krieg bei seiner Familie in Wien verbracht hat und dort auch zur Schule ging. Hin und wieder liest er mir Rilke vor:

Reiten, reiten, reiten
durch den Tag und durch die Nacht ...

»Hör zu, auch das ist Deutsch!«, sagt er, denn ich weigere mich nach wie vor, die verhasste Sprache zu lernen.

Als ich in Wien ankam, fiel mein Blick als Erstes auf ein Schild: HALTEN VERBOTEN. Dieses HALT und dieses VERBOTEN erinnern und versteinern mich seither. Ich finde die Stadt und die Leute an sich sehr nett, aber wenn sie anfangen zu reden oder ein Straßenbahnkontrolleur kommt, bekomme ich sofort Panik. Jan findet das lächerlich.
»Übertreib nicht!«, tadelt er mich. »Stell dich nicht so an.«
Dieser Kommentar hat mich mein Leben lang begleitet.

Eines Abends sind wir wieder einmal in der Oper.
Wir haben eine schöne Loge. Neben uns sitzt eine magere alte Amerikanerin mit einem schicken rosa Jäckchen, das mit Perlen bestickt ist. Es gefällt mir so gut, dass ich es die ganze Zeit über ansehen muss. Es wird dunkel im Saal, doch ich überlege nur, wie ich dieser Frau ihr Jäckchen abluchsen könnte. Sie sollte es mir eigentlich schenken, mir würde es viel besser stehen.
Auf einmal geht das Licht wieder an, und der Intendant kommt auf die Bühne. »Meine Damen und Herren, soeben erreicht uns die Nachricht, dass Präsident Kennedy erschossen worden ist ...«
Absolute Stille. Dann beginnt die Amerikanerin hysterisch zu schluchzen. Sie wirft sich Jan an die Brust. Er öffnet ihr das Kleid, weil sie zu ersticken droht.
Kennedys Tod erschüttert mich sehr. Aber im Weggehen sehe ich das Jäckchen achtlos über die Stuhllehne geworfen und muss mich sehr zusammenreißen, um es nicht einfach mitzunehmen.

Das Telefon klingelt, Warschau ist am Apparat.
Jan bekommt überraschend das Angebot, ein Musiktheater in der Hauptstadt zu leiten. Damit wäre er der jüngste Intendant Polens.
Wir fahren zurück.
In Warschau wohnen wir in einem gemieteten Zimmer im sechsten Stock, ohne Lift. Jan steckt voller Pläne für sein Theater. Er arbeitet Tag und Nacht, zahlt von seiner eigenen Gage die Schauspieler, weil sein Etat nicht ausreicht, um sie zu engagieren und seine wagemutigen Ideen in die Tat umzusetzen.
Es ist eine aufregende Zeit, hier in der Großstadt. Wir leben in der *Beautiful-people*-Welt im Polen der Sechzigerjahre, feiern Feste und Premieren und lernen viele interessante Menschen kennen – alles, was Rang und Namen hat. Marlene Dietrich, die einen Auftritt in Warschau hat, unterhält sich eine halbe Nacht lang mit Jan über alte Schlager und Musik.
Nach und nach bekomme ich Angebote für Kostüm und Bühnenbild. Mein erstes Stück ist »Geliebter Lügner«, die Briefe von George Bernard Shaw.
Als Freundin des Intendanten bin ich noch dazu ständig damit beschäftigt, unser Leben zu organisieren. Mit Jan hat man immer alle Hände voll zu tun, denn sonst bringt er alles durcheinander – vergisst seine Verabredungen, verliert das Buch, das er inszeniert, und immer wieder sein Geld. Tatsächlich habe ich längst damit begonnen, für ihn zu sorgen wie für ein Kind.
Ich vernachlässige meine eigene Karriere und schiebe das Schreiben ständig vor mir her. Schöne Kleider kann

ich mir jetzt leisten. Noch immer zehre ich von dem Geld, das ich mit dem Theaterstück verdient habe.
Natürlich weiß ich auch, dass wir heiraten sollten. Ein Intendant braucht eine Frau! Außerdem ist es der größte Wunsch meiner Mutter. Aber Jan hat viele Zweifel, und ich sehe auch selber ein, dass er kein Mann ist, der eine Familie gründen kann – obwohl er es gerne täte! Er hatte eine ziemlich lieblose Kindheit, er war eines von neun Geschwistern und wurde von seinem strengen Stiefvater erzogen, war immer zu kurz gekommen und hatte in seinem Leben viel zu wenig Geborgenheit erfahren. Jan bringt mir zwar oft Blumen mit und ist sehr lieb zu mir, aber er hat Angst vor dem Ganzen.
Immer wieder bemüht Jan sich bei den Behörden um eine größere Wohnung. Man legt ihm nahe, Parteimitglied zu werden und weniger westliche Stücke zu spielen, denn er bringt Musicals wie »Oh, What A Lovely War!« und »My Fair Lady« auf die Bühne. Doch er ist rebellisch und denkt nicht daran, sich von den Behörden die Auswahl der Stücke vorschreiben zu lassen.
Alles in allem sieht es nicht so aus, als ob wir je ein normales Leben führen könnten. Aber es kümmert mich nicht. Für mich ist das Leben nach wie vor eine Generalprobe – die Vorstellung beginnt erst später, irgendwann.

»Ich fürchte, wir müssen tatsächlich heiraten!«
Jan legt seine Stirn in Falten und lächelt mich an. Er ist zu den Salzburger Festspielen eingeladen worden, um zu inszenieren. Natürlich wollen wir beide zusammen fahren. Wir könnten dort genügend Geld verdienen, um uns in Warschau eine Wohnung zu kaufen. Aber wird

man uns überhaupt eine gemeinsame Ausreise genehmigen? Wahrscheinlich nicht. Die Machthaber haben immer Angst, dass jemand im Westen bleibt, »die Freiheit wählt«, wie es bei uns heißt, also muss ein Partner sozusagen als Pfand zu Hause bleiben. Doch wenn wir heiraten, könnten wir offiziell eine Hochzeitsreise nach Salzburg beantragen ... Das hat noch keiner gemacht. Das könnte die Behörden verwirren.
»Sollen wir es einfach versuchen?«
Ich betrachte Jan, wie er dasitzt, mit seiner Zigarette im Mundwinkel und dem wirren blonden Haar. Wie würde er ohne mich zurechtkommen? Er braucht mich, denke ich.
»Natürlich. Wir heiraten!«, sage ich entschlossen.

Morgens früh um drei, in einem Nachtlokal, erfahre ich, dass unser Plan gelungen ist.
Jan hat sich gerade mit einem Schwergewichtsboxer an der Bar angelegt. Der stämmige Mann hatte ihm an die Brille gegriffen. Jan ist zwar nicht stark, aber wenn er wütend ist, kann er plötzlich Bärenkräfte entwickeln. Er schlägt dem Boxer seine Faust ins Gesicht.
Damit hatte der wohl nicht gerechnet. Er schwankt verdutzt kurz hin und her, kippt dann plötzlich um und liegt am Boden. Das ganze Lokal jubelt. Jan kommt zurück an den Tisch und wischt sich lässig die Hände an der Hose ab.
»Übrigens, wir haben die Reiseerlaubnis bekommen«, sagt er nebenbei. Und ich falle vor Überraschung fast vom Stuhl, so wie der Boxer eben.
»Wir müssen jetzt reisen – und du als meine Frau!«

Jan strahlt mich an, und wir geben uns einen Kuss. Das Lokal jubelt wieder. Die Korken knallen, und wir feiern Verlobung.
Natürlich hat Jan keine Minute Zeit, sich um unsere Hochzeit zu kümmern. Ich muss schnell seinen Anzug organisieren und mir ein Kleid nähen lassen. Eheringe haben wir nicht, denn es gibt kein Gold zu kaufen in Polen. Eine Bekannte schenkt mir schließlich ihre alten Ringe.
Endlich haben wir den Termin im Standesamt, am 24. Juni 1965. Weil es nirgends Blumen für den Brautstrauß zu kaufen gibt, steht Jan an diesem Tag sehr früh auf, fährt aufs Land und pflückt einen Arm voll Wiesenblumen. Danach verschwindet er schnell noch einmal im Theater.
Sicher wird er zu spät kommen! Geplagt von düsteren Vorahnungen rufe ich seine Sekretärin an und flehe sie an, ihn an den Termin beim Standesamt zu erinnern. Das tut sie auch. Aber Jan verspätet sich natürlich doch.
Als wir endlich am Standesamt ankommen, sitzt unsere Trauzeugin, eine bekannte Schlagersängerin, bereits da und wartet verzweifelt: »Die Leute fragen mich schon, ob mich einer sitzen gelassen hat! Die Presse hab ich auch schon abwimmeln müssen.«
Wir sind erhitzt und aufgelöst, aber wir heiraten. Danach macht ein betrunkener Fotograf Aufnahmen von uns. Das verwackelte Hochzeitsfoto steht noch heute auf meinem Nachttisch.
Anschließend gehen wir in ein gutes Hotel zum Essen, und ich rufe meine Mutter an.

»Jan und ich haben eben geheiratet, Mama …«
Sie ist glücklich.
»Maseltow!«
Es ist eine helle, lange Sommernacht.

24. Juni 1965: Roma und Jan Biczycki.

Früh am nächsten Tag fahren wir zum Bahnhof, noch immer voller Angst, dass sie einen von uns in letzter Minute nicht fahren lassen. Die Pässe sollen wir erst am Zug von einem Beamten des Ministeriums bekommen – wenn sie es sich inzwischen nicht anders überlegt haben. Sie könnten unseren Trick durchschaut haben. Wir haben ja kein Recht auf unsere Pässe, wir haben auch kein Recht, uns zu beklagen …
Meinen Hausschlüssel für die kleine Kellerwohnung in Krakau hat Mariechen behalten. Sie lebt dort nun mit ihrer Nichte, zwischen der Kommode mit den grünen Kacheln, den Regalen mit den schönen Kunstbüchern und dem Schreibtisch mit meiner alten Schreibmaschine. Mitgenommen habe ich nur einen Koffer voll schöner Kleider und ein paar Fotos. Viel Gepäck mitzunehmen wäre zu auffällig gewesen. Und außerdem wollen wir ja bald wiederkommen …
Lange Minuten des Wartens vergehen am Bahnsteig, der Zug setzt sich fast schon in Bewegung, als wir den Beamten endlich auf uns zueilen sehen. Er überreicht

uns die Pässe, und wir klettern mit klopfenden Herzen in den Waggon. Die Türen werden geschlossen, der Schaffner pfeift, die Lokomotive beginnt zu schnaufen. Wir haben es geschafft!
Erleichtert fallen wir einander in die Arme. Keiner von uns ahnt zu diesem Zeitpunkt, dass unsere Hochzeitsreise dreißig Jahre dauern wird.

11

DER WESTEN EMPFÄNGT UNS MIT OFFENEN ARMEN – den Armen meiner Mutter, die in Wien am Bahnsteig steht, um uns abzuholen.

Es gibt viel zu erzählen, aber nur wenig Zeit. Nach ein paar Nächten auf der Wohnzimmercouch müssen wir weiter nach Salzburg, wo wir die nächsten Monate über an einem Musical arbeiten werden. Das Stück ist zwar nicht besonders gut, aber wir lernen interessante Menschen kennen. Viele Schauspieler, die später in Deutschland Rang und Namen haben, spielen mit. Es ist Sommer, wir sind verliebt und verdienen viel Geld.

Dann kommt der Herbst, und unser Engagement ist beendet. Es regnet in Salzburg. Wie alle aus dem Osten wollten wir unsere Gage immer nur in Bargeld ausbezahlt bekommen, denn ein Scheck ist für uns nur ein Stück Papier. Nun sitzen wir also mit einem Haufen Bargeld im Café und überlegen, wie es weitergehen soll.

»Ich habe mit Warschau telefoniert«, sagt Jan bedrückt, »in Polen sind Studentenunruhen ausgebrochen. Ein paar Freunde von mir sind auch dabei. Sie fordern Reformen und landen im Gefängnis ... Alle raten mir, im Westen zu bleiben, auf keinen Fall zurückzukommen ...«

Ich spüre, wie sich mein Magen zusammenzieht. Angst breitet sich in mir aus. Jan hat in der letzten Zeit viele seltsame Anrufe bekommen. Man warnt ihn davor, zurück nach Polen zu kommen. Er wird anscheinend mit den rebellischen Kräften in Warschau in Verbindung gebracht, und den Funktionären ist er mit seiner westlich orientierten Arbeit ohnhin schon immer ein Dorn im Auge gewesen.
Wir sind ratlos. Sollen wir im Westen bleiben oder sollen wir es riskieren, nach Warschau zurückzufahren? Ich selbst möchte eigentlich lieber zurück, um wieder schreiben zu können; hier bin ich doch stumm und taub. Aber was, wenn sie Jan ins Gefängnis stecken?
»Bleibt da, wenn ihr nicht verhaftet werden wollt«, sagt eine anonyme, fremde Stimme am Telefon.
»Ihr habt bei uns im Westen großartige Chancen!«, sagen unsere neuen Freunde. »Wir werden euch helfen.«
Wir beschließen, erst einmal abzuwarten und zunächst im Westen zu bleiben. Das ganze Geld kommt in ein kleines Kosmetikköfferchen. Damit und mit den übrigen Koffern, in denen meine Kleider und Hüte sind, fahren wir zum Bahnhof und steigen in den Zug nach Wien. Er ist voll, und Jan ist unruhig wie immer.
Erst als der Zug aus dem Bahnhof gerollt ist und wir es uns in unseren Polstersitzen bequem gemacht haben, stellen wir erschrocken fest, dass das Köfferchen mit dem Geld auf dem Bahnsteig geblieben ist.
In Wien reißt uns eine kalte Lautsprecherstimme aus der Benommenheit. »Alles aussteigen – der Zug endet hier.«

Ohne Geld ist es natürlich noch unmöglicher, nach Polen zurückzufahren.
Wir schlafen wieder auf der Wohnzimmercouch, und meine Mutter ernährt uns in der ersten Zeit. Doch sie bekommt nur eine kleine Gesundheitsrente, zu wenig, um uns helfen zu können; und ihre Wohnung ist einfach zu klein für drei Personen.
Im Winter mieten wir daher übergangsweise das kleine Apartment einer Schauspielerin, die in einer anderen Stadt ein Engagement hat. Es ist ein klirrend kalter Winter. Wir gehen zu Fuß quer durch die Stadt, um bei meiner Mutter zu essen. Für zwei Straßenbahnfahrten kann man nämlich ein paar Frühstücksbrötchen kaufen.
Jan und ich sind trotz allem glücklich. Wir bauen uns Luftschlösser und träumen gemeinsam davon, was wir alles machen werden, wenn wir endlich etwas Geld haben.
Nie sprechen wir darüber, was früher war. Jan weiß natürlich Bescheid, doch ich möchte nur vergessen.
Er verspätet sich ständig. Wenn er nicht rechtzeitig nach Hause kommt, stehe ich die ganze Zeit am Fenster. Ihm ist etwas passiert, denke ich sofort. Immer kann ich mir nur das Schlimmste vorstellen. Sicher ist er tot, denke ich, zusammengeschlagen, überfahren, auf dem Weg ins Krankenhaus ...
Wenn er dann endlich wieder da ist, gibt es Krach. Meine ganze Angst sieht er mir natürlich sofort an. Das macht ihn wütend. Ich versuche verzweifelt, ihm begreiflich zu machen, dass ich mir nur schreckliche Sorgen um ihn mache.

»Du bist hysterisch!«, stöhnt Jan. »Kannst du denn niemals deine kranke Phantasie abschalten?«
Ich breche in Tränen aus und höre auf zu essen. Jan schweigt und ignoriert mich, er fühlt sich angegriffen, und er hat Schuldgefühle. Einmal läuft er aus Trotz zwei Tage lang weg und übernachtet bei einem Freund. In diesen Stunden sterbe ich fast vor Angst.
Irgendwann versöhnen wir uns wieder. Ich würde ja so gerne Vertrauen haben, in Jan, in das Leben – aber ich schaffe es einfach nicht.

Weihnachten kaufen wir uns für unser letztes Geld auf dem Markt einen riesigen Weihnachtsbaum mit Tannenzapfen. Der Baum ist so groß, dass niemand ihn haben wollte. Wir schleppen ihn heim in unsere winzige Wohnung und stellen ihn auf. Die Tanne füllt das Zimmer vollständig aus, so dass wir unter den Zweigen ins Bett kriechen müssen.
Sonst gibt es nichts zu Weihnachten. Wir verbringen den Nachmittag bei meiner Mutter und kochen uns abends zu Hause eine Suppe aus Kartoffeln und Brühwürfeln.
Trotz des Geldmangels und obwohl wir keine Arbeit haben, lernen wir in Wien sehr viele Leute kennen, Künstler wie wir, die auch schwer zu kämpfen haben. Oft gehen wir mit unseren neuen Freunden zum Essen ins Restaurant und sitzen mit knurrendem Magen dabei, weil wir nicht wissen, ob wir eingeladen sind oder ob wir unsere Rechnung selber bezahlen müssen. Jan erklärt den Leuten dann, dass ich nichts esse, weil ich auf meine Figur achten muss. Dabei bin ich so dünn, fast durchsichtig.

In dieser Zeit kommt Zbigniew Herbert nach Wien, ein wichtiger polnischer Lyriker, geradezu eine Legende. Es soll in einem Café am Burgtheater ein literarisches Treffen mit ihm geben. Jan und ich verehren ihn beide sehr, aber wir kennen ihn nur dem Namen nach. An jenem Abend sitzen wir also in dem Café und warten auf Zbigniew Herbert. Aber der berühmte Dichter kommt und kommt nicht. Irgendwann löst sich die Veranstaltung auf, die Leute im Café gehen. Schließlich sitzen wir fast ganz allein da und sind bitter enttäuscht.
»Warten Sie auch auf Zbigniew Herbert?«, fragt Jan einen kleinen, dicklichen, unscheinbaren Herrn am Nebentisch.
»Ich *bin* Zbigniew Herbert!«, entgegnet dieser höflich.
Und wir hatten die ganze Zeit auf den großen, blonden, gut aussehenden Dichter im Samtmantel gewartet!
Nachdem das Café geschlossen hat, ziehen wir zusammen weiter in ein ungarisches Restaurant, wo man Csárdás spielt und sich die Männer sinnlos betrinken. Hinterher muss ich die beiden dann nach Hause verfrachten.
Zbigniew Herbert übernachtet bei uns auf dem Boden.

Nach jener Nacht sind wir Freunde. Er kommt oft zu Besuch, und auf eine zarte, platonische Art verliebt er sich in mich. Ich bin so etwas wie die Muse, und die Männer trinken, diskutieren, rezitieren lyrische Texte.
Zbigniew schreibt ein Gedicht für mich:

Die Frau sagt
Der Mond verändert sich
geh nicht weiter weg als meine Liebe dich trägt ...

Eines Tages stelle ich fest, dass ich schwanger bin. Jan wird aschfahl im Gesicht, als ich es ihm erzähle. »Was sollen wir nun machen?!«, stammelt er ratlos und greift zu seinen Zigaretten.
Insgeheim hatte ich absurderweise gehofft, dass er sich freuen würde – aber ich weiß natürlich so gut wie er, dass es wohl kaum einen ungeeigneteren Zeitpunkt für ein Kind geben könnte als jetzt. Wir haben kein Geld, keine Arbeit, noch nicht einmal eine Wohnung auf Dauer und keine Ahnung, dass es im Westen so etwas wie Sozialhilfe gibt. Außerdem sind unsere Papiere nicht in Ordnung. Nichts ist in Ordnung! Jedes Mal, wenn Jan nach Deutschland fährt, um Arbeit zu suchen, muss er ein Visum beantragen. Wir haben noch nicht mal eine Krankenversicherung …
Es ist Februar, ich bin schon fast in der zwölften Woche, und wir warten wie zwei verzweifelte Kinder, dass ein Wunder geschieht.

Jan hat irgendwie eine Adresse in Ungarn aufgetrieben, wir können das Kind nicht behalten, und in Österreich ist Abtreibung verboten. Meiner Mutter haben wir nichts davon erzählt, sie hätte sich nur Sorgen gemacht, und das wollen wir ihr ersparen. Schließlich hat sie genug durchgemacht. Nur unser Freund Zbigniew weiß davon. Er hat mich lange angeschaut und gefragt, warum ich so schlecht aussehe, und ich habe ihm mein Herz ausgeschüttet. Eines Tages hat er mir heimlich ein Geldbündel zugeschoben: »Für den Eingriff …«

Wir fahren mit dem Zug nach Budapest. Es ist ein dunkler, grauer Tag. Ich drücke mein Gesicht gegen das Zugfenster. Tu's nicht, tu's nicht, tu's nicht, rattern die Räder. Tu's nicht ...
Wir laufen durch die Stadt und suchen die Adresse. So war das schon einmal. Ich bin schon einmal durch eine andere Stadt gelaufen. Ich habe schon einmal eine andere Adresse gesucht ...
»Hier entlang«, sagt Jan entschlossen.
Wir gehen eine lange Straße entlang. Am Ende der Straße ist ein großes, steinernes Tor. Dahinter ein Hof mit hohen, alten Häusern.
»Da ist es«, flüstert Jan. »Gleich!«
Die Straße kommt mir endlos vor, doch wir haben keine Wahl.
Es dauert eine Ewigkeit, aber wir schaffen es. Endlich sind wir da.
Tu's nicht, tu's nicht, tu's nicht ...
Die Erinnerung würgt mich, mir ist übel.
Jan bleibt stehen und schaut mich an. Blass und nervös sieht er aus, die Zigarette im Mundwinkel zittert ein wenig.
»Wir sind da«, sagt er tonlos.
Nein! schreit es in mir. Ich will nicht! Ich will mein Kind behalten!
Doch ich nicke nur stumm.
Wir gehen durch den Hof, betreten ein heruntergekommenes Wohnhaus, steigen die Treppen hinauf in den dritten Stock. Eine Arztpraxis. Der Mann hat uns schon erwartet. Er mustert mich kurz, schiebt uns dann schnell in die Wohnung und schließt die Tür. »Die Nach-

barn«, flüstert er heiser. Er trägt einen verschlissenen Anzug, hat eine Glatze und wässrige kleine Augen. Jan gibt ihm das Geld, und er lässt es schnell in die Jackentasche gleiten.

»Hier entlang«, sagt er. Ich spüre, er hat es eilig, will es hinter sich bringen, möchte uns so schnell wie möglich wieder loswerden. Wir folgen ihm durch eine große Altbauwohnung, gehen durch viele Zimmer. Er redet nicht viel. Wir durchqueren ein Arztzimmer, dann die Küche, befinden uns nun in einer Kammer hinter der Küche. Der Linoleumboden ist schmutzig. Es riecht nach Desinfektionsmittel.

Eine ältere, magere Frau mit Brille kommt dazu, vor der ich instinktiv Angst habe. Sie würdigt mich keines Blickes.

»Es muss schnell gehen«, sagt sie zu Jan, »und sie darf nicht schreien.«

Sie legen mich auf den Tisch, ziehen mich aus –

... Sie legen mich auf das Bett, ziehen mich aus, halten kleine, runde Gläser über eine Kerze, bis sie heiß sind, und kleben sie auf meinem nackten Rücken fest ...

Wo ist meine Großmutter? Dort, in der Ecke? Was sagt sie, ich verstehe sie nicht...

»Lauf!«, flüstert meine Großmutter, »lauf weg! Schnell! Tu's nicht! Rette dich!«

Doch ich liege stumm da und kann mich nicht rühren. Wie gelähmt. Ich würde so gerne weglaufen, schreien, ihnen erklären, ich hätte es mir leider anders überlegt ... aber ich traue mich nicht. Weil es Geld gekostet hat, weil es ausgemacht ist, weil ich nicht weiß, wie ich es ihnen sagen soll. Wenn mich noch mal jemand

fragen würde, hätte ich Nein gesagt. Aber niemand fragt. Sie behandeln mich wie einen Gegenstand. Sie reden nur mit Jan.
»Sie bekommt keine Narkose«, sagen sie zu ihm, »das ist zu gefährlich. Sie müssen sie festhalten.«
Jan holt tief Luft. Er legt seine Hand auf meinen Arm, aber er schaut mich nicht an.

»Jan!«, will ich flüstern, aber kein Laut kommt über meine Lippen. Ich bete, dass er etwas sagt. Er sieht doch, dass das alles entsetzlich ist, dass wir hier nicht bleiben dürfen!
Aber Jan sagt nichts.
Sie haben jetzt alles vorbereitet.
Es ist zu spät. Sie packen mich und reißen mir mein Kind langsam, stückchenweise aus dem Leib. Es ist ein Schmerz, der bis zum Hals, bis in den Kopf lodert, mein ganzer Körper ist voll Feuer und Blut. Und in diesem Moment erkenne ich, weiß einfach, dass es eine Tochter ist. Dass sie meine Tochter umbringen und ich nichts dagegen tun kann.
Jan und die Frau halten mich fest.
Sobald ich anfange zu wimmern, zischt sie, ich soll still sein. Und wieder darf ich nicht schreien, wie damals, wie im Ghetto ...
Es dauert eine Ewigkeit.
Draußen ist es schon dunkel. Ich darf aufstehen. Ich taumele ein wenig.
»Passen Sie bloß auf, dass sie nicht auf der Treppe ohnmächtig wird!«, sagt der Mann mit der Glatze streng zu Jan. »Gehen Sie, als wäre nichts gewesen.«

Wir gehen, als wäre nichts gewesen. Er steht noch oben an der Treppe und schaut uns hinterher. Wir fahren mit dem Taxi ins Hotel. Ich lege mich ins Bett, decke mich gut zu, ich friere. Jan bringt mir noch eine Decke. Er sitzt blass und ratlos an meinem Bett. Wir wissen nicht, was wir miteinander reden sollen.
»Ich glaube, ich gehe noch ein wenig weg, wenn es dir recht ist«, sagt er dann und erhebt sich. »Im Theater hier spielen sie Hamlet, ich sollte es sehen ...«
Ich schweige und drehe mich zur Seite.
Am nächsten Tag fahren wir zurück nach Wien.

Wir haben jetzt endlich wieder Arbeit.
Zunächst sind es Inszenierungen in kleinen Kellertheatern, bei Veit Relin zum Beispiel, der in seinem Ateliertheater neue, avantgardistische Stücke aufführt, darunter auch polnisches absurdes Theater. Absurdes ist zur Zeit große Mode.
Viel Geld verdienen wir nicht. Und während ich mir noch ausmale, was wir mit unserem nächsten Verdienst machen könnten – Urlaub, etwas Praktisches für die Wohnung, irgendetwas Vernünftiges –, lädt Jan alle zur Premierenfeier ein. Ich sitze dabei und sehe, wie unser letztes Geld in den vollen Weingläsern unserer Gäste verschwindet.
In dieser Zeit lerne ich schnell, aus Nichts etwas zu zaubern – vor allem in der Arbeit. Gegen die Materie zu arbeiten hatte ich ja schon im sozialistischen Polen üben können. Nun entwickle ich enorme kreative Kräfte. Ohne Geld, ohne richtige Mitarbeiter und ohne die Sprache zu beherrschen, bringe ich Dinge auf die

Bühne, die oft viel Bewunderung und Lob hervorrufen. Es ist der Kampf ums Überleben, der mich anspornt. Ich muss ja immer besser sein als die anderen, sonst bekomme ich den nächsten Job vielleicht nicht.
Insgeheim weiß ich, dass meine Kräfte nicht ausreichen, weder die physischen noch die psychischen. Nach jeder Premiere werde ich krank, oft wochenlang. »Psychosomatisch«, sagt der Arzt, »das geht vorüber ...«
Meine Mutter deckt mich zu und kocht Süppchen. Wie früher.

Ein Engagement am Ku'damm! Wir ziehen nach Westberlin. In der Kantstraße mieten wir eine schöne kleine Einzimmerwohnung, mit alten Dielen, die wir dunkel streichen, weißen Wänden, einem großen Bett mitten im Raum und vielen Schallplatten: Maria Callas, die Beatles, schöne westliche Musik! Freunde, die wir aus Salzburg kennen, kommen eines Tages mit einem ganzen Auto voll Hausrat vorbei. Es ist unsere erste richtige Wohnung.
Jetzt sind wir tatsächlich in Deutschland gelandet, denke ich, ein wenig verwundert über mein bizarres Schicksal, das mich genau dorthin verschlägt, wo ich eigentlich nie in meinem Leben sein wollte. Und Jan besteht darauf, dass ich endlich Deutsch lerne. Er hat natürlich Recht – ich kann ja noch nicht einmal richtig einkaufen gehen. Ich gebe mir große Mühe mit der verhassten Sprache, aber es fällt mir schwer. Immer wieder gibt es Momente, in denen meine Ängste plötzlich wach werden – wenn ich Uniformierte sehe, wenn

jemand herumbrüllt. »RECHTS STEHEN, LINKS GEHEN!«, schreit mich auf der Rolltreppe ein grauhaariger Mann an, und ich antworte prompt: »Sieg Heil!« Der Schauer und das Zittern kommen erst hinterher.
»Übertreib nicht so«, sagt Jan.
Zum ersten Mal in meinem Leben bin ich jetzt Hausfrau. Bisher haben wir meistens von geröstetem Brot mit Knoblauch gelebt, aber langsam geht Jan das Brotessen auf die Nerven. Ich möchte ihn mit einem fabelhaften Essen überraschen und gehe in einen Delikatessenladen.
Was soll ich nur kaufen? Verwirrt starre ich auf das überwältigende Angebot. Obst, Gemüse, Käsesorten, die ich noch nie gesehen habe, Wurst und Fleisch in Massen ... mir fallen fast die Augen aus dem Kopf. Außerdem habe ich nicht die geringste Ahnung, wie man all die guten Sachen zubereiten soll. Kurz entschlossen kaufe ich ein gebratenes Hähnchen.
Zu Hause garniere ich es liebevoll mit Petersilie und stelle es stolz auf den Tisch. Als Jan heimkommt, ist er begeistert.
»Siehst du«, sagt er zufrieden, »wenn man will, geht es doch!« Aber als er das Hähnchen dann umdreht, um es zu tranchieren, entdeckt er das Etikett des Delikatessenladens.
Jan ist oft verzweifelt mit mir.

Nachts, wenn ich wieder einmal nicht schlafen kann, habe ich Sehnsucht nach Krakau, nach dem Glockengeläut, nach meinen Büchern, meinen Freunden. Ich bin eine Fremde hier im Westen. Zum Glück bewegen

wir uns nur in Künstlerkreisen, da gibt es genügend Kollegen aus anderen Ländern, Fremde wie mich.
Oft streife ich in Kreuzberg durch die Ruinen und stöbere in den Trödelläden, um etwas für die Bühne zu ergattern. Für das neue Stück bauen wir ein Bühnenbild aus beweglichen Wänden. Wochenlang stehe ich auf der Leiter, um alles zu bemalen. Danach liege ich wieder eine Zeit lang mit Lungenentzündung.
Jan ist mein ständiges Kranksein sehr lästig. Aber er spielt brav die Mutter und bringt mir heiße Suppe ans Bett.

Bald darauf ziehen wir wieder weiter. Köln, wieder Wien, dann noch einmal Berlin – ich komme aus dem Kofferpacken gar nicht mehr heraus. Manchmal weiß ich nicht einmal mehr, in welcher Stadt wir sind – die Theaterkantine sieht überall gleich aus.
Im Sommer fahren wir dann endlich zum ersten Mal zusammen in die Ferien. Wir haben Erholung bitter nötig. Einmal weg von allem sein, etwas Schönes sehen, nicht immer nur Theater ... Ich buche eine billige Busreise nach Italien. Ein paar Tage in einem kleinen Hotel am Meer und dann noch ein Wochenende in meinem geliebten Venedig!
In Venedig ist es brütend heiß. Trotzdem genießen wir jede Minute, sitzen in kleinen Cafés, bummeln durch die Stadt.
Einmal, als wir gerade in eine dunkle, enge Gasse eingebogen sind, sehe ich plötzlich eine tote Taube auf dem Wasser des Kanals schwimmen. Keuchend packe ich Jan am Arm und beginne zu zittern.

... Ich höre das Getrappel der Füße und das Gurren der Tauben. Gurren, Gurren, Gurren ...
»Lass uns woanders langgehen«, flüstere ich, »ich will da nicht durch ...«
Aber Jan versteht nicht, was mit mir los ist. Er denkt, ich stelle mich nur wieder an.
»Hör auf mit dem Blödsinn, der kürzeste Weg zum Rialto führt hier durch, und den werden wir nehmen – basta!«
»Aber Jan ... ich kann nicht ... die Taube ...«
»Die Taube ist tot, verdammt noch mal! Und außerdem ist Venedig voller Tauben. Wenn du das nicht ertragen kannst, können wir ja gleich wieder nach Hause fahren! Also los, stell dich nicht so an ...«
Er packt mich am Arm und zerrt mich hinter sich her, vorbei an der toten Taube.
In mir zerspringt etwas, mit einem leisen Klirren wie Glas.

Wir haben ein Engagement am Stadttheater Dortmund bekommen, das bedeutet für uns einen großen beruflichen Aufstieg. Jan ist glücklich, und ich bin es auch, denn wir haben jetzt eine richtig schöne, helle Wohnung. Sie liegt in einer alten Villa, neben einer Brauerei. Wir bewohnen das gesamte Obergeschoss, man kann darin von Zimmer zu Zimmer wandern. Noch nie hatte ich so viel Platz! Nur von dem süßlichen Geruch, der aus der Brauerei zu uns herüber dringt, wird mir dauernd übel.
... Ein süßlicher Geruch ... Damals hingen dunkle Wolken über dem Ghetto.

»Sie verbrennen Tag und Nacht die Leichen«, sagte mein Vater, als er abends nach Hause kam, »Berge von Leichen, in Płaszów ...«
»Das ist der Geruch von gegärtem Hopfen«, erklärt mir Jan.
Weil wir keine Möbel haben, inszeniere ich die Wohnung wie ein Bühnenbild. Das Einrichten macht mir einen Riesenspaß. Ich kaufe Stoffe und drapiere sie malerisch und erstehe für fünfzig Mark eine hässliche dunkle Schlafzimmereinrichtung, die ich weiß und gold bemale. Die Wohnung sieht aus wie ein Zauberschloss, wie eine Kulisse in der Oper.
Aber warum ist mir nur immer schlecht? Sicher von dem Geruch der Farben.
Ich gehe zum Arzt.
»Sie sind schwanger«, sagt er und noch ein paar Worte, die ich nicht verstehe.
Was wird meine Mutter dazu sagen? Und Jan?

»Vertrau mir«, sagt er, »wir schaffen das schon!«
Jan freut sich sehr auf das Kind. Vielleicht will er, dass wir beide Budapest vergessen. Wir feiern meine Schwangerschaft bei Kerzenlicht und einer Flasche Wein an unserem neuen, weiß-gold gestrichenen Küchentisch.
Ich habe ein wenig Angst, weil meine Mutter in der nächsten Woche zu Besuch kommen wird. Sie hält mich ja für eine unvernünftige, unpraktische Prinzessin. Ob sie mir überhaupt zutraut, Mutter zu werden?
Als sie dann schließlich am Bahnhof steht, will ich es ihr am liebsten gar nicht sagen. Doch kurz darauf wird

mir wieder übel. Sie mustert mich nur kurz mit ihrem Krankenschwesterblick und errät sofort, was die Stunde geschlagen hat.
»Du bist schwanger, Roma!«, ruft sie und fällt Jan um den Hals. »Ich werde Großmutter! *Maseltow*, Roma, *Maseltow*. Trage es gesund.«
Ich bin erleichtert und überrascht. Erst jetzt wird mir klar, dass ich richtig Angst gehabt hatte, wieder etwas Falsches zu machen. Aber freuen kann ich mich trotzdem noch nicht.

Jeden Tag fahren wir im Morgengrauen mit dem Zug nach Köln, wo wir mit Jürgen Flimm ein Boulevardstück inszenieren, arbeiten den ganzen Tag und kommen spät nachts zurück. Dann fange ich an zu kochen. Ich komme gar nicht auf die Idee, mich zu schonen. Die Arbeit geht vor. Auch Jan denkt nicht daran. In seiner Familie haben die Frauen stets bis zum Umfallen gearbeitet.
Mein Bauch wird langsam immer dicker. Ich statte jetzt ein großes Musical aus, Bühnenbild und Kostüm. Es ist sehr anstrengend, oft krieche ich auf allen vieren durch den Malersaal, wenn ich nicht mehr stehen kann. Nur selten habe ich Zeit, die Schwangerschaft zu genießen. Doch mein dicker Bauch gefällt mir – obwohl ich nicht verstehe, was in mir vorgeht. Wie kann es nur sein, dass in mir ein anderes Wesen lebt? Ich komme mir ja selber vor wie ein Embryo! Wird es gesund sein? Werde ich bei der Geburt sterben? Ist es nicht besser, kein Kind zu haben, als zu sterben?
Manchmal sitze ich in der Küche und versinke in Depressionen. Ich bin so müde, so endlos müde.

Jan versteht das nicht. »Warum sitzt du so da?«, fragt er. Ich kann es ihm nicht erklären. Vielleicht liegt es an der Schwangerschaft, denke ich. Ich will nicht wahrhaben, dass diese Zustände immer wieder kommen, sondern suche die Ursache in der aktuellen Situation.
»Wie sieht die Wohnung schon wieder aus!«, tadelt Jan. In seiner Familie haben die Frauen die Wohnung immer sauber gehalten.
»Wir haben nichts zu essen mehr! Willst du nicht aufstehen und einkaufen gehen? Und was ist mit dem Treffen heute Abend?«
Jan will immer tausend Sachen. Aber ich sitze einfach nur da.

Wenn es ein Junge wird, soll das Kind Jakob heißen wie der kleine Bruder meiner Mutter, der gestorben ist, als die Deutschen die Munitionsfabrik in die Luft gesprengt haben. Und wenn es ein Mädchen wird ... Aber es wird kein Mädchen, das spüre ich genau. Das kleine Mädchen ist tot.
Das Kind soll am zwanzigsten April zur Welt kommen, an Hitlers Geburtstag. »Wehe, du bringst es an diesem Datum zur Welt!«, droht Jan scherzhaft. Es ist der elfte April.
An diesem Tag kündigt uns die Vermieterin. Sie hat wohl jemanden gefunden, der mehr Miete zahlt. Wir wissen noch immer nicht, dass wir irgendwelche Rechte haben, dass man sich auch wehren kann. Wir sind ja Fremde, Emigranten – Protest kommt uns überhaupt nicht in den Sinn. Im Gegenteil. Jan muss mich sogar davon abhalten, noch am selben Abend die Koffer zu packen.

»Wir gehen zur Polizei«, sagt er düster.
»Ich will nicht ...«, widerspreche ich mutlos.
»Stell dich nicht immer so an!«, meint Jan streng. »Wohin sollen wir denn sonst gehen?«

Am nächsten Morgen gehen wir zur Polizei. Entgegen meinen Befürchtungen sind die Beamten sehr freundlich. Sie sehen meinen Bauch, telefonieren und eröffnen uns schließlich, dass wir noch zwei Wochen in der Wohnung bleiben dürfen.
Aber wir bleiben doch nur noch ein paar Tage. Eine Woche vor dem Geburtstermin bekommt Jan überraschend ein Angebot ans Stadttheater nach Kiel. Unsere Sachen sind schnell gepackt.
Während der Reise halte ich mir die ganze Zeit den Bauch fest und fühle, wie sich das Kind bewegt. Beide haben wir Angst, dass es im Zug zur Welt kommen könnte, aber alles geht gut.
In Kiel kaufen wir als Erstes einen großen Kinderwagen. Eine Wohnung haben wir nicht. Schließlich kommen wir bei einem wohlhabenden Ehepaar, das zu einem Kreis von Theaterfreunden gehört, im Gartenhäuschen unter. Es ist ein kleiner Raum mit Stockbetten, einem winzigen Bad und einer Kochplatte. Dort verbringe ich nun die letzten Tage vor der Geburt.
Ich liege im Garten. Alles blüht und duftet, es ist warm, und ich wünsche mir, dass dieser Zustand ewig anhält. Mein Appetit ist auf einmal enorm. Ich esse fast ununterbrochen und koche mir Berge von Nudeln in der Küche der Villa. Zum ersten Mal in meinem Leben habe ich gar keine Angst und keine düsteren

SPOŁECZNA ŻYDOWSKA SZKOŁA POWSZECHNA
SZKOŁA POWSZECHNA
W KRAKOWIE

Zeugnis II

Die Dame

Gedanken und Träume. Ich bin in einem animalischen, primitiven Zustand: Morgens aufstehen, sich einfach gut fühlen, sich keine Gedanken um irgendetwas machen – so wollte ich immer sein. Und in dem Frühlingsgarten in Kiel gelingt es mir für eine kurze Zeit.

Als der Tag der Geburt naht, bekomme ich es wieder mit der Angst zu tun. Ich kann mir nicht vorstellen, dass ich ein gesundes Kind bekommen könnte – ich habe es nicht verdient! Nicht ich, ich bin dazu nicht fähig! Nicht ich, denn ich gehöre nicht dazu, ich bin keine von den kräftigen, gesunden, strahlenden jungen Müttern mit den kräftigen, gesunden, rosigen Babys ... Ich will gar kein Baby, ich will nicht sterben, ich will nur mich!

Der zwanzigste April vergeht, Hitlers Geburtstag. Jan atmet auf. Ich aber werde zunehmend nervöser. Der einundzwanzigste verstreicht, der zweiundzwanzigste, der dreiundzwanzigste ...

Am vierundzwanzigsten April wird in der Villa eine Party gefeiert. Ich sitze mit meinem dicken, schweren Bauch auf dem Sofa. Um mich herum gackern die Frauen, überschlagen sich förmlich im Erzählen, was bei einer Geburt alles Schlimmes passieren kann. Von Sauerstoffmangel und Herztönen ist die Rede und von Greifzangen, und ich werde immer stiller. Die Gastgeberin sieht, dass ich ganz verstört bin. Sie stellt eine Flasche Cognac vor mich hin.

»Trink erst mal«, fordert sie mich auf, »das kann jetzt nicht mehr schaden!«

Ich trinke. Die Cognacflasche wird immer leerer. Gegen ein Uhr gehen wir endlich schlafen. Die Flasche nehme ich mit ins Bett und trinke sie aus. Kurz danach verspüre ich ein schmerzhaftes Ziehen im Bauch.
Das kann nicht sein, denke ich. Es ist sicher bloß der Cognac oder die Party. Ich drehe mich auf die Seite, um weiterzuschlafen. Doch der Schmerz kommt wieder und wieder. Ich traue mich nicht, Jan zu wecken, der über mir schläft. Schließlich muss er am nächsten Morgen früh im Theater sein. Ich stehe also leise auf, packe mein Köfferchen fürs Krankenhaus und flechte meine Haare zu Zöpfen. Das macht man so, haben die Frauen auf der Party gesagt. Dann sitze ich wie ein Schulmädchen auf dem Bettrand und warte.
Es wird drei Uhr, es wird vier, es wird langsam hell. Mein Herz klopft so laut, und es ist so still. Ich stehe an der Tür, das Köfferchen in der Hand. Jan dreht sich um und murmelt etwas im Schlaf.
»Jan!«, flüstere ich zaghaft, »Jan, ich glaube, wir müssen ins Krankenhaus ...«
Aber Jan ist kein Mann, den man um vier Uhr morgens wecken sollte, wegen was auch immer.
»Versuch doch noch mal zu schlafen!«, brummt er unwirsch.
Ich lege mich wieder aufs Bett, aber es nützt nichts. Die Schmerzen kommen immer wieder, in regelmäßigen Abständen.
»Jan ...!«

Es ist eine sehr schöne Privatklinik, und ich bin die einzige Gebärende. Alle kümmern sich um mich. Nur die

alte Hebamme, die eine lange Nacht hinter sich hat, nickt immer wieder im Sitzen ein.
Sie bringen mir etwas zu essen, aber ich kann nichts herunterbringen. Verlegen und verwirrt verspeist Jan mein Essen, obwohl auch er keinen Hunger hat. Die Hebamme tastet mit den Händen meinen Bauch ab. »Es wird ein Junge«, meint sie und schläft wieder ein. Jan, der neben mir sitzt, ist ebenfalls eingenickt.
Die Stunden vergehen. Und plötzlich, nach einer Ewigkeit voll Schmerzen, fühle ich, dass in meinem Bauch etwas geschieht. Dass wir in Gefahr sind, das Kind und ich. In Lebensgefahr ...
»Jan! Schnell!«
Im letzten Moment wird mein Baby gerettet, werde ich gerettet. Bis heute wage ich nicht daran zu denken, was passiert wäre, wenn ...

Als ich aus der Narkose erwache, hält Jan das Kind in den Armen.
Es ist ein Junge, und er ist blond. Blond! Er schaut mich an, mit seinen hellblauen Augen, und ein ganz kleines Lächeln fliegt über sein Gesicht. Jan und ich müssen beide weinen, so schön ist er, so vertraut. Es ist ein Wunder.
»Guck mal, unser Sohn ist blond!« Und dieses Mal versteht Jan mich sofort.
Er stürzt aus dem Krankenzimmer und kommt mit einem Eimer voll roter Rosen zurück. »Ich habe sie alle genommen!«, strahlt er mich an. »Den ganzen Laden habe ich leer gekauft!« Gemeinsam zählen wir sie: Es sind dreiundsiebzig. Tief gerührt rechne ich blitzschnell im Hinterkopf nach, wie viel sie gekostet haben ...

Abends ruft Jan meine Mutter an.
»Stell dir vor, Mama, er ist blond ... *Maseltow!*«
Dass Jakob blond und gesund ist, bedeutet für mich eine unglaubliche Erleichterung. Auf einmal ist alles gut. Es gibt keine Wunden mehr. Ich bin stark, ich habe es geschafft, ich bin glücklich, unverletzlich, gewappnet gegen alle Bedrohungen, alles Unglück dieser Welt. Kein Mensch kann mir mehr etwas antun.
Ich schwebe, ich bin in einem nie gekannten Glücksrausch.

Der Arzt ist groß, blond und breitschultrig, gut aussehend.
»Aaah ... unsere schöne Polin!«, lächelt er mit Blick auf mein Namensschild.
Dann nimmt er das Kind hoch und betrachtet es zufrieden.
»Ein Prachtknabe!«
Ich nicke, freue mich.
»Aus welcher Stadt in Polen kommen Sie?«
»Aus Krakau.«
»Krakau?«, meint er beiläufig. »Das kenne ich gut. Ich war damals auch in Krakau, als Soldat. Im Krieg, Sie verstehen ...«
Immer noch wiegt er mein Kind in den Armen.
Ich verstehe ... schließe die Augen.
... Die Männer mit den Stiefeln haben ihre Gewehre auf uns gerichtet und beobachten uns. Einer von ihnen raucht eine Zigarette. Er ist so hoch wie ein Baum, und unter seiner Mütze sieht man seinen Haaransatz. Seine Haare sind strahlend blond, seine Augen himmelblau. Er lächelt nicht.

»WEITER! Los!« Ich werde von der Menge nach vorne geschoben, sehe den Mann mit den Stiefeln nicht mehr. »KENNKARTE!« Sie kontrollieren die Papiere. Direkt vor uns wird eine junge Frau mit einem Säugling auf dem Arm von zwei Stiefelmännern aus der Reihe gezerrt. Sie heult und schreit, aber das macht es nur noch schlimmer. Der blonde Mann reißt ihr das Kind aus den Armen und wirft es auf den Boden. Sein Kopf prallt mit einem dumpfen Knall auf die harten Pflastersteine ...

»Herr Doktor«, flüstere ich schwach, »wenn Sie mich damals getroffen hätten, wäre ich jetzt nicht hier. Geben Sie mir mein Kind, bitte ...«

»Aber was haben Sie denn?« Er schaut mich verständnislos an.

Verwundert, gekränkt. Den Kleinen hat er noch immer auf dem Arm, macht keine Anstalten, ihn mir wiederzugeben.

Ich darf hier nicht sein, schießt es mir durch den Kopf. Ich darf das Kind nicht haben, ich darf gar nichts. Ich muss weglaufen, mich retten, schnell ... ich darf hier nicht sein, nicht in diesem schönen Zimmer, mit den Rosen, mit meinem blonden Kind. Es ist alles ein Irrtum, der sich gleich aufklären wird, es ist alles nicht wahr, es kann nicht sein ...

Das Zimmer beginnt sich zu drehen, der Arzt, die Rosen, das Bett. Mir ist schwindlig, mir ist übel ...

»Geben Sie mir das Kind ...«

»Geben Sie mir das Kind ...«

Die Schwester steht vor meinem Bett. Sie versucht, mir das Kind wegzunehmen.

»Nein! Schwester, bitte nicht! Lassen Sie ihn bei mir. Bitte! Lassen Sie ihn hier ...«
»Aber unser süßer kleiner Schatz muss jetzt schlafen gehen. Und Sie auch.«
»Nein! Bitte! Ich kann nicht!«
»So seien Sie doch vernünftig, Frau Ligocka. Geben Sie mir das Kind!«
Sie schaut mich besorgt an. Rückt ihre Brille zurecht.
»Soll ich den Arzt holen?«
»Nein! Nicht!!!«
Ich bin vernünftig. Ich bin immer vernünftig. Ich gebe ihr mein Kind. Die Schwester hebt das kleine, blaue Bündel hoch, das neben mir im Bett lag, und geht mit ihm aus dem Zimmer.
Erst jetzt fange ich an zu weinen.

Ich weine und weine und weine und weine.
Ich weine mir die Seele aus dem Leib, als müsste ich die blutigen Fetzen der Erinnerung aus mir herausspucken. Noch nie in meinem Leben habe ich so geweint. Ich kann gar nicht mehr damit aufhören.
Schließlich ringe ich nach Luft, mir wird schwarz vor Augen, und ich sinke in die Kissen.
Sie stehen um mein Bett herum, eine junge Ärztin, zwei Krankenschwestern. Langsam komme ich wieder zu mir.
»Ein kleiner Kreislaufkollaps«, sagen sie. »Das kommt vor.«
Die Ärztin fühlt meinen Puls.
»Holen Sie eine Spritze, Schwester, und Kreislauftropfen ... und eine Wärmflasche, sie friert ja so ...«

Sie geben mir Spritzen, sie geben mir Tropfen und eine Wärmflasche. Aber es wird nicht besser.
Die ältere Schwester schaut mich mit wissenden Augen an.
»Schnell, bringen Sie ihr das Kind!«, sagt sie zu der jüngeren.
Sie legen mir das schlafende, blaue Bündel wieder in die Arme.
»*Niech żyje Polska* – es lebe Polen!«, lächelt die ältere Schwester mich an. Sie kommt aus Schlesien, und das ist der einzige polnische Satz, den sie kann.
Zärtlich streiche ich mit den Fingern das kleine Köpfchen meines Sohnes. Die letzten, schrägen Strahlen der Aprilsonne tanzen im Zimmer und fallen auf seine blonden, weichen Haare.
Mein Herz fängt langsam an, ruhiger zu schlagen. Wärme steigt in mir auf. Meine Müdigkeit vermischt sich mit dem Rosenduft, während ich die Augen schließe und versuche, das verlorene Gefühl in mir wiederzufinden – so etwas wie Frieden.

Jan sitzt an meinem Bett, blass, angespannt, nervös.
»Was war mit dir?«
Ich erzähle ihm von dem Arzt, aber nicht von meiner Erinnerung. Ich habe keine Worte dafür. Jan versteht sofort. Er weiß natürlich, was es für mich bedeutet, auf einmal einen ehemaligen SS-Mann im Krankenhaus zu treffen. Er kann sich meine Gefühle ausmalen.
Aber Jan hat keine Zeit, er inszeniert Hoffmans Erzählungen mit sechzig Leuten auf der Bühne. Er legt mir die Hand auf den Arm.

»Freu dich über unseren Kleinen, freu dich über Jakob ...«

Ich nicke, lächle. Er hat Recht. Natürlich hat er Recht. Aber mein Glück, dieser unendliche Friede, das schöne Kristallkugel-Gefühl, kommt nicht wieder. Ich halte Jakob im Arm, ich freue mich über ihn – aber das Gefühl, unverletzbar und geschützt zu sein, habe ich verloren.

12

ZWEI ERWACHSENE UND EIN KIND IN DEM GARTENHÄUSCHEN, es ist viel zu eng.

»Haben Sie schon eine Wohnung in Aussicht?«, fragt unsere Gastgeberin nun täglich.

Wir gehen also mit dem Kind im Korb wie Maria und Josef auf Wohnungssuche. Gleich bei der ersten Gelegenheit erklärt Jan: »Die nehmen wir!«

Aber die Wohnung ist klein und dunkel wie ein Kellerloch. Ich möchte es hell und schön haben, für das Kind!

Wir kommen an einer sonnigen Straße vorbei, die direkt zum Meer führt. Da bleibe ich stehen.

»Hier möchte ich wohnen!«, sage ich entschlossen.

»Du spinnst!«, entgegnet Jan. »Hier gibt es nur elegante Villen!« Doch da entdecke ich ein Haus am Ende der Straße, dessen Garten fast ans Wasser grenzt. Es hat ein Baugerüst und sieht noch nicht ganz fertig aus.

»Bitte, Jan, lass uns dort einfach fragen ...«

Jan gibt nach, obwohl er es vollkommen unsinnig findet. In dem Haus wohnt eine Familie Jakob.

Ein gutes Zeichen! Die Familie ist gerade dabei, das Dachgeschoss für ihren Sohn auszubauen, der in ein, zwei Jahren dort einziehen will. Und bis dahin steht die Wohnung leer.

Wir bekommen die Wohnung, drei Zimmer mit Küche, Bad und Blick aufs Meer, aber ohne Putz und Farbe an den Wänden. Also krempele ich wieder die Ärmel hoch, hänge Stoffbahnen auf, bunte Holzvögel, getrocknete Blumen, Spielzeug und Teddybären, mache eine ganz verrückte Wohnung daraus. Dort wohnen wir ein halbes Jahr lang, und ich spiele Hausbesitzer – ein Märchen: Mann und Kind und ein schönes Haus.

Der Herbst kommt, und wir müssen weiterziehen, weiter nach Österreich, nach Graz, nach Wien, nach Köln, nach Frankfurt. Einen Winter lang leben wir in einer Ferienwohnung in Spanien. Dort lernt Jakob laufen und sein erstes Wort: *adios*. Danach sind wir in Sizilien, da nennen die Leute Jakob *Angelo*, weil er so blonde Locken hat. In Wien feiern wir dann zusammen mit meiner Mutter seinen ersten Geburtstag.
Jakob ist nicht getauft worden. Jan hat nie auf einer Taufe bestanden. Wie kein anderer Mensch, den ich kenne, hat er das Jüdische und das Christliche in sich verinnerlicht. Manchmal behauptet er sogar, jüdischer zu sein als ich! Mit meiner Mutter sprechen wir nie über Religion. Ich glaube, seit dem Krieg hat sie das Gefühl, von Gott verlassen worden zu sein.
Wir haben einfach alle Feste gefeiert mit Jakob, die jüdischen und die christlichen.

Vier Jahre lang sind wir nun schon mit Jakob auf Wanderschaft, wohnen in Hotels, stets auf der Durchreise, überall nur zu Gast. Ich arbeite wieder und nehme das Kind immer mit.

In Kopenhagen haben wir ein wunderbares Angebot angenommen, Jan soll dort eine Schostakowitsch-Oper inszenieren, »Katharina Ismailowa«. Auch ich bin überglücklich, denn die Kostüme für das Stück sind eine echte künstlerische Herausforderung. Aber manchmal übersteigt es meine Kräfte, gleichzeitig zu arbeiten und für Jakob zu sorgen. Jan sitzt irgendwo mit den Schauspielern und trinkt Kaffee, während ich zwischen zwei Proben Essen für das Kind auftreiben muss. Oft bin ich ganz verzweifelt und wünschte, ich könnte mich einfach verdoppeln.

Es ist zwar ein Riesenberg Arbeit, aber es wird auch ein Riesenerfolg. Ich glaube, in Kopenhagen habe ich damals die schönsten Kostüme meines Lebens auf die Bühne gestellt. Sie sind so schön geworden, dass es mir selber die Sprache verschlägt. Jedes Kleid ist handbestickt, ich setze die gesamte russische Malerei auf der Bühne um. Eine ganze Hochzeitsgesellschaft, sechzig Leute, kommt ganz in Rot auf die Bühne. Die mörderische Braut hat einen roten Schleier, der sie wie eine Blutwolke umfließt. Nach der Premiere verbeugen sich alle vor der Loge der Königin. Dabei bin ich so eifrig, dass ich gar nicht bemerke, dass die anderen längst weg sind und ich ganz alleine auf der Bühne stehe!

Den alten russischen Komponisten lernen wir auch kennen und freunden uns ein wenig mit ihm an. Sein Leben lang ist er in Russland schikaniert worden, weil er dem Regime nicht genehm war, er wurde totgeschwiegen, bis er schließlich dann doch weltbekannt wurde. Er erzählt uns stundenlang von seiner Jugend während der russischen Revolution.

Im Kopenhagener Tivoli-Park tritt Marlene Dietrich auf. Seit wir sie in Warschau kennen gelernt haben, verehren wir sie beide sehr. Der Auftritt ist beklemmend: Marlene ist zwar schön wie immer, aber ohne Glanz und wirkt etwas wackelig.
Nach der Vorstellung gehen Jan und ich hinter die Bühne, um sie zu begrüßen. Wir wundern uns, dass niemand uns aufhält, kein Mensch scheint da zu sein. Wir klopfen an der Garderobentür.
»Herein«, murmelt sie mit schleppender Stimme.
Jan öffnet vorsichtig die Tür. Sie scheint uns nicht zu sehen. Sie sitzt an ihrem Schminktisch, mit dem Rücken zu uns, und im Spiegel sehen wir ihre verrutschte Perücke und die verlaufene Schminke. Sie wendet sich nicht um.
»Ich bin so müde …«, flüstert sie.

Wir ziehen ständig von Stadt zu Stadt. Jedes Mal versuche ich mich wieder von neuem so einzurichten, als wäre es für immer. Auch wenn es nur drei Monate sind. Natürlich kostet auch das ewige Reisen eine Menge Geld. Wir schleppen nämlich immer alles mit, wie ein Zirkusunternehmen.
Jakob ist ein lieber, sonniger Junge.
Mein Glück besteht jetzt hauptsächlich aus meinem Kind.
Ich wünsche mir, dass mein Sohn eine schöne Kindheit hat. Die beste. Ich will nicht mehr an meine Kindheit denken, sondern einfach alles anders und besser machen.
An seinem ersten Weihnachtsfest sitzt Jakob bereits in einem Berg von Spielzeug. Es gibt für mich nichts Schö-

neres, als Spielzeug zu kaufen; ich hatte es ja nie. Und wenn das Geld sowieso nicht reicht, gebe ich es lieber für etwas Unsinniges aus, für etwas Schönes! Nie denken Jan und ich daran, für eine Wohnung oder ein Haus zu sparen. Wo sollte das Haus denn stehen – in Polen oder in Deutschland? Wir wissen es nicht und machen uns keine Gedanken um die Zukunft. Wir sind nur drei Menschen auf der Durchreise.
Oft schaue ich Jakob an und denke, wie gut, dass er nicht weiß, dass er Jude ist. Er ist blond, und wir leben im modernen Deutschland. Er ist doch in Sicherheit – oder nicht?

Jan ist ein zärtlicher, lustiger Vater. Er spielt gerne mit seinem Sohn und wechselt auch mal die Windeln, wenn er Zeit hat. Nur hat er leider wenig Zeit. Stets trägt er ein Foto von Jakob mit sich in der Brieftasche und zeigt es stolz herum. Doch wenn es schwierig wird, hält er sich heraus. Die Erziehung überlässt er mir.
Ich verstehe ihn auch. Er kann ja nicht anders, hat alle Hände voll zu tun. Wir kämpfen im Theater um unser Überleben, müssen uns durchsetzen im fremden, wilden Westen. Wir sind beide Außenseiter.
Es ist nicht leicht, ein armer polnischer Emigrant im reichen Deutschland der Sechzigerjahre zu sein. Die Leute behandeln uns manchmal wie Marsmenschen.
»Schreibt man eigentlich kyrillisch in Polen?«, fragen sie. »Gibt es da Eisbären?« Oder: »Sie sprechen aber gut Deutsch als Fremde!«
Wir Polen sind in ihren Augen die Armen, Wilden. Kein Mensch scheint zu wissen, dass unsere Armut die Folge

einer Diktatur ist, während in Westdeutschland das Wirtschaftswunder blüht.
Ich fühle mich oft ausgegrenzt, einsam und fremd, wie ein ungebetener Gast. Das Gefühl ist mir zwar zutiefst vertraut, aber es tut trotzdem immer wieder weh.
Jan machen diese Kränkungen nicht so viel aus. Er ignoriert sie. Mein Schmerz ist für ihn nur eine zusätzliche Belastung, ihm ist das alles einfach zu viel. Ich bin viel zu oft krank, kann nicht schlafen, bekomme Depressionen und Angstzustände.
Jakob würde ich am liebsten immer bei mir im Bett haben, ich fürchte dauernd, dass ihn mir jemand wegnehmen könnte. Nachts stehe ich mehrmals auf und sehe nach, ob er noch in seinem Bettchen liegt. Als er einmal ein Kaugummi verschluckt hat, rufe ich in meiner Panik sofort die Giftzentrale an.
»Mach dir doch nicht immer solche Sorgen!«, sagt Jan verzweifelt.

Irgendwann landen wir dann wieder in Kiel, und auch diesmal wohnen wir direkt am Meer. Es ist ein nebliger, kalter Herbst. Wenn ich nicht ins Theater muss, bin ich oft allein mit dem Kind. Ich lausche dem hohlen Tuten des Nebelhorns und wandere stundenlang mit Jakob am Strand. Dann habe ich das merkwürdige Gefühl, völlig losgelöst von jeder Wurzel zu sein, im Nichts. Dieses Das-Leben-ist-ein-Film-Gefühl: Ich bin eine Frau, die mit ihrem Kind im Nirgendwo herumirrt. Wer bist du, wo gehörst du hin, wo ist deine Heimat, deine Familie, wo ist deine Welt – nirgends. Die gibt es nicht.

Ich kann vor diesem leeren Gefühl nur weglaufen, indem ich Fläschchen mache, mit dem Kind spiele, etwas Schönes koche. In dieser Zeit habe ich wirklich kochen gelernt. Wenn man ein Kind hat, lernt man mit Herz zu kochen. Jakob ist zum Glück ein guter Esser. Er isst alles geradezu mit Begeisterung. Wie qualvoll es für meine Mutter gewesen sein muss, dass ich nicht aß! Dass sie sich ständig um meine Gesundheit sorgte.
Aber auch das habe ich ihr nie gesagt. Immer dachte ich, eines Tages werden wir über alles reden. Ich glaubte, ewig Zeit dafür zu haben.

Für Jakob versuche ich, fröhlich zu sein, meine Ängste und Sorgen beiseite zu schieben.
Solange es meine Mutter gibt, geht das auch einigermaßen. Ich kann ihr all das Schwere in meinem Leben irgendwie überlassen und einfach ein kleines Mädchen sein, das ein Kind hat. Innerlich fühle ich mich ständig so, als ob ich wunde Füße hätte und mich trotz der Schmerzen zusammenreißen muss. Bei meiner Mutter kann ich mich fallen lassen und aufs Sofa legen, während sie einen Kuchen für mich bäckt. Ich kann meine Probleme bei ihr ablegen, auch wenn ich nicht davon spreche, zum Beispiel von meinen Schwierigkeiten mit Jan. Sie sagt nichts. Wir tauschen lieber Kochrezepte aus, als über Gefühle zu sprechen.
Nur einmal lockert sich die Schweigemauer etwas. Ihr Freund ist tot. Sie kommt zu mir, um Jahre gealtert. Sie erzählt, wie traurig sie war, als sie an seiner Beerdigung nicht teilnehmen konnte, weil seine Ehefrau und seine Kinder da waren. Nach all den Jahren ist es das

erste Mal, dass wir so innig miteinander reden. Danach verstummt sie wieder.
Es war keine Sprache da, zwischen uns. Nur das liebevolle, qualvolle, enttäuschte Schweigen.

Sie ist eine wunderbare Großmutter für Jakob. Die beiden spielen die wildesten Spiele zusammen, gemeinsam kriechen sie unter den Tischen herum. Sie schüttet kurzerhand ein paar Kilo Zucker auf den Balkon, damit Jakob im »Sand« spielen kann. Sie bringt ihm die geliebte Schmusedecke, die wir bei ihr vergessen hatten, in Nachthemd und Mantel mit dem Taxi hinterher an den Zug. Jakob liebt sie über alles, und sie kann so unbeschwert mit ihm lachen, wie sie es mit mir nie gekonnt hat.
Manchmal lasse ich ihn bei ihr, wenn ich arbeiten muss.
Ich fühle mich ständig zerrissen zwischen meinem Beruf, der Notwendigkeit, Geld zu verdienen, und der Versuchung, einfach stundenlang meinem Kind zuzuschauen. Jedes Mal, wenn ich Jakob zurücklassen muss, ist der Trennungsschmerz furchtbar. Danach laufe ich ständig zur Telefonzelle, um nach ihm zu fragen – und immer geht es Jakob gut. Gott sei Dank!

Unsere Wanderjahre sind trotz allem wichtige berufliche Jahre. Wir sind mit vielen Leuten, die heute berühmt sind, eng befreundet und etablieren uns in der Theaterszene. Doch ich bin unfähig, meinen persönlichen Erfolg, auch den in Kopenhagen, auszubauen. Wie damals in Polen die Schriftstellerei. Immer bin ich nach einem anstrengenden Engagement so müde und ausgelaugt, dass ich mich zurückziehen muss. Ich habe das Gefühl, dass ich alleine sein muss, um die zerbrochenen Teile meiner Seele wieder zusammenzufügen. Die Kraft, die ich verwendet habe, um mir die Ängste und die Depressionen nicht anmerken zu lassen, muss ich wieder zurückgewinnen. Und die ist nur in der Einsamkeit zu finden. Wenn ich dann wieder zu mir komme, ist es schon zu spät, um an den Erfolg anzuknüpfen. Dabei gehöre ich, so sagt man mir, vielleicht zu den begabtesten Kostümbildnerinnen, die es zur Zeit in Deutschland am Theater gibt – habe eine besondere, eine osteuropäische Phantasie und eine enorme Intensität in der Arbeit. Aber ich packe eine steile Karriere einfach nicht, meine Wunden hindern mich daran. Ich habe nicht die nötige Aggression in mir, wie Roman sie hat. Er wehrte sich, er war laut, er schrie, aber ich kehrte alles nach innen, musste mich immer klein, still und unsichtbar machen. Wie lernt so ein Mensch wie ich dann später, laut und sichtbar zu sein? Sich in Szene zu setzen?

Wiedersehen mit Roman Polanski anlässlich der Premiere von seiner »Rigoletto«-Inszenierung an der Münchner Staatsoper (um 1976/77).

Ich habe es nie gelernt.

Jan und ich haben zur Zeit eine schöne Arbeit am Institut für Theaterwissenschaft in München. Jan leitet Seminare zur Projektrealisierung, er bringt den Studenten bei, wie man ein Stück bis zur Aufführung entwickelt, und ich mache mit ihnen Kostüme und Bühnenbilder. Die Arbeit macht Spaß, und es gefällt uns hier. München ist nicht so kalt wie Kiel, nicht allzu weit von Wien, und außerdem gibt es hier eine Menge interessante Leute ...

Jakob ist nun fünf Jahre alt, und ich mache mir ernsthafte Sorgen, wie unser Leben weitergehen soll. Er muss ja nun bald in die Schule gehen, Freunde kennen lernen, ein stabiles Zuhause haben und ein ganz normales Kind sein dürfen. Bis jetzt hat er immer nur mit Schauspielern gespielt, sich hinter der Bühne mit irgendetwas beschäftigt, in immer neuen Wohnungen und Städten gelebt, im Zug gesessen und ein Zigeunerleben geführt. So geht es nicht weiter.

»Willst du dich nicht an der Falckenberg-Schule bewerben?«, frage ich Jan. An dieser Münchner Schauspielschule wird nämlich bald eine Lehrerstelle frei, und ich sehe ja, wie viel Freude Jan an der Arbeit mit jungen Leuten hat. Wir hätten ein regelmäßiges Einkommen, vielleicht eine schöne Wohnung, ein normales Leben!

Nach über zwanzig Umzügen bin ich müde geworden. Ich will endlich sesshaft werden.

Es dauert ein gutes halbes Jahr, bis ich Jan endlich dazu überredet habe, sich an der Falckenberg-Schule zu bewerben. Er wünscht es sich so sehr, dass er es gar nicht erst versuchen will. Als Kind hat er auch nie das

bekommen, was er sich am meisten gewünscht hat – also gibt er lieber gleich auf. Außerdem zweifelt er selbst daran, ob er sesshaft werden kann.
»Ich brauche meine Freiheit«, meint er bedrückt, »ich möchte inszenieren ...«
»Und Jakob?«, gebe ich zu bedenken. »Du siehst doch, dass das Kind seine Ordnung braucht. Und wir haben nie Geld ...«
Jan nickt. Das stimmt. Unsere Finanzlage ist immer am Rand einer Katastrophe. Wir wissen nie, wie lange das Geld noch reichen wird.
»Also gut«, seufzt er, »ich werde es versuchen. Aber mach dir bloß keine Hoffnungen ...«
Ich bin gerade mit Jakob bei meiner Mutter in Wien, als mich sein Anruf erreicht.
»Sie haben mich sofort genommen!« Jan klingt ganz aufgeregt, er ist überglücklich. »Jetzt kannst du endlich beruhigt sein ... und ich habe sogar ein wunderschönes Häuschen im Grünen für uns gefunden, genau das Richtige, es wird dir gefallen ...«
»Bist du sicher?«, frage ich misstrauisch.
»Aber ja! Es hat einen Garten, eine schöne Terrasse und jede Menge Platz ... Auch der Ort ist nett, klein, freundlich, mit Schule und Einkaufsmöglichkeiten und nicht weit von München ... Und teuer ist es auch nicht ...«
Das gibt den Ausschlag. Ich sollte nicht immer so skeptisch sein, denke ich. Ich sollte Vertrauen haben, in Jan, in das Leben.

Das Häuschen im Grünen entpuppt sich als Doppelhaushälfte mit quadratischen, dunkel gebeizten Fens-

tern, Plastikrollläden, schnurgerade geschnittener Hecke und winziger Rasenfläche. Es liegt an einer betonierten Straße, zusammen mit acht anderen Häusern. Mir krampft sich der Magen zusammen.
»Ist es nicht ideal?«, fragt Jan begeistert. Er schließt die Eingangstür auf, die genauso aussieht wie alle anderen Eingangstüren. Jan hat schon ein Schild unter der Klingel befestigt, er ist bereits eingezogen.
»Sieh nur ... oben gibt es drei Schlafzimmer, da können wir jeder einen Raum ganz für uns alleine haben, und du hast endlich Platz zum Malen. Und hier, das Wohnzimmer, es hat sogar Teppichboden. Und unten im Keller ist noch ein Hobbyraum.«
Ich starre aus dem Fenster. Jedes Fenster blickt auf die Nachbarn.
»Komm, ich zeig dir den Ort ...«
Der Ort hat keinen Marktplatz, kein Zentrum, nichts. Nur einen Supermarkt, einen Kindergarten, die Schule, eine Bushaltestelle. Alles hier ist quadratisch.
»Ist es wirklich nicht weit nach München?«
»Ach was! Dreißig, vierzig Minuten! Es gibt einen Bus.«
»Meinst du nicht, Jan, wir sollten uns vielleicht eine Altbauwohnung in Schwabing suchen? Ich meine, dann hättest du es nicht so weit, jeden Tag ...«
»Ach, das macht nichts! Ich kann ja lesen, im Bus. Nein, nein, du wirst schon sehen, wir werden sehr glücklich hier sein.«
Aber ich spüre genau, dass wir hier nie glücklich sein werden, an diesem Ort, der mir vorkommt wie das Ende der Welt.
Der Ort heißt Ottobrunn.

13

»ARBEIT MACHT FREI!«
Ich zucke zusammen. Aber es ist nur die Nachbarin, die über die Hecke schaut, um mich zu begrüßen. Sie nickt mir munter zu. Ich bin gerade dabei, ein paar Stiefmütterchen in einen Kübel auf der Terrasse zu setzen, die ich vorhin im Supermarkt gekauft habe. Alle haben jetzt Stiefmütterchen.
»Guten Morgen«, entgegne ich schwach. Die Nachbarin kann ja nicht wissen, was diese Worte für mich bedeuten. Sie ist stämmig, robust und bayerisch und meint es sicher nur gut.
»Wollen Sie nicht auf eine Tasse Kaffee herüberkommen?«
Wir trinken Kaffee in ihrer hellbraunen Küche mit den geblümten Kacheln. Sie bietet mir Brötchen an: »Hab ich eben geholt, sie sind noch ganz frisch!« Dankend lehne ich ab.
»Aber Sie haben es doch gar nicht nötig, auf Diät zu sein!«, lacht sie und greift selbst herzhaft zu. »Ein mageres junges Ding wie Sie! Sind in Polen etwa alle Frauen so dünn? Wissen Sie was, am Anfang haben wir Sie ja alle für ein spanisches Kindermädchen gehalten, von dem netten Herrn Biczycki neben-

an. Aber dann habe ich herausbekommen, dass Sie ja seine Frau sind!«
Sie lacht schallend über den gelungenen Scherz.
Solche Leute wie sie habe ich noch nie kennen gelernt.
»Ich glaube, ich muss mich langsam entschuldigen ... das Mittagessen kochen, noch ein wenig sauber machen ...«, murmele ich. »Und bitte, sagen Sie den Satz nie wieder ...«
»Welchen Satz?«, fragt sie überrascht.
»Dieses ›Arbeit macht frei‹. Er stand nämlich in Auschwitz über dem Tor ...«
»Auschwitz?« Sie hat noch nie davon gehört.

Wann immer es geht, reiße ich mit Jakob nach München aus. Die Busfahrt dauert ewig. Ich treibe mich mit dem Kind in der Stadt herum, gehe Kaffee trinken, ins Museum. Aber Jakob mag keine Ausstellungen, also laufen wir stundenlang durch den Park ... alles, bloß weg aus Ottobrunn!
Das Haus ist immer noch fast ganz leer und ziemlich ungemütlich. Doch ich bringe es einfach nicht fertig, es einzurichten – ich, die immer so gern alles eingerichtet hat. Mir fällt einfach nichts dazu ein, obwohl ich es immer wieder versuche. Alles hier ist so starr, so normal, so banal. Ich fühle mich eingesperrt und gefangen in Ottobrunn wie eine Maus im Laufrad: Waschen, Kochen, Putzen, Rasenmähen, es wird immer mehr – und alles mache ich falsch.
»Du übertreibst!«, sagt Jan.
Er ist sehr glücklich mit seiner neuen Arbeit, denn er hat

endlich entdeckt, was er am meisten liebt: junge Menschen unterrichten, Gehör finden. Sein ganzes Leben lang hatte er darunter gelitten, nicht genug geliebt, nicht genug beachtet zu werden. Vielleicht ist er deswegen zum Theater gekommen? Und ich bin immer zu sehr mit mir selbst beschäftigt, um ihm all das geben zu können, was er an Aufmerksamkeit braucht. Aber an der Schule ist er nun endlich der Mittelpunkt. Seine Schüler lieben ihn. Sie kommen auch dauernd zu uns nach Hause, dürfen ihn Tag und Nacht anrufen, er ist immer für sie da.

Mich ärgert das. Ich kann so viele Menschen um mich oft nicht ertragen. Es ist, als wäre ich nicht vorhanden – er scheint Verständnis für all die anderen zu haben, nie für mich.

Am Wochenende arbeitet er im Garten oder sitzt auf der Terrasse mit seinen Studenten.

Er wird immer sesshafter, denke ich, immer vernünftiger, immer normaler – wo ist der zauberhafte, verlorene Junge geblieben, den ich so in ihm liebte?

»Ist es nicht herrlich?«, sagt Jan gähnend. »Ein eigenes Heim, ein eigener Garten ... Komm, Roma, wir mähen den Rasen zusammen.«

Ich will nicht Rasenmähen. Ich will nur still im Garten in der Sonne sitzen und mit niemandem reden. Aber wenn neben uns die Nachbarin hüstelt und geschäftig mit den Kaffeetassen klappert, kann ich die Sonne nicht genießen.

Jakob geht jetzt in die Schule.

Ich habe ihm einen Matrosenanzug gekauft – so einen, wie ich und Ryszard ihn damals hatten. Das ist eine der

Mit ihrem Sohn Jakob (um 1973).

wenigen Kindheitserinnerungen, an die ich gerne zurückdenke. Jakob findet den Anzug blöd.

Anfangs kam er oft weinend nach Hause. »Wir müssen packen!«, schluchzte er. »Die Kinder haben gesagt, wir wären Ausländer und würden verhaftet!« Jedes seiner Worte tut mir so weh wie ein Messerstich. Wie soll ich ihn trösten?

Ich versichere ihm dann, dass das alles nur Unsinn ist und dass er der beste, schönste, intelligenteste Mensch auf der ganzen Welt ist. Er soll all das von mir hören, was ich als Kind nie gehört habe, und ich bin überzeugt davon, dass alle seine Ängste sich in Luft auflösen, wenn ich es ihm nur oft genug sage. Aber das stimmt leider nicht. Jakob spürt die Diskrepanz zwischen meinen Worten und dem, was die anderen sagen. Und er neigt langsam dazu, den anderen mehr Glauben zu schenken.

Inzwischen hat er zwar Freunde gefunden, aber leicht hat er es immer noch nicht. Als Künstler und Ausländer gehören wir in Ottobrunn einfach nicht dazu, und außerdem kommen immer so komische Leute zu Besuch. Das finden die Nachbarn merkwürdig. Die Kinder, die uns besuchen, dürfen alles, was bei ihnen daheim verboten ist – auch das nimmt man mir übel. Bei uns steht immer ein großer Teller voll Süßigkeiten auf dem Tisch, und sie dürfen auf den Möbeln hüpfen

und toben. Jakob ist sicher nicht unglücklich, aber er spürt schmerzlich genau, dass er anders ist.
So wie ich damals, denke ich, und die katholische Grundschule fällt mir wieder ein. Aber Jakob ist gut in Sport. Er geht in den katholischen Religionsunterricht. Mit der hübschen Religionslehrerin, die enge Jeans trägt und Gitarre spielt, schließt er Freundschaft, und niemand ahnt, dass er Jude ist ...
Manchmal macht ihm allerdings meine Überfürsorge zu schaffen. Ich bin die letzte Mutter, die ihr Kind noch von der Schule abholt.
»Bitte, Mama, lass mich doch alleine nach Hause gehen, so wie die anderen Kinder!«, bittet er leise.
Ich muss es ihm schweren Herzens erlauben.

Jakob übernimmt unbewusst meine unausgesprochenen Ängste. Er spürt immer genau, was ich fühle, auch wenn ich versichere, dass alles in Ordnung sei. Wir tun stets so, als hätten wir keine finanziellen Sorgen, doch Jakob merkt schnell, dass das eine Lüge ist. Trotzdem erfüllen wir jeden Wunsch, auch wenn wir oft nicht wissen, wie wir das alles bezahlen sollen.
Je älter er wird, desto mehr bekommt er mit, dass das Künstlerleben ständige, quälende Unsicherheit ist.
»Ich will kein Künstler werden, Mama!«, erklärt er mit tiefem Ernst.
Jakob will sich nicht wie ich von der Angst bestimmen lassen. Aus diesem Grund fühlt er sich wohl auch von Anfang an zu den gefährlichsten Sportarten hingezogen – aber er macht sich auch mindestens genauso viel Sorgen um mich wie ich mir um ihn.

So wie ich mich damals um meine Mutter gesorgt habe. Natürlich spüre ich, dass ihn meine Überfürsorge belastet. Aber wie erzieht man ein gesundes Kind, wenn man so ist, wie ich?
Erst viel später habe ich begriffen, dass die seelischen Verletzungen der Holocaustopfer auch ihren Kindern Wunden zufügen. Damals wollte ich das Vergangene absolut nicht wahrhaben und habe Jakob nur wenig davon erzählt. Meine ganze Kraft floss in die Verdrängung. Ich versuchte, mit Liebe, mit Willenskraft die Erinnerung auszuklammern.
Doch es gelang mir nicht.

> Die blau gekachelte U-Bahn-Schlucht ist menschenleer.
> Der Mann hat rote Haare und eine blaue Latzhose. Selbst seine Arme sind haarig, mit denen er nach Jakob greift ... Er verfolgt mich durch die ganze U-Bahn-Station, endlose, grell erleuchtete Gänge. Ich drücke mein Kind an mich, laufe, beginne zu rennen. Sein keuchender Atem ist hinter mir, ich spüre ihn feucht und heiß im Nacken. Ich renne um mein Leben, um Jakobs Leben. Auf die Gleise, in den Tunnel. Ein Zug kommt. Lamgsam drehen sich die Räder: Ich muss das Kind retten, ich muss das Kind retten, ich muss das Kind ... Er packt mich –

Schweißgebadet erwache ich. Es ist unmöglich, wieder einzuschlafen. Ich gehe hinunter in die Küche, trinke Tee und starre aus dem Fenster in den Nachbargarten ... Es war bloß ein Traum.

Pünktlich um sieben Uhr beginnt nebenan der Staubsauger zu brummen. Ich wecke Jakob und mache ihm Frühstück. Kurz darauf kommt auch Jan die Treppe heruntergepoltert.
»Ach, übrigens«, sagt er zwichen zwei Schlucken Kaffee, »du weißt doch, der Schlüssel zum Hobbyraum ist abgebrochen. Ich habe den Schlosser bestellt, er müsste heute Nachmittag kommen.«
Wieder einmal erstaunt über Jans neue praktische Seiten, die er entwickelt, seit er sich als Hausbesitzer fühlt, verspreche ich, mich um den Schlosser zu kümmern.
Mittags macht Jakob ein Schläfchen, und ich habe die Angelegenheit völlig vergessen. Auf einmal klingelt es. Sicher die Nachbarin, denke ich seufzend und öffne die Haustür.
Vor mir steht der Mann mit den roten Haaren. Er trägt eine blaue Latzhose, und selbst seine Arme sind rothaarig ...
Mein Herz beginnt zu rasen, Panik ergreift mich, ich will die Tür wieder zuschlagen, er hält sie aber fest.
»Ich bin der Schlosser«, sagt er in bestem Bayerisch, »bei Ihnen soll ein Schlüssel abgebrochen sein?«
Ich nicke stumm. Ich lasse ihn herein – in mein Haus, in dem mein Kind oben schläft!
»Im Keller ...«, bringe ich mühsam heraus. Dann flüchte ich nach oben in Jakobs Zimmer, schließe hinter mir ab.
Jakob schläft tief und fest. Nichts geschieht, gar nichts. Ich lausche. Von unten kommen klappernde Geräusche, ein Bohren, Hämmern, schließlich ein: »Frau Biczycki? Frau Biczycki!!!«

Ich antworte nicht, presse mich an die Tür, hoffe inständig, dass er nicht die Treppe hinauf kommt.
Nach einer Weile höre ich Schritte, die sich entfernen, und wie die Haustür ins Schloss fällt.
Erleichtert atme ich auf.
Vorsichtig schleiche ich die Treppe hinunter. Auf den Stufen liegt die Rechnung.

Meine Einsamkeit wird mir immer bewusster.
Ich spiele inzwischen nur noch Rollen. Die Rolle der charmanten Ehefrau, die Rolle der guten Mutter, die Rolle der Ottobrunner Hausfrau ... Auf den Partys, zu denen wir immer öfter eingeladen sind, spiele ich natürlich die erfolgreiche Künstlerin. Ein originelles, aufregendes Kleid habe ich immer – auch wenn es vom Flohmarkt ist. Das merkt keiner. Für ein paar Augenblicke bin ich glücklich, unter all den schönen, bekannten Menschen zu sein, die so gar keine Sorgen zu haben scheinen und so anders sind als meine Ottobrunner Nachbarn. Für kurze Momente lasse ich mich von der Fröhlichkeit mitreißen. Und doch ist so ein Abend schwer durchzustehen. Denn die Maske hochzuhalten strengt an. Es strengt sehr an. Und schon wieder ist mein einziger Gedanke: weglaufen, mich verstecken. Einfach weglaufen!
Die Bilder, die ich male, sind blass und kraftlos. Ich male eigentlich immer mit einem schlechten Gewissen. Neben all meinen Pflichten kommt es mir vor wie reiner Zeitvertreib, vertane Zeit.
Ich mache jetzt meine ersten Gehversuche beim Fernsehen und im Film. Ab und zu bekommen Jan und ich

auch wieder ein Engagement für ein Stück, irgendwo. Dann packen wir unsere Koffer und verreisen. Doch auch in meiner Arbeit übernehme ich wieder eine Rolle: die energische, selbstbewusste Kostümbildnerin, die stets den Kopf voller Ideen hat und weiß, was sie durchsetzen will. Sich immer verstellen zu müssen ist wie ein Waldlauf ohne Kondition.

Wenn ich auf Reisen bin, kümmert meine Mutter sich um Jakob und das Haus. Sie ist gerne bei uns in Ottobrunn, kocht und bäckt, spielt mit Jakob, macht mit ihm Hausaufgaben. Ob sie wohl merkt, dass ich langsam ersticke? Oder spiele ich meine Rolle inzwischen so gut, dass selbst meine Mutter sie mir abnimmt?

Vielleicht will sie es auch einfach nicht wahrhaben, so wie früher. Das normale Leben ist so verführerisch für uns alle. Eigentlich ist doch alles in Ordnung: Jakob geht es gut, Jan ist zufrieden, wir haben Freunde, ein schönes Haus ...

Am Wochenende gibt Jan gerne Feste. Im Sommer sitzen Gäste in unserem Garten, es wird geredet, gelacht und viel Wodka getrunken. Wir werden in München bekannter, man reicht uns in den Künstlerkreisen herum.

Doch das ist alles nur ein Spiel. Dieses Gefühl verstärkt nur noch meine Depressionen, meine Schlaflosigkeit und meine Gewissensbisse. Es liegt alles nur an mir, denke ich verzweifelt. Ich muss bloß stärker werden, dann wird alles gut. Aber je mehr Mühe ich mir gebe, umso schwächer fühle ich mich.

»Geh doch mal zum Arzt«, rät Jan, und meine Mutter pflichtet ihm bei.

Der Arzt ist ein sehr netter Mann, den Jan im Theater kennen gelernt hat und der ihm seither besonders zugetan ist.
»Na, dann erzählen Sie mal, Frau Biczycki«, fordert er mich auf.
Ich schlucke, suche nach Worten. »Es geht nicht«, bringe ich schließlich heraus. »Ich kann nicht essen, nicht schlafen ... manchmal habe ich das Gefühl, ich wäre gar nicht da ... werde mit meinem Leben nicht fertig ...«
Der Arzt untersucht mich kurz, er hat wenig Zeit, und ich scheine nicht sehr krank zu sein, mit meinen vierunddreißig Jahren. Er schaut mich etwas ratlos an.
»Was ist mit mir?«, frage ich beunruhigt.
»Gar nichts, eigentlich!«, antwortet er, betont zuversichtlich. »Sie haben einen nervösen Magen, aber das haben viele Leute. Alles in allem würde ich Ihren Zustand als neurovegetative Störung bezeichnen ... Es gibt da ein sehr gutes Mittel, ganz harmlos, meine Frau nimmt das auch. Sie nehmen einfach abends eine Tablette ein, dann schlafen Sie besser.«
Er gibt mir ein Rezept, offenbar froh, mich wieder loszuwerden, und ich gehe sofort in die Apotheke. Das Mittel heißt Mandrax. Ich nehme es jetzt häufig und bin danach immer guter Laune, schwebe, habe keine Sorgen. Alles wird weich, und es gibt keine Ecken mehr.
Jan merkt ziemlich schnell, dass ich Tabletten einnehme, aber er findet das ganz harmlos, es ist wieder mal so eine Marotte von mir.
»Ach, hast du wieder deine Pille geschluckt? Prima, dann hast du wieder gute Laune!«, freut er sich und

macht seine Witze, wenn ich die Treppe ganz wacklig heruntergehe: »Ja, ja, das hast du davon, wenn du deine Pille schluckst!«
Niemand denkt sich etwas dabei, es ist so unbedeutend, als hätte ich mir Löckchen gedreht. Und ich bin zufrieden, dass ich mit Hilfe der Tabletten mein Leben wieder besser im Griff habe.

`Ihre Hecke ist nicht ordnungsgemäß geschnitten ... Entfernen Sie bitte den Schneehaufen vor Ihrer Garage innerhalb von 24 Stunden ...`

Als der Mann vom Tierschutzverein kommt, liegt unser Hund Cupido gerade frisch gebadet und geföntauf dem Sofa. »Die Leute haben sich beschwert, dass dieser Hund verwahrlost«, meint er kopfschüttelnd, »kann es sein, dass die Nachbarn etwas gegen Sie haben?«
Die Nachbarn haben allerdings etwas gegen uns. Wir sind in der falschen Gegend, wir sind im falschen Haus, wir sind nur Mieter, wir sind Ausländer, und wir sind noch dazu Künstler.
Ich versuche, alles noch besser, noch richtiger zu machen.
Ohne Erfolg.
Die Briefe schüchtern mich ein, ich fühle mich eingekreist, bedroht. Ich zeige sie meiner netten, bayerischen Nachbarin. Sie begreift nicht, wie mich so etwas kränken kann.
»Dann räumen Sie das Zeug doch einfach weg!«, meint sie, nimmt die Schaufel und hilft mir, den Schnee wegzuschippen.

Auch Jan versteht nicht, warum mir die Schikanen der Nachbarn so viel ausmachen. Ihn akzeptieren sie, denke ich zerknirscht. Weil er blond ist.
»Du machst dir viel zu viele Gedanken«, sagt er seufzend. »Nimm doch nicht immer alles so schwer!«
Ich gehe ins Bad und schlucke eine von den Tabletten.

Nach und nach stelle ich fest, dass ich nicht die einzige Frau in Ottobrunn bin, die einsam ist. Die Frauen hier haben zwar vieles, was man sich wünschen kann: Einfamilienhäuser, Kinder in der Schule, Autos in der Garage, Männer in der Arbeit, Möbel in doppelter Ausführung, Bügelmaschinen im Keller und bis oben hin voll gestopfte Tiefkühltruhen. Doch meine Nachbarin, zum Beispiel, vertilgt Berge von Kuchen und Schokolade, wird immer dicker und betrinkt sich jeden Abend mit ihrem Mann vor dem Fernseher ...
Dort läuft zur Zeit eine amerikanische Holocaust-Serie. Ich erfahre es zufällig von der Frau gegenüber, die immer sehr reserviert zu mir gewesen ist. Irgendwie muss sie gehört haben, dass ich Jüdin bin. Noch am selben Abend klopft es an der Tür.
»Waren Sie auch dabei?«, fragt sie ungläubig. »War es wirklich so?« Das Entsetzen steht ihr noch ins Gesicht geschrieben. Anscheinend hat sie bisher nichts darüber gewusst.
Ich nicke wortlos. Wir sprechen nie wieder darüber, doch sie ist seitdem ganz anders zu mir, ein wenig so, als würde ich nun wie eine Behinderte ständig Hilfe brauchen. Aber jede von uns bleibt für sich allein.

Einmal, im Supermarkt, beobachte ich zufällig, wie eine meiner Nachbarinnen unauffällig eine Parfümflasche in ihrer Manteltasche verschwinden lässt.
Später unterhalten wir uns ein wenig, und sie erzählt mir, dass das Klauen ihr heimliches Hobby ist. Sie hat geradezu eine Meisterschaft darin entwickelt. »Ich habe sogar schon mal einen Sonnenschirm aus dem Café mitgehen lassen!«, erzählt sie mir stolz, und ihre Augen leuchten wie die eines Jägers, nachdem er einen kapitalen Hirsch erlegt hat.
»Warum tun Sie das?«, frage ich. Nötig hat sie es nicht, ihr Mann verdient gut.
»Ich weiß nicht ..., es ist so wenig los hier«, erwidert sie. Die anderen machen es auch. Es ist ein regelrechter Wettbewerb darum, wer den originellsten Gegenstand entwendet. Nur eine meiner Nachbarinnen klaut nicht. Sie fährt jeden Nachmittag in die Stadt, spricht Männer an und geht mit ihnen ins Hotel. »Das ist viel besser als Klauen«, behauptet sie. Abends, wenn ihr Mann nach Hause kommt, steht sie am Herd und bereitet das Abendessen zu.
Das Klauen hat mich angesteckt.
Eines Tages komme ich mit einem grauen Schaumstoffkopf nach Hause, den ich im Drogeriemarkt mitgenommen habe.
Ich schaue das dumme Ding an, das ich noch nicht einmal gebrauchen kann. Und da spüre ich wieder meine bleierne Müdigkeit – diesen Nebel, aus dem ich nicht herausfinden kann.

Wenn Jan und ich auf Reisen gehen, wird das Leben gleich heller. Kaum bin ich aus Ottobrunn heraus, habe ich das Gefühl, wieder frei durchatmen zu können. Wir gehen zu Theaterpremieren, Konzerten, Partys ...

Oft werden wir von reichen Leuten eingeladen, die sich für Kunst interessieren. In ihren schönen Häusern mit dem vielen freundlichen Personal kann ich kurz und ohne jeden Neid mein eigenes Leben vergessen, um ihres zu leben.

In Rom besuchen wir meinen Cousin Roman in seinem Palazzo. Der Kontakt zu ihm war nach dem Mord an seiner Frau immer schwieriger geworden, er hatte uns nur einmal besucht. Aber auch jetzt haben wir uns nicht viel zu sagen. Er ist von so vielen lauten Leuten umgeben – Leuten, die viel zu anstrengend für mich sind.

Hin und wieder fahren Jakob und ich nach Monte Carlo. Meine Freundin Mira hat einen Freund, einen amerikanischen Juden, der dort eine traumhafte Villa besitzt.

Eines Tages ruft sie mich an: »Kommt doch schnell rüber, Prinzessin Caroline heiratet, und wir sind eingeladen. Die Hochzeit spielt sich fast vor unserer Haustür ab!«

Caroline hat Maiglöckchen im Haar, ihr Ehemann trägt zu viel Schmuck. Sie lächelt etwas verloren. Es wird nicht gut gehen mit den beiden. Das sagen alle.

Monte Carlo glüht in der Sonne. Das Meer blinzelt mir zu, in der Luft liegt der Duft von Mimosen.

Man sonnt sich auf breiten Liegen im elegantesten Strandbad. Man mietet dazu ein großes, blau-weiß gestreiftes Zelt, in dessen Schatten man kühle Getränke

schlürft. Neben uns albert Stephanie von Monaco mit drei jungen Männern herum.
Ins Wasser geht man in voller Montur: Schmuck, Make-up, kunstvoll hoch gesteckte Haare.
Mittags nimmt man seinen Lunch im »Hotel de Paris« ein. Die älteren Damen, die dort mit ihren jungen Liebhabern sitzen, haben so straff genähte Gesichter, dass sie kaum essen können. Sie tragen teure, bunte Kleider und Brillanten, die in der Sonne glitzern. Irgendwie erinnern sie mich an die Huren von Beerscheba.
In der Villa gibt es Dienstboten, die uns jeden Wunsch von den Augen ablesen. Ich bewege mich darin wie in dem Puppenhaus, das ich mir als kleines Mädchen so sehr wünschte, immer in dem Bewusstsein, dass all die schönen Dinge, all der Luxus den anderen gehören. Oft stelle ich mir vor, wie es wäre, so ein Leben zu führen, ein sorgloses, angstfreies Leben.
Luxus bedeutet, in großen Autos zu fahren, in denen nicht so viele Leute sitzen wie im überfüllten Bus. In Hotels zu wohnen, wo man den Nachbarn nicht direkt neben sich spürt. In Geschäften zu kaufen, wo man nett behandelt wird. Luxus heißt für mich einfach, vor vielen Verletzungen geschützt zu sein. Er ermöglicht die Flucht, und er ist ein Schutz gegen die Angst.
Sammy, der reiche Ehemann meiner Freundin, fängt meine Blicke auf.
»Gefallen dir die Brillanten?«, fragt er und legt die Hand auf mein Knie. »Du könntest auch welche haben ...«
Seine Hand rutscht höher.
Ich rücke mit dem Stuhl etwas weg. »Nicht alle Menschen können Brillanten haben«, sage ich sanft. Du hät-

test keine richtige Freude an mir, lieber Sammy, denke ich gleichzeitig, ich bin nur ein kleines Bündel Angst, auch wenn es in eine hübsche Haut verpackt ist.
Sammy bestellt immer das Teuerste: Kaviar, Gänseleberpastete, Lammfilet. Brav esse ich meinen Teller leer, auch wenn mir hinterher schlecht wird.
Danach geht es zum Einkaufen. Meine Freundin und ich verfallen in einen wahren Kaufrausch. Armani, Gucci, Pollini ... Wir kaufen Schuhe, Kleider, Taschen, lange, hautenge Stiefel, die fast bis zur Hüfte reichen, bunte Lederjäckchen. Was soll ich in Ottobrunn mit dem Zeug?
Sammy zückt geduldig die Kreditkarte.
Abends auf der Terrasse schauen wir den großen, weißen Yachten zu, die stolz an uns vorbeiziehen. Das Hausmädchen serviert eine wunderbar nach Kräutern duftende *Sole Meunière*, dazu einen Wein, der nach Samt und Seide schmeckt.
Es wird dunkel und unten im Hafen gehen die Lichter an. Sie funkeln, fügen sich zusammen zu einem riesigen bunten Brillantcollier.
Ich denke an unsere unbezahlte Stromrechnung in Ottobrunn.

Bei jeder Heimkehr stürze ich regelmäßig in einen Abgrund. Mir fällt dann sofort ein, dass ich die Fenster einmal putzen sollte, und ich wasche im Keller die schmutzige Wäsche, bis auch das letzte bisschen Glitzer aus meinen Kleidern herausgespült ist. Manchmal macht Jan dann Versuche, mir im Haushalt zu helfen. Aber das wird nicht gerne gesehen in Ottobrunn, und er

ist immer in Eile. Sobald es geht, entschwindet er in die Stadt zu seiner Arbeit, und ich bin allein.
Oft sitze ich dann stundenlang da und starre vor mich hin, unfähig, mich zu rühren. Erst wenn Jakob aus der Schule heimkommt, gelingt es mir, mich aufzurappeln und ihm Essen zu kochen. Wenn er dann weg ist zum Spielen, lasse ich mich wieder in eine Ecke sinken und versteinere.
»Was hast du eigentlich den ganzen Tag lang gemacht?«, fragt Jan vorwurfsvoll, wenn er am Abend nach Hause kommt. »Es ist nichts zu essen da, es ist nicht sauber gemacht ...«
Dann schließe ich mich in mein Zimmer ein, nehme eine Tablette, löse mich auf.
Die Abstände zwischen den Tabletten werden in letzter Zeit immer kürzer. Aber das ist egal. Es ist ja bloß ein Medikament, denke ich. Man nimmt es, wenn man es braucht. Mehr nicht.

Ein Mann steht eines Tages vor der Tür, ein bekannter Schriftsteller aus Krakau. Er lächelt und gibt mir die Hand. »Roma?«
Jan hat viele seiner Stücke inszeniert. Aber Jan ist nicht da, er ist verreist. Er hatte mich zuvor gebeten, mich um Sławo zu kümmern, falls dieser sich melden sollte: »Du kennst ihn ja aus Krakau ...«
O ja, ich kenne ihn gut. Wir saßen oft zusammen im Café, als ich noch fast ein Schulmädchen war und er bereits ein anerkannter Dichter. Er hat mit mir geflirtet, wie mit anderen auch. »Darf ich Sie anlächeln?«, hat er mich gefragt und es auch oft getan.

Das fällt mir jetzt alles wieder ein, wie er da vor mir steht und ich nicht weiß, wohin mit ihm. Er hat sich inzwischen in der Welt einen Namen gemacht. Sicher ist er reich und arrogant geworden.
Sławo kommt herein. Er zündet sich eine Pfeife an, entkorkt eine Flasche Wein und lässt sich aufs Sofa sinken. Wir beginnen zu reden und hören nicht mehr auf. Es wird Abend, es wird Nacht. Wir reden und reden – über Krakau, über Polen, über das Theater und über uns.
Als der Morgen graut und die Nachbarin ihren Staubsauger einschaltet, ist es um uns geschehen.

Die nächsten Monate sind eine einzige Eroberung, voller Briefe, Blumen und Telefonate. Jan ist noch immer auf Reisen und ahnt nichts.
Sławo ist das ganze Gegenteil von ihm: bedächtig, ruhig und selbstbewusst. Jede Bewegung, jeder Gedanke, alles wird perfekt geplant und ausgeführt. Sławo hasst Unordnung und Chaos. Er weiß immer genau, was er will.
Und jetzt will er mich.
Auf dieses Gefühl hat mein Herz nur gewartet. Nun fliegt es ihm zu. Es ist nicht nur die Aura des Erfolgs, die ihn umgibt wie ein aufregender Duft. Seine Selbstsicherheit gibt auch mir ein Gefühl der Sicherheit. Vor allem aber ist er ein Stück Heimat. All das, was ich in den langen Jahren in Deutschland vermisst habe und was nun wieder in mein Leben tritt.
Wir führen lange Gespräche. Er erzählt mir von seiner Kindheit, die er in ziemlicher Armut verbracht hat. Immer hatte er nur ein Ziel: reich und berühmt werden.

Und dieses Ziel hat er erreicht. Er hat einen bissigen, skurrilen, schwarzen Humor, mit dem er jetzt auch mich zum Lachen bringt. Und er ist allein. Seine Frau ist vor ein paar Jahren gestorben.
Sławo gibt mir das Gefühl, dass er mich versteht. Er gibt mir das Gefühl, dass er mich braucht. Und vor allem gibt er mir endlich wieder das Gefühl, dass ich ein liebenswerter Mensch bin, nicht schwierig und nicht krank.
Ich brauche auch keine Tabletten mehr. Ich stelle mir vor, den Rest meines Lebens mit Sławo zu verbringen. Es ist ein Traum, ein Spiel, ein Versuch.

Als Jan wieder zurückkommt, ist es längst zu spät.
Jan sitzt auf unserem Bett und hat den Kopf in den Händen vergraben. Seine blonden Haare sind zerzaust wie immer, seine Hand sucht in der Jackentasche nach Zigaretten, findet keine, bleibt ratlos auf der Bettkante liegen. Er schaut mich an, nimmt die Brille ab. Müde sieht er aus, übernächtigt, grau. Sein Blick ist ungläubig und anklagend zugleich.
»Warum?«, fragt er leise. Zum hundertsten Mal.
»Weil es mit uns nicht so weitergehen kann. Du brauchst mich nicht. Du brauchst niemand – das hast du immer gesagt!«, antworte ich mit gespielter Sicherheit. In mir rumort die Wahrheit, die ich seit Jahren nicht formulieren kann – dass es mit mir und Jan schon seit langem zu Ende ist. Dass mir in diesem Ottobrunn, in dieser Ehe eine unbestimmte Gefahr droht – und dass ich auf diese Gefahr nur eine Antwort weiss: mein Kind zu nehmen und zu fliehen. So, wie es auch meine Mutter getan hat.

Ich hatte gedacht, Jan würde erleichtert sein. Er hatte ja so viel Kummer mit mir. Aber das Gegenteil ist der Fall. Jan hat nie begriffen, wie einsam ich war. Und nun begreift er nicht, wie ich ihn verlassen kann. Für ihn liegt die Schuld einzig und allein bei Sławo. Ein anderer Mann ist die einfachste Erklärung, die es gibt.

»Und Jakob? Und das Haus?«, fragt er. Die Falten auf seiner Stirn werden noch ein Stückchen tiefer.

»Jakob kommt am besten mit«, antworte ich schnell. Ich will nicht spüren, wie weh ihm dieser Satz tut, rede hastig weiter. »Ihr werdet euch besuchen, wir sind ja nicht aus der Welt. Und was das Haus betrifft, du weißt ja, wie ich darüber denke. Ich habe es noch nie gemocht.«

»Aber wir hatten es doch schön hier«, sagt er hilflos.

»Es tut mir Leid. Ich habe das alles nicht gewollt. Vielleicht wird noch alles gut, vielleicht komme ich wieder zurück«, sage ich, und fast glaube ich an meine Worte.

»Nun, es ist dein Leben ...«, sagt Jan, ohne mich anzusehen. »Ich werde deinem Glück nicht im Weg stehen.« Er klingt bitter. Wieder sucht seine Hand nach den Zigaretten. Er findet sie in der anderen Jackentasche und zündet sich eine an.

Mein Leben, denke ich. Fängt es jetzt richtig an?

14

VOR ALLEM WILL ICH ALLEIN SEIN.

Ich bin umgezogen, nach Stuttgart. Doch ich muss noch einmal zurück nach Ottobrunn, in unser Haus. Ich habe etwas vergessen. Es ist sehr wichtig! Aber ich habe Angst davor zurückzukehren, mir droht dort eine Gefahr. Ich stehe vor der Tür und suche nach meinem Schlüssel. Er ist weg. Ich weiß nicht, wie ich überhaupt hineinkommen soll … aber auf einmal bin ich drinnen. Niemand ist da. Alles ist wie immer, da stehen noch meine alten Möbel. Ich öffne einen Schrank, das Holz ächzt, er geht sehr schwer auf, ich brauche alle meine Kraft. Der Schrank ist leer, nur in der Ecke kauert ein kleines Mädchen. Es grinst mich an. Und ich erkenne, dass ich das kleine Mädchen bin …

Langsam erwache ich aus meinem Traum, sehe mich um. Wo bin ich? In Ottobrunn oder in Stuttgart? Erleichtert stelle ich fest, dass ich in Stuttgart bin, in meiner neuen, schönen Wohnung. Ich habe Stuttgart gewählt, weil es so nah bei München liegt. Und nicht allzu weit von Paris, wo Sławo lebt. Ich wollte es allen

Eine Frau von vierzig Jahren (1979).

recht machen. In der ersten Zeit möchte ich nur allein sein. Allein mit dem Kind. Vielleicht war es das, was ich mir schon immer gewünscht habe. Die einzige Lebenssituation, die mir vertraut ist: eine Mutter allein mit dem Kind ...

Die erste eigene Wohnung in meinem ganzen Leben ... Mit meinen vierzig Jahren fühle ich mich wie eine Studentin, die ihre erste eigene Bude hat. Die Wohnung ist im Dachgeschoss, sie hat viele Fenster, ist voller Licht, ich sehe direkt in den Himmel. Die Zimmer gehen ineinander über, und es gibt einen herrlichen alten Parkettboden, den ich liebevoll wachse. Es riecht nach Bohnerwachs, wie damals bei Kierniks ...

Das Haus liegt am Hang, die Stadt zu meinen Füßen. Vor meiner Terrasse steht ein Kirschbaum, dessen Zweige über die Brüstung ragen. Im Frühjahr ist der Baum ein Blütenmeer, und im Sommer kann man die Kirschen direkt in den Mund pflücken. Es ist Sommer.

Ich gehe hinaus auf die Terrasse, pflücke mir ein paar Kirschen und denke über mein neues Leben nach.
Ich habe eine gute Stelle als Kostümbildnerin beim Süddeutschen Rundfunk bekommen und mache jetzt oft zwei, drei Filme auf einmal. Es ist mir tatsächlich gelungen, Kind und Beruf gleichzeitig gut zu meistern. Es ist eine neue Rolle, die ich für mich entdeckt habe: die einer unabhängigen, selbstbewussten Businessfrau, die ihr eigenes Geld verdient, ihre Arbeit gut macht und dabei ihr Kind großzieht. All das eben, was »man« heute so macht.
Jakob ist die Trennung von seinem Vater natürlich schwer gefallen, aber er sagt nichts. Er ist ein Freund, ein Kumpel geworden. Er akzeptiert Sławo stillschweigend, weil er merkt, wie wichtig dieser Mann mir ist, vielleicht bewundert er ihn auch ein wenig. Sławo ist nett zu meinem Sohn, sieht ihn jedoch möglichst selten. Am Wochenende fährt Jakob oft zu Jan nach München. Er kann die Strecke gut allein bewältigen. Mir ist wichtig, dass er Kontakt zu seinem Vater hält, denn ich will Jan seinen Sohn ja nicht wegnehmen. Es ist schwer genug für ihn. Jan ist verzweifelt, aber er gibt nicht auf. Er ist felsenfest davon überzeugt, dass ich eines Tages zu ihm zurückkommen werde. Er glaubt, meine Verliebtheit wird mit der Zeit vergehen.
In der Stadt kenne ich niemanden, außer den paar Leuten, mit denen ich beruflich zu tun habe. Oft gehe ich allein in den Straßen spazieren. Es ist schön hier, denke ich, doch das Fremdsein hat mich nicht verlassen. So etwas wie ein neues Leben gibt es nicht. Aber das begreife ich erst später.

Sławo ist meistens in Paris. Am Wochenende fahre ich manchmal zu ihm. Er hat ein romantisches Studio über den Dächern von Paris, zeigt mir die Stadt und führt mich elegant zum Essen aus. Das gefällt mir, Paris hat mir schon immer gefallen.

Mit der Zeit stelle ich allerdings fest, dass es nicht gerade leicht ist, Sławos Geliebte zu sein. Ein berühmter Schriftsteller hat wichtige Gedanken und darf deshalb nie gestört werden. Nachts steht er manchmal auf und sitzt da und schreibt, mit seiner Pfeife im Mund. Dann liege ich still im Bett und darf mich nicht rühren, denn das wäre sehr störend. Das ist eine richtige Qual für mich, ich bekomme dann leicht Panik. Aber ich habe ja gelernt, mich zu beherrschen.
Ich darf nichts tun und nichts anziehen, was ihm nicht gefällt. Sławo mag mich unauffällig und damenhaft. Und lachen soll ich nur mit ihm.
Unsere wunderbaren Gespräche entschädigen mich jedoch für alles. Wir reden viel miteinander, und er stillt meine Sehnsucht nach Polen, nach Krakau, das mir so fehlt. Über mich reden wir wenig. Sein Innenleben ist interessant genug für beide. Und ich bilde mir ein, ich wäre der einzige Mensch, mit dem er reden kann, weil ich ihn wie kein anderer verstehe.
Er hält auch viel von meiner Meinung, und das tut mir gut. Ich lese als Erste all seine Manuskripte und finde alles, was er schreibt, faszinierend.
Aber oft bin ich so angespannt, dass mein ganzer Körper schmerzt, weil ich Angst habe, dass ihn etwas stören könnte. Ich fühle mich schuldig, dass der Film im

Kino so laut ist, dass Jakob in seinem Zimmer Radio hört, dass draußen ein Lastwagen vorbeifährt – wo er das doch gar nicht mag. Sławo spricht immer nur leise, doch gerade das ist sehr wirkungsvoll.
»Ich möchte nicht gestört werden ...«, flüstert er, und ich erstarre innerlich. Ständig habe ich Schuldgefühle. Aber dann ruft er zehnmal am Tag an, kommt sofort, wenn ich mich nicht wohl fühle. Es ist ein stiller, sanfter Terror.

Meine Mutter hat meine Entscheidung nie verstanden, und ich habe es ihr nicht einmal richtig erklären können. »Aber du hast doch all das, was du haben wolltest!«, hat sie erschüttert gesagt, als ich sie anrief, um ihr mitzuteilen, dass ich Jan und Ottobrunn verlassen werde. »Was willst du denn noch?!«
Darauf weiß ich keine Antwort.
Sie ist zwar nicht der Mensch, der einem Vorwürfe macht, aber sie zieht sich von mir zurück; ruft wenig an, schreibt selten und weigert sich beharrlich, mich in Stuttgart zu besuchen. Ich weiß, dass sie mich nicht verstehen kann, obwohl sie es sicher gerne würde. Ich hatte ja, was sie nie gehabt hatte: einen Mann, ein Kind, ein Haus und Frieden. Sie hat nicht begriffen, dass ich in Ottobrunn eingehe.
Denn ich wäre dort eingegangen. Ich hatte zum Schluss das Gefühl, überhaupt nicht mehr vorhanden zu sein. Jan wollte mir nichts Böses. Er hatte seine Ängste und ich meine.
Ich konnte mich nicht wehren, mich nicht äußern, ihm nicht verständlich machen, was mit mir los war. Und so wurde ich dann abgestempelt als eine Frau, die spinnt,

die ein bisschen komisch und wunderlich ist, die man nicht so ernst nehmen sollte. Dann wird man nach einer Weile wirklich so.
Ich hatte mich selbst verleugnet und war verstummt. Aber diese tickende Uhr, die mich daran erinnerte, dass mein Leben gerettet worden war und dass ich daraus etwas machen muss, war mir dennoch im Hintergrund immer bewusst. Umso mehr schmerzten die Tage, die in einem grauen Nebelzustand vergingen, in denen ich unglücklich war, weil ich nicht glücklich war.

Der Herbst kommt, und Jakob geht in seine neue Schule. Wir haben uns in Stuttgart mittlerweile so etwas wie einen Alltag aufgebaut. Ich bin zu beschäftigt, um ständig nachzudenken. Weihnachten fahren wir beide zu Jan, und da auf einmal spüre ich den Einschnitt in mein Leben richtig.
Sławo und ich machen jetzt einen Film miteinander, für den er das Drehbuch geschrieben hat. Es ist eine schöne Arbeit, weil er so interessante und witzige Ideen hat. Ich genieße es auch, die Frau an seiner Seite zu sein.
In Gesellschaft ist er das Inbild intelligenten Schweigens. Sitzt da mit seiner Pfeife und sagt gar nichts. Die Journalisten legen ihm in den Mund, was sie wollen, und sind begeistert von seiner Intelligenz.
Während ich mit Sławo an dem zweiten Film arbeite, muss Jan beruflich nach England, und meine Mutter und Jakob begleiten ihn. Dieser Kinofilm ist ein beruflicher Höhepunkt für mich. Ich habe die Gelegenheit, in schönen Kostümen zu schwelgen, denn die Geschichte

spielt kurz nach der Jahrhundertwende, in einer Zeit, die mich ästhetisch fasziniert. Die Frauen in dem Film sind intrigant, raffiniert und betrügerisch – vor allem, wenn sie hübsch sind.
Für mich ist Sławo als Regisseur sehr angenehm, weil ich ihn kenne und seine Gedanken erraten kann, aber die Schauspieler sind verzweifelt. Es herrscht Schweigen am Set. Niemand darf ihn kritisieren. Es ist eine Arbeit auf Zehenspitzen. Wir drehen erst in Österreich, danach in Jugoslawien, in den malerischen kleinen Fischerdörfern, und ich genieße die Farben und das Meer.
Zwar kann ich mich anpassen und nicht auffallen, aber trotzdem leide ich zunehmend unter Sławos Perfektionismus. Alles muss immer nach Plan gehen. Und wenn etwas nicht nach Plan geht, bin ich schuld. Bevor er hinausgeht, überlegt er lange, ob er einen Schirm mitnehmen soll oder welchen Schal er anzieht, damit er sich bloß nicht erkältet. Und während seiner Ruhepausen darf man sich praktisch nicht bewegen. Mit seiner Art, mich klein und unsichtbar zu machen, bestärkt er ständig mein Kindverhalten, meine alte Angst, bloß nichts falsch zu machen.
Aber das will ich alles nicht sehen. Obwohl ich unter seiner Egozentrik leide, wehre ich mich nie.
Eines Tages werden neben seiner Wohnung in Paris plötzlich drei weitere Räume frei. Ohne lange Diskussionen steht unser Entschluss fest. Wir kaufen Möbel ein, ich suche bereits eine Schule für Jakob in Paris. Für mich ist klar, dass dieser Mann nun mein Zuhause ist und dass ich mit ihm leben will.

Es ist Frühjahr und mein Kirschbaum blüht. Morgen kommt Sławo, denn Jakob hat Geburtstag. Er wird zwölf Jahre alt. Und auch meine Mutter wird uns in Stuttgart besuchen, zum ersten Mal. Acht Monate bin ich jetzt in Stuttgart, und nicht einmal habe ich sie gesehen. Sie hat Sławo nie kennen gelernt. Nun ist es so weit.

Vielleicht werden wir endlich miteinander sprechen. Vielleicht gelingt es mir, ihr alles zu erklären. Wir werden auf meiner Terrasse Tee trinken. Ich werde ihr die Stadt zeigen, die Geschäfte ...

Das Telefon klingelt. Es ist Jan.

»Roma ...«

Warum ist seine Stimme so rau?

»Ich muss dir etwas sagen. Bitte, setz dich hin. Es ist wegen deiner Mutter ...«

»Was ist mit ihr?!« Ich schreie fast ins Telefon. Aber ich kenne die Antwort schon.

»Sie ist tot.«

Die Wände meiner Wohnung stürzen lautlos ein, begraben mich. Es ist dunkel um mich herum und still. Ich sinke zu Boden, den Hörer in der Hand, höre Jans Stimme wie aus weiter Ferne.

»Roma ...! Bist du noch da?!«

Ja, denke ich. Ich bin noch da. Warum bin ich immer noch da?

Ich will mit dir sterben ...

Später sehe ich den Brief, den mir der Hausmeister unter der Tür hindurchgeschoben hat.

Er ist von Sławo.

Liebe Roma ...

Der Brief ist lang, Sławos große ordentliche Handschrift verschwimmt vor meinen Augen, während ich ihn lese. Viele Seiten braucht Sławo, um kunstvoll auszuführen, was eigentlich mit einem kurzen Satz gesagt werden kann:

Wir müssen uns trennen.

Mein Kopf dröhnt, mein Herz pocht. Ich kann nicht begreifen, was ich da eben gelesen habe. Ich lese den Brief noch mal und wieder und wieder:

Ich muss allein sein.

Allein?
Wie kann er ohne mich sein? Wer wird abends auf einem Kissen zu seinen Füßen sitzen und von der alten, zauberhaften Stadt erzählen, die unsere Heimatstadt war?
Wie kann ich ohne ihn sein? Ohne den süßen Geruch seiner Pfeife? Ohne seine gestreiften Hemden, die wie linierte Schulhefte ausgesehen haben in meinem Schrank?
Ich muss ihn anrufen, es klären. Ihm alles erklären. Er muss doch wissen, dass wir ohne einander nicht leben können ...
Ich liege am Boden, auf dem schönen, glänzenden Parkett. In meinem Kopf ist absolute Stille. Ein Herz habe ich nicht mehr.
Es tut weh. Mein Unterleib schmerzt.

Ich bin nur noch dieser schmerzende Unterleib. Ich halte ihn mit beiden Händen fest.
Aufstehen. Ich muss aufstehen, Essen kochen. Gleich kommt Jakob aus der Schule. Was sage ich dem Kind?! Die Tabletten! Ich kann eine nehmen. Nein, lieber gleich zwei. Und später noch zwei. Und am Abend wieder. Ich habe noch ein ganzes Fläschchen. Dann schlafen, nur noch schlafen ...
Ich richte mich langsam auf, taumele ins Bad, nehme zwei Tabletten. Wer ist die Frau im Spiegel? Sie sieht aus wie eine Fremde.
Langsam gehe ich hinaus auf die Terrasse, stehe unter den weißen Blüten des Kirschbaums und weiß nur eins mit Sicherheit – ich werde nicht um Sławo kämpfen.
Meine Mutter ist tot, und er ist es auch. Ich bin eine Tochter, die trauert. Ich bin eine Geliebte, die trauert, aber auch eine seltsame Erleichterung darüber spürt, dass die Romanze ein Ende hat, dass sie sich jetzt nicht mehr dauernd entschuldigen muss.
Warum hat Sławo mich verlassen? Die Frage dreht sich in meinem Kopf. Noch lange, noch Monate danach. Natürlich kenne ich die Antwort. Er hat einfach Angst davor, für eine Frau und ihr zwölfjähriges Kind sorgen zu müssen. Er will sich nicht binden, keine Verantwortung übernehmen. Er will allein sein, er braucht seine Ruhe ...
Und trotzdem ist alles meine Schuld! Auch der Tod meiner Mutter ist meine Schuld. Ich bin so kalt zu ihr gewesen in letzter Zeit. Habe mich nicht genug um sie gekümmert. Schuld, schuld, schuld ...

Die Tabletten beginnen zu wirken. Jakob kommt nach Hause. Das Essen ist fertig, der Tisch schon gedeckt. Ich sitze da, baumle mit den Füßen und lächle.

Ich nehme immer mehr Tabletten. Der Arzt will sie mir nicht mehr verschreiben, ich habe einen anderen gefunden. Die Tabletten helfen mir, den Tag zu überstehen.
Nur Jakob zuliebe rappele ich mich morgens auf, verbreite eine Fröhlichkeit und eine Zuversicht, die nicht mal verlogen ist – sie ist bloß nur noch mit den Tabletten möglich. Ich verrichte meine Arbeit, ich funktioniere.

Meine Mutter liegt auf einem Friedhof in Wien, nicht weit von dem Grab ihres Geliebten. Es war eine schöne Beerdigung. Ich hatte vorher ein paar Tabletten geschluckt, nur so habe ich es durchgestanden. Jan ist da, und viele ihrer Freunde sind gekommen. Sie hat immer schon viele Freunde gehabt.
Bilder tauchen in mir auf, während ich auf dem Friedhof stehe, absurde Situationen, die ich längst vergessen hatte. Mir fällt auf einmal ein, wie sie in der Straßenbahn einen Mann mit dem Regenschirm verprügelt hat, weil er sie als Ausländerin beschimpfte. Als er dann ausstieg, hat sie ihm noch zwei-, dreimal kräftig auf den Kopf gehauen. Und wie sie mit Jakob Scherzartikel gekauft hatte und sich den Bauch vor Lachen hielt, weil ich auf ihre Tricks hereinfiel!
Auch das war meine sonst so stille Mutter.
So starb sie auch, ganz still, nachts im Schlaf. Wie eine Blume.

Wenn ich sie doch nur noch um Verzeihung hätte bitten können, denke ich verzweifelt. Für alles.
Dann werfen wir Erde und Rosen auf ihren Sarg, und es ist vorbei.
Jan macht sich Sorgen um mich. Wahrscheinlich, weil ich ein bisschen unsicher gehe.
Ich sehe ihn an. Er ist blass, und er raucht zu viel. Auch er trauert um meine Mutter, denke ich.
»Soll ich dich nach Hause bringen?«
Fast muss ich lachen. Ich habe doch gar kein Zuhause.
»Ja.«
Es ist gut, wenn man einen Freund hat, denke ich. Seit es mit Sławo vorbei ist, sind Jan und ich Freunde geworden. Wir werden zusammen mit Jakob in die Ferien fahren und wieder Weihnachten miteinander feiern.
Jan nimmt meinen Arm.
»Danke«, sage ich und halte mich an ihm fest.
Es war so, als ob man in einem Zimmer das Licht löscht und es in einem anderen wieder anmacht. Nach meiner Rückkehr ging ich sofort in die Synagoge und weinte so, wie sie immer in der Synagoge geweint hat. Ich hatte sogar ihr Taschentuch dabei.
Ich spürte ihre Gegenwart überall, und seitdem weiß ich, dass ich meine Mutter bin, auf vielerlei Weise. Es war, als wäre ihre Seele nach ihrem Tod in mich hineingeschlüpft.

Mein ganzes Wesen hat sich durch ihren Tod verändert. Ich bin viel sanfter geworden, netter zu den Menschen, so wie sie. Früher war ich aggressiver. Richtige Freunde, für die ich auch etwas tun kann, die Tag und Nacht bei

mir willkommen sind, die ich umsorgen und für die ich kochen kann, so wie meine Mutter es immer getan hat – die habe ich auch erst seither.
Am Freitagabend zünde ich nun zwei Kerzen an und spreche den Segen für Jakob und mich. *Schabbat schalom.* So wie sie.
Aber es ist kein Frieden in mir.

Ich bin süchtig. Ich kann ohne die Tabletten nicht mehr leben.
Seit dem Tag, an dem meine Mutter starb und Sławo mich verließ, habe ich wochenlang fast nicht geschlafen, selbst mit den Tabletten nicht. Morgens stehe ich auf wie immer, schicke Jakob zur Schule, verbreite eine harmonische Atmosphäre …
Wenn er weg ist, kann ich meine Tabletten nehmen!
Kaum fällt die Tür ins Schloss, stürze ich mich schon darauf. Danach fühle ich mich stark genug, um die Hausarbeit zu machen oder ein paar Kleinigkeiten zu erledigen. Bis zur nächsten Tablette.
Beim Fernsehen melde ich mich nicht mehr. Zum Glück hat meine Mutter ein wenig Geld gespart, so dass ich für die nächsten Monate überleben kann. An richtige Arbeit ist nicht mehr zu denken. Ich lebe nur noch von Tablette zu Tablette. Bald sind es zwei auf einmal, auch mitten in der Nacht.
Bevor Jakob aus der Schule kommt, schlucke ich schnell noch etwas. Dann geht er wieder, er hat Freunde, ist mit sich und seinem Leben beschäftigt. Abends nehme ich dann noch ein paar Tabletten, manchmal frage ich Jakob Vokabeln ab, rede ein wenig

mit ihm, oder wir sehen gemeinsam fern. Jakob merkt nichts von meiner Sucht. Das ist mir das Wichtigste. Wenn ich dann ins Bett gehe, nicke ich ganz kurz ein. Anschließend liege ich die ganze Nacht lang wach, bis ich im Morgengrauen noch ein paar Minuten Schlaf finde. Dann geht das Ganze wieder von vorne los ...
»Hör auf damit!«, sagt die Großmutter streng.
»Ja, Großmutter. Morgen.«
Aber wann ist morgen?

Ich träume, dass ich in den Spiegel schaue. Mein Gesicht ist aus Sand. Ich berühre den Sand, und er zerrinnt zwischen meinen Händen ...
Das Aufwachen ist immer hell und brutal. Ich hasse das Licht, das durch die vielen Fenster der Wohnung fällt, ich kann es nicht ertragen, es tut weh. Auch die Geräusche vertrage ich nicht. Sie bohren sich in meinen Kopf, sie sind zu laut. Alles ist zu laut. Auch meine Gedanken sind zu laut, das Stimmengewirr in meinem Kopf dröhnt schmerzhaft, als ob ich auf einer Party wäre. Alles schmerzt. Nur mit Tabletten kann ich den Schmerz mildern. Das Licht wird dann weicher, die Stimmen leiser, alles ist wie in Watte gepackt, die Welt ist wieder erträglich. Worüber habe ich mir doch gerade Sorgen gemacht? Der Lärm in meinem Kopf wird zum leisen Glöckchenklingeln ...
Längst ist es kein fröhlicher Rausch mehr, kein Tanzen und kein Schweben. Auch die Großmutter spricht nicht mehr mit mir. Ich rede mit mir selber. Nimm die Tablette, sage ich zu mir, damit du die nächsten drei, vier Stunden überstehen kannst!

Bald sind es nur noch zwei Stunden.
Die Angst ist wie ein hungriges Tier. Ich muss ihr immer wieder zu fressen geben. Danach schläft sie eine Weile ein. Ich muss nur diese Stunde überstehen, dann höre ich auf. Ich muss nur die Angst besänftigen, die Panik nicht aufsteigen lassen. Ich weiß längst, dass ich ohne Medikamente nicht existieren kann, und doch muss ich vergessen, dass ich es weiß ...
Ich nehme Tabletten, um essen, um reden, um denken zu können. Wenn das Fläschchen leerer wird, bekomme ich Panik. Deshalb muss ich immer Tabletten auf Vorrat im Haus haben, und das wird mit der Zeit immer schwieriger.

Es ist eine verzweifelte Jagd, und allmählich entwickle ich mich zu einem regelrechten Experten. Es gibt keinen Trick, den ich nicht versuche.
Wieder einmal spiele ich Theater. Nett und gut angezogen erscheine ich bei einem Arzt in der Praxis.
»Wissen Sie, Herr Doktor, ich kann im Moment schlecht schlafen ... Ich bin beruflich so angespannt, das Mittel würde mich ein wenig unterstützen, ich nehme es ab und zu mal, ganz selten, um zu entspannen ... Sie wissen ja, die Nerven ...«
Tausend Ausreden lasse ich mir einfallen, und sie funktionieren alle. Im Beschaffen der Tabletten bin ich einfach genial. Die Ärzte fallen auf mich herein. Nur mein alter Hausarzt, der mich nun schon so lange kennt, schöpft Verdacht.
Er schaut mir forschend in die Augen und fragt: »Treiben Sie auch keinen Missbrauch damit? Ich verschreibe

es Ihnen gern noch mal, aber Sie wissen ja, es ist nicht gut für Sie ...«
»Aber natürlich«, beruhige ich ihn, »ich verspreche Ihnen, ich nehme es gar nicht oft!« Das nächste Mal, als ich bei ihm aufkreuze, hole ich eine volle Packung aus der Handtasche als Beweis für meine Unschuld: »Sehen Sie? Die haben Sie mir das letzte Mal verschrieben. Ich habe nicht viel davon genommen!« Die Packung habe ich extra zu diesem Zweck aufbewahrt. Und dabei hatte ich in der Zwischenzeit mindestens zwanzig Packungen geschluckt. Der Hausarzt zieht es vor, mir zu glauben.
Natürlich wechsele ich ständig die Ärzte, um keinen Verdacht zu erregen. Wenn ich sie alle durch habe, kreuze ich wieder in der ersten Praxis auf. Doch langsam kennt man mich schon, und ich muss mir anderswo wieder neue Ärzte suchen.
Natürlich kaufe ich das Mittel immer in einer anderen Apotheke, aber so viele Apotheken gibt es in Stuttgart nun auch wieder nicht. Ich spiele ganze Filmszenen in Apotheken.
»Ach, wissen Sie«, erkläre ich dem Apotheker aufgeregt, »ich bin hier auf der Durchreise bei meiner Schwester. Aber sie ist leider gerade nicht zu Hause, und ich habe das Rezept bei ihr vergessen! In einer Stunde geht mein Zug, und ich muss weiterfahren. Könnten Sie nicht – ausnahmsweise?«
Im Umkreis von fünfzig Kilometern kenne ich alle Apotheken, weiß genau, wann, um welche Tageszeit und bei wem ich wo die besten Chancen habe. Der Samstag ist der beste Tag für meine Jagd, weil dann alle besonders beschäftigt sind.

Doch meine Lage wird immer enger. Ich brauche viel. Ich brauche ständig mehr.

Im Spiegel sehe ich manchmal überrascht, wie dünn mein Körper geworden ist. Aber es kümmert mich wenig. Mit der Zeit werde ich immer schwächer, mir ist schwindlig und schlecht, weil mein Magen nichts mehr verträgt. An Schlaf ist ohnehin kaum noch zu denken, auch mit Tabletten nicht.
Ich gehe kaum noch aus, die Straßen mit den vielen Leuten machen mir Angst. Nur zum Einkaufen husche ich schnell, und danach sofort wieder ins Bett. Ich pendle nur noch zwischen Bett, Sofa und Küche. Wenn ich mit Jakob ab und zu ins Kino gehe, überkommt mich sofort die Platzangst. Im Schutz der Dunkelheit schiebe ich mir eine Tablette in den Mund. Jetzt kann ich sie ganz gut auch ohne Wasser schlucken.
Freunde habe ich nicht mehr, ich brauche sie auch nicht. Die Tabletten sind meine einzigen Freunde. Immer mehr entfremde ich mich von allem, bin wie durch eine Glaswand von den Menschen getrennt. Wenn ich mit jemandem spreche, ist immer diese Folie da, in die ich eingepackt bin.
Nach drei, vier Monaten Sucht versinkt meine Erinnerung im Nebel. Ich weiß nichts mehr über mein Leben in dieser Zeit, außer dass es Jakob gut ging. Er hatte alles, was er brauchte. Ich selbst war irgendwann nicht mehr bei mir. Ich hatte mich aufgelöst.

Im Sommer nehmen mich alte Freunde fast gegen meinen Willen in die Ferien mit, weil ich immer so schlecht

aussehe. Während Jakob bei seinem Vater ist, machen wir eine Reise nach Madeira.
Die Insel ist heiß und felsig, Strände gibt es nicht, dafür wuchern die Kakteen. Der Alkohol ist spottbillig, und die meisten Touristen nutzen das weidlich aus. Früher hat Madeira den Engländern gehört. Sie hatten alles wunderbar gepflegt, einen Country-Club angelegt und schöne Häuser gebaut. Doch dann wurde alles verstaatlicht und verkam. Es gibt überall Slums, es ist dreckig, der Müll liegt auf der Straße. Auf Schritt und Tritt wird man von einer Horde schmutziger Kinder verfolgt. Selbst Churchills ehemalige Villa ist völlig heruntergekommen, Fenster und Türen sind aufgebrochen, seine Bücher liegen zerfetzt herum, und der Garten sieht aus wie ein Park nach einem Volksfest.
Aber für mich ist Madeira ein Paradies.
In den portugiesischen Apotheken bekommt man nämlich alles, ohne Rezept und ohne dass sich irgendjemand darum schert. Schon bei meinem ersten Besuch in der Apotheke entdecke ich auf einen Blick die ganzen Tabletten, ich kenne die Namen inzwischen alle. Schüchtern zeige ich darauf, und sie geben mir so viel ich will! Säckeweise schleppe ich das Zeug ins Hotel. Bald habe ich genug Vorrat für ein halbes Jahr und fühle mich wie im Schlaraffenland.
Zwei Wochen lang spaziere ich um den Swimmingpool des Hotels herum, weil man sonst auf der Insel nichts machen kann.
Die Mahlzeiten nehme ich brav mit meinen Freunden im Speisesaal ein, stochere ein wenig auf dem Teller herum und tue so, als ob ich esse.

Es ist wirklich erstaunlich, aber niemand scheint etwas zu bemerken. Oder wollen sie alle einfach nicht wahrhaben, dass mit mir etwas nicht stimmt? Meine Freundin ist immerhin Ärztin. Aber sie verliert kein Wort darüber. Nur einmal, als der Ober wieder einmal meinen vollen Teller abgeräumt hat, schaut sie mich nachdenklich an. »Geh doch nach den Ferien mal zum Arzt«, meint sie beiläufig, »Anorexia nervosa«, sagt sie und runzelt die Stirn, »aber das haben meist junge Mädchen ...«

An einem schwülen Morgen auf Madeira, Mitte August 1980, lüftet sich für einen Augenblick der Nebel, der mich umgibt, und der Schleier der Gleichgültigkeit zerreißt. Wir sitzen gerade beim Frühstück, als der Mann meiner Freundin an den Tisch kommt und aufgeregt eine englische Zeitung schwenkt.

»Stellt euch vor«, ruft er aufgeregt, »in Polen wird überall gestreikt! Die Solidarnośc geht auf die Barrikaden gegen das Regime!«

Ich klammere mich an meinen Stuhl. *Krieg!* Mein Freund liest uns aus der Zeitung vor, aber es gibt nur wenige Informationen über das, was in Europa vor sich geht. Das lokale Fensehen bringt kein Wort darüber.

Erregt springe ich auf. »Ich will zurück, nach Hause!«, erkläre ich. Ich will zu meinem Kind!

Aber wir müssen auf unseren gebuchten Flug warten.

»Frau Ligocka, Sie sind ja hier!«, sagt eine erstaunte Stimme, die ich kenne. Es ist mein Chef vom Fernsehen. Ich bin seit ein paar Wochen wieder zurück in Stuttgart und habe ihn zufällig auf der Straße getroffen. Es ist mir peinlich, ihn zu sehen. Ich murmele eine Entschuldi-

Im Fernsehstudio (um 1981/82)

gung, erzähle ihm, dass meine Mutter gestorben ist und dass es mir deswegen nicht gut geht.

»Wir hätten so viele Jobs für Sie, wir vermissen Sie«, meint er besorgt. »Melden Sie sich doch in den nächsten Tagen einmal, rufen Sie mich an! Versprochen?«

Ich verspreche es ihm. Doch ich weiß, dass ich mein Versprechen nicht halten werde.

Mein Vorrat an portugiesischen Medikamenten geht langsam zu Ende, und ich spüre schon wieder die Panik von mir Besitz ergreifen. Es ist kurz vor Ostern.

Jakob und ich sind zu einem griechischen Osterfest eingeladen worden, von Despina, einer ehemaligen Schülerin von Jan. Zum ersten Mal seit langer Zeit habe ich wieder Lust, unter Menschen zu sein, und auch Jakob freut sich darauf. Ich kann meine Einsamkeit kaum noch ertragen, ich bin ja fast nur noch allein mit den Tabletten und meinem Kind.

Es ist ein schönes Fest. Despinas gesamte griechische Verwandtschaft ist gekommen, Großväter und Kinder, Onkel und Tanten. Wir sitzen an langen Tischen, essen und singen und trinken griechischen Wein. Nur ich sitze da, höre ihre Stimmen wie durch einen Nebel und

kann nicht einmal ein Glas Wein trinken, weil die vielen Tabletten zusammen mit Alkohol mich einfach umbringen könnten.
An diesem Osterfest wird mir auf einmal klar, ich bin zum Sklaven geworden. Ich denke an mein Leben, an mein eigenes, kostbares, geschenktes, einzigartiges Leben, an dem ich so lange schon nicht mehr teilgenommen habe.

Jetzt ist Schluss mit den Tabletten, Schluss mit der Abhängigkeit. Ich habe aufgehört damit. Es ist die Hölle. Wieder kämpfe ich um jede Stunde – nur in umgekehrter Richtung. Nicht von Tablette zu Tablette, sondern weg davon. Stunde um Stunde. Schritt für Schritt.
In der ersten Nacht friere ich so fürchterlich, als ob man mich nackt in eine klare kalte Winternacht hinaus gejagt hätte. Minus zwanzig Grad im grellen Licht auf einer hell erleuchteten Straße. Meine Zähne klappern. Die Haut schmerzt, alles krümmt sich zusammen, im Kopf explodiert ein Feuerwerk nach dem anderen vor meinen Augen. Langsam löst sich der Nebel auf. Je mehr die Wirkung der Tabletten nachlässt, desto schmerzhafter wird die Klarheit. Ich spüre wieder alle meine Sinne, die Gedanken jagen sich, klare, scharfe Gedanken, so viele, dass es mir scheint, als ob mein Kopf zerspringt und ich wahnsinnig werde. Und Worte sind in mir, eine Flut von Worten, Latein, Deutsch, Polnisch, alte Kinderlieder, sie drehen sich wie scharfe, eiskalte Spiralen.
Ich setze mich hin und schreibe Gedichte, liege mit Krämpfen am Boden, bin todkrank, komme fast um vor

Erschöpfung und weiß, ich werde nicht schlafen können, weil ich die Tabletten nicht habe. Wenn ich etwas esse, spucke ich es gleich wieder aus – wenn ich nichts esse, spucke ich Galle.
Ich spreche mit mir, sorge für mich wie für ein krankes Kind.
Auf die Uhr schauen. Immer wieder auf die Uhr schauen. Es ist Morgen, es ist Mittag. Du hast nichts genommen ... Zwei Stunden. Drei Stunden. Acht.
Dir ist kalt? Deck dich zu. Du hast eine trockene Kehle? Trink etwas. Sei gut zu dir. Hab Geduld, hab Geduld mit dir. Schau auf die Uhr, sie geht vorwärts.
Etwas essen? Kannst du nicht? Dann eben nicht. Durchhalten. Weitergehen. Das Tablettenfläschchen ist immer noch in Reichweite. Du kannst sie nehmen, jederzeit. Es macht gar nichts, wenn du es tust ...

Ich tue es nicht. Die qualvollen Nächte, in denen ich wach liege und nicht schlafen kann, sind endlos. Mein Magen schmerzt, meine Muskeln brennen. In meinem Kopf dröhnt das hohe Schrillen einer schneidenden Kreissäge. Ist das Fläschchen noch da? Bloß anschauen ...

Ich nehme es nicht. Ich bin gut zu mir. Trinke Tee, drücke die Wärmflasche fest an mich, verkrieche mich unter der dicken, weißen Wolldecke. Ein Geschenk von Sławo.
Und immer muss ich still sein, damit mein Kind nichts merkt.
Einmal kommt Jakob verschlafen ins Zimmer, als ich gerade am Boden liege und mich vor Schmerzen krümme.

»Was machst du da, Mama?«
»Ach, ich turne nur ein bisschen ...«, ächze ich und versuche, mit den Beinen zu strampeln.
Ich weiß nicht, wie lange der Entzug andauert, ich habe mein Zeitgefühl vollkommen verloren, so wie damals im Keller, im Ghetto. Aber die Uhr geht immer weiter, und irgendwann ist es vorbei. Eines Tages weiß ich, dass ich keine Tabletten mehr nehmen werde, nie wieder, auch wenn ich eine Ewigkeit nicht schlafen kann. Ich schaue in den Spiegel, und zum ersten Mal erkenne ich mich wieder.
Ich wiege nur noch fünfundvierzig Kilo.

Heute weiß ich, dass ich an dem plötzlichen Entzug tatsächlich hätte sterben können. Man muss so etwas ganz langsam machen, im Krankenhaus, über Wochen. Den Körper nach und nach entgiften. Ich habe Glück gehabt, wie so oft in meinem Leben.

15

»Es ist wieder Krieg. Am dreizehnten Dezember 1981, einem Sonntag, kommt auf einmal die Politik in mein Leben. Entgegen meiner Gewohnheit hatte ich um sechs Uhr früh das Radio angemacht und zufällig einen polnischen Sender erwischt, Radio Warschau. Und ich höre die Stimme des Sprechers: »Heute früh um fünf Uhr ist das Kriegsrecht in Polen ausgerufen worden ... die Armee übernimmt die Macht.«
Diese Banditen!

Danach folgt die Ansprache des Generals. Ich schalte den Fernseher ein und sehe, wie Panzer durch Warschau rollen. Es schneit, es ist ein kalter Winter in Polen, und die Menschen stehen auf der Straße für Brot an.
Wie damals, denke ich erschüttert. Ich kann es kaum fassen: Während ich hier in meiner warmen Wohnung in Deutschland sitze, herrscht in meiner Heimat der Kriegszustand! Nach und nach erfahre ich, dass viele Freunde von Jan und mir verhaftet worden sind und im Gefängnis sitzen – Freunde, die noch vor nicht allzu langer Zeit bei uns zu Besuch waren.
Es gibt tausend Gerüchte. Dieser und jener soll verhaftet worden sein, andere sind angeblich geflohen.

Wir sitzen vor dem Fernsehapparat und weinen, Jakob, meine polnischen Freunde und ich. Wir fühlen uns wie die Tschechen damals, 1968, als die russischen Panzer in Prag einmarschierten.
Und ich weiß auf einmal, dass ich eine Aufgabe habe.
Ich stürze mich in die Politik, wälze Bücher, telefoniere, führe lange Gespräche. Nach und nach wird mir klar, dass es so etwas wie Menschenrechte gibt, ein Schwarz auf Weiß niedergelegtes Recht auf körperliche Unversehrtheit, auf Freiheit der Meinung, die Wahl des Wohnsitzes, die Reisefreiheit, und dass ich wegen meiner Rasse und Religion nicht verfolgt werden darf. All das ist mir neu, und es begeistert und beflügelt mich. Dieses Dokument schützt ja auch mich und meine Rechte, von denen ich überhaupt keine Ahnung hatte!
Gleichzeitig erkenne ich, dass es so viele andere Menschen gibt, denen es schlecht geht, die meine Hilfe brauchen, für die ich etwas tun kann. Das ist ein ganz neues Gefühl für mich, eine Aufgabe, bei der ich mich selbst vergessen kann.
Plötzlich bin ich nicht mehr einsam. Zusammen mit ein paar Freunden gründe ich in Stuttgart eine kleine Gesellschaft für Menschenrechte. Besonders für die Frauen in der DDR engagiere ich mich, denen man nach einem Fluchtversuch die Kinder weggenommen hat. Man verschweigt ihnen, wo ihre Kinder sind, die bei Pflegefamilien untergebracht werden. Oft sehen diese Mütter ihre Kinder nie wieder. Ich sitze nächtelang und schreibe Briefe, an Honecker, an die UNO, an die Zeitungen.

Wie einfach es ist, eine Nacht nicht zu schlafen, wenn man Briefe schreibt, die jemandem helfen können!
Nach und nach bekomme ich Kontakt mit vielen Leuten auf der ganzen Welt und erfahre, was für wunderbare und mutige Menschen es überall gibt.
In dieser Zeit entdecke ich auch die Bücher von Wladimir Bukowski. Er wird zu einem Helden für mich. Die Beschäftigung mit ihm und seinem Leben und den leidvollen Lebensgeschichten vieler anderer macht mir allmählich klar, dass man Schmerz und Angst auch bewusst und freiwillig in Kauf nehmen kann, dass es tatsächlich Menschen gibt, die bereit sind, für andere ins Gefängnis zu gehen und ihre eigene Freiheit dafür zu opfern.
Und je mehr ich mich mit dem kommunistischen Regime beschäftige, desto mehr verstehe ich nun auch, was im Dritten Reich geschehen ist. Ich sehe die Parallele, die Verwandtschaft der totalitären Diktaturen. Ich lerne die Sprache der Tyrannei kennen, die Methodik der Manipulation. Doch all das bleibt immer auf einer rein intellektuellen Ebene. Mit meinen Gefühlen kann und will ich mich nach wie vor nicht befassen.
Denk nicht daran, sagte man mir damals, denk nicht daran ...
Dennoch reife ich schnell in dieser Zeit. Das, was andere mit zwanzig lernen, lerne ich nun mit Mitte vierzig – mich frei zu äußern, mich in der Welt zu engagieren, Verantwortung zu übernehmen.
Endlich bin ich erwachsen geworden.

In Frankfurt ist Buchmesse. Ich bin natürlich hingefahren. Viele Dissidenten sind nach Deutschland gekommen. Politische Spannung liegt in der Luft, und auf der Buchmesse trifft man sich.

Ich stehe am Stand der polnischen Untergrundzeitschrift *Kultura*, die in Paris herausgebracht wird und unzensiert über die politische Lage in Polen berichtet. Die Männer um mich herum, Intellektuelle und Dissidenten, sprechen mit leiser Stimme, rauchen, tragen grüne Parkas, Bärte und Rollkragenpullover. Für mich sind es alles Helden. Viele kommen direkt aus dem Gefängnis, andere sind abgeschoben worden und können nicht zurück.

Ich blättere in den Büchern, die in Polen verboten sind, studiere fotokopierte Texte und Flugblätter, achte nicht so sehr auf das Treiben um mich herum. Am Nebenstand gibt es russische Literatur, auch das neue Buch von Bukowski liegt aus. Ich brenne darauf, ihn kennen zu lernen. Aber der Dichter ist nirgends zu sehen.

Hinter dem Büchertisch sitzt ein junger Mann im weißen Hemd mit kurzen, blonden Haaren, hohen Wangenknochen und leuchtend blaugrünen Augen. Ich lese sein Namensschild, er heisst Andrzej.

»Ist Wladimir Bukowski da?«, frage ich.

Der junge Mann schüttelt den Kopf. »Ich fürchte, Sie werden mit mir vorlieb nehmen müssen. Aber ich bin nur sein polnischer Übersetzer.«

»Dann müssen Sie eben mit mir Kaffee trinken gehen«, erwidere ich.

»Warum sollte ich das tun? Ich habe gar keine Zeit!«

Ich spüre, dass ich rot werde. So etwas ist mir schon lange nicht mehr passiert. Es ärgert mich.

»Weil ... weil ... weil ich Polanskis Cousine bin!«, stottere ich verlegen. Etwas Dümmeres fällt mir in diesem Augenblick nicht ein.
Andrzej lacht.
»Wenn das so ist«, sagt er, »dann müssen wir wohl Kaffee trinken gehen.«

Aus dem Kaffeetrinken werden anderthalb Tage.
Andrzej und ich haben uns ineinander verliebt.
Er ist achtzehn Jahre jünger als ich und der erste Mann in meinem Leben, der mich nicht braucht. Ich genieße es, nicht gebraucht zu werden. Er nimmt mich einfach so, wie ich bin, und ich muss gar nichts machen. Auf einmal ist alles ganz unkompliziert. Wir reden, gehen spazieren und schweigen miteinander.
»Ich muss jetzt fahren«, sagt er dann. »Wir sehen uns.«
Und er geht.
Andrzej ist Kriegsberichterstatter, Übersetzer und Oppositioneller in einer Person. Er schmuggelt verbotene Literatur in den Osten und stellt Verbindungen zwischen Dissidenten her. Jetzt muss er zu einem Treffen der antikommunistischen Internationale, danach weiter nach Paris. Ständig ist er unterwegs, ein Mann, für den eine feste Beziehung nicht in Frage kommt. Aber genau das gefällt mir an ihm.
Zurück in Stuttgart, setze ich mich auf der Stelle hin und schreibe ihm einen langen Brief. Das Telefon klingelt. Ärgerlich über die Störung, hebe ich ab.
»Ich bin ein Idiot«, sagt die tiefe raue Stimme am anderen Ende. »Ich hätte dich einfach mitnehmen sollen. Aber ich könnte über Stuttgart weiter nach Paris fahren. Ehr-

lich gesagt, bin ich schon auf dem Weg. Um ganz ehrlich zu sein, bin ich in anderthalb Stunden da ...« Anderthalb Stunden, um mir die Haare zu waschen, die Wohnung in Ordnung zu bringen und zu kochen. Dann steht Andrzej vor der Tür.

Krakau, Sommer 1994: Zur Vernissage ihrer ersten großen Ausstellung ist Roma mit ihrem Sohn Jakob gekommen.

Unsere Beziehung entwickelt sich zu einer unkonventionellen Romanze. Nie weiß ich, wann Andrzej kommt und wann er anruft, doch zum ersten Mal warte ich nicht und stelle keine Fragen. Und zu meinem eigenen Erstaunen habe ich nicht einmal Angst um ihn, obwohl er ständig die gefährlichsten Sachen macht. Es gibt keine Zerrissenheit mehr und keine qualvollen Beziehungsgespräche. So etwas ist mit Andrzej überhaupt nicht zu machen, er hätte es als reine Zeitverschwendung betrachtet. Anderes ist einfach wichtiger zwischen uns.
Ich male viel in dieser Zeit, Andrzej gefallen meine Bilder sehr. Gleichzeitig muss ich natürlich Geld verdienen und meinen Job bei Theater, Film und Fernsehen machen. Aber er passt nicht mehr richtig zu mir. Die Belanglosigkeit, die Scheinwelt, die Verlogenheit des Showbusiness steht in krassem Widerspruch zu dem, was in der Welt tatsächlich passiert, zu den Ereignissen in Polen, in der DDR, in der Sowjetunion. Während ich am Stadttheater schöne Kostüme entwerfe, versuche ich, ein bisschen

politisches Engagement bei meinen Kollegen zu wecken, aber mein Anliegen interessiert niemanden.
Gerade in dieser Zeit entwickelt sich eine neue Showkultur. Das Fernsehen wird leer und hässlich, die Unterhaltungsindustrie wächst explosionsartig. Das ist nicht mehr meine Welt.
Die Diskrepanz zwischen dem ehrlichen Engagement einiger weniger und dem sorglosen westlichen infantilen Leben führt zu dem ersten wirklichen Bruch zwischen meinem Beruf und mir. Das, was ich beruflich mache, ist zwar glanzvoll und schön – aber im Vergleich zu dem, was Menschen durchmachen müssen, im Vergleich zu dem, was mir selbst, meiner Familie, meiner Großmutter angetan wurde, ist es wenig.
Ich schäme mich manchmal vor Jakob, dass ich ihn wegen dieses Quatschs allein lassen muss. Aber er braucht mich nicht mehr so sehr wie früher. Er ist nun schon fast erwachsen und macht bald sein Abitur.

Immer öfter nimmt Andrzej mich mit zu konspirativen Treffen. Er ist ein echter Abenteurer, kommt aus dem Schneegestöber mitten in der Nacht. Er bringt mir Bücher, die jemand abholen kommen soll, damit sie im Osten gedruckt werden können, ich fungiere als eine Art Poststelle. Wir sammeln auch Geld und Spenden, die ich dann weiterleite. Einmal fahren wir an den Luganer See zu einem internationalen Dissidententreffen. Bis tief in die Nacht sitzen wir am Seeufer, erzählen, diskutieren. Ein oppositioneller Barde singt zur Gitarre Freiheitslieder von Mauern, die fallen, fallen, fallen werden. Es wird viel getrunken. »Ich bin eine Mumie«, murmelt

Andrzej in viele Decken gewickelt – und schläft friedlich ein, den Kopf auf meine Knie gebettet.
Auch Jakob engagiert sich mit uns, wird von unseren politischen Aktivitäten angesteckt. Er malt Transparente, gründet mit Freunden eine eigene Gruppe, sammelt Unterschriften und schreibt Artikel für die Schülerzeitung. Oft legt er sich politisch mit seinen Lehrern an. Jakob bewundert Andrzej. Er ist ein Held für ihn.
Dann kommt die Wendezeit, und der Eiserne Vorhang öffnet sich. Was niemand für möglich gehalten hatte, wird überraschend Wirklichkeit.

In diesen Tagen sehe ich Andrzej zum letzten Mal.
Er kommt mich besuchen, als ich gerade vor einer Unterleibsoperation stehe. Als ich ihm von meiner Angst vor dem Eingriff erzähle, ist er zum ersten Mal wirklich betroffen, seine Selbstsicherheit und seine unbekümmerte Art sind wie weggeblasen. Aber wir wissen beide, dass es mit uns zu Ende ist und dass es so sein muss. Dies ist unser Abschied.
Während ich im Krankenhaus liege, fährt Andrzej nach Warschau und fängt ein neues Leben an. Ab und zu telefonieren wir noch miteinander. Mal ruft er mich aus Afghanistan an, dann wieder vom Dach des Weißen Hauses in Moskau beim Putsch gegen Gorbatschow, während die Panzer einrollen.
Aus unserer Liebe ist Freundschaft geworden.
Ich wusste nicht, dass man so schmerzlos, so sanft eine Beziehung in eine andere verwandeln kann. Er ist der einzige Mann in meinem Leben, an den ich mich immer wieder gern erinnere.

Im Dezember 1990 packt Jakob mich in sein kleines Auto, und wir fahren los. Nach Polen, nach Krakau. Nach all den Jahren, in denen ich mich so oft danach gesehnt habe, habe ich plötzlich Angst davor. Aber Jakob besteht darauf.
»Ich will doch endlich deine Stadt sehen und das Grab meines Großvaters!«
Wir fahren über die Grenze, quer durch Polen. Mein Herz klopft schneller, aber niemand hält uns auf. Die Straßen in Polen sind schlecht, wie früher ...
Um Mitternacht kommen wir auf dem Krakauer Marktplatz an. Leichter Schnee bedeckt die vielen Kirchtürme, die alten Häuser, das Kopfsteinpflaster. Ganz still ist es, und ich bin atemlos vor Glück und Staunen. Es ist schön, Jakob alles zu zeigen, ihm von früher zu erzählen, so wie meine Mutter es getan hat.
»Schau, hier war das Geschäft, in dem ›man‹ damals Hüte gekauft hat ... das Café, in dem ich immer saß und wo ich meinen Heiratsantrag bekommen habe ... Dort ist das Denkmal des polnischen Dichters, zu dessen Füßen sich die Liebespaare treffen ... Und hier haben wir gewohnt, Großmutter und ich ... Da war das Cabaret ›Unter den Widdern‹, du weißt schon ...«

Mariechen ist schon lange tot.
Meinen alten Freund Piotr sehe ich gleich am ersten Tag. »Da bist du ja wieder«, sagt er ruhig, als wäre es nach all der Zeit ganz selbstverständlich.
Und Manuela? Sie lebt nicht mehr, höre ich. Eine Zeit lang ist sie noch in Warschau aufgetreten, dann hat sich ihre Spur verloren.

Aber meine Freundinnen sind noch da. Nach fast dreißig Jahren fallen Barbara und ich uns wieder um den Hals. Sie hat die beiden Kinder ihrer schönen Schwester großgezogen, die früh gestorben war. Erst jetzt erzählt sie mir von ihrem Vater, der nie erwähnt werden durfte, weil er während der Stalin-Zeit in London in der Exilregierung war.

Der Grabstein des Urgroßvaters.

Barbara ist Malerin und Grafikerin und hat jahrelang an der Kunsthochschule unterrichtet. Sie war sehr aktiv in der Solidarnośc-Bewegung. Wir haben uns viel zu erzählen.

Mit Jakob stehe ich am Grab meines Vaters auf dem jüdischen Friedhof. Ich hätte nie gedacht, dass wir es wiederfinden würden, so verwildert und verkommen ist der Friedhof jetzt, fast wie ein Urwald. »Großvater wird uns den Weg schon zeigen«, hat Jakob gesagt. Und so war es.

Auch das Grab des Urgroßvaters haben wir gefunden. Es ist einer der letzten Grabsteine, die übrig geblieben waren, als die Deutschen damals den jüdischen Friedhof schändeten und das Lager Płaszów darauf errichteten. Jetzt ist es der Einzige: ein einzelner Stein auf einem braunen, feuchten Acker.

16

DENK NICHT DARAN, SAGTE MEINE MUTTER.

Wir stehen an einer Schlucht und schauen auf das andere Ufer. Wir sind eine kleine Gruppe von Menschen. Meine Mutter ist da und Jan auch. Alle sind warm angezogen, mit Gepäck in den Händen, Koffer, Bündel mit Sachen. Auch Jakob ist da, aber erwachsen. Wir haben alle Mäntel an.

Es ist kalt, das Licht ist grau. Es dämmert. Wir sehen auf der anderen Seite einen alten Juden, der sich über einen kleinen Jungen beugt, der auf dem Boden liegt. Der Jude streut ihm Sand in den Mund. Er nimmt beide Hände voll Sand und streut es ihm unaufhörlich in den Mund. Der Junge versucht sich zu wehren – hält seine Hände ab. Die kleinen Finger krallen sich fest in die roten Hände des Alten. Dem Juden scheint es nichts auszumachen.

Der Alte streut weiter Sand in den Mund des Kindes, immer weiter, immer mehr. Die Gegenwehr des Jungen wird immer schwächer – er hebt nur noch seine Arme hoch – lässt sie wieder fallen – hebt sie hoch – lässt sie fallen – immer schwächer ...

Der Alte streut weiter Sand – der Sand rieselt in seinen trockenen, knochigen, alten Händen.
Auf einmal wehrt sich der Junge nicht mehr – liegt nur noch so da. Ganz still.
Wir drehen uns um – und gehen ab – wie von der Bühne.
»Er ist doch tot?«, frage ich meine Mutter.
Wir hätten ihn retten sollen! Wir hätten ihn retten sollen!, schreie ich stimmlos. Er ist doch tot!
Ich möchte schreien – kann es nicht – habe keine Stimme.
»So ist es«, sagt meine Mutter, hebt die Schultern und versucht, ihren Kopf zu verstecken.
»So ist es immer«, sagt sie und ist auf einmal ganz weit weg. »Denk nicht daran«, sagt sie noch aus der Ferne. »So ist es doch immer.«

Nur in meinen Träumen kommt die Erinnerung zurück. Aber ich will nichts davon wissen. Mein Leben lang habe ich dagegen gekämpft. Die Trauer habe ich fest in die dunkle Kammer meines Herzens gesperrt.
Doch dann geschieht etwas, das alles verändert.
Es geschieht in Krakau, natürlich. Dort, wo alles geschehen ist.
Ich sitze im Kino. Es ist eine Premiere, und sie findet in dem größten und modernsten Kino statt, das Krakau zu bieten hat. Darauf legen die Veranstalter großen Wert.
Ich sehe auf meine Einladung. »Der Oberbürgermeister von Krakau gibt sich die Ehre ...« steht da, darunter: »Reihe 12, Sitz 22«.

Ich schaue mich um. Ich bin umgeben von dunkel und feierlich angezogenen Menschen: Bischöfe, Generäle, Rabbiner. Fast die gesamte polnische Regierung ist da. Zwei Reihen hinter mir entdecke ich im Halbdunkel das Gesicht von Präsident Lech Wałęsa. Es wimmelt geradezu vor Prominenz aus Kirche, Kultur und Politik. Dazwischen die Presse: Polen, Deutsche, Amerikaner. Die Stimmung schwankt zwischen einer Oscarverleihung und einem Staatsbegräbnis.

Irgendwo, verstreut in dem illustren Publikum, gibt es ein paar andere Gesichter: blass, unsicher, etwas verloren, grauhaarig die meisten. Das sind wir – die »Betroffenen«.

Seit Monaten schon wusste ich, dass Steven Spielberg einen Kriegsfilm in Krakau dreht.

»Interessiert dich das nicht?«, haben meine Freunde gefragt.

»Oh nein. Bitte nicht . . . nicht noch ein Kriegsfilm!«

Ich kann Kriegsfilme nicht sehen. Ich muss dabei immer weinen.

Und überhaupt: Was weiß dieser Spielberg, was weiß ein Amerikaner schon von all dem Vergangenen? Was kann er schon wissen?

Irgendwann wurde das Gerücht konkreter: Spielberg dreht einen Film über das Krakauer Ghetto, hieß es. Über das Ghetto von Krakau? Wo meine gesamte Familie . . .?

Im März ist die Premiere, und die Überlebenden mit ihren Familien sind dazu eingeladen worden.

Aber bitte ohne mich, sage ich zu mir. Ich kann das nicht. Ich will das nicht. Ich habe nichts mehr damit zu tun.

Jakob ruft an, ziemlich aufgeregt. »Wann fährst du nach Krakau, Mama?«
»Jakob, bitte, du weißt doch, dass ich das nicht sehen will, einfach nicht ertragen kann. Ich werde davonlaufen ... du kennst mich doch!«
Aber Jakob bleibt sachlich. »Es ist nicht die Frage, Mama, ob du es kannst oder nicht. Du musst dabei sein. Du musst einfach!«
Und so sitze ich am zweiten März 1994, fein schwarz angezogen, in Reihe 12 auf Platz 22.

Im Ghetto. Dunkle Wohnungen. Enge. Flucht. Koffer. Schreie. Tränen. Stiefel.
Ja, das stimmt, denke ich benommen. So war es. Nicht gelogen. Richtig.
Das Lager in Płaszów. Der Ingenieur, der die Baracken baut. Im Film ist es eine Frau. Sie wird der Sabotage bezichtigt, weil eine Baracke einstürzt, wird aufgehängt. Ich denke an meinen Onkel, den Ingenieur Krautwirth.
Ein Paar heiratet heimlich im Lager, getrennt von einem Stacheldrahtzaun. Tante Sabine, ich erkenne dich.
Dann kommt sie auf einmal auf mich zu, schaut mich verstohlen an, bevor sie in dem dunklen Loch verschwindet.
Das kleine Mädchen in dem roten Mantel.
Ich sehe sie ganz genau. Ihre schwarzen Augen schauen mir direkt ins Gesicht. Sie verschwindet zwischen den Bodenbrettern, so wie ich damals.
An jenem zweiten März 1994 finde ich das kleine Mädchen im roten Mantel endlich wieder.

Und auf einmal weiß ich, nach wem ich gesucht habe und vor wem ich so verzweifelt wegzulaufen versucht habe, all diese Jahre, mein ganzes Leben lang. Ich weiß, wer ich wirklich bin.
Ich *bin* dieses kleine, verängstigte Mädchen in dem roten Mantel!
Aber ich will nicht weinen, hier vor all den fremden, wichtigen Leuten. Ich weine nicht. Ich schaue nur atemlos zu, wie auf der Leinwand die Welt untergeht. Doch gleichzeitig läuft in meinem Kopf ein zweiter Film ab – mein Leben.
Auf einmal sehe ich nicht nur die Großmutter.
Ich sehe sie alle: die Onkel, die Tanten, Irene, den Ingenieur Krautwirth, Sabine, meinen Vater ... Und meine Mutter. Alles.

Kreidebleich und schwankend gehe ich anschließend zur Premierenfeier. Eine Freundin, Ania, die den Empfang für Spielberg mit organisiert, schaut mich an und stutzt. »Es war doch zu viel für dich!«, sagt sie mitleidig und nimmt mich in die Arme. Ich drücke sie fest, ihre Umarmung tut mir gut. Ich will etwas sagen, aber mein Mund ist trocken, und mein Hals ist zusammengeschnürt.
»Das war – ich!«, bringe ich endlich heraus. »Das war ich!«
Sie starrt mich verständnislos an.
»Was meinst du – ›das war ich‹?«
»Das Mädchen im roten Mantel. Im Film. Nein, nicht im Film. In Wirklichkeit. Wirklich!«
Sie geben mir ein Glas Wodka, dann noch eins und noch eins.

Steven Spielberg betritt den Raum. Er lächelt.
Meine Freundin versucht ganz aufgeregt, mich ihm vorzustellen.
»Das ist Roma, Roma, die –«
Spielberg drückt mir mechanisch die Hand, lächelt noch einmal. Er hat es eilig, er muss zum Flughafen.
»– die das Mädchen im roten Mantel ist!!!«, ruft meine Freundin ihm hinterher.
Aber er hört sie nicht mehr. Er ist schon weg.

Es ist früher Freitagabend. Bald werde ich die Kerzen anzünden und den Segen sprechen. *Schabbat schalom.* Ich sitze an meinem Schreibtisch in München und schaue hinaus in den Himmel, der sich langsam verdunkelt. Vor mir liegt ein leerer Block Papier.
Ich denke an meine Großmutter. Wo bist du, Großmutter, warum bist du gerade nicht da, wo ich dich so sehr brauche? Du besuchst mich selten in letzter Zeit ...
»Wer sagt, dass ich nicht da bin?«, fragt eine grimmige Stimme beleidigt. »Was tust du da eigentlich?«
»Ich denke nach«, antworte ich. »Ich will mich erinnern. Ich will endlich alles erzählen. Unsere Geschichte.«
»Wolltest du sie denn nicht vergessen?«
»Nein«, sage ich und hole tief Luft, »ich will mich erinnern. Ich möchte, dass ein Buch daraus wird.«
»Ein Buch? Für wen?«
Ich denke einen Augenblick nach. »Ich weiß es nicht«, erwidere ich dann, »für Jakob, für mich. Für die anderen. Und vor allem für dich ...«
Meine Großmutter schweigt.

»Ich will erzählen«, wiederhole ich. »Von dem kleinen Mädchen, das tief in mir weint und immer noch Angst hat. Und von dir, Großmutter. Ich werde dich zur Schau stellen müssen. Dich noch einmal sterben lassen müssen. Wirst du mir das verzeihen?«

Sie antwortet nicht.

»Weißt du noch, was wir dir damals im Ghetto gesagt haben?«, sagt sie dann leise. »Schau nicht hin. Dreh dich nicht um. Denk nicht daran ...«

Ja, ich weiß es noch genau.

»Aber jetzt ist es Zeit«, flüstert sie. »Schau hin. Dreh dich um. Denk daran. Erinnere dich. Erzähle ...«

Im Atelier (1999).